Management-Reihe Corporate Social Responsibility

Reihenherausgeber

René Schmidpeter
Ingolstadt, Deutschland

Weitere Bände in dieser Reihe:
http://www.springer.com/series/11764

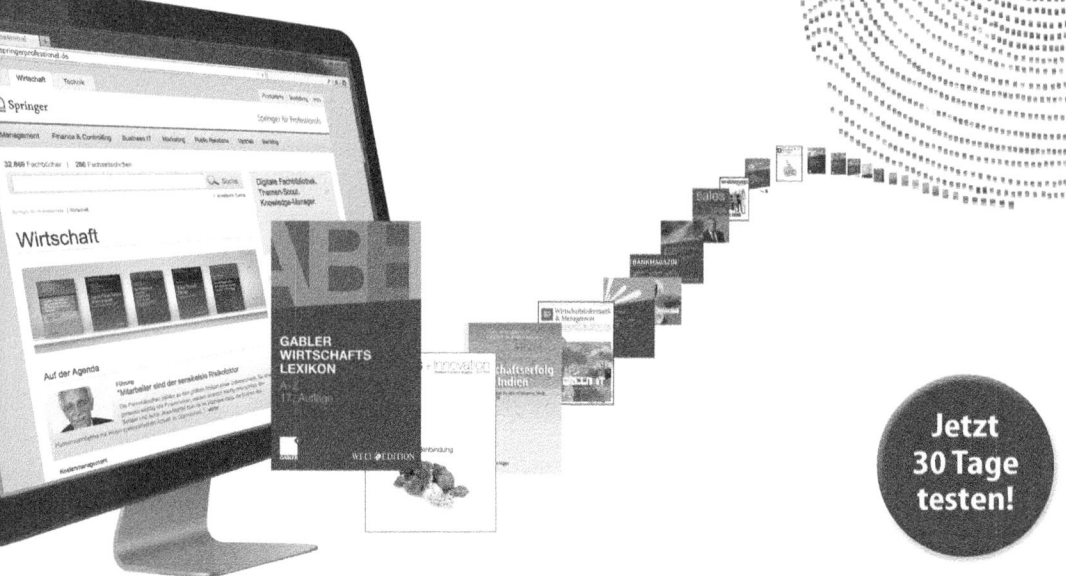

Reinhard Altenburger

Herausgeber

CSR und Innovationsmanagement

Gesellschaftliche Verantwortung als Innovationstreiber und Wettbewerbsvorteil

Springer Gabler

Herausgeber
Reinhard Altenburger
IMC University of Applied Sciences
Krems, Österreich

ISBN 978-3-642-40014-8   ISBN 978-3-642-40015-5   (eBook)
DOI 10.1007/978-3-642-40015-5

Die Deutsche Nationalbibliothek verzeichnet diese Publikation in der Deutschen Nationalbibliografie; detaillierte bibliografische Daten sind im Internet über http://dnb.d-nb.de abrufbar.

Springer Gabler

Lektorat: Michael Bursik,
Assistenz: Janina Sobolewski

Gedruckt auf säurefreiem und chlorfrei gebleichtem Papier

Springer Gabler ist eine Marke von Springer DE. Springer DE ist Teil der Fachverlagsgruppe Springer Science+Business Media
www.springer-gabler.de

Vorwort des Reihenherausgebers: CSR als Innovationstreiber

Im Anbetracht der gegenwärtigen ökologischen, sozialen und wirtschaftlichen Herausforderungen nehmen Unternehmen eine bedeutende Rolle in unserer Gesellschaft ein. Auch in der Geschichte (z. B. zur Zeit der Industrialisierung) waren es meist visionäre Unternehmer und Wirtschaftslenker, die die Zeichen der Zeit erkannt und neue Lösungen für die gesellschaftlichen Probleme generiert haben. Gegenwärtig wird abermals klar, dass wir die aktuellen Herausforderungen nur meistern, wenn wir Unternehmen als Teil der Lösung und nicht als Teil des Problems begreifen – wie dies viele Kritiker unseres Wirtschaftssystems fälschlicherweise tun.

Dieser konstruktiven Sichtweise auf Unternehmen folgend, erarbeitet die Management-Reihe Corporate Social Responsibility des Springer Gabler Verlages konkrete Managementansätze und Praxisbeispiele für die einzelnen betriebswirtschaftlichen Disziplinen. Ziel ist es sowohl von erfolgreichen Praxisbeispielen zu lernen, als auch neue Konzeptionen vorzustellen, welche diese neue Art des Managements reflektieren und erklären.

Insbesondere im Innovationsmanagement breitet sich dabei die Erkenntnis aus, das im Spannungsfeld Wirtschaft und Gesellschaft oft die fruchtbarsten Innovationen entstehen. Dieser sogenannte „Sweet Spot" in welchem Unternehmensinteressen und gesellschaftliche Interessen in Einklang gebracht werden, führt nicht nur zu neuen Produkt-, Prozess- und Managementinnovationen, sondern erschließt neue Märkte, Kundengruppen und führt zu nachhaltigen Geschäftsmodellen. Somit ist es logisch, dass die gesellschaftliche Verantwortung von Unternehmen ein zentraler Bestandteil des Innovationsmanagements von Unternehmen sein sollte. Nur wenn es gelingt gesellschaftliche und ökologische Themen in den Innovationsprozess des Unternehmens zu integrieren, entstehen die Lösungen, die wir brauchen, um die gegenwärtigen Probleme zu lösen. Denn Unternehmer sind sozusagen geborene Innovateure, immer auf der Suche nach besseren Lösungen und Wettbewerbsvorteilen. Andererseits werden nur die Unternehmen dauerhaft auf Akzeptanz stoßen und somit längerfristig erfolgreich wirtschaften, welche die bestehenden ökologischen und sozialen Herausforderung annehmen. Dies ist nicht nur ethisch geboten, sondern ökonomisch notwendig und auch lukrativ.

So ist es nur logisch, dass sich die Themen Verantwortungsvolle Unternehmensführung (CSR) und Nachhaltigkeit zu einem proaktiven Managementthema entwickeln. Es geht nicht mehr um reine Pflichterfüllung, sondern darum durch Kreativität und

Unternehmertum Innovationen zu entwickeln, welche eine Win-Win Situation für alle Beteiligten generieren. So ist es auch nicht verwunderlich, dass als einer der ersten Titel der Management-Reihe Corporate Social Responsibility die vorliegende Publikation, mit dem Titel „CSR und Innovationsmanagement" steht.

Die dafür nötigen Überlegungen und Praxisbeispiele werden in dieser Publikation ausführlich beschrieben. Alle LeserInnen sind damit herzlich eingeladen, die in der Reihe dargelegten Gedanken aufzugreifen und für die eigenen beruflichen Herausforderungen zu nutzen sowie mit den Herausgebern, Autoren und Unterstützern dieser Reihe intensiv zu diskutieren. Ich möchte mich last but not least sehr herzlich beim Herausgeber Reinhard Altenburger für sein großes Engagement, bei Michael Bursik vom Springer Gabler-Verlag für die gute Zusammenarbeit sowie bei allen Unterstützern der Reihe recht herzlich bedanken und wünsche Ihnen, werter Leser bzw. werte Leserin, nun eine interessante Lektüre.

Dr. René Schmidpeter

Inhaltsverzeichnis

Gesellschaftliche Verantwortung als Innovationsquelle

Reinhard Altenburger

1 Herausforderungen an eine verantwortungsvolle Unternehmensführung

Die Auseinandersetzung mit gesellschaftlichen und ökologischen Herausforderungen wie beispielsweise Klimawandel, Ressourcenknappheit, Urbanisierung, Vertrauensverlust in Unternehmen und Institutionen, Verlust an Biodiversität, Zugang zu sauberem Trinkwasser, Qualität der Arbeitsbedingungen und demografische Verschiebungen werden von Unternehmen häufig als Risiken betrachtet aber von einer steigenden Anzahl an Unternehmen auch als Chance für Innovationen betrachtet. In der Wissenschaft, der Zivilgesellschaft (insbes. in global tätigen NGOs), und Wirtschaft (multinational tätige Konzerne aber auch mittelständischen Unternehmen), sowie bei politischen Entscheidungsträgern erfolgt seit Jahrzehnten eine umfassende und vielfältige Diskussion wie viel Verantwortung und für welche gesellschaftlichen und ökologischen Themenfelder die Unternehmen Verantwortung übernehmen sollen. Diese Diskussion hat sich nach zahlreichen Skandalen wie Enron, Worldcom, Siemens (Korruption), Nike (Kinderarbeit) oder TEPCO (Fukushima) und der Wirtschafts- und Finanzkrise 2008/9 erheblich intensiviert. Die Diskussion um Coporate (Social) Responsibility hat dabei eine Vielzahl an Impulsen z. B. aus dem Stakeholder-Management, Corporate Citizenship, Corporate Sustainability, der Nachhaltigkeitsdiskussion, (Wirtschafts-)Ethik, Socially Responsible Design erhalten, welche in die aktuelle Diskussion einfließen und diese bereichern.

Besondere Relevanz erhalten gesellschaftliche/soziale sowie ökologische Kriterien in den letzten Jahren, da diese zunehmend bei den Kaufentscheidungen von Konsumenten berücksichtig werden aber auch bei den Investitionen von Unternehmen und der öffentlichen

R. Altenburger (✉)
Department Business, IMC Fachhochschule Krems, Am Campus,
3500 Krems, Österreich
e-mail: reinhard.altenburger@fh-krems.ac.at

R. Altenburger (Hrsg.), *CSR und Innovationsmanagement*,
Management-Reihe Corporate Social Responsibility,
DOI: 10.1007/978-3-642-40015-5_1, © Springer-Verlag Berlin Heidelberg 2013

Hand in steigendem Ausmaß eine Rolle spielen (Schaltegger et al. 2009). Von Unternehmen wurden zahlreiche Aktivitäten zur Entwicklung umweltfreundlicher Produkte, fairer Handel, soziale Projekte mit NGOs gestartet – häufig sind dies allerdings einzelne unkoordinierte Aktivitäten, denen die strategische Ausrichtung fehlt (Porter und Kramer 2011). Kritische Stakeholder achten zunehmend auf die Ausrichtung der CSR-Aktivitäten von Unternehmen und analysieren kritisch ob die CSR-Praktiken nicht nur einen starken PR-Fokus haben und es sich damit um „Greenwashing" oder „Window dressing" handelt.

In einer 2010 durchgeführten weltweiten CEO-Studie sehen 93 % der CEOs Themen der Nachhaltigkeit als kritischen Erfolgsfaktor für die Zukunft und 96 % glauben, dass Nachhaltigkeit in die Strategie und die Prozesse integriert werden soll (im Vergleich dazu waren es 2007 erst 72 %). Dies führt dazu, dass 91 % der CEOs verstärkt mit erneuerbaren Energien, Energieeffizienz und ressourcenschonenden Technologien auseinandersetzen (Lacy et al. 2010). Die internationale Organisation „Business for Social Responsibility" (o. J.) stellt weltweit eine erheblich Veränderung im CSR-Verständnis von Unternehmen fest, wobei sich der Fokus verstärkt von der Risikovermeidung hin zur Wahrnehmung von Nachhaltigkeit als die aktuell größte Innovationschance verschiebt. Zunehmend wird auch von Anlegern an den Börsen Wert darauf gelegt inwiefern Unternehmen, auf gesellschaftliche und ökologische Belange achten und damit Investments langfristig erfolgreich sind. Vielfach sind Unternehmen, die sich einer nachhaltigen Entwicklung verpflichten, sehr innovativ und verfügen über ein besseres Risikomanagement als ihre Wettbewerber (CSR Germany). Nachhaltigkeitsindizes wie beispielsweise die Dow Jones Sustainability Indizes oder die FTSE4Good Indexserie bieten den Anlegern hier eine Orientierung.

Die Diskussion nachhaltiger Lebensstilen (LOHAS – Lifestyle of Health and Sustainability), die weltweite Auseinandersetzung mit den Folgen des Klimawandel und der Mobilität und die damit im Zusammenhang stehenden zahlreiche Lösungsansätze für sog. „Smart Cities" in welchen u. a. innovative, nachhaltige Energie-, Bildungs- und Mobilitätslösungen zum Einsatz kommen treiben die Entwicklung nachhaltiger Innovationen.

Aktuell diskutiert wird auch die Frage der Grenzen gesellschaftlicher Verantwortung. Gilt diese für das Unternehmen oder für die gesamte Wertschöpfungskette? Der im Mai 2013 vorgestellte G4 Reportingstandard (Global Reporting Initiative 2013) mit seinen Kernpunkten Wesentlichkeit und der geforderten Transparenz darüber wie Unternehmen die für sie wesentlichen Themen in Interaktion mit ihren Stakeholdern identifizieren sowie die verstärkt geforderte Auseinandersetzung mit der Supply Chain des Unternehmen bedingt eine Vertiefung der Auseinandersetzung mit gesellschaftlicher Verantwortung für alle Unternehmen die einen Nachhaltigkeitsreport auf Basis GRI-Standard erstellen und bietet auch Ansatzpunkte für Innovationen.

2   Schwerpunkte der CSR Diskussion

Die Frage nach der konkreten Bedeutung von CSR wird seit Jahrzehnten intensiv diskutiert und zum Teil auch unterschiedlich beantwortet. Daher existieren eine Vielzahl an CSR-Defintionen und sehr breit gestreutes Verständnis sowohl in der Wissenschaft als auch in den Unternehmen. Für Carroll (1979) umfasst die soziale Verantwortung der Unternehmen die wirtschaftlichen, rechtlichen, ethischen und diskretionäre Erwartungen, welche die Gesellschaft an Organisationen zu einem bestimmten Zeitpunkt hat. Matten und Moon (2004) betrachten CSR als ein dynamisches Konzept, dass eingebettet in den jeweiligen gesellschaftlichen, politischen, wirtschaftlichen und institutionellen Kontext ist. Neuere Ansätze der gesellschaftlichen Verantwortung heben auch die Fragen der Corporate Governance hervor (Hanke und Stark 2009).

Ein Meilenstein und wichtige Impulse der CSR-Diskussion in Europa ist das Grünbuch der Europäische Kommission (2001) in dem hervorgehoben wird, dass Unternehmen auf freiwilliger Basis zur Lösung ökologischer und sozialer Probleme beitragen sollen. Dieser Aspekt der „Freiwilligkeit" wird in der Strategie 2011–14 der Europäischen Kommission von 2011 nicht mehr erwähnt. In ihrer EU-Strategie 2011–14 (Europäische Kommission 2011) definierte die Europäische Kommission CSR als „die Verantwortung von Unternehmen für ihre Auswirkungen auf die Gesellschaft" und führt weiter aus „Damit die Unternehmen ihrer sozialen Verantwortung in vollem Umfang gerecht werden, sollten sie auf ein Verfahren zurückgreifen können, mit dem soziale, ökologische, ethische, Menschenrechts- und Verbraucherbelange in enger Zusammenarbeit mit den Stakeholdern in die Betriebsführung und in ihre Kernstrategie integriert werden." Die Unternehmen sollen ermutigt werden „ein langfristiges CSR-Konzept einzuführen und Möglichkeiten zur Entwicklung innovativer Produkte, Dienstleistungen und Geschäftsmodelle auszuloten".

Eine Verschiebung im Fokus der CSR-Diskussion ist die weg von der Frage der Verwendung von Gewinnen für gesellschaftliche/ökologische Themen hin zur Frage wie dieser Gewinn erwirtschaftet wurde. Als Beispiel kann hier die Corporate Social Responsibility Initiative der Harvard Kennedy School (2013) angeführt werden, die dies folgendermaßen beschreibt:

> Corporate social responsibility encompasses not only what companies do with their profits, but also how they make them. It goes beyond philanthropy and compliance and addresses how companies manage their economic, social, and environmental impacts, as well as their relationships in all key spheres of influence: the workplace, the marketplace, the supply chain, the community, and the public policy realm.

Die ISO 26000 (2010) ist ein gemeinsamer international anerkannter Standard von Prinzipien und Aufgabenfelder bei der Wahrnehmung von gesellschaftlicher Verantwortung gültig für alle Arten von Organisationen. ISO 26000 definiert gesellschaftliche Verantwortung als die „Verantwortung einer Organisation für die Auswirkungen ihrer Entscheidungen und Aktivitäten auf die Gesellschaft und die Umwelt durch transparentes und ethisches Verhalten, das

- zur nachhaltigen Entwicklung, Gesundheit und Gemeinwohl eingeschlossen, beiträgt,
- die Erwartungen der Anspruchsgruppen berücksichtigt,
- anwendbares Recht einhält und im Einklang mit internationalen Verhaltensstandards steht,
- in der gesamten Organisation integriert ist und
- in ihren Beziehungen gelebt wird".

In der aktuellen Diskussion wird auch versucht durch Reifegradmodelle die evolutionäre Entwicklung anhand von bestimmten Charakteristika zugänglich zu machen. Dabei werden die Unterschiede von verschiedenen CSR-Verständnissen in einer Vielzahl an CSR-Reifegrad- oder CSR-Entwicklungsmodellen diskutiert. Beispielhaft werden die Modelle von Wayne Visser und Andreas Schneider dargestellt. So spricht Visser (2011) von einer Entwicklung von CSR 1.0 zu CSR 2.0. CSR 1.0 ist demnach stark von einer philantropischen Orientierung, Produktorientierung, Standards und Leitlininen geprägt und der Fokus liegt bei den multinational tätigen Unternehmen. Kennzeichen einer CSR 2.0 sind innovative Partnerschaftsmodelle und intensive Vernetzung mit Stakeholdern, Real-time-Transparenz, Social Entrepreneurship, Dezentralisierung und Shared Value. CSR 2.0 nach Visser (2011) ist durch folgende Prinzipien geprägt[1]:

- *Kreativität* – der Fokus liegt in der Lösung gesellschaftlicher und ökologischer Probleme.
- *Skalierbarkeit* – Rasches flächendeckendes Umsetzen anstatt lange Pilotprojekte angesichts drängender internationaler Herausforderungen.
- *Reaktionsfähigkeit* – transformierende Lösungsansätze, die bestehende Geschäftsmodelle manchmal auch die ganze Branche radikal verändern und deutlich höhere Transparenz von Wissen wenn es um die Lösung globaler Herausforderungen geht.
- *Glokalität* – bei der Lösung globaler Probleme gilt es die lokale Besonderheiten besser zu verstehen um geeignetere Lösungen in den einzelnen Ländern zu entwickeln.
- *Zirkularität* – das Produktdesign radikal verändern, Umsetzung der Prinzipien der Kreislaufwirtschaft z. B. von Cradle-to-Cradle Lösungen.[2]

Schneider (2012 und die dort zitierte Literatur) zeichnet in seinem Reifegradmodell die Entwicklung von einer passiven CSR hin zum einer proaktiven, global orientierten und ganzheitlichen CSR und unterscheidet dabei folgende Stufen:

- CSR 0.0 – passive Übernahme gesellschaftlicher Verantwortung
- CSR 1.0 – philantropische CSR, lose CSR-Maßnahmen außerhalb des Kerngeschäfts
- CSR 2.0 – unternehmerische und gesellschaftliche Wertschöpfung durch integriertes Management und Systematik – aktive, reflektierte und strategische CSR
- CSR 3.0 – Unternehmen als global denkender, lokal agierender, proaktiver politischer Gestalter.

3 Wettbewerbsvorteile durch CSR

Derzeit wird das Thema CSR/Nachhaltiges Management sowohl in Theorie als auch in der Praxis immer spezifischer diskutiert. Dabei hat sich das Thema CSR von einem reinen defensiven/reaktiven Ansatz (Compliance) hin zu einem chancenorientierten/

---

[1] siehe auch den Beitrag von Hruschka/Eitzenberger in diesem Band.
[2] siehe auch Kap. 5.

aktiven Managementansatz entwickelt. Für die Wettbewerbsfähigkeit der Unternehmen ist ein strategischer CSR-Ansatz von zunehmender Bedeutung der die Innovationskapazitäten verbessern hilft (Europäische Kommission 2011; Martinuzzi 2012). Dazu kommt, dass eine erfolgreiche Verbindung von Innovation und Nachhaltigkeit in Zukunft eine wesentliche Rolle bei der Lösung globaler Herausforderungen spielen wird (Deutsches Global Compact Netzwerk 2011).

Nach Laszlo und Zhexembayeva (2011) wird das Zusammenspiel der drei Entwicklungen – zahlreiche Ressourcen nähern sich dem Ende, radikale Transparenz und steigende Erwartungen der verschiedenen Stakeholdergruppen – den zukünftigen Wettbewerb maßgeblich beeinflussen und damit auch wo die zukünftigen Ertragsquellen für Unternehmen liegen und welche Wachstumschancen sich daraus ergeben.

International tätige Unternehmen stehen vor der Herausforderung unterschiedliche gesellschaftliche und ökologische Schwerpunktthemen in den einzelnen Ländern bzw. Regionen zu identifizieren. Die intensive Auseinandersetzung mit diesen Themen und entsprechende gemeinsame Reflexionsmöglichkeiten mit den jeweiligen Stakeholdern sollen zu Lernprozessen führen welche mittelfristig die Unternehmen dazu in die Lage versetzen schneller und besser auf veränderte Rahmenbedingungen zu reagieren und auch sich ergebende Chancen frühzeitig zu erkennen.

Für zahlreiche Unternehmen steht bei der Diskussion von nachhaltigen und gesellschaftlich verantwortlichen Produkten und Dienstleistungen die Frage der damit verursachten Kosten im Vordergrund (Schreck 2012). Die Diskussion um den sog. „Business Case for CSR" hat sich in den letzten Jahren intensiviert. Dabei stehen meist Fragen nach dem Return on Investment von CSR und ob es eine positive Beziehung zwischen der Corporate Social Performance (CSP) und der Corporate Financial Performance (CFP) gibt in zahlreichen Beiträgen und Studien im Zentrum der Betrachtung (Carroll und Shabana 2010). Kurucz et al. (2008) haben aus einer Vielzahl an Studien vier Hauptargumente bzw. Diskussionsstränge in der Diskussion um den „Business Case for CSR" herausgefunden

- Kosten- und Risikoreduktion
- Erzielung von Wettbewerbsvorteilen
- Legitimität und Reputation sowie
- Erzielen von Win-Win-Situationen von Unternehmen und Gesellschaft (gemeinsame Wertschaffung)

Schaltegger (2012) stellt der Diskussion um den „Business Case OF Sustainability" in welchem die Nutzung eines Trends oftmals ohne sustanziellen Nachhaltigkeitsleistungen erfolgt den „Business Case FOR Sustainability" gegenüber, bei dem der ökonomische Unternehmenserfolg durch weitreichende Umwelt- und Sozialaktivitäten erreicht wird.

MacGregor und Fontrondona (2008) unterscheiden proaktiven und reaktiven Zugang zu CSR und Innovation. Reaktiver Zugang bedeutet das Unternehmen erst wenn Druck merkbar ist oder gesetzliche Rahmenbedingungen sich verändern aktiv werden. Für Unternehmen die diese Form der gesellschaftlichen Verantwortung wählen stehen beispielsweise Reputationsfragen und Kostenoptimierungen im Vordergrund. Demgegenüber steht bei Unternehmen die einen proaktiven Zugang zu CSR wählen verstärkt das Finden neuer Geschäftschancen, langfristig attraktiver Märkte und die Intensivierung von Beziehungen im Mittelpunkt der strategischen Ausrichtung.

Zu den aktuell global sehr intensiv diskutierten Konzepten der gesellschaftlichen Verantwortung von Unternehmen zählt das des Shared Value von Porter und Kramer (2011) – dabei liegt der Fokus darauf, wirtschaftlichen Wert auf eine Weise zu schaffen, die zugleich auch Wert für die Gesellschaft schafft, indem deren Bedürfnisse und Probleme berücksichtigt werden. Der von Porter und Kramer geprägte Shared Value Ansatz geht davon aus, dass die Wettbewerbsfähigkeit eines Unternehmens und der Wohlstand der Gesellschaft, in der das Unternehmen tätig ist, miteinander in einer Wechselbeziehung stehen (Porter und Kramer 2011). Auch die Europäische Kommission spricht in der EU-Strategie 2011–14 (Europäische Kommission 2011) von einer „optimierten Schaffung gemeinsamer Werte".

Porter und Kramer (2011) skizzieren 3 Wege wie Unternehmen Shared Value schaffen können:

- *Produkte und Märkte neu begreifen*: indem die gesellschaftlichen Bedürfnisse, Probleme und Vorteile identifiziert werden die in Zusammenhang mit den Produkten und Dienstleistungen des Unternehmens stehen (beispielsweise Gesundheit, Altenbetreuung, gesündere Ernährung oder Umweltschutz).
- *Neues Verständnis von Produktivität*: die gesamte Wertschöpfungskette neu durchdenken in Hinblick wo Möglichkeiten für das Schaffen von Shared Value bestehen und wo sich hier neue Innovationschancen ergeben.
- *Lokale Cluster aufbauen*: Unternehmen können ein starkes, wettbewerbsfähiges Umfeld aus verlässlichen lokalen Zulieferern aufbauen und damit den Zugang zu talentierten Mitarbeitern zu verbessern.

Die Entwicklung von Lösungen für gesellschaftliche Herausforderungen muss nicht unbedingt bedeuten, dass dies zu einer Kostensteigerung für die Unternehmen führen muss, sondern dass es durch den Einsatz innovativer Technologien, Prozesse und Managementansätze zu gesteigerter Produktivität und einer Ausweitung der Märkte führen kann (Porter und Kramer 2011). In der Wertschöpfungskette können Unternehmen eine Vielzahl an Chancen entdecken, wie sie gesellschaftliche Verantwortung übernehmen können und dabei gleichzeitig ihren Wettbewerbsvorteil ausbauen können (Porter und Kramer 2006). Dies kann bspw. in der Produktion aber auch der Logistik, dem Einkauf und in den Vertriebsprozessen der Wertschöpfungskette der Fall sein. Ansatzpunkte bieten aber auch die internen Prozesse wie das Personalmanagement und die IT-Infrastruktur von Unternehmen.

4 Gesellschaftliche Verantwortung und Unternehmensstrategie

Eine CSR-Strategie umfasst alle Maßnahmen und Aktivitäten eines Unternehmens, die einerseits zu einem oder mehreren Ziel(en) im Zusammenhang mit einer oder mehreren gesellschaftlichen Herausforderngen beitragen und andererseits einen Beitrag zum Unternehmensziel leisten (Schwerk 2012). Bei der Umsetzung der CSR-Strategien und –Ziele können allerdings häufig Defizite festgestellt werden (Hockert und Morsing 2006). Weiters konnte festgestellt werden, dass CSR-Aktivitäten oftmals kaum Wert für das Unternehmen generieren und/oder nur kurzfristig angelegt sind, ohne das strategische Potenzial von CSR auszuschöpfen (Louche et al. 2010). CSR wird überwiegend im Zusammenhang mit der Reputation und der Risikovermeidung (Louche et al. 2010) gesehen, aber nur in geringem Umfang für die Generierung innovativer Lösungen genutzt. Eine besondere Herausforderung nachhaltiger Innovationen liegt in den unterschiedlichen Zeithorizonten in Unternehmen - einerseits stehen kurzfristige Entscheidungen besonders kapitalmarktorientierter Unternehmen im Mittelpunkt andererseits geht es um ein langfristiges Denken in Dekaden und Generationen (Elkington 1998).

Hockerts und Morsing (2006 und die dort angeführte Literatur) haben in ihrer umfassenden Literaturanalyse im Feld von CSR und Innovation 4 Schwerpunktthemen bzw. Ansätze der Forschung und Praxis identifiziert

- **Corporate Social Innovation** gesellschaftliche Fragen als Lernlabor nutzen um neue Bedürfnisse zu identifizieren und darauf aufbauend Lösungen für neue Märkte zu entwickeln,[3]
- **Base of the Pyramide (BOP) Ansätze** diese zählen zu den Corporate Social Innovation Ansätzen, haben allerdings den Fokus auf Märkte bzw. Teilmärkte wo das durchschnittlich Pro-Kopf-Einkommen sehr gering ist (rund 2–4 US-Dollar pro/Tag). Diese Märkte haben spezielle Bedürfnisse, welche durch „klassische" Produkte und Dienstleistungen nicht erreicht werden können. Da in diese Gruppe mehr als 2 Milliarden Menschen fallen wird diese global als attraktiver Markt für innovative Lösungen gesehen[4]
- **Social Entrepreneurship** innovative Ansätze um Lösungen für gesellschaftliche Themen/Probleme zu finden (z. B. im Bereich Bildung oder Gesundheit) meist einhergehend mit der Gründung eines eigenen Unternehmens oder einer Non-Profit-Organisation. Das Ziel der Gewinnerzielung steht bei den meisten dieser Unternehmen nicht im Vordergrund.
- **Eco-Innovation** darunter werden alle Ansätze subsumiert, die sich mit einer Verringerung des Ressourceneinsatzes und des Schadstoffausstoß im gesamten Lebenszyklus beschäftigen.

---

[3] siehe auch den Beitrag von Wolfgang Stark in diesem Buch.
[4] siehe auch den Beitrag von Hintz und Dirks in diesem Buch.

Das World Business Forum for Sustainable Development (2006) ermutigt Unternehmen gesellschaftlich verantwortliche Innovationen umzusetzen und dies auch als Chance für neue/adaptierte Strategien zu nutzen. Als strategische Optionen werden dabei z. B.

- Differenzierungsstrategien,
- Lösungen zu deutlich niedrigeren Kosten (welche insbesondere für Schwellen- und Entwicklungsländer nachhaltige Lösungen bieten können) anbieten aber auch
- First mover Vorteile und damit die Rolle eines Vorreiters zu festigen,
- Verstärkter Fokus auf bestimmte Zielgruppen und Regionen,
- durch das Zusammenarbeiten mit Netzwerkpartnern neue Synergien realisieren

hervorgehoben.

CSR als Strategie- und Managementansatz nutzt die Innovationschancen, welche aktuelle und zukünftige gesellschaftliche und ökologische Herausforderungen mit sich bringen. CSR kann somit die Erschließung neuer Märkte vorantreiben und Wachstumsmöglichkeiten eröffnen (Europäische Kommission 2011). Strategische CSR zielt auf die Schaffung einer einzigartigen Position im Wettbewerb (Porter und Kramer 2011) und kann damit einen wesentlichen Beitrag zur Produkt- und Serviceinnovation leisten.

Das deutsche „Corporate Sustainability Barometer" (PriceWaterhouseCoopers 2010) welches neben Dax-, MDax- und SDax-Unternehmen auch Familienunternehmen mit einem Jahresumsatz von über 50 Millionen Euro untersucht hat zeigt auf, dass das Nachhaltigkeitsmanagement sich vergleichsweise selten am Markt ausrichtet. Während 24,1 % der Unternehmen ausschließlich defensiv gesellschaftsorientiert agieren (z. B. in Form eines ökologisch oder sozial orientierten Risikomanagements), kombinieren 17,9 % diese Strategie mit einer offensiven Gesellschaftsorientierung (z. B. mit der Entwicklung neuer Produkte oder Geschäftsfelder mit Nachhaltigkeitsbezug, die zur Änderung von Konsummustern beitragen) und 8,0 % mit einer defensiven Marktorientierung (z. B. ökologisch oder sozial orientiertes Kostenmanagement). Offensive gesellschaftsorientierte Strategien verfolgt hingegen weniger als die Hälfte der befragten Unternehmen. Sie könnten verstärkt zum gesellschaftlichen Wandel und einer nachhaltigen Entwicklung der Wirtschaft beitragen. Dies kann z. B. in Form innovativer, umweltfreundlicher Produktionsprozesse oder durch die Entwicklung und das Angebot von Produkten geschehen, die das Potenzial haben, Konsummuster in eine nachhaltige Richtung zu lenken. (PriceWaterhouseCoopers 2010).

5   CSR-getriebener Innovationsprozess

Damit CSR als Hebel für Innovationen wirksam werden kann, ist die Berücksichtigung der Wechselwirkungen in Wirtschaft, Umwelt und Gesellschaft, und die Definition des eigenen normativen Anspruchs erforderlich (Grieshuber 2012). Die Herausforderung eines CSR-getriebener Innovations-Prozess besteht darin, dass gesellschaftliche Verantwortung und Nachhaltigkeit nicht nur in einzelne sondern in alle Phasen des Innovationsprozesses integriert werden soll.

Innovationen sind qualitativ neuartige Produkte/Dienstleistungen oder Verfahren die sich gegenüber einem Vergleichszustand „merklich" unterscheiden. Bei einer Innovation liegt eine neuartige Zweck-Mittel-Kombination vor die auch wahrgenommen werden muss und sich auf dem Markt bzw. innerbetrieblich bewähren muss (Hauschildt und Salomo 2011). Unterschieden werden folgende Innovationsarten: Produkt-, Service-, Geschäftsmodell-, Prozess-, Management, Marketing- und Designinnovationen. Dabei wird oftmals mit der Entwicklung nachhaltiger Produkte begonnen und dann wird erkannt welche passenden Dienstleistungen ergänzend zu entwickeln sind, welche nachhaltigen Veränderungen in den Prozessen und dem Marketingansatz damit verbunden sind und schließlich stellt sich die Frage inwieweit das gesamte Geschäftsmodell nachhaltig ausgerichtet werden muss. Das Erkennen von Innovationschancen aus der Auseinandersetzung mit gesellschaftlicher Verantwortung ist in der Praxis noch gering verbreitet, insbesondere bei KMUs noch überwiegend unbekannt (Nordic Innovation Center 2010).

Inkrementelle Innovation zeichnen sich durch einen niedrigen Innovationsgrad, überwiegend funktionale Verbesserungen bzw. durch die Weiterentwicklung bestehender Produktlinien aus und dienen zumeist dem Ziel der Festigung der Marktposition in einem bestehendem Markt. Das eingegangene Risiko ist eher gering. Radikale Innovation zeichne sich durch einen hohen Innovationsgrad aus, es handelt sich zumeist um Produkte oder Services mit neuen Leistungseigenschaften mit dem Ziel der Erschließung neuer Märkte und/oder der Ausweitung der Marktposition. Das Risiko ist bei radikalen Innovationen deutlich höher und auch die Unsicherheit (z. B. ob die angedachten Märkte tatsächlich diese Innovationen aufnehmen) ist groß. Christensen (1997) prägte den Begriff der „disruptiven Innovationen". Diese bieten beim Markteintritt oftmals ein Leistungsangebot welchen in Produkt- oder Servicemerkmalen deutlich schwächer ist als das bereits am Markt etablierte Angebot. Bei einzelnen Merkmalen (z. B. deutlich leichtere Bedienbarkeit, deutlich weniger Schadstoffe, erhebliche Energieeinsparung) weisen disruptive Innovationen allerdings Stärken auf welche dazu führen können, das zahlreiche Nutzer auf dieses neue Angebot wechseln (Hungenberg 2011).

Aus der intensiven strategischen Auseinandersetzung mit Nachhaltigkeitsthemen können sich attraktive Chancen für Unternehmen in neuen Märkten ergeben. Darüber hinaus können Ansatzpunkte für die Risikoreduzierung, die Identifikation emergenter Risiken und sich abzeichnende neue Managementherausforderungen erkannt werden. Daraus resultiert eine bessere Vorbereitung auf zukünftig zu erwartende Themen bspw. verändertes Konsumentenverhalten und neue gesetzliche Regulierungen. Im sog. „Sustainability Sweet Spot" überlappen sich die Stakeholder-Interessen und die Unternehmensziele (Savitz und Weber 2007) und neue Lösungen können entwickelt werden, welche im Interesse der Stakeholder und des Unternehmen sind (Abb. 1).

CSR-getriebene Innovation hat als Ergebnis Produkte oder Dienstleistungen die einen bestimmten gesellschaftlichen Zweck erfüllen. Es ist aber auch davon auszugehen, dass

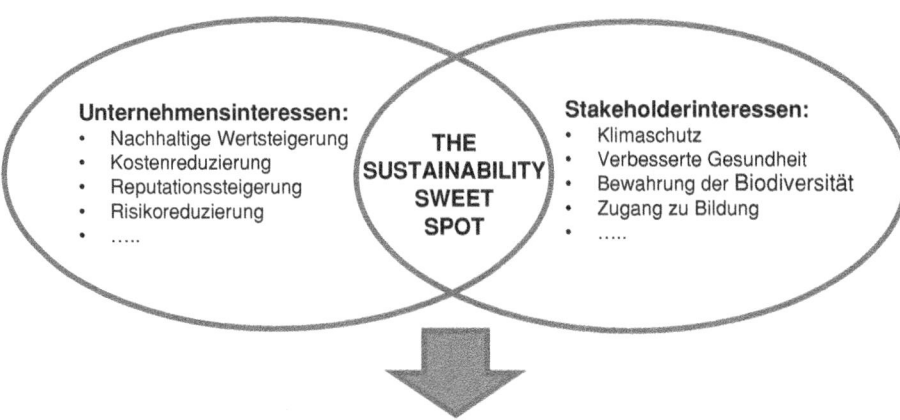

* Neue Produkte und Dienstleistungen
* Neue Produkt-Dienstleistungskombinationen
* Neue Märkte
* Neue Geschäftsmodelle
* Neue Prozesse
* Neue Managementsysteme

Abb. 1 Der „Sustainability Sweet Spot" als Innovationschance. *Quelle* in Anlehnung an Savitz und Weber (2007)

es zu Wechselwirkungen zwischen Innovation und CSR kommt. Dies bedeutet, dass einerseits die CSR-Strategie oder die CSR-Ziele die Ausrichtung der Innovationsaktivitäten beeinflussen aber auch die Innovationen Auswirkungen auf die (zukünftigen) gesellschaftlichen Herausforderungen eines Unternehmens bewirken. Beispielsweise können nachhaltige Produkte welche in asiatischen Märkten eingeführt werden wiederum neue soziale Themen und gesellschaftliche Herausforderungen erkennen lassen auf welche die CSR-Strategie des Unternehmens wiederum nach neuen Antworten sucht welche dann in weiteren Innovationen berücksichtigt werden (MacGregor und Fontrodona 2008).

Die in der ISO 26000 (2010) definierten Kernfelder der gesellschaftlichen Verantwortung bieten Ansatzpunkte für nachhaltige Innovationen. Dies sind: Organisationsführung, Menschenrechte, Arbeitspraktiken, Umwelt, faire Betriebs- und Geschäftspraktiken, Konsumentenanliegen und Einbindung/Entwicklung der Gemeinschaft. Konkret genannt werden dabei beispielsweise im Kernthema „Umwelt" folgende Ansatzpunkte (ISO 26000 2010):

* Life-cylce-Ansatz (Ansatzpunkte für Innovationen zur Reduktion des Umwelteinflusses und zur Steigerung der sozio-ökonomischen Performance im gesamten Lebenszyklus identifizieren)
* Nachhaltigen Einkauf
* Entwicklung von Produkt – Service – Lösungen

	ZENTRALE HERAUSFORDERUNGEN	ATTRAKTIVE INNOVATIONEN
1. STUFE Ökostandards übertreffen	Durch das Übertreffen von Normen Innovationen fördern.	• Ökostandards nutzen, um das Unternehmen und seine Partner dazu zu bringe, mit nachhaltigen Techniken, Materialien und Prozessen zu experimentieren
2. STUFE Wertschöpfungsketten nachhaltig gestalten	Die Effizienz in der gesamten Wertschöpfungskette steigern.	• Nachhaltige Zulieferer für Rohmaterial und Komponenten integrieren. • Höherer Anteil emissionsfreier Energiequellen. • Innovative Verwendungsmöglichkeiten fürzurückgenommene, gebrauchte Produkte finden.
3. STUFE Umweltfreundliche Produkte entwickeln	Nachhaltige Angebote entwickeln oder bestehende umweltfreundlich umgestalten.	• Nachahmung der Natur in der Produktentwicklung. • Entwicklung kompakter, umweltverträglicher Verpackungen
4. STUFE Neue Geschäftsmodelle einführen	Das Wettbewerbsumfeld durch neue Arten der Wertschöpfung verändern.	• Neue Vertriebsmethoden entwickeln, welche die Wertschöpfungskette erheblich verändern.
5. STUFE Neue Märkte schaffen	Die Logik der heutigen Wirtschaft aus dem Blickwinkel der Nachhaltigkeit in Frage stellen.	• Geschäftsplattformen aufbauen, mit deren Hilfe Kunden und Lieferanten Energie radikal anders nutzen können. • Produktgruppen, die kein Wasser mehr brauchen (Beispiel Reinigungsmittel). • Neue Stadtentwicklungskonzepte.

Abb. 2 Entwicklungspfad nachhaltiger Innovatoren: Herausforderungen und Innovationschancen. *Quelle* in Anlehnung an Nidumolu et al. (2009)

- "Pay-for-Service"- Lösungen
- Nachhaltige Lern- und Trainingsprozesse initiieren
- Umweltfreundlichere und öko-effizientere Lösungen
- Betonung des Front End of Innovation: Fokussierung der Kreativität am Beginn des Innovationsprozesses welche dazu führt, dass wenige/keine Schadstoffe am Ende des Lebenszyklus eines Produktes anfallen
- Systematische Beurteilung der Umweltauswirkungen bevor neue Projekte oder Aktivitäten gestartet werden.

Nidumolu et al. (2009) stellen – ausgehend von empirischen Studien – ein **5-Stufen-Modell** wie Unternehmen aus der Auseinandersetzung mit Nachhaltigkeitsthemen Innovationschancen nutzen können vor. Jede dieser Stufen stellt neue strategische Herausforderungen für Unternehmen dar und benötigt auch den Aufbau von Kompetenzen für die erfolgreiche Integration. Es stellt sich auch auf jeder Stufe die Frage welche Stakeholder für die sich bietenden Innovationschancen eingebunden werden sollen. Die einzelnen Stufen bieten zahlreiche Chancen für die strategische Positionierung und Innovationen wobei nicht unbedingt schrittweise vorgegangen werden muss, es können auch einzelne Stufen übersprungen werden (Abb. 2).

Das Open Innovation Konzept (Chesbrough 2003) forciert die strategische Nutzung der Potenziale der Stakeholder (Wissenschaft, Kunden, NGOs,….) von Unternehmen für innovative Lösungen. Essenziell ist dabei ein strukturierter Prozess der externe und interne Potenziale zusammenbringt. In den letzten Jahren wurden Open Innovation Prozesse in zahlreichen Unternehmen implementiert- nun stellt sich die Herausforderung in diese Prozesse in möglichst allen Phasen Aspekte der Nachhaltigkeit zu integrieren.

In Theorie und Praxis werden zahlreiche Innovationsprozessmodelle diskutiert und umgesetzt. Das Prozessmodell von Cooper (1998) hat sowohl die Wissenschaft als auch die Unternehmenspraxis maßgeblich geprägt. Das Stage-Gate-Prozessmodell wird in zahlreichen großen Unternehmen als Managementtool eingesetzt. Der Stage-Gate-Prozess ist interdisziplinär und integriert alle beteiligten Funktionen wie z. B. Einkauf, Marketing und Produktion. An so genannten „Gates" werden Entscheidungen funktionsübergreifend anhand definierter Kriterien getroffen, ob der Innovationsprozess weitergeführt oder abgebrochen wird (Cooper 1998). Für einen CSR-getriebenen Innovationsprozess bedeutet dies, nach jeder einzelnen Phase Kontrollpunkte mit Nachhaltigkeits- bzw. CSR-kriterien einzubauen (Blomquist und Sandström 2004) und bei Verstößen klare Konsequenzen zur nachhaltigen Optimierung zu veranlassen bzw. auch eine Produktentwicklung zu beenden.

Das Nachhaltigkeitsinnovationen in Unternehmen in vielfältigen Formen entstehen können beschreiben Fichter et al. (2007). Sie unterscheiden sechs Entstehungswege von Nachhaltigkeitsinnovationen:

- *Nachhaltigkeit als dominantes Ausgangsziel des Innovationsprozesses* – Deckung von Bedarfen oder die Beseitigung von Missständen als expliziter Beitrag zu einer nachhaltigen Entwicklung
- *Nachhaltigkeit als integrales Unternehmensziel und strategischer Erfolgsfaktor*
- *Nachhaltigkeitspotenzial als „zufällige" Entdeckung im laufenden Entwicklungsprozess*
- *Nachhaltigkeitsanforderungen als mögliches Korrektiv im laufenden Innovationsprozess* – maßgebliche, wesentliche Erkenntnisse können z. B. aus Stakeholderdialogen hervorgegangen oder durch Impulse aus der CSR-Abteilung gewonnen werden
- *Nachträgliche Attribuierung von Nachhaltigkeit und Nutzung als Verkaufsargument*
- *Nachhaltigkeit als „unsichtbare Hand"*: Ein Nachhaltigkeitsbeitrag scheint durch die „unsichtbare Hand" der gegebenen gesetzlichen und technologischen Rahmenbedingungen geschaffen zu werden.

Ein intensiver Austausch mit Interessengruppen kann helfen, unternehmensexterne Perspektiven kennenzulernen sowie Innovationsmöglichkeiten und neue Geschäftsfelder zu erkennen. Stakeholder-Beziehungen beruhen auf einem vertrauensvollen Austausch, einer verbindlichen Kommunikation sowie der Bereitschaft zu Veränderungen und Zugeständnissen auf beiden Seiten. Um Stakeholder zu motivieren, sich vermehrt zu engagieren, ist es nötig, sie stärker zu beteiligen (PriceWaterhouseCoopers 2010).

In jeder Prozessphase sollen Interaktionsmöglichkeiten mit Stakeholdern überlegt werden (Abb. 3). Die Identifikation von Lead-Stakeholder – wer sind besonders innovative Stakeholder, welche Stakeholder setzen sich besonders früh mit neuen Herausforderungen auseinander, welche Stakeholder werden zukünftig eine besondere Bedeutung

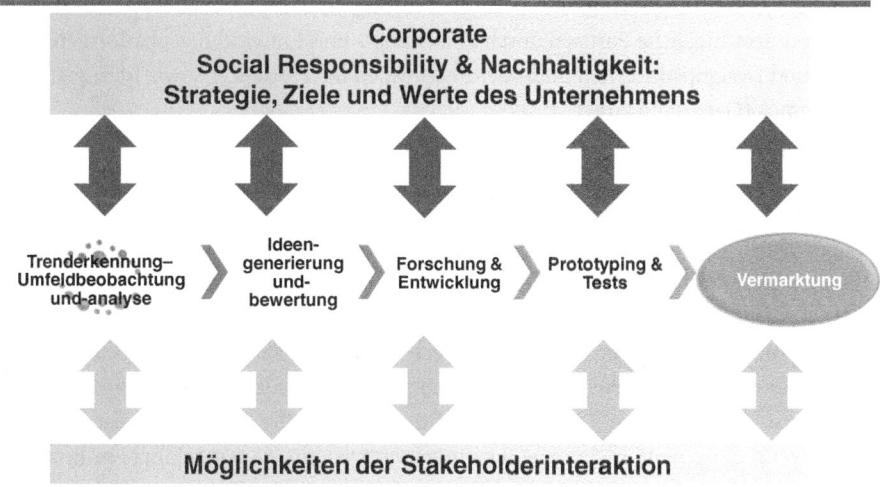

Abb. 3 CSR-getriebener Innovationsprozess. *Quelle* eigene Darstellung

gewinnen, welche Stakeholder sind global besonders intensiv vernetzt – ist hier ein möglicher Ansatzpunkt. Die Einbindung von Stakeholdern in den Innovationsprozess kann in den einzelnen (oder auch in allen) Phasen in verschiedenen Formen erfolgen (nach Koroula und Halme 2008):

- Beratung/Dialog im Rahmen einzelner wesentlicher Fragestellungen
- längerfristige Forschungskooperationen
- Mitarbeiteraustauschprogramme (z. B. NGO-Mitarbeiter werden in For-Profit Unternehmen trainiert und/oder Mitarbeiter von Unternehmen werden in gemeinnützige Projekt entsandt und haben hier die Chance neue Sichtweisen auf gesellschaftliche Themen kennen zu lernen)
- Innovationschancen im Zuge des Multistakeholder-Dialogs von Zertifizierungen und der Diskussion von Nachhaltigkeitsstandards entdecken
- Langfristiger/kontinuiericher Dialog mit ausgewählten Stakeholdern
- gemeinsame Projekte, Strategische Partnerschaften.

In der Innovationsforschung werden aktuell zahlreiche Ansätze und Weiterentwicklungen diskutiert, welche auch ein beachtliches Potenzial für CSR-getriebene bzw. nachhaltige Innovationen haben können. Zu den grundsätzlichen Tendenzen zählen eine verstärkte Öffnung des Innovationsprozesses, eine umfassende Nutzung von Web 2.0 Lösungen und eine verstärkt inter- bzw. transdisziplinäre Prozessgestaltung. Spannende Impulse für die weitere Diskussion sind m.E. von folgenden Ansätzen bzw. Konzepten zu erwarten:

- Crowdsourcing bietet auch für CSR-getriebene Innovationsvorhaben Potenzial. Crowdsourcing wird als Teil des Open-Innovation-Paradigmas betrachtet und ist eine interaktive Strategie des Auslagerns von Wissensgenerierung und Problemlösung. Crowdsourcing bringt unterschiedliche Parteien durch Forschungs- und Entwicklungsplattformen, Marketing- und Designplattformen und/oder Plattformen für Freelancer sowie Ideenplattformen zusammen (Gassmann 2012).
- Im Cradle-to-Cradle Konzept (Braungart und McDonough 2001) geht es darum, Materialströme so zu gestaltet und zu führen, dass die technischen und biologischen Nährstoffe erhalten bleiben. Die eingesetzte Energie für Produkte und Prozesse wird aus erneuerbaren Quellen gewonnen und die Artenvielfalt wird aktiv und quantifizierbar gefördert. Das Cradle-to-Cradle-Konzept orientiert sich an der Idee der Öko-Effektivität – das Ziel besteht nicht darin, den Materialstrom „von der Wiege zur Bahre" zu verringern oder zu verzögern, sondern darin, zyklische Stoffwechselkreisläufe zu erzeugen, die eine naturnahe Produktionsweise ermöglichen und Materialien immer wieder neu nutzen (EPEA 2013).
- Der Ansatz des „Design Thinking" orientiert sich an der Vorgangsweise von Designern wenn diese neue Ideen bzw. Lösungen entwickeln. Es wird dabei ein Prozess aus Verstehen, Beobachtung, Ideenfindung, Verfeinerung, Ausführung und Lernen meist mehrfach durchlaufen. Wichtig ist auch die Zusammensetzung des Innovationsteams, das aus Mitgliedern unterschiedlicher Disziplinen bestehen soll. Diesem interdisziplinären Ansatz wird ein hohes Potenzial bei der Entwicklung nachhaltiger Lösungen und Geschäftsmodelle zugesprochen (Young 2010).
- Die von Claus Otto Scharmer vom Massachusetts Institute of Technology entwickelte Konzeption „Theory U" (Scharmer 2009) setzt dabei an, dass in vielen Innovationsprozessen zu rasch zu Lösungen gekommen wird ohne dabei das tatsächliche Problem zu verstehen. Durch neue Form der Interaktion mit Schlüssel-Stakeholder und der Fokussierung auf die gemeinsame Wahrnehmung und eines vertieften Verständnisses der tatsächlichen Herausforderungen werden nachhaltige und systemische Lösungen besser möglich (van Lawick van Pabst und Visser (2012)).

Die Forschung und Praxis im Feld „CSR und Innovation" steht noch vor zahlreichen Herausforderungen welche durch intensive Dialoge von Wissenschaft und Unternehmenspraxis sowie Vertretern der Zivilgesellschaft weiter entwickelt werden. Zu den aktuellen Fragen zählen u. a. die erfolgreiche Implementierung von CSR-getriebenen Innovationsprozessen - insbesondere wenn es um die Entwicklung neuer Geschäftsmodelle geht, die Messung des Erfolgs dieser Prozesse und die Entwicklung von Managementkompetenzen damit Nachhaltigkeit und gesellschaftliche Verantwortung zum Kern der Innovation in den Unternehmen wird.

6   Überblick über die Beiträge in diesem Band

Im ersten Teil des Buches werden Ansätze und Perspektiven der aktuellen Diskussion im Feld der gesellschaftlichen Verantwortung und den daraus resultierenden Innovationen dargelegt.

Stefan Schaltegger und Erik Hansen setzen sich in ihrem Beitrag mit nachhaltigem Unternehmertum und Nachhaltigkeitsinnovationen im Wertschöpfungsprozess auseinander. Es werden Wege aufgezeigt wie die Wertschöpfung durch gesellschaftliche Kooperationen von Unternehmen hin zu Win-Win oder Triple-Win-Lösungen führen können.

Ulrike Gelbmann, Romana Rauter Sabrina Engert und Rupert J. Baumgartner setzen sich in ihrem Beitrag mit dem speziellen Charakteristika von KMU im Zusammenhang mit (CSR)-Innovationen und mit den Fragen in welchen Bereichen und wie Klein- und Mittelbetriebe CSR-relevante Innovationen umsetzen können und welche Chancen sich daraus ergeben können auseinander. Darüber hinaus wird die Frage der gesellschaftlichen Veränderungen behandelt.

Im Beitrag von Wolfgang Stark schließt sich an die kritische Betrachtung der CSR bzw. Corporate Citizenship-Diskussion der letzten Jahrzehnte die Darstellung des Corporate Social Innovation Ansatzes an. Durch die Entwicklung gemeinsamer Lernfelder und durch eine Stategieentwicklung für gesellschaftlich verantwortliche Innovationen können neue Lösungen entwickelt werden.

Thomas Osburg und René Schmidpeter skizzieren die Dynamik von Vertrauen in Wirtschaft und Gesellschaft und zeigen die Herausforderung auf, wie durch Social Innovation – wo neben dem „business case" auch der „social case" betrachtet wird – Geschäftsmodelle wirtschaftlich und gesellschaftlich nachhaltig gestaltet werden können.

Der zweite Teil des Buches dient dazu, dem Leser anhand konkreter Unternehmensbeispiele aufzuzeigen, dass es bereits zahlreiche interessante Beispiele in unterschiedlichen Branchen gibt wie sich die gesellschaftliche Verantwortung und Nachhaltigkeit in konkreten innovativen Lösungen niederschlägt. Diese Beispiele und Ansätze sollen Anregungen für Weiterentwicklungen und eigenständige Lösungsansätze bieten.

Christian Berg und Stefan Hack zeigen in ihrem Beitrag den umfassenden Nachhaltigkeitsansatz der SAP auf und stellen anhand von konkreten Beispielen nachhaltige Innovationen in eigenen Prozesse und Aktivitäten, wie innovative Produkte und Dienstleistungen den Kunden des Unternehmens zu mehr Nachhaltigkeit verhelfen sollen und den Beitrag zu einer nachhaltigeren Gesellschaft durch die Verbesserung sozialer Verhältnisse dar.

Die Integration von CSR in die Werte und die Strategie von Henkel beschreibt Uwe Bergmann. Er gibt einen Einblick wir CSR in den einzelnen Phasen des Innovationsprozesses des Unternehmens einfließt. Den Abschluss stellen konkrete nachhaltige Innovationsbeispiele und die Darstellung der Zusammenarbeit entlang der Wertschöpfungskette dar.

Gerhard Prätorius und Klaus Richter skizzieren in ihrem Beitrag das CSR-Management der Volkswagen AG und als Schwerpunkt das Stakeholder-Management als Innovationstreiber, darüber hinaus werden konkrete Beispiele der Umsetzung und Organisation von Nachhaltigkeit im Unternehmen aufgezeigt.

Ausgehend von der Nachhaltigkeitsstrategie der BASF zeigen Sebastian Ober, Markus Frank, Katharina Fischer und Dirk Voeste die Rolle der Nachhaltigkeitsbewertung entlang der Wertschöpfungskette und den Einfluss von Nachhaltigkeit auf das Innovationsmanagement auf. Anhand des Beispiels der Elektromobilität wird dargestellt, welche Rolle der Nachhaltigkeit auf die strategische Ausrichtung entlang der Wertschöpfungskette zukommt.

Am Beispiel von Mikroversicherungen erörtern Marin Hintz und Daniel Dirks wie ein globales Unternehmen des Finanzsektors mittels seiner CSR Strategie innovative Wege beschreiten und damit neue Märkte erschließen kann. Sie zeigen auf welche Motivation für die Allianz dazu geführt hat und welche Veränderungen bei der Produktentwicklung, den Prozessen und der Vertriebsorganisation damit einhergehen.

Anschließend beschreiben Hans Roth, Günter Brandner und Stefanie Köberl die Verbindung von CSR und Innovation im Familienunternehmen Saubermacher, die Verankerung von Nachhaltigkeit in der normativen, der strategischen und operativen Ebene und das Zusammenspiel nachhaltiger Innovationen in der Branche „Abfallwirtschaft" und im Unternehmen Saubermacher.

Herbert Ortner – CEO von Palfinger – stellt in seinem Beitrag aufbauend auf die sozialen und ökologischen Schwerpunkte des Unternehmens konkrete Beispiele für Detailverbesserungen durch nachhaltige inkrementelle Innovationen aber auch Effizienzverbesserungen durch nachhaltige Innovationen im Produktsystem und den Einstieg in neue Märkte durch nachhaltige Innovationen beim Produktzweck dar. Bei jeder dieser Innovationsarten wird auf den wirtschaftlichen Nutzen für das Unternehmen eingegangen.

Thomas Hruschka und Peter Eitzenberger stellen in ihrem Beitrag den von der Wiener Umweltschutzabteilung in Leben gerufenen ÖkoBusinessPlan Wien mit dem Ziel, durch geförderte Beratung Unternehmen zur Umsetzung von Maßnahmen zu motivieren, die im Sinne eines ökologischen Wirtschaftens einerseits Nutzen für die Unternehmen (z. B. durch Einsparung von Energiekosten, Verbesserung der Öko-Effizienz, Erlangung von Wettbewerbsvorteilen, …) bringen und andererseits zur Umweltentlastung in Wien beitragen sollen vor und zeigen die Umsetzung Anhand des Finanzdienstleistungsunternehmen VBV Vorsorgekasse auf.

Im abschließenden Beitrag stellt Ernst Gugler seinen persönlichen Zugang als mittelständischen Unternehmer zum Thema „CSR und Innovation" vor. Die enge Verknüpfung von Nachhaltigkeit und gesellschaftlicher Verantwortung und immer wieder das Hervorbringen von Innovationen wird mit der persönlichen Entwicklungsgeschichte des Unternehmers und seines Unternehmens aufgezeigt.

Literatur

Blomquist T, Sandström J (2004) From issues to checkpoints and back: managing green issues in R&D. Bus Strat Environ 13(6):363–373

Braungart M, McDonough W (2001) Einfach intelligent produzieren: Cradle to cradle: Die Natur zeigt, wie wir die Dinge besser machen können. Gebrauchsanweisungen für das 21. Jahrhundert. Berlin Verlag Taschenbuch, Berlin

Carroll AB (1979) A three-dimensional conceptual model of corporate social performance. Acad Manag Rev 4:497–505

Carroll AB, Shabana KM (2010) The business case for corporate social responsibility: a review of concepts, research and practice. Int J Manag Rev. doi: 10.1111/j.1468-2370.2009.00275.x

Chesbrough HW (2003) Open innovation: the new imperative for creating and profiting from technology. Harvard Business Review Press, Boston

Christensen CM (1997) The innovator's dilemma. Harvard Business School Press, Boston

Cooper RG (1998) Product leadership creating and launching superior new products. Perseus Books, Cambridge

Corporate Social Responsibility Initiative der Harvard Kennedy School (2013). http://www.hks.harvard.edu/m-rcbg/CSRI/init_approach.html. Zugegriffen: 3. März 2013

Deutsches Global Compact Netzwerk (2011) Schwerpunktthema 2011. Hintergrundpapier Innovation und Nachhaltigkeit. http://www.globalcompact.de/sites/default/files/jahr/publikation/dgcn_st2011_innovation_hintergrundpapier.pdf. Zugegriffen: 18. Mai 2013

Elkington J (1998) Cannibals with forks. Triple bottom line of 21th century business. Capstone Publishing

EPEA (o.J.) Cradle to Cradle – Prinzipien. http://www.epea.com/de/content/paradigmenwechsel. Zugegriffen: 21. Mai 2013

Europäische Kommission (2001) Grünbuch Europäische Rahmenbedingungen für die soziale Verantwortung der Unternehmen, KOM (2001) 366, Brüssel

Europäische Kommission (2011) Communication from the Commission to the Council and the European Parliament – a renewed EU strategy 2011–14 for corporate social responsibility. Brüssel

Fichter K, Beucker S, Noack T, Springer S (2007) Entstehungspfade von Nachhaltigkeitsinnovationen. nova-net Werkstattreihe, Stuttgart

Gassmann O (2012) Crowdsourcing – Innovationsmanagement mit Schwarmintelligenz: – Interaktiv Ideen finden – Kollektives Wissen effektiv nutzen – Mit Fallbeispielen und Checklisten. Carl Hanser Verlag, München

Global Reporting Initiative (2013) G4 sustainability reporting guidelines. https://www.globalreporting.org/resourcelibrary/GRIG4-Part1-Reporting-Principles-and-Standard-Disclosures.pdf. Zugegriffen: 17. Juni 2013

Grieshuber E (2012) CSR als hebel für ganzheitliche innovation. In: Schneider A, Schmidpeter R (Hrsg) Corporate Social Responsibility – Verantwortungsvolle Unternehmensführung in Theorie und Praxis. Springer, Berlin, S 371–384

Hanke T, Stark W (2009) Strategy development: Conceptual framework on corporate social responsibility. J Bus Ethics 85: 507–516

Hauschildt J, Salomo S (2011) Innovationsmanagement, 5. Aufl. Vahlen, München

Hockerts K, Morsing M (2006) A literature review on corporate social responsibility in the innovation process. Copenhagen Business School (CBS), Center for Corporate Social Responsibility

Hungenberg H (2011) Strategisches Management in Unternehmen. Ziele – Prozesse – Verfahren, 6. Aufl. Springer-Gabler, Berlin Heidelberg

ISO 26000 (2010) Guidance on social responsibility ISO 26000 (E)

Kourula A, Halme M (2008) Types of corporate responsibility and engagement with NGOs: an exploration of business and societal outcomes. Corp Gov 8(4):557–570

Kurucz E, Colbert B, Wheeler D (2008) The business case for corporate social responsibility. In: Crane A, McWilliams A, Matten D, Moon J, Siegel D (Hrsg) The Oxford handbook of corporate social responsibility. Oxford University Press, Oxford, S 83–112

Lacy P, Cooper T, Hayward R, Neuberger L (2010) A new era of sustainability. UN global compact-accenture CEO study 2010. http://www.unglobalcompact.org/docs/news_events/8.1/UNGC_Accenture_CEO_Study_2010.pdf. Zugegriffen: 10. Juni 2013

Laszlo C, Zhexembayeva N (2011) Embeded sustainability the next big competitive advantage. Stanford Business Books, Stanford

van Lawick van Pabst JA, Visser W (2012) Theory U and CSR 2.0: alignment of two conceptual approaches to create profound innovation and transformative change in corporate sustainability and responsibility. http://ssrn.com/abstract=2009341. Zugegriffen: 15. Mai 2013

Louche C, Idowu SO, Filho WL (2010) Innovative CSR. From risk management to value creation. Greenleaf Publishing Limited, Sheffield

MacGregor SP, Fontrodona J (2008) Exploring the fit between CSR and innovation. WP-759. University of Navarra, Navarra

Martinuzzi A (2012) CSR und Wettbewerbsfähigkeit. In: Schneider A, Schmidpeter R (Hrsg) Corporate Social Responsibility – Verantwortungsvolle Unternehmensführung in Theorie und Praxis. Springer, Berlin, S 619–634

Matten D, Moon J (2004) 'Implicit' and 'Explicit' CSR: a conceptual framework for understanding CSR in Europe. ICCSR Research Paper Series (29-2004), University of Nottingham

Nidumolu R, Prahalad CK, Ranganswami MR (2009) In fünf Schritten zum nachhaltigen Unternehmen. Harv Bus Manag 12(2009):50–63

Nordic Innovation Center (2010) CSR-driven innovation – combining design and business in a profitable and sustainable way. Oslo, Norwegen

Porter M, Kramer M (2006) Strategy and society: the link between competitive advantage and corporate social responsibility. Harvard Business Review

Porter M, Kramer M (2011) Creating shared value. Harvard Business Review

PriceWaterhouseCoopers (Hrsg) (2010) Corporate Sustainability Barometer. Wie Nachhaltig Agieren Unternehmen in Deutschland? Kohlhammer und Wallishauser. Hechingen

Savitz AW, Weber K (2007) The sustainability sweet spot. How to achieve long-term business success. In: Environmental quality management Winter. doi:10.1002/tqem

Schaltegger S et al. (2009) Nachhaltigkeitsmanagement in der öffentlichen Verwaltung. Herausforderungen handlungsfelder und methoden. Studie im Auftrag des Rats für Nachhaltige Entwicklung der Bundesregierung, Lüneburg, Centre for Sustainability Management

Schaltegger S (2012) Die Beziehung zwischen CSR und Corporate Sustainability. In: Schneider A, Schmidpeter R (Hrsg) Corporate Social Responsibility. Verantwortungsvolle Unternehmensführung in Theorie und Praxis. Springer-Gabler, S 165–176

Scharmer CO (2009) Theory U. Leading from the future as it emerges. Berrett Koehler Publishers, San Francisco

Schneider A (2012) Reifegradmodell CSR – eine Begriffserklärung und Abgrenzung. In Schneider A, Schmidpeter R (Hrsg) Corporate Social Responsibility. Verantwortungsvolle Unternehmensführung in Theorie und Praxis. Springer-Gabler, S 17–38

Schreck P (2012) Der Business Case for Corporate Social Responsibility. In: Schneider A, Schmidpeter R (Hrsg) Corporate Social Responsibility. Verantwortungsvolle Unternehmensführung in Theorie und Praxis. Springer-Gabler, S 67–86

Schwerk A (2012) Strategische Einbettung von CSR in das Unternehmen. In: Schneider A, Schmidpeter R (Hrsg.) Corporate Social Responsibility. Verantwortungsvolle Unternehmensführung in Theorie und Praxis. Springer-Gabler, S 331–356

World Business Council for Sustainable Development (2006) From challenge to opportunity. A paper from the tomorrow's leaders group of the World Business Council for Sustainable Development

Visser W (2011) The age of responsibility. CSR 2.0 and the new DNA of business. Wiley, Chichester

Young G (2010) Design thinking and sustainability. http://zum.io/wp-content/uploads/2010/06/Design-thinking-and-sustainability.pdf. Zugegriffen: 4. Juni 2013

Unternehmerische Nachhaltigkeitsinnovationen durch nachhaltiges Unternehmertum

Stefan Schaltegger und Erik Hansen

1 Organisationen: nachhaltigkeitswirksam und innovativ

Unternehmen, wie auch Organisationen des öffentlichen und nicht-gewinnorientierten Sektors sind Orte der Arbeitsgestaltung, der Kommunikation und der gesellschaftlichen Interaktion. Sie üben damit wesentlichen Einfluss auf Märkte und Gesellschaft aus (Freeman 1984). Über die Produktgestaltung beeinflussen Unternehmen Konsummuster (Meffert und Kirchgeorg 1998; Belz und Peattie 2009), über den Einkauf Lieferketten (Seuring und Müller 2008; Hansen et al. 2011), über die Gestaltung der Arbeitsplätze das Arbeitsleben (Ehnert 2009) und über ihre politische Einflussnahme Entwicklungspfade der staatlichen und supranationalen Politik (Pfeffer 1992; Schneidewind 1998). Unternehmen kommen damit nicht umhin, die Nachhaltigkeit wirtschaftlicher und gesellschaftlicher Entwicklung entweder positiv oder negativ zu beeinflussen. Sie können sich des Einflusses nicht entziehen: *Unternehmen sind* entweder aus der Natur der Organisation gezwungenermaßen oder aus Entscheidung der Unternehmensleitung willentlich *nachhaltigkeitswirksam*. Die Frage ist, ob das Management den Einfluss auf die Nachhaltigkeitswirkungen bewusst und systematisch ausgestaltet oder ihn, unabhängig der Wirkungsrichtung, ignorant in Kauf nimmt.

Keine Organisation bleibt über die Zeit vollkommen konstant. In ihrer Entwicklung sind *Organisationen* laufend mehr oder weniger *innovativ*, sei es noch so minimal. In laufenden Prozessen des Marktgeschehens optimieren, verändern oder ersetzen Unternehmen Leistungserstellungsprozesse, das Produkt- und Dienstleistungsangebot, die Geschäftsmodelle und ihre Organisation. Viele Ideen, Erfindungen und Entwicklungen laufen ins Leere,

S. Schaltegger (✉) · E. Hansen
Centre for Sustainability Management (CSM), Leuphana Universität Lüneburg,
Scharnhorststr., 21335 Lüneburg, Deutschland
e-mail: schaltegger@uni.leuphana.de

R. Altenburger (Hrsg.), *CSR und Innovationsmanagement*,
Management-Reihe Corporate Social Responsibility,
DOI: 10.1007/978-3-642-40015-5_2, © Springer-Verlag Berlin Heidelberg 2013

werden nach mangelndem Markterfolg beendet oder nach einiger Zeit durch noch neuere Entwicklungen überholt. Einige von Unternehmen ausgehende Entwicklungen behaupten sich im Markt und tragen damit auch zu seiner Veränderung bei. Die Frage ist damit, ob eine Organisation durch äußere Sachzwänge verändert wird („erzwungene" Innovation) oder durch bewusste Managemententscheidungen Innovationsprozesse unterstützt und Nachhaltigkeit dabei eine wesentliche Leitlinie darstellt oder ignoriert wird („angestrebte" Nachhaltigkeitsinnovation). Die Unterscheidung zwischen erzwungener und angestrebter Innovation widerspiegelt sich in Mintzbergs und Waters (1985) Unterscheidung von aufgezwängter („imposed") und geplanter („planned") Strategie.

Kurzum: Unternehmen sind immer nachhaltigkeitswirksam und innovativ; die Frage ist, wie stark, in welche Richtung und ob zufällig oder bewusst gemanagt. Da einerseits nachhaltige Entwicklung von Wirtschaft und Gesellschaft nicht ohne eine nachhaltige Entwicklung von Unternehmen erfolgen kann und andererseits kein Unternehmen von Nachhaltigkeitsfragen unberührt bleibt, ist die Unternehmensleitung herausgefordert, Nachhaltigkeitsthemen in der Steuerung des Innovationspfads zu berücksichtigen. Wird dieser, aus Nachhaltigkeitssicht notwendige Bewusstseinswerdungsprozess von einer Organisation aktiv aufgegriffen und gemanaget, so entsteht nachhaltiges Unternehmertum – hier verstanden als Verhalten, dass sowohl in etablierten (oft großen) und neuen (kleinen) Unternehmen als auch durch Unternehmensgründungen oder –ausgründungen gleichermaßen auftreten kann.

Dieser Beitrag legt dar, dass nachhaltiges Unternehmertum einen Innovationsprozess an sich darstellt, der bei der Erneuerung des Wertschöpfungsprozesses ansetzt.

2   Innovation durch nachhaltiges Unternehmertum: nachhaltig kreieren zerstört kreativ

Sich seit Jahrzehnten verändernde gesellschaftliche, rechtliche, politische und marktliche Rahmenbedingungen fordern Unternehmen heraus, Nachhaltigkeitsthemen vermehrt ernsthaft zu berücksichtigen. Unternehmen sind jedoch nicht nur Anpasser an veränderte Umfeldbedingungen: durch ihre Innovationen sind sie vielmehr auch Treiber von Veränderung. Mit der von gesellschaftlichen Akteuren und nachhaltigkeitsorientierten Unternehmerpersönlichkeiten und –prozessen ausgelösten unternehmerischen Innovationskraft wurde eine Dynamik entfacht, die in etlichen Ländern einen grundsätzlichen Strukturwandel in Wirtschaft und Gesellschaft in Gang gesetzt hat (Hockerts und Wüstenhagen 2010). Die sich weiter verändernden Rahmenbedingungen wiederum prägen, welche Art von Unternehmensführung vermehrt von gesellschaftlichen Erwartungen eingefordert wird, um Unternehmen erfolgreich zu leiten. Nachhaltigkeitsthemen beeinflussen damit Innovationsprozesse und welche Innovationen sich durchsetzen, scheitern oder in der Nische stecken bleiben.

Normativ betrachtet geht es aus Managementsicht um die Frage der gesellschaftlichen Rolle von Unternehmen und wie diese gefüllt wird. Wirkungslos sind Unternehmen in Bezug auf Nachhaltigkeit nie. Aus Managementhandlungen kann nur Wirkung für oder

Wirkung gegen eine nachhaltige Entwicklung resultieren. Ignoranz führt in Bezug auf die Nachhaltigkeitswirkung im Regelfall zu unnachhaltigen Wirkungen.

Angesichts der gegebenen Unnachhaltigkeit unserer heutigen Lebens- und Wirtschaftsweisen verlangt nachhaltige Entwicklung Veränderungen durch Innovationen. Unnachhaltige Produkte und Produktionsprozesse müssen aufgegeben und in mehr oder weniger ähnlicher oder radikal anderer Form neue geschaffen werden. Im Sinne des „kreativen Zerstörers" von Schumpeter wird von nachhaltigen Unternehmern erwartet, dass unnachhaltige Verhältnisse als Anlass für die Schaffung neuer nachhaltigerer Produkt- und Dienstleistungsangebote genommen werden, die die bisherigen Strukturen ersetzen und unattraktiv und im Idealfall obsolet machen. Dies geschieht nicht über Nacht, sondern kann ein langjähriger Transformationsprozess sein (Geels 2011).

Unternehmerische Nachhaltigkeit beinhaltet nicht nur die inkrementelle Optimierung von bestehenden Produktionsprozessen und Produkten, sondern betrifft auch die Überdenkung des Kerngeschäfts an sich und damit das Fundament der gesellschaftlichen Gestaltungsrolle des Unternehmens. Damit rücken die Geschäftsmodelle von Unternehmen und deren Veränderungsmöglichkeiten (d. h. „Geschäftsmodell-Innovationen") in den Fokus der Betrachtung (Boons und Lüdeke-Freund 2013; Hansen et al. 2009; Schaltegger et al. 2012). So wenden sich Automobilkonzerne vermehrt des Geschäftsmodells Carsharing zu, anstatt „nur" Autos ökologischer zu gestalten. Nachhaltigkeit hat damit, vielleicht mehr als alle bisherigen Themen, die Kraft, durch radikale Innovationen sehr fundamentale Veränderungsprozesse in Gang zu setzen. Ein zentraler Ansatzpunkt von Nachhaltigkeitsinnovationen ist damit der Wertschöpfungsprozess selbst.

3 Nachhaltiges Unternehmertum als Innovation des Wertschöpfungsprozesses

Nachhaltige Entwicklung geschieht weder von selbst noch fällt sie vom Himmel. Sie muss vielmehr durch Innovationsprozesse innovativ, aktiv und kreativ geschaffen werden – sie muss „unter-nommen" werden. Der mehrdeutige Begriff macht deutlich, dass es sich bei nachhaltigem Unternehmertum also um ein Unterfangen von Mitgliedern einer Organisation handelt, nachhaltige Entwicklung in die Hand zu nehmen und mit oder durch die Organisation umzusetzen. Akteure von nachhaltigem Unternehmertum sind damit Organisationen wie Individuen in diesen Organisationen gleichermaßen.

Unternehmen sind Wertschöpfungsagenten im gesellschaftlichen Auftrag. Sie schaffen individuelle und gesellschaftliche Angebote zur Gestaltung des Lebens und erfüllen eine schöpferische Aufgabe, indem sie komplexe Formen der Zusammenarbeit erfinden und realisieren. Nur wenn diese Angebote menschliche Bedürfnisse zu befriedigen vermögen, schaffen Unternehmen Werte. Jede Wertschöpfungsaktivität ist jedoch inhärent mit Schadschöpfung verbunden, also unerwünschten negativen sozialen Wirkungen und Umweltbelastungen (vgl. Schaltegger und Sturm 1990). Die durch die Wertschöpfung verursachte Schadschöpfung kann in Ausmaß und Ausprägung zwar gestaltet und damit von der Wertschöpfung entkoppelt werden (von Weizsäcker et al. 2009); aus heutiger Sicht ist Schadschöpfung jedoch nicht vollständig zu verhindern. Zwar können einzelne Organisationen ihre Aktivitäten auf die Minderung der Schadschöpfungswirkung anderer Organisationen oder von Individuen ausrichten und damit für sich betrachtet, eine *negative* Schadschöpfung (d. h. Schaden wird reduziert) realisieren (so z. B. Unternehmen die CO_2-Kompensationen vermarkten). In anderen Worten, sie Senken die Umweltbelastung oder sozialen Belastungen anderer stärker als ihre eigene Belastung. Dabei ist allerdings zu bedenken, dass ihr Geschäftsmodell jedoch auf die Schadschöpfung anderer angewiesen ist – d. h. sie können nur reduzieren, was andere an Belastung verursacht haben. Global betrachtet bleibt damit der Umstand bestehen, dass Wertschöpfung immer mit Schadschöpfung verbunden ist. Dies ergibt sich im Extrem betrachtet alleine schon dadurch, dass Menschen sich ernähren müssen und dabei Pflanzen, Tiere oder Ökosysteme beeinträchtigt werden. Diese Extrembetrachtung zeigt jedoch auch, dass Schadschöpfung unterschiedlich hoch oder relevant sein kann und aus einer Systembetrachtung gegebenenfalls sogar irrelevant werden kann, wenn sie Teil zum Beispiel natürlicher Kreisläufe darstellt. Das Essen von Pflanzen stellt dann kein Problem dar, wenn das zugrundeliegende Ökosystem und auch die Ökosysteme der damit verbundenen Agrarlieferketten in ihrer Funktion in ihrer Reproduktionsfähigkeit erhalten bleiben.

Aus diesen Überlegungen lassen sich folgende Fundamentalziele für unternehmerische Nachhaltigkeitsinnovationen ableiten (Schaltegger und Burritt 2005):

- *Ethische Überprüfung der Wertschöpfung an sich und in der Menge:* Mit einer Überprüfung der unternehmerischen Leistungen kann reflektiert werden, was für bestehende oder neue Gestaltungsangebote des Unternehmens die höchstmöglichen gesellschaftlich und moralisch-ethisch anerkannten ökonomischen Werte „schöpfen". Nachhaltigkeitsinnovationen dienen aus diesem Blick nicht primär der Steigerung des buchhalterisch gemessenen Wohlstands sondern vor allem der Erhöhung des Wohlbefindens und der Wohlfahrt durch Entrümpelung, Fokussierung, Entlastung oder Verzicht (z. B. Schneidewind und Palzkill 2011). Dieses Ziel kann durch eine Fokussierung auf das Wesentliche mit dem Konzept der *Suffizienz* operationalisiert werden.
- *Optimierung der Zusammensetzung der Materialflüsse der Wertschöpfung:* Die Substitution ökologisch und sozial problematischer Materialien durch natürlicherweise vorkommende Stoffe kann die ökologische und soziale Relevanz der Schadschöpfung möglichst niedrig halten. Entsprechende Nachhaltigkeitsinnovationen ermöglichen den Ersatz von toxischen Stoffen durch natürlicherweise vorkommende und durch die Ökosystemfunktionen nicht oder kaum beeinträchtigende Stoffe und Energien. Der Konsistenzansatz geht auch der Frage nach, wie geschlossene Stoffkreisläufe mit höchstmöglicher Wiederverwend- und Wiederverwertbarkeit gestaltet werden können. Dieses Ziel kann mit dem Konzept der *Konsistenz* operationalisiert werden.
- *Maximierung der Wertschöpfung pro Schadschöpfung:* Die mit der angestrebten Wertschöpfung einhergehende Schadschöpfung wird durch technische, gestalterische und organisatorische Nachhaltigkeitsinnovationen möglichst stark reduziert oder

die Wertschöpfung pro Schadschöpfungseinheit wird maximiert. Im Fokus steht die Perfektionierung von Systemen, Konstruktionen, Abläufen und Designs. Dieses Ziel kann mit dem Konzept der *Öko-Effizienz* operationalisiert werden.

Wird unternehmerische Nachhaltigkeit als Nachhaltigkeitsinnovation des Wertschöpfungsprozesses an sich gesehen, so wird einerseits deutlich, dass nur eine Kombination der drei Zugänge der Suffizienz, Konsistenz und Effizienz zielführend sein kann und ein ideologisches gegeneinander Ausspielen dieser Ansätze zu Suboptimierungen führen muss (vgl. Huber 1995). So vergisst eine reine Effizienzorientierung, dass „weniger schlecht nicht gut ist" (Braungart und McDonough 2005), eine reine Konsistenzorientierung, dass auch konsistente Stoff- und Energieströme oft mit Schadschöpfung verbunden ist (z. B. Anbau von erneuerbaren Rohstoffen; Anlagen zur Bereitstellung von erneuerbaren Energien benötigen seltene Erden, Metalle, teils toxische Stoffe und Landschafts- bzw. Flächenverbrauch; Emissionen von Kreislauf- und Rückführungssystemen) und eine reine Suffizienzbetrachtung, dass noch verbleibende Konsumbedürfnisse – wenn auch absolut auf niedrigerem Niveau – möglichst konsistent und effizient bedient werden sollten (z. B. emissionsfreies Carsharing durch Elektro-Mobile). Schon Huber (1995, 44) vermutete, dass

eine Gesamtstrategie der abgestuften Optionen das beste sei [...], die der Konsistenz Vorrang einräumt, die sich dabei die Effizienz so weit wie möglich unterstützend zunutze macht, wohl wissend, daß man sich gewissen Suffizienz-Grenzen schließlich wird fügen müssen. [...] In der abgestuften Option für Konsistenz – Effizienz – Suffizienz liegt für eine zahlreiche Menschheit der goldene Mittelweg zwischen der Verwüstung durch Übernutzung und der Verwüstung durch Schrumpfung, Rückzug und Verwilderung.

Huber's Priorisierung kann also als möglichst effizient betriebener konsistenter Wertschöpfungsprozess (und Kreisläufe) verstanden werden, die unter Zuhilfenahme von Suffizienz im Rahmen der ökologischen Grenzen („planetary boundaries") verbleibt. Diese auf den Endzustand bezogene Zielpriorisierung sagt noch nichts über die tatsächliche Umsetzung der Strategien in Unternehmen aus: so wird eine *ideelle* Orientierung genau in der postulierten Reihenfolge – d. h. mit der Konsistenz beginnen, eine *pragmatische* Orientierung hingegen mit den Unternehmen am nächsten stehenden Effizienz-Verbesserungen und eine *post-konsumeristische oder Post-Wachstums-Orientierung* mit der ihr am nahegelegensten Suffizienz. Alle drei Orientierungen können den Innovationsprozess leiten und auf unterschiedlichen Wegen zu möglicherweise ähnlichen oder eventuell auch anderen Ergebnissen führen. Dabei besteht noch Forschungsbedarf zur Untersuchung von Unterschieden in den Ergebnissen und der Nachhaltigkeit dieser drei möglichen Innovationspfade. Es kann dabei hypothetisiert werden, dass es weniger wichtig ist mit welcher Art der Nachhaltigkeitsinnovativen begonnen wird, als das nicht die jeweils anderen beiden Strategietypen im Wandlungsprozess der Unternehmen und der Industrie insgesamt vergessen werden. Bei ausreichender Offenheit und Nachhaltigkeitsorientierung ist davon auszugehen, dass ein Innovationspfad der mit einer Substitution der verwendeten Materialien beginnt, dann eine Effizienzorientierung der Herstellung dieser Materialien (mit ggf. einer Anpassung der Materialien) vornimmt und zuletzt die Notwendigkeit des Gutes insgesamt hinterfragt zu einer neuen Produkt-Dienstleistungskombination auf Basis eines kreislauf- und effizienzmäßig optimierten Produktes führen kann. Dieses Ergebnis könnte auch resultieren, wenn zuerst das bisherige Produkt öko-effizienter erstellt und dabei festgestellt wird, dass eine Substitution von Materialien weitreichendere Fortschritte ermöglicht und der Verzicht auf Eigentum dieses Produkts zu einem suffizienteren Produkt-Dienstleistungsangebot führt (Hansen et al. 2009). Ähnlich kann auch für eine Reihenfolge argumentiert werden, die mit dem Suffizienz-Ansatz startet.

Des Weiteren erfordert die Komplexität der Nachhaltigkeitsherausforderungen und der Kombinationsmöglichkeiten der Innovationsansätze auch die Zusammenführung unterschiedlichster Wissensbestände aus Theorie und Praxis in einem inter- und transdisziplinären Prozess.

4 Nachhaltigkeitsinnovationen als sozialer Prozess

Die Entwicklung von Nachhaltigkeitsinnovationen durch nachhaltiges Unternehmertum, wie Wertschöpfung an sich, ist ein sozialer Prozess, der Interaktionen mit Stakeholdern erfordert. Eine zentrale Funktion des Unternehmens besteht darin, die wertschöpfenden Interaktionsprozesse mit den drei Zugängen der Suffizienz, der Konsistenz und der Effizienz so schadschöpfungsarm wie möglich zu gestalten. Durch gesellschaftliche Kooperationen schöpfen Unternehmen Wert, indem sie Win-Win- oder Triple-Win-Lösungen organisieren, durch die sich alle Beteiligten wechselseitig besserstellen, also jeweils für sich, die Gesellschaft und die Natur einen individuellen Mehrwert erzielen.

Dieser Triple-Win-Vorstellung von nachhaltiger Entwicklung durch eine unternehmerische Neukonfiguration von Wertschöpfung wird manchmal der *Einwand von Trade-Offs* gegenübergestellt: um etwas am einen Ende zu gewinnen sind unweigerlich Opfer am anderen Ende zu erbringen (vgl. z. B. Polimeni et al. 2008; Byggeth und Hochschorner 2006) und dies sei womöglich die Regel (vgl. z. B. Hahn et al. 2010). Noch deutlicher wird dies teilweise unter dem Stichwort der *Reboundeffekte* als Kritik an Innovationen zur Verbesserung der Öko-Effizienz (gemeint ist ein möglicher Trade-off zwischen kurzfristiger ökologischer Verbesserung der Technik und langfristiger Verschlechterung ökologischer Performance aufgrund veränderten Nutzerverhaltens), aber auch an Nachhaltigkeitsinnovationen insgesamt geäußert (vgl. z. B. Santarius 2012): jede Verbesserung führt zu Einsparungen, die damit das verfügbare Einkommen erhöhen und wird durch die einkommenssteigerungsbedingt mögliche Konsumsteigerung andernorts kompensiert oder gar überkompensiert. Für *suffizienzgetriebene* Innovationen könnte dies so interpretiert werden, dass der Verzicht auf das Eine, den Mehrkonsum des Anderen hervorruft (z. B. der Verzicht auf ein Auto wird durch eine Flugreise in den Urlaub überkompensiert). Für *konsistenzorientierte* Nachhaltigkeitsinnovationen würde ein psychologischer Reboundeffekt Leute motivieren mit einem kompostierbaren Auto mehr umherzufahren (z. B. um allen zu zeigen, was für ein tolles Auto man hat) und konsistente Produkte verstärkt nachzufragen (vielleicht sogar zu verschwenden), da diese ökologisch „unproblematisch" seien (z. B. Verschwendung von Solarenergie) und bei *Effizienz*innovationen könnte ein Einkommenseffekt als Begründung herangezogen werden (z. B. das eingesparte Geld des sparsamen Autos zu einem guten Gewissen beim Fahren und mehr Fahrkilometern führt).

Sowohl Trade-offs als auch Rebound-Effekte sind reale Phänomene, die im Kontext der Ausgestaltung von Nachhaltigkeitsinnovationen allerdings deutlich überbewertet werden. Vielmehr liegt vor allem aus drei fundamentalen Gründen ein tiefes Missverständnis in der Darstellung von Trade-offs und Rebound-Effekten vor: erstens ein *Missverständnis zur Rolle sozialer Kooperationen als Grundlage für unternehmerisches Handeln*, zweitens ein Missverständnis über den Bereich („Scope") von Win-Win/Triple-Win-Wirkungen und drittens ein *Missverständnis von Wirkungszusammenhängen*. Erstens sind gerade Win-Win-Lösungen zwischen unterschiedlichen Akteuren in einer Marktwirtschaft nicht der Ausnahmezustand sondern der Regelfall (vgl. z. B. Mises 1959). Unternehmen können nur dann dauerhaft die freiwillige Kooperation ganz unterschiedlicher Stakeholder organisieren, wenn diese erwarten, sich durch ihre Zusammenarbeit individuell besserzustellen. Freiwillige Kooperationen (z. B. mit Kunden, Mitarbeitern, Lieferanten) kommen nur dann zustande, wenn ein Win-Win-Potential erwartet wird. Ohne Mehrwert für alle Beteiligte kann im Regelfall kein Unternehmen erfolgreich bestehen. Zentrales Problem sind damit unerwünschte Externalitäten, wie sie gesellschaftlich, besonders auch ökologisch auftreten können. Diese müssen demnach im Zentrum von Nachhaltigkeitsinnovationen stehen. Gesellschaftliche Trade-offs zwischen unterschiedlichen Gruppen im Sinne einer Schlechterstellung der einen durch die anderen erfolgen nur bei fehlender Partizipation oder mangelnden Partizipationsmöglichkeiten. Dies kann geschehen, wenn das Grundprinzip eines marktwirtschaftlich handelnden Unternehmens und der gesellschaftlichen Partizipation zum Beispiel durch starke Machtungleichgewichte zwischen Stakeholdern außer Kraft gesetzt wird. Unternehmerische Nachhaltigkeitsinnovationen werden unter wettbewerblichen Bedingungen solange keine relevanten Trade-offs zwischen unterschiedlichen gesellschaftlichen Gruppen zulassen als eine gute Partizipation ermöglicht wird. Damit wird auch deutlich, dass Prozesse zur Schaffung von Nachhaltigkeitsinnovationen offen partizipationsorientiert ausgestaltet sein sollten (Hansen und Große-Dunker 2013).

Zweitens wird unter „Win-Win" oder „Triple Win" zu oft (implizit) davon ausgegangen, dass dies nur diejenigen Lösungen beinhaltet, die in einem engeren (und kurzfristigen) Sinne nachhaltigkeits- und gewinnsteigernd sind. Triple Win-Lösungen sind aber vielfältiger und benötigen eine vertiefte und intensivere Diskussion weg von der dichotomen Betrachtung „Gewinn vs. kein Gewinn" zu „*wieviel Gewinn*" und „wieviel Gewinn für wen". So zeigen gerade kleine und mittlere Nachhaltigkeitspioniere durchaus wie Gewinnorientierung und radikale Nachhaltigkeitsverbesserung zusammen spielen können – jedoch nicht unter einem (kurzfristigen) Gewinn*maximierungsdiktat* sondern in einem von Entrepreneuren geprägten Balanceakt zwischen Gewinnhöhe und Nachhaltigkeit. Es ist klar, dass eine radikal ökonomische Opportunitätskostenbetrachtung (alternative Geschäftsmöglichkeiten mit unnachhaltigen Angeboten, die mehr Gewinn generieren) nicht als Triple Win in einem engeren Sinne auffassen würde. Allerdings stellt diese Betrachtung nicht in Frage, dass auch mit niedrigerem Gewinn de Facto ein Win-Win- oder Triple Win-Ergebnis erreicht wird. Auch vergisst eine zu enge Definition von „Win-Win", dass innovationsorientierte Unternehmen nachhaltigkeitsorientierte Produkt- und Dienstleistungsentwicklungen als Investitionen in die Marke, in Zukunftsmärkte und somit die Überlebensfähigkeit der Organisation betrachten können. Hier kann es sich um ökonomisch erfolgreiche Strategien und Innovationspfade handeln, obwohl (kurzfristig) zunächst ein negativer (finanzieller) Deckungsbeitrag besteht (hier handelt es sich nun tatsächlich um einen Trade-off zwischen kurzfristigen und langfristigen Gewinnen). Beispielsweise investieren deutsche und andere Automobilhersteller zunehmend in den Carsharing-Markt, obwohl davon auszugehen ist, dass die Gewinnmargen derzeit niedriger als im Kerngeschäft oder sogar negativ sind. Es können aber positive *nichtfinanzielle* Deckungsbeiträge im Sinne der Sicherung der Legitimität, Steigerung der Reputation, Stärkung der Innovationsorientierung und der Sicherung von Zukunftsmärkten bestehen – und daher durchaus eine Triple Win-Situation im Sinne eines Business Case for Sustainability bestehen. Die Frage ist also nicht ob Nachhaltigkeit statt mit „Win-Win" mit „Win-Loose"-Ansätzen umgesetzt werden muss, sondern mit welchem Bereichsverständnis Win-Win und Triple Win definiert werden.

Drittens, zu den Wirkungszusammenhängen zwischen Ressourcenschonung durch Nachhaltigkeitsinnovationen, ist festzustellen, dass der Ressourcenverbrauch und die Anzahl konsumierter Produkte global gesehen primär durch das weltweite Bevölkerungswachstum und den Konsumanstieg von Gesellschaften und Bevölkerungsgruppen auf einem derzeit tiefen Wohlstandsniveau steigen. Hier liegt kein Trade-off-Effekt sondern ein Wachstumseffekt vor. Höhere Einkommen konsumieren mehr, was zu mehr Schadschöpfung führt. Betrachten wir demgegenüber Industrie- und Dienstleistungsgesellschaften, so sind zwar in bestimmten Fällen zum Beispiel bei Energieeinsparungen Rebound-Effekte empirisch nachgewiesen (z. B. Greening et al. 2000), es besteht aber kein zwingender Grund, weshalb Einsparungen durch Nachhaltigkeitsinnovationen immer den Konsum unnachhaltigerer Produkte und Dienstleistungen zur Folge haben sollten (z. B. weil das Auto weniger Benzin verbraucht wird in den Urlaub geflogen oder so viel mehr Auto gefahren, dass insgesamt mehr Umweltbelastung resultiert). Dies wäre jedoch notwendig, damit die durch eine Nachhaltigkeitsinnovation reduzierte Schadschöpfung Grund für eine höhere Schadschöpfung andernorts wäre. Vielmehr ist zumindest bei einem mit der Nutzung einer Nachhaltigkeitsinnovation einhergehenden Nachhaltigkeitsbewusstsein zumindest teilweise davon auszugehen, dass Einsparungen in andere nachhaltige Aktivitäten oder Konsummuster münden, womit nicht nur die gesamte Schadschöpfung sinkt sondern auch Impulse für weitere Nachhaltigkeitsinnovationen ausgelöst werden. So kann zum Beispiel das durch den Ersatz des Privat-PKWs durch eine Carsharing-Dienstleistung (die auch weniger Umweltbelastung erzeugt) gewonnene Einkommen, für ökologisch hochwertigere Bio-Nahrungsmittel oder die teurere nachhaltige Innenausstattung des Wohnzimmers anstelle des jeweiligen Billigangebots ausgegeben werden (Hertwich 2005). Oder die Menschen nutzen das niedrigere Kostenniveau, um Ihre Arbeits- bzw. Einkunftsverhältnisse anzupassen (z. B. mehr Zeit für Pflege eines Verwandten). Als Alternative zu (negativen) Rebound-Effekten, wird daher auch die von positiven und negativen „Ripple"-Effekten gesprochen

(Hertwich 2005). Es ist allerdings davon auszugehen, dass Unterschiede je nach Innovationstyp bestehen: so können Effizienzinnovationen von Konsumenten auch ohne gestiegenes Nachhaltigkeitsbewusstsein einfach aufgrund der ökonomischen Anreize angenommen werden und daher dürfte tendenziell auch eine höhere Wahrscheinlichkeit bestehen, Einkommensgewinne aus Effizienzinnovationen nicht nachhaltigkeitsorientiert zu verwenden. Demgegenüber erfordert die Konsumption von Suffizienz-Innovationen (z. B. Aufgabe des Privat-PKWs und Nutzung eines Carsharings) bereits ein höheres Nachhaltigkeitsbewusstsein, so dass statt Reboundeffekten eher positive Ripple-Effekte zu erwarten sind.

5   Zusammenfassung und Ausblick

Während sicherlich Beispiele für ökologische, soziale und ökonomische Wirkungen von Nachhaltigkeitsinnovationen in jede Richtung zu finden sind, besteht insgesamt kein triftiger Grund, Nachhaltigkeitsinnovationen als Bumerang zu bewerten. Sie stellen vielmehr ein wesentliches Mittel zur Erreichung einer nachhaltigen Entwicklung dar und stehen im Kern des nachhaltigen Unternehmertums.

Agiert man innerhalb eines postulierten Trade-Offs, produziert jede Entscheidung zwangsläufig Verlierer. Damit wird nicht nur der Boden für eine „Self-fulfilling Prophecy" geschaffen, sondern nachhaltige Entwicklung auch als reiner Verteilungskampf geprägt, der unweigerlich Widerstände hervorruft. Die damit provozierten Umsetzungsprobleme beginnen durch diese Sichtweise bereits im Kopf, da schon jede Idee für einen nachhaltigeren Prozess, ein nachhaltigeres Produkt oder ein nachhaltigeres System im Keim erstickt wird. Unabhängig aller positiven Effekte, seien sie auch noch so groß und klar nachweisbar, würden mit so einer Sichtweise Nachhaltigkeitsinnovationen mit dem „Todschlagargument" desavouiert, dass gerade diese (im Kern ja angestrebte) Nachhaltigkeitsverbesserung Ursache für eine (möglicherweise) unter dem englischen Fachbegriff Rebound oder Trade-off nebulös in die Welt gesetzte Verschlechterung sei (oder sein könnte). Paech (2004, 168) fordert dementsprechend auch einen „Paradigmenwechsel, der die alles beherrschende Innovationsorientierung zur Disposition stellt" und sich eher an suffizienten Lebensstilen orientiert. Geht man davon aus, dass verschiedene Orientierungen und Innovationspfade aus der Kombination von Konsistenz-, Effizienz- und Suffizienzüberlegungen auf unterschiedlichen Wegen gegebenenfalls zu ähnlichen Resultaten führen könnten, so ist vor allem wichtig, dass alle Perspektiven berücksichtigt werden. Sollte sich in der weiteren Forschung zeigen, dass die Reihenfolge der Beachtung dieser drei Strategieansätze für die Nachhaltigkeitsleistung relevant ist, so würde dies eine normative Folgerung für das Management von Nachhaltigkeitsinnovationen ermöglichen.

Selbstverständlich sind alle Nachhaltigkeitswirkungen von Innovationen abzuschätzen und zu beurteilen, auch von Innovationen, deren Ziel darin besteht, nachhaltige Entwicklung voran zu treiben. Selbstverständlich können zu wenig durchdachte „Nachhaltigkeitsinnovationen" zu kontraproduktiven Nachhaltigkeitswirkungen führen (wie dies z. B. bei Biokraftstoffen in der Massenanwendung vielfach der Fall ist). Dies rechtfertigt jedoch keinen Generalverdacht, dass Innovationen grundsätzlich keinen Beitrag zu einer nachhaltigen Entwicklung leisten könnten. Im Gegenteil, ohne Innovationen geht bei wachsender Bevölkerung und steigendem Einkommen in vielen Weltregionen ein erheblicher Anstieg an Umweltbelastungen und Sozialproblemen einher. Nur durch mehr nachhaltiges Unternehmertum, das durch Nachhaltigkeitsinnovationen die Wertschöpfungsprozesse an sich nachhaltiger macht, kann der Anstieg an Nachhaltigkeitsproblemen gebremst oder hoffentlich das Gesamtbelastungsniveau wieder gesenkt werden.

Nachhaltiges Unternehmertum ist herausgefordert, sogenannte Business Cases FOR Sustainability, also wirtschaftlichen Erfolg DURCH (und nicht nur parallel dazu) eine intelligente Ausgestaltung freiwilliger Umwelt- und Sozialaktivitäten zu schaffen. Business Cases for Sustainability kennzeichnen sich durch (Schaltegger et al. 2012) a) eine freiwillige Managementhandlung, b) mit dem Zweck und der Wirkung, ein Nachhaltigkeitsproblem zu lösen (also öko- und sozio-effektiv zu sein) und c) dadurch ökonomische Werte zu schaffen und den Unternehmenserfolg zu erhöhen, aus.

Beispiele für Ansatzpunkte zur Schaffung von Business Cases for Sustainability sind Kosteneinsparungen durch die Reduktion des Energie- und Materialverbrauchs, die Realisierung von Innovationen und Markterfolg durch überzeugende nachhaltige Produkte oder die nachhaltige Organisationsentwicklung und Positionierung als attraktiver Arbeitgeber.

Stellt man dem unternehmerischen Nachhaltigkeitsmanagement im Sinne eines Business Case for Sustainability eine Suchanweisung voran, die darauf abzielt, durch die Verringerung von Schadschöpfungseffekten erweiterte Wertschöpfungspotentiale zu erschließen (vgl. Esty und Winston 2009), so verbinden sich damit wichtige Vorteile, die den Nachteilen einer Trade-off-Sichtweise diametral gegenüberstehen.

Erstens trägt eine solche Lösung in einem viel umfassenderen Sinne zum Ziel der Nachhaltigkeit bei. Sie setzt die – aus Nachhaltigkeitsgründen wichtige – Wertschöpfungsfunktion von Unternehmen nicht fallweise außer Kraft, sondern nutzt sie noch besser für die Schaffung von Werten und setzt sie mit Blick auf einen erweiterten Stakeholderkreis für Innovationen in Kraft. Dies entspricht dem Grundsatz, dass nachhaltige Entwicklung nicht durch philanthropische oder korrektive Maßnahmen erreicht werden kann, wenn die Geschäftsmodelle, Produktionsprozesse und Produkte unverändert bleiben. Vielmehr kann nachhaltige Entwicklung nur erreicht werden, wenn die Wertschöpfungsprozesse sozialer und ökologischer ausgestaltet werden. Gleichzeitig bedarf es hierzu keiner strittigen Werturteile; dieser Ansatz verzichtet darauf, systematisch Verlierer zu produzieren. Ein Gegensatzdenken unterschiedlicher Nachhaltigkeitsperspektiven kann im Idealfall vermieden werden.

Zweitens kann eine solche Lösung gerade auch unter den Wettbewerbsbedingungen von Konkurrenzmärkten nachhaltig sein. Ein Unternehmen, das durch seine Nachhaltigkeitsinnovationen zusätzliche Wertschöpfungspotentiale und damit Wettbewerbsvorteile erschließt, kann am Markt nicht nur langfristig bestehen. Es setzt zudem seine Wettbewerber unter Druck, ihre Nachhaltigkeitsperformance ebenfalls zu verbessern. Das gute Beispiel macht dann Schule. Nachhaltigkeitspioniere können auf diese Weise zu Treibern einer wirtschaftlichen Transformation zu mehr Nachhaltigkeit werden (vgl. z. B. Hockerts und Wüstenhagen 2010; Schaltegger und Sturm 1992, 1994, 2000; Schaltegger und Wagner 2011).

Kontrastiert man abschließend beide Denkrichtungen, wird deutlich, dass ein auf Wertschöpfungssteigerungen ausgerichtetes, transformatives Nachhaltigkeitsmanagement einer vergleichsweise leistungsstärkeren Denklogik folgt. Verstanden als heuristische Denk- und Suchanweisung kann ein solches Verständnis gezielt Innovationen anleiten, die langfristig zu einer nachhaltigen Entwicklung beitragen. Damit ist freilich nicht gesagt, dass es innerhalb eines gegebenen Wertschöpfungskontexts keine Trade-Offs gibt. Allerdings besteht die eigentliche Aufgabe von Unternehmertum nicht darin, einen gegebenen Kontext als unveränderlich zu betrachten. Vielmehr besteht gerade für *unternehmerische* Nachhaltigkeit die Herausforderung darin, unnachhaltige Strukturen kreativ und damit innovativ zu zerstören (vgl. z. B. Schaltegger 2010). Eine solche Transformationsaufgabe ist nie im Alleingang, sondern nur in der Interaktion mit zahlreichen Stakeholdern möglich (vgl. z. B. Schneidewind 1998; Hansen und Große-Dunker 2013; Spitzeck und Hansen 2010).

Literatur

Belz F-M, Peattie K (2009) Sustainability marketing: a global perspective. Wiley, Chichester

Boons F, Lüdeke-Freund F (2013) Business models for sustainable innovation: state-of-the-art and steps towards a research agenda. J Clean Prod

Braungart M, McDonough W (2005) Einfach intelligent produzieren. BTV Berliner Taschenbuch Verlag, Berlin

Byggeth S, Hochschorner E (2006) Handling trade-offs in ecodesign tools for sustainable product development and procurement. J Clean Prod 14(15–16):1420–1430

Ehnert I (2009) Sustainability and human resource management: reasoning and applications on corporate websites. Eur J Int Manag 3(4):419–438

Esty D, Winston A (2009) Green to gold. How smart companies use environmental strategy to innovate, create value, and build competitive advantage. Wiley, New York

Geels FW (2011) The multi-level perspective on sustainability transitions: responses to seven criticisms. Environ Innov Soc Trans 1(1):24–40

Greening LA, Greene DL, Difiglio C (2000) Energy efficiency and consumption — the rebound effect — a survey. Energy Policy 28(6–7):389–401

Hahn T, Figge F, Pinkse J, Preuss L (2010) Trade-offs in corporate sustainability: you can't have your cake and eat it. Bus Strat Environ 19(4):217–229

Hansen U, Schrader U (2005) Corporate Social Responsibility als aktuelles Thema der Betriebswirtschaftslehre, Die Betriebswirtschaft 65(4):373–395

Hansen EG, Große-Dunker F (2013) Sustainability-oriented innovation. In Idowu SO, Capaldi N, Zu L, Das Gupta A (Hrsg) Encyclopedia of corporate social responsibility, Bd I. Springer, Heidelberg, 2407–2417

Hansen EG, Große-Dunker F, Reichwald R (2009) Sustainability innovation cube – a framework to evaluate sustainability-oriented innovations. Int J Innov Manag 13(4):683–713

Hansen EG, Harms D, Schaltegger S (2011) Sustainable Supply Chain Management im globalen Kontext. Praxisstand des Lieferantenmanagements in DAX- und MDAX-Unternehmen. Die Unternehmung 65(2):87–110

Hertwich EG (2005) Consumption and the rebound effect: an industrial ecology perspective. J Ind Ecol 9(1–2):85–98

Hockerts K, Wüstenhagen R (2010) Greening Goliaths versus emerging Davids – Theorizing about the role of incumbents and new entrants in sustainable entrepreneurship. J Bus Ventur, 25(5):481–492

Huber J (1995) Nachhaltige Entwicklung durch Suffizienz, Effizienz und Konsistenz. In: Fritz P, Huber J, Levi H-W (Hrsg) Nachhaltigkeit in naturwissenschaftlicher und sozialwissenschaftlicher Perspektive. Eine Publikation der Karl-Heinz-Beckerts-Stiftung; aus einem interdisziplinären Gespräch. Hirzel; Wiss. Verl.-Ges, Stuttgart, S 31–46

van Marrewijk M (2003) Concepts and definitions of CSR and corporate sustainability, between agency and communion. J Bus Ethics 44(2/3):95–105

Meffert H, Kirchgeorg M (1998) Marktorientiertes Umweltmanagement: Konzeption – Strategie – Implementierung mit Praxisfällen. 3., überarb. und erw. Aufl. Schäffer-Poeschel, Stuttgart

Mises L (1959) Artikel Markt. Handwörterbuch der Sozialwissenschaften, Bd 7. Fischer, Stuttgart, S 131–136

Mintzberg H, Waters JA (1985) Of strategies, deliberate and emergent. Strat Manag J 6(3):257–272

Paech N (2004) Nachhaltigkeitsinnovation - ein Widerspruch in sich? In: Dietzfelbinger D (Hrsg) DNWE-Schriftenreihe, Bd 12. Nachhaltige Entwicklung: Grundlage einer neuen Wirtschaftsethik. Hampp, München, Mering, S 155–171

Pfeffer J (1992) Managing with power. Politics and influence in organisations. Harvard Business School Press, Boston

Polimeni JM, Mayumi K, Giampietro M, Alcott B (2008) The Jevons paradox and the myth of resource efficiency improvements. Earthscan, London

Santarius T (2012) Green growth unravelled. How rebound effects baffle sustainability targets when the economy keeps growing. Wuppertal Institute/Heinrich Böll Foundation, Wuppertal

Schaltegger S, Burritt R (2005) Corporate sustainability. In: Folmer H, Tietenberg T (Hrsg) International yearbook of environmental and resource economics 2005/2006. Edward Elgar, Cheltenham, S 185–222

Schaltegger S, Müller M (2008) CSR zwischen unternehmerischer Vergangenheitsbewältigung und Zukunftsgestaltung. In: Müller M, Schaltegger S (Hrsg) Corporate Social Responsibility. Trend oder Modeerscheinung? Oekom, München, S 17–35

Schaltegger S, Sturm A (1990) Ökologische Rationalität: Ansatzpunkte zur Ausgestaltung von ökologieorientierten Managementinstrumenten. Die Unternehmung 44(4):273–290

Schaltegger S, Sturm A (1992) Ökologieorientierte Entscheidungen in Unternehmen. Ökologisches Rechnungswesen statt Ökobilanzierung: Notwendigkeit, Kriterien, Konzepte. 1. Aufl. Paul Haupt, Bern

Schaltegger S, Sturm A (1994) Ökologieorientierte Entscheidungen in Unternehmen. Ökologisches Rechnungswesen statt Ökobilanzierung: Notwendigkeit, Kriterien, Konzepte. 2. Aufl. Paul Haupt, Bern

Schaltegger S, Sturm A (2000) Ökologieorientierte Entscheidungen in Unternehmen. Ökologisches Rechnungswesen statt Ökobilanzierung: Notwendigkeit, Kriterien, Konzepte. 3. Aufl. Paul Haupt, Bern

Schaltegger S, Wagner M (2011) Sustainable entrepreneurship and sustainability innovation: categories and interactions. Bus Strat Environ 20(4):222–237

Schaltegger S, Lüdeke-Freund F, Hansen E (2012) Business cases for sustainability: the role of business model innovation for corporate sustainability. Int J Innov Sustain Dev 6(2):95–119

Schneidewind U (1998) Die Unternehmung als strukturpolitischer Akteur. Metropolis, Marburg

Schneidewind U, Palzkill A (2011) Suffizienz als Business Case. Nachhaltiges Ressourcenmanagement als Gegenstand einer transdisziplinären Betriebswirtschaftslehre. Wuppertal Institut für Klima, Umwelt, Energie, Wuppertal

Seuring SA, Müller M (2008) From a literature review to a conceptual framework for sustainable supply chain management. J Clean Prod 16(15):1699–1710

Spitzeck H, Hansen EG (2010) Stakeholder governance – how do stakeholders influence corporate decision-making? Corp Gov Int J Bus Soc 10(4):378–391

Weizsäcker EU von, Hargroves K, Smith M, Desha C, Stasinopoulos P (2009) Factor Five: Transforming the Global Economy through 80% Increase in Resource Productivity. Earthscan, London

CSR-Innovationen in kleinen und mittleren Unternehmen

Ulrike Gelbmann, Romana Rauter, Sabrina Engert
und Rupert J. Baumgartner

> *Unterschätze nie die Macht einer kleinen Gruppe überzeugter*
> *Menschen, die Welt zu ändern*
> *Margaret Mead*

1   Aufgabe und Zielsetzung dieses Beitrages

Im Durchschnitt sind über 99 % aller in Europa ansässigen Unternehmen kleine und mittlere Unternehmen (KMU). Der größte Teil dieser Unternehmen (ca. 98 %) hat weniger als 50 MitarbeiterInnen, sind also Kleinbetriebe. Und von diesen 98 % wiederum haben 91 % zehn oder weniger MitarbeiterInnen (Schiemann 2008), dies sind so genannte Kleinstunternehmen. Zugleich aber stellen sie in einzelnen Branchen (etwa im Bereich der Textilproduktion, des Bauwesens oder der Möbelerzeugung) bis zu 80 % der Arbeitsplätze zur Verfügung (EC 2007) und erwirtschaften knapp zwei Drittel der Bruttowertschöpfung (BMWFJ 2010). Obwohl KMU im Durchschnitt eher als innovationsfeindlich gelten (siehe Abschn. 2), sind es doch eher kleine Start-up Unternehmen, die den höchsten Innovationsgrad erreichen. Und obgleich mittlerweile auch UnternehmensberaterInnen erkennen müssen, dass eine strategische Verankerung des Corporate Social Responsibility (CSR)-Konzeptes in KMU schwierig ist, sind es dennoch oft genau diese Unternehmen, die über eine hervorragende, implizite, nicht strategisch geplante CSR verfügen (Gelbmann und Baumgartner 2012).

Corporate Social Responsibility umfasst – ganz allgemein – den Beitrag von Unternehmen bzw. von Unternehmen ähnlichen Organisationen zur nachhaltigen Entwicklung in ökonomischer, ökologischer und sozialer Sicht, unter Wertschätzung der Ansprüche ihrer Stakeholder (ISO 2010). Ziel ist „Sustain-Ability" als Fähigkeit, durch das eigene Handeln die Anzahl sich bietender Möglichkeiten für das Unternehmen selbst und seine Stakeholder gegenwärtig und für zukünftige Aktionen zu erhöhen. CSR kann als dynamisches Managementprinzip gesehen werden: Unternehmen sollen ihre

U. Gelbmann (✉) · R. Rauter · S. Engert · R. J. Baumgartner
Institute of Systems Sciences, Innovation and Sustainability Research, Karl-Franzens-Universität Graz, Merangasse 18/1, 8010 Graz, Österreich
e-mail: ulrike.gelbmann@uni-graz.at

R. Altenburger (Hrsg.), *CSR und Innovationsmanagement*,
Management-Reihe Corporate Social Responsibility,
DOI: 10.1007/978-3-642-40015-5_3, © Springer-Verlag Berlin Heidelberg 2013

Verantwortung für die Auswirkungen ihrer Unternehmenstätigkeit auf die Gesellschaft und Umwelt kontinuierlich besser wahrnehmen (EC 2011) und darüber transparent Rechenschaft geben. Unternehmen sollen daher (in Anlehnung an Mahoney 1997)

- unter Bedachtnahme auf ihre eigene Prosperität bestehende Gesetze und international anerkannte Verhaltensstandards einhalten und sich in ihrem Kerngeschäft und entlang der Wertschöpfungskette ethisch korrekt verhalten (Carroll 1999), um so negative Auswirkungen auf Gesellschaft und Umwelt möglichst zu vermeiden bzw. bereits entstandene Auswirkungen auszugleichen („Doing no harm")
- über geltende Rechtsvorschriften, international anerkannte Verhaltensstandards und bislang schon geübte eigene Governance hinaus zunehmend innovativ und proaktiv im Sinne der nachhaltigen Entwicklung handeln („Doing good").

Durch adaptives, anpassendes Verhalten können Unternehmen Risiken vermindern und verhindern, durch proaktiv-visionäres Verhalten darüber hinaus Wettbewerbsvorteile lukrieren, indem sie mehr tun, als von ihren Stakeholdern verlangt wird. Jenkins (2006) identifiziert als potenzielle Vorteile aus einer expliziten CSR-Strategie vor allem für KMU eine Steigerung des Geschäftserfolges, ein besser wahrnehmbares Unternehmensprofil, eine bessere Marktposition, eine Steigerung von Reputation, Vertrauen und Verständnis sowie bessere MitarbeiterInnenmotivation, Kosteneinsparungen und effizienteres Risikomanagement. Alle diese Faktoren bestimmen den Geschäftserfolg, der unter anderem auch getrieben wird durch Entrepreneurship. So bezeichnet man ein Gespür für günstige Gelegenheiten und Kreativität, Fähigkeit zum Erschließen von Ressourcen, Risikobereitschaft und Wettbewerbsinstinkt (Frueglistaller et al. 2012). Dieses innovative Engagement kann zu dem führen, was Grayson und Hodges (2004) Corporate Social Opportunity, also durch gesellschaftlich verantwortliches Handeln erreichbare Chancen, nennen. Diese Chancen eröffnen auch für KMU neue Möglichkeiten, nicht nur durch Veränderung ihres Angebotsprogrammes oder ihrer Prozesse, sondern auch durch völlig neue Geschäftsmodelle am Markt innovativ aufzutreten.

Legt man die Überlegungen von Porter und Kramer (2006) bzw. der neuen Definition von CSR der EU (EC 2011) zugrunde, so geht es bei CSR – über die Übernahme von Verantwortung hinaus – darum, durch die Geschäftätigkeit des Unternehmens für das Unternehmen selbst und für die Gesellschaft Nutzen bzw. Vorteile zu erwirtschaften. Diese Sichtweise ist für sich genommen radikal innovativ und bedarf zusätzlich innovativer Geschäftsmodelle sowie technischer, organisationaler und sozialer Innovationen, die sich unter dem Begriff „innovativer CSR" oder „CSR-relevanter Innovation" zusammenfassen lassen.

Zudem birgt der Begriff einer „Nachhaltigen Entwicklung" in sich schon die Forderung nach einer Veränderung. Denn wenn sich etwas entwickelt, muss es sich verändern und erfordert daher Neuerungen bzw. Innovationen. Von Unternehmen initiierte Innovationen, die zu einer nachhaltigen Entwicklung im weitesten Sinne beitragen, gehören aber unmittelbar in den Kontext der CSR, die ja die ökonomische, ökologische und soziale Verantwortung des Unternehmens gegenüber seinen Stakeholdern betrifft (Garriga und Mele 2004; Dahlsrud 2008).

Der Zusammenhang von CSR und Innovationen ist daher vielschichtig, verknüpft und rückbezüglich. Eine Zusammenschau der vielen Aspekte fehlt bislang. Daher will der vorliegende Beitrag diese komplexen Beziehungen strukturieren und klären und dabei die folgenden Fragen beantworten

(a) Welche Besonderheiten weisen KMU in Zusammenhang mit (CSR-)Innovationen auf?
(b) In welchen Bereichen und wie können KMU CSR-relevante Innovationen umsetzen?
(c) In welchen Bereichen sind Innovationen für eine erfolgreiche Implementierung von CSR (in KMU) nötig?
(d) Welche gesellschaftlichen Veränderungen erfordern CSR-relevante Innovationen (in KMU)?
(e) Welche Chancen können sich für KMU mit CSR-Innovationen ergeben?

Die Zielsetzung des vorliegenden Beitrags liegt somit in der Darstellung des Spannungsfeldes von KMU, CSR und Innovation. Damit wird aufgezeigt, wie KMU CSR-relevante Innovationstätigkeit anstreben, sie umsetzen und daraus einen gemeinsamen Nutzen für sich selbst, für ihre Stakeholder und letztlich für die Gesellschaft als Ganzes hervorbringen können.

Dem folgend wurde die Struktur für den vorliegenden Beitrag so gewählt, dass zuerst in Abschn. 2 auf die Charakteristika von KMU im Zusammenhang mit CSR und Innovation eingegangen wird. Darauf aufbauend beschäftigt sich Abschn. 3 mit der Darstellung CSR-relevanter Innovationen. Dabei werden unterschiedliche Ebenen möglicher Innovationen betrachtet: von der Prozessinnovation bis hin zu Innovationen des gesellschaftlichen Systems. Basierend auf diesen Ausführungen werden in Abschn. 4 Implikationen abgeleitet, wobei insbesondere die sich daraus ergebenden Vorteile und Chancen beleuchtet werden. Abschn. 5 schließt mit einem Resümee und dem Ausblick auf zukünftig zu erwartende Entwicklungen.

2 Spezielle Charakteristika von KMU

Zwar definiert die EU KMU anhand von Größen wie MitarbeiterInnenanzahl (max. 250) sowie Jahresumsatz (kleiner/gleich 50 Mio. Euro) oder Jahresbilanzsumme (kleiner/gleich 43 Mio. Euro) (EC 2003), dennoch ist es für eine so große und doch so heterogene Gruppe von Unternehmen, wie sie der Begriff KMU umfasst, unmöglich, eine einheitliche Beschreibung zu finden (Schiemann 2008). Denn zu den KMU gehören „Ein-Personen-Betriebe genauso wie Unternehmen, die schon an der Schwelle zum Großunternehmen stehen, Familienbetriebe und Franchises, lokale Handwerker und international tätige Unternehmen, alteingesessene Dienstleister und HighTech-Firmen" (Gelbmann und Baumgartner 2012). Jede dieser Formen weist ihre Besonderheiten auf, von denen im Folgenden die für den vorliegenden Beitrag wesentlichen dargestellt werden. Bei aller Verschiedenheit haben KMU jedoch viele Gemeinsamkeiten. Sie bilden das Rückgrat der wirtschaftlichen und gesellschaftlichen Kohäsion in vielen Regionen und eine wichtige Quelle von Innovationen (EC 2007).

Ebenso ist für alle kleineren Unternehmen eine Überlastung der ManagerInnen bzw. GeschäftsführerInnen typisch, die in der Regel für mehrere Bereiche gleichzeitig zuständig sind, daher nicht überall auf dem Laufenden bleiben können und Dinge, die nicht „business-as-usual" (Spence 1999; Tilley 2000) sind, zurückstellen müssen (Gelbmann 2010b und die dort angegebene Literatur). Oftmals sind KMU Familienunternehmen, in denen auf gegenseitige Loyalität, langjährige Bindung der MitarbeiterInnen an das Unternehmen sowie auf Engagement und Identifikation mit dem Unternehmen bei weitem mehr Wert gelegt wird als in größeren Unternehmen (Vallejo 2008). In aller Regel ist auch der Partizipationsgrad höher, da die Hierarchie nicht so tief gegliedert ist und sich meist MitarbeiterInnen persönlich gut kennen. Eine Ursache hierfür ist die zentrale Persönlichkeit des/der Eigentümer-Managers/-in oder Entrepreneurs (Bos-Brouwers 2010). Die enge Beziehung zwischen ihm/ihr und seinen/ihren MitarbeiterInnen spiegelt sich in aller Regel in seinen/ihren persönlichen Motiven und Werten sowie im ethischen Verhalten des Unternehmens und somit der Unternehmenskultur wider (Fuller und Tian 2006).

Ein weiteres gemeinsames Kennzeichen der meisten KMU ist es, dass die Eigentümer-ManagerInnen meist nicht über eine fundierte Managementausbildung verfügen und ihr Verhalten eine gewisse Hemdsärmeligkeit und Flexibilität kennzeichnet, die mehr von Bauchgefühl und Intuition geprägt ist als von einer formalen Ausbildung (Bos-Brouwers 2010). Gerade die strategische und damit die gezielte Planung sowohl von Innovationen als auch von Nachhaltigkeitsbemühungen ist in diesen Fällen meist wenig ausgereift (Gelbmann und Baumgartner 2012).

Auf der Basis dieser Gemeinsamkeiten werden nun folgend Besonderheiten von CSR- und Innovationsaktivitäten in KMU dargestellt.

2.1   Besonderheiten der CSR in KMU

Das Konzept der CSR wurde zuerst vor allem für Großunternehmen entwickelt, die dem Staat einen Teil der sozialen Verantwortung für die MitarbeiterInnen abnehmen und sich in ihren regionalen Gegebenheiten als verantwortungsvolle „Bürger" verhalten sollen (Frederick 1994). Will man das Konzept auf KMU umlegen, so empfiehlt sich eine getrennte Analyse der drei Teile des Begriffes „Corporate Social Responsibility"(Jenkins 2004; Gelbmann und Baumgartner 2012).

Der Ausdruck „Corporate" spiegelt in den meisten Fällen nicht die Struktur von KMU wider, denn gemeint sind hier große Unternehmen, die Merkmale aufweisen, die kleine Unternehmen nicht haben, wie etwa AktionärInnen oder viele verschiedene Stakeholder oder auch den Zugang zu Kapital (Bos-Brouwers 2010). Es ist daher schwierig, für große Unternehmen geschaffene Konzepte direkt auf KMU zu übertragen. Daher entwickelt z. B. die Global Reporting Initiative (GRI) Hilfestellungen speziell für die Bedürfnisse von KMU (GRI 2011).

Der englische Ausdruck „Social" meint „zur Gesellschaft". Die Beziehung zur Gesellschaft ist in den meisten – vor allem kleineren – KMU neben den Beziehungen zu MitarbeiterInnen und KundInnen auf einen sehr engen regionalen Bezug begrenzt (Swanson 1995) und noch nicht einmal der Bezug zu AnrainerInnen muss gegeben sein, wenn die KMU in Gewerbegebieten außerhalb der Ortschaften operieren und öffentlich kaum wahrgenommen werden (Spence 1999; Gelbmann und Baumgartner 2012). KMU sind auch in internationale Wertschöpfungsketten eingebunden oder bedienen internationale Märkte. Doch selbst in diesen Fällen ist ihr gesellschaftlicher Einfluss in der Regel auf einzelne Projekte beschränkt (z. B. einzelne Sozialprojekte in Kakaoanbauländern durch einen mittelständischen Schokoladeproduzenten).

Der Begriff „Responsibility" bezog sich zunächst ebenfalls auf Großkonzerne, die ihre „Macht" verantwortungsvoll nützen sollten (Wood 1991), um der Gesellschaft zu nützen und keinen oder nur minimalen Schaden zu verursachen. Geht man davon aus, dass die unternehmerische Verantwortung von KMU – gegenüber der Gesellschaft als zentralem Stakeholder – die MitarbeiterInnen, die KundInnen, die direkten Zulieferer, die Standortgemeinde bzw. eventuell -region sowie die unmittelbare ökologische Umwelt betrifft, so ist die direkte Übertragbarkeit von CSR-Konzepten auf KMU fragwürdig. Denn diese betreffen Aspekte wie MitarbeiterInnenmotivation, Risikofaktoren, Reputation, KundInnenverhalten und finanzielle Performance (Jenkins 2004).

Doch wie bereits dargestellt, weisen KMU oft andere Charakteristika auf, die sie für den Einsatz des CSR-Konzeptes prädestinieren: Wegen der engen Beziehungen zwischen Eigentümer-ManagerInnen und MitarbeiterInnen, sind die MitarbeiterInnen betreffenden Aspekte in KMU (Rücksichtnahme auf besondere Lebensbedingungen, freiwillige Sozialleistungen, Partizipation, Nicht-Diskriminierung etc.) oft verwirklicht, ohne dass dem ein dezidiertes CSR-Konzept zugrunde liegen würde. Auch im Hinblick auf die lokale/regionale Gemeinschaft fühlen sich etablierte, oft seit Generationen tätige Unternehmen oftmals verantwortlich und treten als Sponsoren und Unterstützer der Gemeinschaft auf, ohne dass dies einem speziellen CSR-Konzept entspränge. Und so übernehmen viele KMU gesellschaftliche Verantwortung, ohne dass es ihnen selbst bewusst ist.

Umgekehrt sind ManagerInnen in KMU oftmals mit vielen verschiedenen Agenden gleichzeitig konfrontiert und haben wenig Zeit, sich den Anforderungen zusätzlicher Bereiche zu stellen (Bos-Brouwers 2010). Zumal die meisten von ihnen auch eine ausgeprägte Abneigung gegen Anforderungen oder Notwendigkeiten hegen, die von außen (etwa von Non Governmental Organisations/NGOs, aber auch von UnternehmensberaterInnen) an sie herangetragen werden (Dex und Scheibl 2001). Denn die meisten von ihnen meinen genau zu wissen, was die MitarbeiterInnen, KundInnen oder das lokale Umfeld brauchen (Bos-Brouwers 2010). So fühlen sich viele ManagerInnen – vor allem kleinerer Unternehmen – angegriffen, wenn ein Betriebsrat eingerichtet werden soll, da sie ihrer eigenen Meinung nach ohnehin immer für jede/n da sind, jede/r mit ihnen sprechen kann und sie die Einrichtung einer geplanten Opposition fürchten.

Wenn ManagerInnen in KMU der Begriff der CSR bekannt ist, so stellt er sich ihnen in der Regel nicht als Teil der Unternehmensstrategie, sondern als Menge von Aktivitäten dar, deren Zusammenhang mit dem Unternehmenserfolg nicht gegeben oder zumindest nicht messbar ist (Mendibil et al. 2007). CSR-Konzepte erscheinen ihnen bürokratisch, kompliziert und mit einer völlig unverständlichen Terminologie verbunden – ein komplexes, überflüssiges Bündel von Anforderungen, für das sie keine Zeit zu haben meinen (Dex und Scheibl 2001).

Kurzfristige finanzielle Vorteile meinen KMU aus der kurzfristig erzielbaren Umweltentlastung durch erhöhte Ressourceneffizienz (Einsparungen bei Energie und Abfallvermeidung) und der daraus folgenden Kostensenkung (EC 2007) erzielen zu können. Echte Wettbewerbsvorteile versprechen sich KMU aber vor allem von Innovationen mit positiven Auswirkungen auf die Gesellschaft und damit von einer Verbesserung der öffentlichen Wahrnehmung (Mendibil et al. 2007). Zugleich scheinen freiwillige Investitionen in und für die Gesellschaft längerfristig die Wettbewerbsfähigkeit von KMU zu erhöhen (EC 2007), besonders wenn sie in Kooperation mit anderen Unternehmen des Sektors getätigt werden. Insbesondere die Entwicklung von Produkten und Services (Dienstleistungen), die im öffentlichen Bewusstsein bedeutsame gesellschaftliche Probleme lösen helfen, wird zunehmend zum wichtigen Erfolgsfaktor für KMU (EC 2007).

Doch die vielen KMU mit exzellenter Wahrnehmung gesellschaftlicher Verantwortung, ohne dass ihnen dies bewusst wäre, brauchen speziell auf sie zugeschnittene Unterstützung. So können sie eine gezielte unternehmensinterne CSR-Politik, entsprechende Strategien und Prozesse umsetzen und ihren Stakeholdern dafür verantwortlich sein. Das wiederum können sie als strategische Chance zur Differenzierung vom Mitbewerb bzw. zur Erreichung von Wettbewerbsvorteilen nützen. Untersuchungen belegen aber, dass die Darstellung von Best-Practice oder von Leitfäden nicht geeignet sind, diese Unterstützung zu gewährleisten (Gelbmann 2010b).

Zusammenfassend kann demnach festgehalten werden, dass in vielen KMU CSR-Initiativen umgesetzt werden, ohne dass diese auf einem dezidierten Konzept oder einer Strategie beruhen. Daraus den Schluss zu ziehen, dass dadurch ohnehin wenig bis kaum Verbesserungspotenzial bestünde, wäre allerdings falsch. Welche Möglichkeiten strategisch verankerte CSR-Aktivitäten in KMU mit sich bringen können, wird im vorliegenden Beitrag in Abschn. 3 noch besprochen.

2.2 Besonderheiten der Innovation in KMU

Im Hinblick auf Innovationen können KMU unterschiedlich aufgestellt sein. So gibt es „klassische" Handels-, Handwerks- oder Dienstleistungsbetriebe, die (oft als Familienunternehmen) seit vielen Jahren oder gar schon seit mehreren Generationen betrieben werden. Der Innovationsgrad ist hier tendenziell niedrig, Innovationen werden eher als störend für den reibungslosen Geschäftsablauf empfunden. Demgegenüber steht das Spin-off oder Split-off einer (technischen) Forschungseinrichtung oder eines High-Tech

Unternehmens. Technische Innovationen sind hier Programm und Unternehmenszweck. Daneben ist eine breite Palette von KMU-Typen denkbar, die Merkmale von beiden beschriebenen Varianten aufweist und für die Innovation eine mehr oder minder wichtige Rolle spielt.

Doch wenn man von den HighTech/innovationsorientierten KMU absieht, lassen sich – trotz oder gerade wegen der hohen Diversität – auch in Hinblick auf Innovationen bei KMU gemeinsame Eigenschaften erkennen: Im Gegensatz zu größeren Unternehmen, bei welchen Innovationen oft einen Teilaspekt betrieblicher Aktivitäten darstellen, tritt bei KMU insbesondere das „gesamte organisationale Verhalten" in den Vordergrund. Wie bereits in Abschn. 2 angedeutet, weisen kleine Organisationen einen hohen Grad an Lernfähigkeit und „organische Strukturen" auf, zwei Charakteristika, welche durchaus zum Vorteil gereichen (Rothwell und Dodgson 1994).

Ebenso agieren KMU häufig in Nischenmärkten und können so durchaus mit einem spezialisierten Produktangebot innovativ sein und Wettbewerbsvorteile für sich generieren (Rothwell und Dodgson 1994). Zu berücksichtigen sind jedenfalls Restriktionen hinsichtlich zeitlicher und finanzieller Ressourcen, sodass oftmals innovative Bemühungen durchaus angedacht, dann aber operativ nicht umgesetzt werden können (Rothwell und Dodgson 1994). Das bedeutet, dass KMU ihre Flexibilität zwar hilfreich sein kann, um Innovationen generell zu beschleunigen, dass aber nur wenige der KMU auch über die Kapazitäten verfügen den gesamten Innovationsprozess selbstständig und unabhängig durchzuführen (Edwards et al. 2005).

Hinzu kommt, dass – anders als bei größeren Unternehmen – auch das Know-how nicht auf viele Personen verteilt ist, sondern oft einigen wenigen MitarbeiterInnen die Aufgabe zukäme, zusätzlich zur täglichen operativen Tätigkeit auch noch innovative und eher strategische Projekte voranzutreiben (Rothwell und Dodgson 1994, van de Vrande et al. 2009). Allerdings ist insgesamt wenig strategisches Wissen vorhanden; daher gibt es eher selten einen systematisch geplanten Innovationsprozess, vielmehr entstehen Innovationen „aus dem Bauch heraus" vor allem dann, wenn der/die UnternehmerIn eine charismatische, kreative Persönlichkeit ist.

Dann kann es dazu kommen, dass Ideen und Vorschläge mit Skepsis betrachtet oder abgelehnt werden, die von außen an das Unternehmen herangetragen werden (Gelbmann 2010a; Gelbmann und Baumgartner 2012). Besonders abgeneigt sind die UnternehmerInnen Innovationen, die mit CSR im Zusammenhang stehen, wenn sie darin keinen Nutzen für das Unternehmen erkennen können (Dex und Scheibl 2001). Jedoch reicht die Größe der Unternehmen meist nicht aus, um sich eigene Forschungs- oder Innovationsabteilungen leisten zu können (mit Ausnahme der von vornherein auf Forschung ausgerichteten KMU). In der Folge öffnen sich vor allem innovationsorientierte KMU auch für Innovationsimpulse von und nach außen (vgl. Open Innovation Abschn. 5.1.6): Die Bildung von Allianzen und Netzwerken ist ein durchaus bekannter Weg, um (technologische) Kompetenzen auszubauen (Lee et al. 2010) und die Notwendigkeit, die internen Kapazitäten zu erweitern, ermutigt KMU zu Zusammenarbeiten mit anderen Unternehmen und/oder Forschungseinrichtungen (Edwards et al. 2005).

Resümierend kann hier festgehalten werden, dass die Besonderheiten von KMU einerseits – in Abhängigkeit von Branche, Alter und Größe – sehr unterschiedlich sind und dass andererseits die Bereitschaft zu Innovationen und im Speziellen zu CSR-relevanten Innovationen wiederum von diesen Charakteristika abhängen. Das bedeutet, dass das Innovationsverhalten im Allgemeinen in Relation zu den jeweiligen spezifischen Faktoren der betrachteten Unternehmen gesehen werden muss.

3   CSR-relevante Innovationen als Motor nachhaltigen Wandels

Bezog sich der von Schumpeter geprägte Begriff „Innovation" ursprünglich auf unternehmerische Phänomene (Schumpeter 2006), sieht man heute Innovationen allgemein als Neuerungen, die von einem System erstmals vollzogen werden (Bleicher 1979). Damit kann eine Innovation zunächst nicht „nachhaltig" im Sinne von „auf Dauerhaftigkeit gerichtet" sein, denn als „schöpferische Zerstörung" (Schumpeter 2006) richten sich Innovationen explizit auf Veränderung und räumen oft mit liebgewonnenen Traditionen auf. Unabhängig von der Innovationen innewohnenden Veränderung können Innovationen aber auch nicht-nachhaltig im Sinne des Drei-Säulenmodells der Nachhaltigkeit sein und negative Konsequenzen für Umwelt und Gesellschaft haben (z. B. Atomkraftwerke) (Fichter 2010).

Dennoch ist der Begriff „Innovation" allgemein positiv besetzt, denn – abseits aller Debatten um Wachstum – sind gerade Innovationen in einer Zeit wachsender Dynamisierung unabdingbar für den erfolgreichen Bestand von Gesellschaften und zwingend für ökonomische, ökologische und soziale Nachhaltigkeit, die ihrerseits ja ebenfalls eine dynamische Größe ist (Bagheri und Hjorth 2007; Holling 2004). Im Hinblick auf Nachhaltigkeit in Unternehmen erklärt Günter Verheugen (EC 2007) in der Einleitung zum EC Bericht „Opportunities and Responsibility", dass CSR zunehmend eine Quelle der Innovation sei, da die intensive Miteinbeziehung von gesellschaftlichen Probleme und externen Stakeholdern Unternehmen zunehmend dazu motiviere, neue Produkte, Services und Geschäftsmodelle hervorzubringen und sich daraus zunehmend neue Chancen ergeben (vgl. dazu auch Little 2006).

Um Chancen zu identifizieren, die sich aus CSR-relevanten Innovationen für KMU ergeben, müssen mögliche Ansatzpunkte identifiziert und dargestellt werden, denn auch CSR-relevante Innovationen erfordern Prozesse, die in der Regel zumindest die Hauptschritte der Ideenschaffung, -auswahl und -umsetzung beinhalten (Thom 1980). Nachhaltigkeit kann in Innovationsprozessen als Ausgangsziel (z. B. Nutzung von Solarwärme zur Kühlung), als integrierter Erfolgsfaktor (z. B. Abfalltrennsysteme auf Infrarotscannerbasis), als nachträgliche Entdeckung (z. B. verantwortungsvolle Schokolade), als Korrektiv (z. B. Antriebssysteme von Automobilen) oder als Verkaufsargument im Nachhinein dienen (Braun et al. 2009). Diese Systematik richtet sich nach dem Gegenstandsbereich CSR-relevanter Innovationen („Was?"), der die Frage stellt, in welchem Bereich sich die CSR-relevante Neuerung vollzieht (Grieshuber 2012).

	Was?	Wie?	Wer ?	Warum ?	Wie sehr?	Wo?
Unternehmen	Organisation, Management	Einführung von Umweltmanagementsystemen, Entwicklung einer Nachhaltigkeitsstrategie, Nachhaltigkeitsberichterstattung, Änderungen der Supply Chain, Nachhaltigkeitskultur	Unternehmen	Transparenz, strategische Umsetzung, Wettbewerbsvorteile	in Abhängigkeit vom Status quo: Neueinführung oder Verbesserung von Teilprozessen	unternehmensintern
	Soziales	Arbeitszeitmodelle, Work-Life-Balance, Gesundheitsförderung Sponsoring, Engagement in Projekten, Volunteering	Unternehmen, MitarbeiterInnen, NGOs, lokale Stakeholder, Politik	Transparenz, Wettbewerbsvorteile, Einhaltung gesetzlicher Vorschriften, Öffentlichkeitsarbeit	teilweise Verbesserungen/Veränderungen, teilweise völlig neue Konzepte	unternehmensintern oder -extern
	Prozesse	Verbesserung von Teilprozessschritten oder Einführung neuer Prozesse, hier insbesondere mit Umweltorientierung (Cleaner Production)	Unternehmen, evt. Politik, Forschung, LieferantInnen, lokale Stakeholder	Ressourceneffizienz, Emissionsminderung (inkl. Abfälle), Öffentlichkeitsarbeit, Einhaltung gesetzlicher Vorschriften	Verbesserung (End of Pipe) bis hin zu völlig neuen technologischen Prozessen	intern, Beschaffungsmarkt, Absatzmarkt, evt. Abfallwirtschaft
	Angebotsprogramm: Produkte, Services	Einführung neuer und/oder Verbesserung bestehender Produkte oder Dienstleistungen, Einführung von Produkt-Service-Systemen	Unternehmen, KundInnen, Forschung, LieferantInnen	Gewinnorientierung, Marketing, Erhöhung der Effizienz, Kosteneinsparungspotenzial, Erhalt/Steigerung der Wettbewerbsposition, „green innovation" (Dematerialisierung)	Imitationen, Verbesserungen und radikale Innovationen bei Produkten, Services oder Kombinationen daraus	lokaler/regionaler Markt, globale Märkte, eher unternehmens-inter aber auch mit PartnerInnen möglich
System	Geschäftsmodell	Änderung von Teilaspekten bestehender Geschäftsmodelle oder Einführung eines neuen Geschäftsmodells	unternehmensintern, aber auch mit KundInnen, Forschung, LieferantInnen	Nutzung von Wettbewerbsvorteilen durch neue Kooperationsformen, Marketing, Gewinnorientierung, Erhöhung der Ressourceneffizienz	meist radikale Innovation	unternehmensintern, teilweise -extern
	Innovationssystem	Stakeholderengagement, aktive Suche nach KooperationspartnerInnen	unternehmensintern aber vor allem unternehmensextern	Beitrag zu regionaler/nationaler Wertschöpfung, Stärkung eines Wirtschaftsstandorts, Öffentlichkeitsarbeit, besserer Zugang zu Know-How und Kapazitäten	bezüglich Region meist nur Verbesserung, für das eigene Unternehmen auch radikale Innovation	unternehmensintern und -extern

Abb. 1 Unterteilung CSR-relevanter Innovationen

Auch die Klassifikation im vorliegenden Beitrag geht von einem ähnlichen Ansatz aus. Im klassischen Innovationsmanagement (z. B. Perl 2007; Hauschildt und Salomo 2007) umfasst der Gegenstandsbereich von Innovationen eher technische Neuerungen die Kernaufgaben des Unternehmens betreffend. Dazu kommen Innovationen in den unterstützenden Management-, Organisations- und sozialen Bereichen. Wegen der angesprochenen Ausstrahlungseffekte CSR-relevanter Innovationen über das Unternehmen hinaus, erweitern wir diese Einteilung um Systeminnovationen, die mehrere Ansatzpunkte umfassen: das gesamte Geschäftsmodell des Unternehmens (Teece 2010), die Rolle des Unternehmens im (nationalen oder regionalen) Innovationssystem und schließlich das System „Gesellschaft" als Ganzes (vgl. Abb. 1).

Wie andere Innovationen auch, kann man CSR-relevante Innovationen nicht nur nach dem Gegenstandsbereich unterteilen, sondern auch nach anderen Faktoren wie

- der konkreten Ausprägung („Wie?"): Jeder Gegenstandsbereich umfasst eine Reihe konkreter Innovationsmöglichkeiten, die im vorliegenden Beitrag unten in Abschn. 5.1.1 bis 5.1.7 erläutert werden.
- des Innovationsträgers bzw. der wichtigsten Stakeholdern („Wer?"): Häufigste Träger von Innovationen sind Unternehmen, doch vollziehen sich Innovationen in allen Lebensbereichen. Und auch auf Ebene der Regierungen bzw. der öffentlichen Verwaltung braucht es Innovationen, die Unternehmen Anreize dazu geben, CSR-relevante

Innovationen zu planen und umzusetzen. Doch auch weitere so genannte Stakeholder nehmen Einfluss auf die Innovation, wobei hier durchaus Unterschiede zwischen einzelnen Gegenstandsbereichen auftreten (Post et al. 2002; Werther und Chandler 2010).

- der Auslöser von Innovationen („Warum?"): Der Impuls zu einer Innovation kann von verschiedenen Seiten kommen und ist dann Innovation Push oder Innovation Pull. Im Bereich CSR geht der Innovation Push aus vom Gesetzgeber (durch gesetzliche Anforderungen und Restriktionen), von der Zivilgesellschaft (NGOs) oder der Technologieentwicklung (also dem „Zwang", eine neue Technologie zu übernehmen, weil man sonst hinterherhinkt). Innovation Pull wird ausgeübt von den KundInnen, vom Gesetzgeber (durch Förderungen, Anreize) oder durch die visionäre Kraft des Unternehmers/der Unternehmerin (Fichter et al. 2007). Pull-Innovationen tragen eher zur Generierung von Wettbewerbsvorteilen für das Unternehmen bei, während Push-Innovationen eher defensivem Innovationsverhalten entsprechen, das Anpassungen nur im nötigen Maß vornimmt (Perl 2007).
- des Innovationsgrades („Wie sehr?"): Man unterscheidet zwischen radikalen Innovationen, die völlig Neuartiges zum Inhalt haben, und Verbesserungsinnovationen, die ihrerseits wieder sehr tiefgreifend und damit fast wieder radikal sein oder tatsächlich nur kleine Verbesserungen betreffen können, sowie reinen Imitationen mit sehr geringem Innovationsgrad (Perl 2007).
- der Reichweite von Innovationen („Wo?"): Innovationen können nur für das Unternehmen, nicht aber den Markt neu sein (z. B. bei Imitationen) oder umgekehrt für den Markt, nicht aber das Unternehmen (z. B. bei geografisch neuen Märkten). Interessant ist der Transfer von Technologien auf neue Branchen.

Zu beachten ist, dass weder beim Gegenstandsbereich, noch bei den übrigen Aspekten eine trennscharfe Unterteilung möglich ist. So können soziale Innovationen durchaus die Organisation/das Management betreffen, Innovationen in der Supply Chain sind soziale Innovationen ebenso wie Produkt- und/oder Prozessinnovationen. Schließlich können Produkt- und Serviceinnovationen Hand in Hand gehen („Produkt-Servicesysteme") und letztlich das gesamte Geschäftsmodell des Unternehmens betreffen. Unterschiede können bezüglich der Innovationsreichweite bestehen, etwa wenn aus Sicht des Unternehmens eine Innovation hervorgebracht wird, aber nicht aus Sicht der KundInnen (z. B. Neuaufnahme der Produktion von Photovoltaikmodulen). Entsprechendes gilt für den Innovationsgrad, denn nicht alle CSR-relevanten Innovationen sind radikale Innovationen; ähnlich anderen Innovationen sind Verbesserungen/Veränderungen die häufigsten Innovationstypen (z. B. Substitution von Schmierstoffen oder Ersatz nicht fair gehandelter durch fair gehandelte Zutaten in Lebensmitteln).

Weiterhin dienen CSR-relevante Innovationen nicht unbedingt ausschließlich der verbesserten Wahrnehmung von Verantwortung, sondern auch der Risikominderung und/oder der Erzielung von Wettbewerbsvorteilen. Risikominderung ist dabei die zentrale Strategie vor allem, wenn der Innovationsdruck von außen (Push-Innovation) kommt, wenn also Stakeholder wie Regierung/öffentliche Verwaltung durch gesetzliche

Regelungen, KundInnen durch ihr Nachfrageverhalten oder auch NGOs etwa durch Proteste und Boykottaufrufe eine Veränderung im Verhalten der Unternehmen verlangen. Umgekehrt sucht das Unternehmen nach Möglichkeiten der Differenzierung und so zur Erlangung von Wettbewerbsvorteilen, wenn es von sich aus offensiv innovativ ist, etwa in Bereichen wie umweltfreundlichen Produkten oder Services oder gar neuen nachhaltigen Produkt-Services (als Pull-Innovationen).

Die hier beschriebene und in der Tabelle abgebildete Klassifizierung stellt eine in der Innovationsliteratur verbreitete Methode dar, um die unterschiedlichen Innovationsarten einzuteilen und zu beschreiben. Wie bereits erläutert wurden traditionelle Unterteilungen, beispielsweise in Produkt- und Prozessinnovationen, erweitert um innovationsrelevante Aspekte aus der CSR-Perspektive. In den folgenden Abschnitten werden die bereits in der Tabelle exemplarisch dargestellten Innovationsarten näher beschrieben und im Zusammenhang mit CSR diskutiert.

3.1   CSR-relevante organisationale und Managementinnovationen

Organisationale Innovationen oder Managementinnovationen können die Struktur und die Prozesse der Organisation betreffen und sind oftmals der Auslöser oder die Folge technischer Innovationen. CSR-relevante organisatorische Innovationen können Bereiche betreffen wie eine an persönliche Bedürfnisse angepasste Arbeitszeit der MitarbeiterInnen, Änderungen im Bereich der Supply Chain oder die verstärkte Miteinbeziehung von Menschen, die besondere Bedürfnisse (etwa eine Behinderung) haben. Als bedeutende CSR-relevante organisatorische bzw. Managementinnovation anzusehen ist die Einführung von systematischem CSR-Management. Diese Form der Innovation ist daher gewissermaßen CSR-relevante Maßnahme „rückbezüglich" auf sich selbst. Angesprochen sind damit Bereiche wie z. B. die Einführung von Umweltmanagementsystemen (wie ISO 14001 oder EMAS) oder Nachhaltigkeitsreporting.

CSR-relevante organisationale und Managementinnovationen können in erheblichem Maß zur Steigerung der Wettbewerbsfähigkeit beitragen, indem sie etwa das Management verbessern, die Motivation erhöhen und dadurch die Unternehmensleistung verbessern. Organisatorische und Managementinnovationen wirken auf die Fähigkeit des Unternehmens und die Motivation seiner MitarbeiterInnen, Wissen und Kompetenzen zu entwickeln und weiter zu verarbeiten. Sie sind schon aus diesem Grund auch CSR-relevant und können eine positive Innovationsspirale in Gang setzen (Gelbmann 2012).

Wie radikal CSR-relevante organisationale und Managementinnovationen sind, hängt teilweise vom Auslöser der Innovation und teilweise von der Intention und Intensität ab, mit der sie betrieben werden: So kann ein Umweltmanagementsystem eingeführt werden, weil sich das Unternehmen davon Kostensenkungen und ethisch besser vertretbares Verhalten erwartet (interner Auslöser) oder weil KundInnen oder Behörden mehr Transparenz und Engagement verlangen (externer Auslöser) (Dyllick 2000). Im ersten Fall wird das Umweltmanagementsystem einen höheren Innovationsgrad aufweisen als im zweiten

Fall, denn gerade bei von außen verlangten (Push-)Innovationen besteht die Gefahr, dass sich das Unternehmen – zumal ein KMU, das Einmischung von außen ohnehin meist mehr ablehnt als größere Unternehmen – nicht mit der Innovation identifiziert.

Auch die erstmalige Erstellung eines Nachhaltigkeitsberichtes kann bei mangelndem Commitment der Unternehmensleitung bzw. fehlendem Mitwirken der MitarbeiterInnen einfach „aufgesetzt" werden, ohne im Unternehmen selbst tiefgreifende Änderungen zu bewirken. Insofern bestehen hier Ähnlichkeiten mit einer technischen End-of-Pipe-Innovation (vgl. Abschn. 5.1.3), die nicht den Prozess an sich verbessert, sondern nur „schädliche" Auswirkungen verhindern will. Die Erstellung eines Nachhaltigkeitsberichtes kann aber auch Ansatzpunkt für tiefgreifende Änderungen sein und ist damit als radikale Innovation einzustufen. Jedenfalls radikale Änderungen bedingt eine Veränderung der Unternehmenskultur, die das gesamte System „Unternehmen" betrifft und nur im Rahmen eines umfassenden Change Managements umgesetzt werden kann (Baumgartner 2009). Sie kann als umfassendste Form der CSR-relevanten organisationalen oder Managementinnovation angesehen werden, die schon einer Systeminnovation gleichzusetzen ist.

Insgesamt sehen KMU in CSR-relevanten organisatorischen und Managementinnovationen oft nur wenig Nutzen, aber einen großen Aufwand. Gerade im Hinblick auf die zunehmend wichtigere Integration der Stakeholder und die Vorteile, die sich aus einer systematischen Arbeit mit den Stakeholdern ergeben können, ist eine nähere Auseinandersetzung mit dem Thema jedoch sehr empfehlenswert.

3.2 Soziale Innovationen

Soziale Innovationen sind schon aus ihrer Definition heraus oft CSR-relevante Innovationen, weil hier meist konkret soziale Aspekte der Nachhaltigkeit angesprochen werden. Soziale Innovationen sind von den organisatorischen nicht immer trennscharf abgrenzbar. Sie betreffen „neue Wege, Ziele zu erreichen, insbesondere neue Organisationsformen, neue Regulierungen, neue Lebensstile, die die Richtung des sozialen Wandels verändern, Probleme besser lösen als frühere Praktiken" (Zapf 1989). Soziale Innovationen können prinzipiell auf jeder gesellschaftlichen Ebene auftreten und so auch die Gesellschaft als Ganzes betreffen. Auf unternehmerischer Ebene können soziale Innovationen intern stattfinden und betreffen in aller Regel die MitarbeiterInnen mit Themen wie Gesundheits-, Kultur- und Sportprogrammen oder speziellen Programmen für sehr junge oder ältere MitarbeiterInnen. Gerade diese Form der Innovation ist in (besonders familiengeführten) KMU sehr häufig anzufinden, ohne dass sie mit dem Begriff „CSR" in Zusammenhang gebracht würde. Interne soziale Innovationen betreffen daher immer (bestimmte Gruppen von) MitarbeiterInnen, wobei der Innovationsimpuls vom Management ausgehen kann, von den MitarbeiterInnen selbst, aber auch von NGOs oder Behörden. Unabhängig vom Impulsgeber kann die engagierte Umsetzung interner Sozialprojekte viel zu Motivation und Zufriedenheit der MitarbeiterInnen beitragen.

Unternehmensexterne soziale Innovationen befassen sich häufig mit regionalen oder lokalen Stakeholdern und betreffen oft die Initiierung von Sponsoringaktivitäten, aber auch Unternehmensbesuche für Private und Ähnliches sowie das Volunteering, bei dem ein Unternehmen MitarbeiterInnen freistellt, damit sie soziales Engagement zeigen können oder MitarbeiterInnen in ihrer Arbeitszeit kostenlos Arbeiten für soziale Einrichtungen erbringen lässt. Alle eben genannten Aktivitäten werden oft auch unter dem Begriff „Corporate Citizenship" zusammengefasst (Matten et al. 2003). Soziale Innovationen können aber auch z. B. Kooperationen mit Schulen oder Sozialprojekte entlang der Supply Chain betreffen. Wichtig für erfolgreiche CSR auch in KMU ist, dass die gesetzten externen Aktivitäten in irgendeiner Form mit dem Kerngeschäft des jeweiligen KMU in Zusammenhang stehen (Porter und Kramer 2006), etwa ein Projekt einer mittelständischen Kaffeerösterei für Kaffeeplantagen in Afrika oder die entgeltfreie Mithilfe bei der Renovierung eines lokalen Kinderheimes durch ein Bauunternehmen.

Auch für externe soziale Innovationen gilt, dass sie vom Unternehmen selbst ausgehen oder von Stakeholdern verlangt werden können. Betroffen sind entweder direkte Stakeholder des Unternehmens wie LieferantInnen, KundInnen oder AnrainerInnen oder (bei Aktionen wie Volunteering und ähnlichem) indirekte Stakeholder wie z. B. die BürgerInnen der näheren oder weiteren Umgebung, WissenschaftlerInnen oder SchülerInnen. Soziale Pull-Innovationen, die also aus eigenem Antrieb in Angriff genommen werden und im Zusammenhang mit dem Kerngeschäft des Unternehmens stehen, tragen häufig zur Steigerung der Reputation und Glaubwürdigkeit und somit zu besserer Kundenbindung bei. Hier bietet sich vor allem für KMU ein interessanter Ansatzpunkt, vor allem wenn sie einen lokalen/regionalen Absatzmarkt bedienen.

3.3   Technologische Prozessinnovationen

Im Zusammenhang mit den Kernaufgaben des Unternehmens umfassen Prozessinnovationen typischerweise unternehmensinterne Änderungen der technischen Prozesse, vor allem des Produktionsprozesses. Meist betreffen CSR-getriebene Prozessinnovationen ökologische Verbesserungen. Hier sind zwei grundsätzliche Unterscheidungen möglich: Die Innovation kann am Anfang des Prozesses durch Veränderung der Einsatzstoffe erfolgen (z. B. Ersatzbrennstoffe in der Zementindustrie, biogene Schmierstoffe etc.) oder am Ende des Prozesses Emissionen entstandener Schadstoffe in die Umwelt verhindern (z. B. ein Filter) (Meffert und Kirchgeorg 1998; Baumgartner 2010). Diese so genannten „End-of-Pipe-Systeme" können zwar in sich sehr komplex sein, greifen aber in den Produktionsprozess selbst nicht ein und sind daher nicht als radikale Innovationen anzusehen. Ihr Einsatz wird oft von außen angeregt oder verlangt (Push-Innovation).

Im Gegensatz dazu meist intern angeregt werden radikale Prozessinnovationen, welche die Umstellung ganzer Prozesse betreffen und dann neben ökologischen auch ökonomische Verbesserungen nach sich ziehen: Unter dem Stichwort „Ressourceneffizienz" und „Cleaner Production" werden Innovationen angestrebt, die ökonomische Leistung unter besserer Ausnutzung natürlicher Ressourcen zu erhöhen, etwa durch Einsparung von Energie und Wasser, effiziente Nutzung von Rohstoffen, weitgehende Wiederverwendung bzw. Recycling von Abfallstoffen. Alle diese Ansatzpunkte können in kleineren wie größeren Unternehmen zu langfristigem ökonomischem Erfolg beitragen, wobei jedoch nicht außer Acht gelassen werden darf, dass hier der Betrachtung langfristige Investitionsgesichtspunkte zugrunde gelegt werden müssen (Christie 1995; Meffert und Kirchgeorg 1998; Baumgartner 2010).

3.4   Innovationen des Angebotsprogrammes

Wenn die Rede ist von nachhaltigkeitsorientierten Innovationen, dann denkt man wohl an diesen Punkt zuerst. Das Angebotsspektrum in diesem Bereich ist riesig und umfasst im klassischen Sinne „umweltfreundliche" Produktinnovationen, die entweder direkt der Umweltentlastung dienen (z. B. Photovoltaikpanels) ebenso wie Produkte, die so produziert wurden, dass sie beim Gebrauch weniger Umweltbelastungen verursachen (z. B. Autos mit neuen Antriebssystemen). Zu den CSR-relevanten Innovationen im Angebotsprogramm zählen aber auch Produkte, bei deren Bestandteilen auf soziale und/ oder ökologische Aspekte Rücksicht genommen wurde (z. B. durch Substitution von herkömmlichen Zutaten durch organisch-biologische und/oder Fair Trade Zutaten). Als spezielle Variante zu nennen sind Re-Design-Produkte, die aus Dingen, die sonst Abfall wären, erzeugt werden (z. B. die Taschen aus LKW-Planen). Zu den CSR-induzierten Innovationen des Angebotsprogrammes zählen auch Services, die bei der Verlängerung der Lebensdauer oder der verbesserten Nutzung von Produkten helfen sowie Services, die neuartige Nachhaltigkeitsaspekte ansprechen (z. B. Lebensstilberatung auf Ebene der KonsumentInnen, Ressourceneffizienzberatung auf Consultingebene (Tukker 2004).

Die Vielfalt möglicher Innovationen in diesem Bereich macht deutlich, dass eindeutige Aussagen über Innovationsgrad und Reichweite nicht getroffen werden können, da sowohl Imitationen oder graduelle Verbesserungen wie auch radikale Innovationsansätze möglich sind. Komplex werden diese Innovationen dann, wenn sie sowohl Produkt- als auch Servicekomponenten enthalten oder wenn sie die neuartige Nutzung von Produkten mit einschließen, etwa das heute bereits bekannte Car Sharing. Diese so genannten Produkt-Service-Systeme (Mont 2002) lassen sich auf viele andere Bereiche übertragen und führen manchmal zu vollkommen neuen Geschäftsmodellen als radikalster Form der CSR-getriebenen Innovation.

3.5   Geschäftsmodelle als Innovation

Gerade weil KundInnen Lösungen für ihre Probleme und weniger Produkte suchen, gibt es viele Ansatzpunkte für CSR-relevante Innovationen. Betrachtet man dabei rein die Angebotsebene, betreffen die Innovationen Produkt-Service-Systeme, wie sie bereits im

Vorangehenden beschrieben wurden. Legt man aber eine neue Sichtweise auf Innovationen zugrunde, die den Kundennutzen, den das Unternehmen bereitstellt, die Form, in der es das tut, und die Art und Weise mit einbezieht, wie es damit für sich selbst Erfolg erzielen will, so ist das gesamte Geschäftsmodell des Unternehmens betroffen (Osterwalder et al. 2005). Je radikaler eine Innovation ist, desto eher muss das gesamte bisherige Geschäftsmodell adaptiert oder erneuert werden (Teece 2010). Geschäftsmodellinnovationen zählen zu den „nachhaltigsten" Innovationen in dem Sinne, dass sie Geschäftsstrukturen dauerhaft verändern (Sosna et al. 2011). Denn zumindest auf Konsumgütermärkten wird in der Regel nicht eine neu erfundene Technologie verkauft, sondern diese wird zumindest in ein Produkt „eingepackt". Treten dazu dann neue Service-, Vertriebs- und/oder Informationskomponenten, entsteht ein neues Geschäftsmodell, das umso erfolgreicher sein kann, je weniger leicht es von potentiellen MitbewerberInnen nachgeahmt werden kann (Teece 2010) und je besser es durch Bereitstellung vollkommen neuartiger Nutzen die Bedürfnisse der KundInnen erfüllt (Hamel 2000). Aus CSR-Sicht stehen jedoch nicht nur die Nutzen der KundInnen im Mittelpunkt der Betrachtung, sondern man strebt eine „Maximierung" des Gesamtnutzens („Shared values", EC 2011) aller Stakeholder an.

Viele dieser Geschäftsmodellinnovationen führen zur Gründung neuer Unternehmen, die oft auf einer verstärkten Partizipation der Bevölkerung basieren. Die Motivation für ihr Handeln kann in diesen Geschäftsmodellen in der Förderung von Nachhaltigkeitsaspekten liegen, kann aber auch durchaus profitorientierte Motive haben. CSR-Aspekte können also bei der Gestaltung eines neuen Geschäftsmodells im Zentrum stehen oder nur als Mittel zum Zweck dienen – ebenso wie Profiterzielung zentrales Ziel oder Mittel zum Zweck sein kann. Auf diese Weise lassen sich zumindest zwei Arten von CSR-relevanten Geschäftsmodellen unterscheiden, doch zwischen diesen beiden Extremen gibt es auch Mischformen (Hockerts et al. 2009).

- Im „Profit durch Prinzipien" Geschäftsmodell ist Profit sehr wichtig, doch nicht um jeden Preis. In diese Gruppe gehören all diejenigen Unternehmen, die Geschäftserfolg über den Gewinn definieren, dabei aber auf Nachhaltigkeitsbelange Rücksicht nehmen. Die Neuartigkeit des Geschäftsmodells besteht darin, dass sie die Wertschöpfung in anderer Form erbringen als bisher üblich. In dieses Geschäftsmodell fallen die meisten der innovativen CSR-relevanten Geschäftsmodelle, wie sie z. B. Reparaturservices, Vermietung von Gebrauchsgegenständen oder ähnliche Leistungen umfassen (Hockerts et al. 2009).
- Im „missionarischen" Geschäftsmodell steht die Schaffung von sozialem Nutzen im Vordergrund. Gewinn ist nur ein Vehikel und wird reinvestiert. Beispiele hierfür sind etwa die so genannten „Eco-Wises" (Ökologieorientierte Work Integration Social Enterprises). Das sind Unternehmen, deren Hauptzweck die Re-Integration von benachteiligten Menschen (z. B. Langzeitarbeitslosen) in den Arbeitsmarkt ist. Eine weitere Möglichkeit ist die Gründung von (arbeitnehmerInnengeleiteten) Genossenschaften, die Services Not-For-Private-Profit anbieten (z. B.

Reinigungsdienstleistungen) und die erwirtschafteten Gewinne in die Förderung der Mitglieder reinvestieren. Die Master-Minds dieser Geschäftsmodelle bzw. Unternehmen sind meist so genannte Social Entrepreneurs. Sie machen bislang nicht gelöste gesellschaftliche Probleme zum Mittelpunkt ihrer Geschäftstätigkeit. Zur Erfüllung dieser Aufgabe arbeiten Social Entrepreneurs kooperationsorientiert, ohne sich finanziell in Abhängigkeit von einzelnen Geldgebern zu begeben (Hockerts et al. 2009).

- Das „Sozialer Zweck" Geschäftsmodell als dritte Variante ist eine Mischform (Hockerts et al. 2009). Zu denken ist hier etwa an so genannte Re-Use-Shops, wie es sie in einigen Ländern bereits mit Erfolg gibt. Hier werden ökologische Ziele durch die Verminderung der Abfallmenge verfolgt, soziale Ziele durch die Arbeit mit Menschen mit Benachteiligung und schließlich auch durch Bereitstellung von günstigen Gebrauchsgütern für Menschen aus niedrigen Einkommensschichten (in Österreich z. B. ReVital 2013).

3.6 CSR im Nationalen Innovationssystem

Das Konzept des Nationalen Innovationssystems beruht auf der Vorstellung, dass Innovation und technologischer Fortschritt das Ergebnis einer komplexen Konstellation von Verbindungen zwischen den AkteurInnen sind, welche Wissen produzieren, verteilen oder anwenden (OECD 1999). Diese Aussage lässt sich in ähnlicher Weise für die Nachhaltigkeit eines Landes postulieren. Unternehmen tragen durch ihre Forschungs- und Entwicklungstätigkeit zur Nachhaltigen Entwicklung in einem Land bei. Im Hinblick auf CSR kommt als zusätzlicher Aspekt die Tatsache hinzu, dass eine umfassende Berücksichtigung von Stakeholderinteressen explizit gefordert wird, was per se eine systemische Betrachtung und die Miteinbeziehung aller für CSR-relevante Innovationen maßgeblichen AkteurInnen erfordert.

Im Zentrum eines „CSR-bezogenen Innovationssystems" stehen die Unternehmen, die sich mit CSR-relevanten Innovationen im weitesten Sinne befassen, ihre mit Forschungs- und Nachhaltigkeitsagenden betrauten MitarbeiterInnen, ihre ForschungspartnerInnen (Universitäten, forschungsnahe NGOs etc.) sowie die Forschungsförderungseinrichtungen. In der näheren Peripherie befinden sich all diejenigen Stakeholder, die durch ihre Ideen und ihren (materiellen und ideellen) Input oder ihre Forderungen die CSR-relevanten Innovationen von Unternehmen beeinflussen. Dazu zählen die staatlichen Einrichtungen und ihre ordnungs- und fiskalpolitischen Maßnahmen, NGOs aller Art und vor allem KundInnen und LieferantInnen.

Besonders im Kontext von KMU und CSR von Bedeutung ist die Bereitschaft zur so genannten Open Innovation. Darunter versteht man einen offenen und partnerschaftlich ausgerichteten Innovationsprozess (Chesbrough 2003; Lee et al. 2010), bei dem Stakeholder in Hinblick auf den Innovationsprozess in das Unternehmensgeschehen integriert werden. Diese Art der Innovation trägt damit in mehrfacher Weise zur Nachhaltigkeit bei: durch aktive Bedachtnahme auf Stakeholderinteressen und durch ökologische, ökonomische oder soziale Verbesserung (Gelbmann und Vorbach 2007). Open Innovation ist ein neues Geschäftsmodell für die Organisation von Innovationen, bei dem der Wert auch externen und/oder subjektiven Wissens gewürdigt wird und das (auch im Sinne der CSR) auf ein proaktives Management geistigen Eigentums setzt (Chesbrough 2003; Lee et al. 2010).

Open Innovation ist als Inside-Out-Prozess (Gassmann und Enkel 2006) möglich, bei dem intern generiertes Wissen extern zur Verfügung gestellt wird. Für KMU kommt hier im Hinblick auf CSR-relevante Innovationen etwa das Engagement für soziale Einrichtungen oder die Weitergabe von relevantem Wissen z. B. in Kooperationen mit NGOs in Entwicklungsländern infrage. Im Outside-In-Prozess (Gassmann und Enkel 2006) erhält das Unternehmen Inputs für Innovationen von KundInnen, NGOs oder ähnlichen und setzt diese in der Folge auch (mit deren Unterstützung) um. Letztlich geht es darum, die Fähigkeiten, Ideen und die Expertise unternehmensexterner Personen und Einrichtungen zu nützen, um differenzierte Lösungen zu erhalten.

Die Vorteile der Open Innovation vor allem für KMU liegen in einer Verminderung von Entwicklungskosten/Investitionen, im guten Zugang zu externem Wissen, da die Anzahl der internen Kreativitäts- und WissensträgerInnen begrenzt ist, in der verbesserten Miteinbeziehung von Stakeholdern und in der Beschleunigung der Innovationsprozesse. Voraussetzung dafür ist allerdings ein offener Umgang mit Inputs von außen. Nach van de Vrande et al. (2009) sind die Motive für Open Innovation in KMU zumeist Motive, welche mit dem Markt zu tun haben: KMUs nutzen verschiedene Formen von Open Innovation um ihre Kunden bestmöglich bedienen oder um neue Märkte öffnen zu können, aber auch um Wachstum und Umsatz zu wahren (van de Vrande et al. 2009). Beide Formen der Open Innovation im Rahmen von CSR Innovationssystemen haben einen direkten CSR-Effekt, da sie auf verstärkte Stakeholderintegration abzielen, und einen möglichen „sekundären" CSR-Effekt, da sie möglicherweise zu weiteren CSR-relevanten Innovationen führen.

3.7   Innovationen des gesellschaftlichen Systems

Innovationen betreffen alle Lebensbereiche. In diesem Sinne ist die Einführung von CSR im Unternehmen („CSR ALS Innovation", Gelbmann 2012, vgl. auch Abschn. 5.1.1) mit Innovationsaufgaben auf mehreren Ebenen verbunden, die nicht nur das Unternehmen betreffen. Neben unternehmerischen Innovationen sind vielmehr auch Innovationen auf der Ebene des Staates bzw. der Gesellschaft als Ganzes nötig. Denn Nachhaltigkeit ist eine „umfassende kulturelle Innovationsherausforderung … Sie erfordert umfassende gesellschaftliche Reformprozesse und ist daher vor allem eine gesellschaftspolitische Frage" (Schwarz et al. 2010). Betrachtet man diesen Kontext, so ist CSR wesentlicher Aspekt der Governance, in deren Rahmen neben den hoheitlichen auch privatwirtschaftliche und zivilgesellschaftliche Einrichtungen Verantwortung für Steuerung und Regelung des Zusammenlebens übernehmen (Benz 2004). Denn der Staat als Gemeinwesen profitiert von der freiwilligen Übernahme von Verantwortung durch Unternehmen, da er selbst in diesen Bereichen nur mehr bedingt aktiv zu werden braucht. Gerade deswegen muss der Staat im Rahmen seiner ordnungs- und fiskalpolitischen Möglichkeiten die Umsetzung des Konzeptes CSR auch in KMU unterstützen und entsprechende Neuerungen bzw. Anpassungen vornehmen („Innovation FÜR CSR", Gelbmann 2012). Zu den Ansatzpunkten zählen hier unter anderem die öffentliche Beschaffung, die gesellschaftlich verantwortungsvolle Unternehmen bevorzugt, steuerliche Vorteile für über gesetzliche Vorgaben hinaus verantwortungsvolle Unternehmen, finanzielle Unterstützungen bei Planung und Umsetzung von CSR in Unternehmen, aber auch von Staat getragene oder unterstützte Einrichtungen, die Unternehmen bei der Umsetzung beraten.

Innovationen sind jedoch auch von der Gesellschaft als Ganzes gefordert, die bereit sein muss, sich auf Prozesse wie neue Dienstleistungen, neue Muster der Bedürfnisbefriedigung oder neue Lebensstile einzulassen (Zapf 1989). Dazu gehört es etwa, innovative nachhaltige Angebote positiv zu betrachten, anzunehmen und zu unterstützen. Eine reine Sympathiebekundung oder Einstellungsänderung reicht nicht aus, gefordert ist eine Wandlung des Handelns (Rammert 2010). Beispiele hierfür sind neue Ideen im Bereich der Mobilität, der Energiegewinnung oder des Erwerbs von Produktnutzen anstelle des Produktes selber („Innovation DURCH CSR", Gelbmann 2012).

Allerdings haben Systeme, vor allem große und komplexe wie ganze Gesellschaften, eine Tendenz, den einmal eingeschlagenen Weg nicht zu verlassen, auch wenn dies sinnvoll erscheint, und nur geringfügige Innovationen in Kauf zu nehmen, die auf alten Mustern und Praktiken aufbauen. Man spricht in diesem Zusammenhang von Pfadabhängigkeit (Raven 2007). Hier müssen so genannte Transitionsprozesse – Übergangsprozesse – in Gang gesetzt werden, die in der Regel über mehrere Ebenen verlaufen. Diese Prozesse brauchen in der Regel einigen Anstoß von Seiten des Staates (Governance) und zivilgesellschaftlicher Organisationen bzw. Bildungseinrichtungen, mit deren Hilfe Richtung und Geschwindigkeit von Wandelprozessen beeinflusst werden können. Man spricht hier von „Transition-Enabling" (Rotmans und Loorbach 2010). Die Transitionsprozesse selbst gehen oftmals von Nischen aus, in denen Innovationen stattfinden, die dann erst langsam und sukzessive von der Gesellschaft übernommen werden (Verbong und Geels 2007). Hier bieten sich gerade für KMU Möglichkeiten, in einer Region oder gar in einem Staat die Vorreiterrolle zu übernehmen und vom Nischenanbieter zum Meinungs- und Innovationsführer einer ganzen Branche zu werden (etwa ein Schokoladeerzeuger, der konsequent auf ökologische und soziale Qualität bei höherem Produktpreis setzt und dadurch längerfristig die ganze Branche unter Zugzwang bringt).

4   Auswirkungen von CSR-relevanten Innovationen für KMU

Nachdem in den vergangenen Abschnitten die einzelnen CSR-Innovationsbeiträge dargestellt und diskutiert wurden, werden in diesem Abschnitt die Konsequenzen für KMU und sich daraus ergebende Vorteile und Risiken beleuchtet.

4.1 Wechselwirkungen von CSR-relevanten Innovationen und KMU

Grundsätzlich scheint ein positiver Zusammenhang zwischen der regionalen Wettbewerbsfähigkeit einer Region und der „Verantwortungskultur" bzw. CSR ihrer Wirtschaft zu bestehen, da eine Region mit guter CSR-Kultur dynamische Unternehmen anzieht (EC 2007). Dazu tritt das sich wandelnde Bewusstsein der KonsumentInnen, die zunehmend (auch angeregt durch diverse Skandale) verantwortungsvolle Produkte und Services nachfragen (Wenzel et al. 2008). Auch KMU können sich daher der CSR nicht entziehen, denn Fragestellungen und Aufgaben aus diesem Bereich gewinnen zunehmend an Dynamik und Einfluss. CSR betrifft KMU daher

- von innen: Das Unternehmen kann von sich aus beschließen, aktiv CSR zu betreiben und CSR-relevante Innovationen umzusetzen. Diese Innovationen können dann entweder intern von Relevanz sein, indem sie auf Management- und/oder Produktionsprozesse oder interne soziale Aspekte Einfluss nehmen, oder das Auftreten und Angebot nach außen betreffen und damit Bereiche wie die Beschaffung, Produkt-/Serviceinnovationen oder die Transparenz nach außen beeinflussen.
- von außen: Das Unternehmen muss Innovationen bzw. Veränderungen der Umfeldbedingungen (wie geänderte Beschaffungsbedingungen, CSR-relevante Aktionen des Mitbewerbs und eine nachhaltigkeitsorientierten Änderung des Nachfrageverhaltens) berücksichtigen sowie mit solchen Änderungen einhergehenden Änderungen von Standards oder gesetzlichen Vorgaben Folge leisten, da es sonst Gefahr läuft, seine Wettbewerbsposition zu verlieren.

4.2 Chancen und Risiken für KMU durch CSR-Innovationen

Damit sie den eben beschriebenen Änderungen von außen nicht hilflos ausgeliefert sind, sollten sich Unternehmen in jedem Fall eine grundsätzliche strategische Haltung gegenüber CSR überlegen. Diese Haltung kann sein (Gelbmann und Baumgartner 2012; Baumgartner und Ebner 2010; Clarkson 1995)

- reaktiv auf Verleugnung gesellschaftlicher Verantwortung gerichtet. (Allerdings ist eine solche Strategie zumindest in Europa kaum mehr möglich),
- defensiv bzw. introvertiert auf die Erfüllung von Minimumanforderungen gerichtet,
- adaptiv gerichtet auf gesellschaftliche Legitimierung, entweder konventionell-extrovertiert mit Fokus auf PR-wirksamer Darstellung eigener Leistungen oder konservativ-extrovertiert mit Fokus auf Risiko- und Kostenminimierung durch ökologische/Sicherheitsmaßnahmen,
- proaktiv oder visionär auf der Suche nach strategischen Wettbewerbsvorteilen.

Die allgemeine Definition von CSR-Strategien lässt sich auf Innovationen umlegen: Man kann CSR-relevante Innovationen als Innovationsführer in Angriff nehmen, um dann Wettbewerbsvorteile erzielen zu können, oder sich innovationsscheu verhalten und riskieren, zum Getriebenen zu werden, wenn CSR-relevante Innovationen diffundiert und quasi alltäglich sind.

Insgesamt sind bei der Abschätzung möglicher Chancen und Risiken drei Aspekte zu berücksichtigen:

- Wie groß (gemessen an MitarbeiterInnenzahl und Umsatz) ist das jeweilige Unternehmen?
- In welcher Branche ist das Unternehmen tätig und worin bestehen demnach die Kernkompetenzen bzw. aus welchen Produkten und/oder Dienstleistungen setzt sich das Angebotsprogramm zusammen?
- Inwiefern führen CSR-Innovationen zu einer Win-win-Situation, d. h. dass mit der CSR-relevanten Aktivität auch ein betriebswirtschaftlicher Erfolg verbucht werden kann. Solange diese Win-win-Konstellation gegeben ist (z. B. Kosteneinsparung durch Effizienzsteigerung beim Materialeinsatz), gibt es kaum Diskussion über Beiträge zu einer nachhaltigen Entwicklung. Kritisch wird es allerdings dann, wenn es zu konkurrierenden Zielsetzungen kommt.

5   Resümee und Ausblick

Der vorliegende Beitrag setzt sich mit CSR-relevanten Innovationen im Kontext von KMU auseinander. Anknüpfend an definitorische Begriffserklärungen wird die Klassifizierung CSR-relevanter Innovationen vor allem in KMU vor dem Hintergrund des Gegenstandsbereichs (Was wird inoviert?) diskutiert und mit Hilfe von Beispielen vertieft. Als Implikationen daraus werden abschließend Wechselwirkungen von CSR-relevanten Innovationen und KMU sowie die sich ergebenden Chancen und Risiken dargestellt.

Der Schwerpunkt des Beitrages liegt auf der ausführlichen Diskussion CSR-relevanter Innovationen, da sich das Konzept CSR-relevanter Innovationen sowohl in der Theorie als auch in der Praxis wegen des Fehlens einer einigermaßen durchgängigen Kategorisierung einer vertiefenden Debatte entzieht. Wir erweitern traditionelle Klassifizierungen, um so eine umfassende, den Dimensionen der Nachhaltigkeit entsprechende Perspektive zu gewährleisten. Bezugnehmend auf die Zielgruppe der KMU wird gezeigt, dass zwar vielfach ohnedies CSR-relevante Aktivitäten umgesetzt werden, dass dies aber häufig wenig strategisch und nicht selten auch unbewusst geschieht. Die KMU-VertreterInnen sind also explizit dazu aufgefordert, sich geplant und strukturiert mit dem Themenkreis von Innovation und Nachhaltigkeit auseinanderzusetzen, um so einen Beitrag zu einer nachhaltigen Entwicklung zu leisten oder den bereits erbrachten Beitrag transparent darzustellen. So kann das KMU Wettbewerbsvorteile erzielen oder -nachteile vermeiden, doch darüber hinaus kann es auch zu einem gemeinsamen Nutzen für Unternehmen und Gesellschaft beitragen. Dieser gemeinsame Nutzen wird jedoch nicht nur von den KMU selbst beeinflusst, sondern hängt auch maßgeblich von den Systemen ab, in die es eingebettet ist: das (nationale, regionale, lokale) Innovationssystem und damit die direkten Stakeholder CSR-relevanter Innovationen. Dies schließt insbesondere auch den Staat als solches bzw. seine AkteurInnen wie die öffentliche Verwaltung mit ein, welche – über das gesetzliche Mindestmaß hinaus – für CSR-relevante Innovationen in KMU Anreize setzen und (methodenbezogene) Unterstützung zur Verfügung stellen muss. Doch insbesondere muss die Gesellschaft als Ganzes die CSR-Bemühungen von Unternehmen und KMU im Speziellen annehmen und durch entsprechende Verhaltensweisen (z. B. beim Konsum) vorantreiben.

Doch große Systeme wie Gesellschaften tendieren dazu, sich in eingefahrenen Bahnen zu bewegen und nur geringfügige Veränderungen zu akzeptieren bzw. radikale Innovationen nur langsam zu übernehmen. KMU als Motor vieler Wirtschaftssysteme vermögen sich hier in Nischen zu etablieren und einen für sich genommen jeweils kleinen Beitrag zu einem nachhaltigkeitsorientierten Wandel der Gesellschaft zu leisten. In der Summe aber gehen von den CSR-Bemühungen und CSR-relevanten Innovationen der KMU nicht zu unterschätzende (positive wie negative) Impulse für die nachhaltige Entwicklung unserer Gesellschaft aus.

Literatur

Bagheri A, Hjorth P (2007) Planning for sustainable development: a paradigm shift towards a process-based approach. Sustain Dev 15:83–96

Baumgartner RJ (2009) Organizational culture and leadership: preconditions for the development of a sustainable corporation. Sustain Dev 17:102–113

Baumgartner RJ (2010) Nachhaltigkeitsorientierte Unternehmensführung: Modell, Strategien und Managementinstrumente. Rainer Hampp Verlag, München und Mering

Baumgartner RJ, Ebner D (2010) Corporate sustainability strategies: sustainability profiles and maturity levels. Sustain Dev 18:76–89

Benz A (2004) Governance – Modebegriff oder nützliches sozialwissenschaftliches Konzept? In: Benz A (Hrsg) Governance – Regieren in komplexen Regelsystemen. Eine Einführung. Verlag für Sozialwissenschaften, Wiesbaden, S 11–28

Bleicher K (1979) Innovationen im Produktionsbereich. In: Kern W (Hrsg) Handwörterbuch der Produktionswirtschaft. Springer, Stuttgart, S 800–814

BMWFJ Bundesministerium für Wirtschaft, Jugend und Familie (2010) Mittelstandsbericht. Bericht über die Situation der kleinen und mittleren Unternehmungen der gewerblichen Wirtschaft. BMWFJ, Wien

Bos-Brouwers HEJ (2010) Corporate sustainability and innovation in smes: evidence of themes and activities in practice. Bus Strat Environ 19:417–435

Braun S, Clausen J, Loew T (2009) Innovation durch CSR. Die Zukunft nachhaltig gestalten. Bundesministerium für Umwelt, Naturschutz und Reaktorsicherheit (BMU), Berlin

Carroll AB (1999) Corporate social responsibility. Evolution of a definitional construct. Bus Soc 38(3):268–295

Chesbrough H (2003) Open innovation. The new imperative for creating and profiting from technology. Harvard Business School Press, Boston

Christie J (1995) Cleaner production in Industry. Policy Studies International, London

Clarkson ME (1995) A stakeholder framework for analyzing and evaluating corporate social performance. Acad Manag Rev 20(1):92–117

Dahlsrud A (2008) How corporations social responsibility is defined: an analysis of 37 definitions. Corp Soc Responsib Environ Manag 15:1–13

Dex S, Scheibl S (2001) Flexible and family-friendly working arrangements in UK-based SMEs: business cases. Br J Ind Relat 39(3):411–431

Dyllick T (2000) Strategischer Einsatz von Umweltmanagementsystemen. Umweltwirtschaftsforum 8(3):64–68

EC Europäische Kommission (2003) Empfehlung der Kommission vom 6. Mai 2003 betreffend die Definition der Kleinunternehmen sowie kleinen und mittleren Unternehmen. Amtsblatt der Europäischen Union (2003/361/EG) (verfügbar online: http://eur-lex.europa.eu/LexUriServ/L exUriServ.do?uri=OJ:L:2003:124:0036:0041:de:PDF)

EC European Commission (2007) Opportunity and Responsibility – how to help more small businesses to integrate social and environmental issues into what they do. Directorate-General for Enterprise and Industry, Brüssel

EC Europäische Kommission (2011) Mitteilung der Kommission an das Europäische Parlament, den Rat, den Europäischen Wirtschafts- und Sozialausschuss und den Ausschuss der Regionen. Eine neue EU-Strategie (2011–14) für die soziale Verantwortung der Unternehmen (CSR), Brüssel

Edwards T, Delbridge R, Munday M (2005) Understanding innovation in small and medium-sized enterprises: a process manifest. Technovation 25:1119–1127

Fichter K, Beucker S, Noack T, Springer S (2007) Entstehungspfade von Nachhaltigkeitsinnovationen. Fraunhofer IRB Verlag, Stuttgart

Fichter K (2010) Nachhaltigkeit: Motor für schöpferische Zerstörung? In: Howaldt J, Jacobsen H (Hrsg) Soziale Innovation. Auf dem Weg zu einem postindustriellen Innovationsparadigma. VS-Verlag für Sozialwissenschaften, Wiesbaden, S 181–198

Frederick WC (1994) From CSR1 to CSR2. The maturing of business-and-society thought. Bus Soc 33(2):150–164

Frueglistaller U et al (2012) Entrepreneurship. Springer, New York

Fuller T, Tian Y (2006) Social and symbolic capital and responsible entrepreneurship: an empirical investigation of SME narratives. J Bus Ethics 67(3):287–304

Garriga E, Mele D (2004) Corporate social responsibility theories: mapping the territory. J Bus Ethics 53:51–71

Gassmann O, Enkel E (2006) Open innovation. Die Öffnung des Innovationsprozesses erhöht das Innovationspotenzial. ZFO 75(3):132–138

Gelbmann U (2010a) Establishing strategic CSR: an Austrian CSR quality seal to substantiate the strategic CSR performance of SMEs. Sustain Dev 18:90–98

Gelbmann U (2010b) Comparative analysis of innovative CSR-tools for SMEs. Int J Innov Sustain Dev 5(1):35–50

Gelbmann U (2012) Handlungsfeld 2: Innovationspotenzial von CSR systematisch fördern/nutzen. Inputpaper für den Stakeholderprozess zur Erstellung eines Nationalen Aktionsplanes für CSR in Österreich, Wien

Gelbmann U, Baumgartner RJ (2012) Strategische Implementierung von CSR in KMU. In: Schneider A, Schmidpeter R (Hrsg) Corporate Social Responsibility. Verantwortungsvolle Unternehmensführung in Theorie und Praxis. Springer, Wiesbaden, S 285–298

Gelbmann U, Vorbach S (2007) Strategisches Innovationsmanagement. In: Strebel H (Hrsg) Innovations- und Technologiemanagment, Facultas, Wien, S 158–211

Grayson D, Hodges A (2004) Corporate social opportunity!: 7 steps to make corporate social responsibility work for your business. Greenleaf Publishing, Sheffield

Grieshuber E (2012) CSR als Hebel für ganzheitliche Innovation. In: Schneider A, Schmidpeter R (Hrsg) Corporate Social Responsibility. Verantwortungsvolle Unternehmensführung in Theorie und Praxis. Springer, Wiesbaden, S 371–384

GRI Global Reporting Initiative (2011) Der Nachhaltigkeitsbericht – Los geht's! GRI Anwendungsebene C Berichtsvorlage, GRI Amsterdam. https://www.globalreporting.org/resourcelibrary/German-Lets-Report-Template.pdf

Hamel G (2000) Leading the revolution. Harvard Business School Press, Boston

Hauschildt J, Salomo S (2007) Inovationsmanagement. Vahlen, Stuttgart

Hockerts K et al (2009) CSR-driven innovation. Towards the social purpose business. Copenhagen Business School (CBS), Center for Corporate Social Responsibility, Copenhagen

Holling CS (2004) From complex regions to complex worlds. Ecol Soc 9(1):11

ISO 2600 (2010) International Standard ISO 26000 (First Edition 2010-11-01). Guidance on social responsibility, Lignes directrices à la responsabilité sociétale, ISO 26000:2010 (E)

Jenkins H (2004) A critique of conventional CSR theory: an SME perspective. J Gen Manag 9(4):55–75

Jenkins H (2006) Small business champions for responsibility? J Bus Ethics 67(3):241–256

Lee S, Park G, Yoon B (2010) Open innovation in SMEs – an intermediated network model. Res Policy 39:290–300

Little AD (2006) The innovation highground – winning tomorrow's customers using sustainability-driven innovation. Strateg Dir 22(1):35–37

Mahoney J (1997) Spheres and limits of ethical responsibilities in and of the corporation. In: Enderle G (Hrsg) People in corporations. Kluwer Academic Publishers, Dordrecht

Matten D, Crane A, Chapple W (2003) Behind the mask: revealing the true face of corporate citizenship. J Bus Ethics 45(1–2):109–120

Mendibil K et al (2007) How can CSR practices lead to successful innovation in SMEs. Publication from the RESPONSE Project, Strathclyde

Mont O (2002) Clarifying the concept of product-service system. J Clean Prod 10(3):237–245

OECD – Organisation für wirtschaftliche Zusammenarbeit und Entwicklung (1999) Managing national systems of innovation, Paris

Osterwalder A, Pigneur Y, Tucci CL (2005) Clarifying business models: origins, present and future of the concept. Commun Assoc Inf Syst 16:1–25

Perl E (2007) Grundlagen des Innovations- und Technologiemanagements. In: Strebel H (Hrsg) Innovations- und Technologiemanagement. Facultas, Wien, S 17–52

Porter ME, Kramer MR (2006) Strategy & Society: the link between competitive advantage and corporate social responsibility. Harv Bus Rev 84(12):78–92

Post JE, Preston LE, Sachs S (2002) Redefining the corporation: stakeholder management and organizational wealth. Stanford University Press, Stanford

Rammert W (2010) Die Innovationen der Gesellschaft. In: Howaldt J, Jacobsen H (Hrsg) Die Bedeutung sozialer Innovationen für eine nachhaltige Entwicklung. VS-Verlag für Sozialwissenschaften, Wiesbaden, S 21–52

Raven R (2007) Niche accumulation and hybridisation strategies in transition processes towards a sustainable energy system: an assessment of differences and pitfalls. Energy Policy 35:2390–2400

ReVital – Ökologisch. Günstig. Sozial. (2013) http://www.revitalistgenial.at/Zugegriffen: 07. März 2013

Rothwell R, Dodgson M (1994) Innovation and size of firm. In: Dodgson M, Rothwell R (Hrsg) The handbook of industrial innovation. Edward Elgar, Aldershot, S 310–324

Rotmans J, Loorbach D (2010) Towards a better understanding of transitions and their governance. A systemic and reflexive approach. In: Grin J, Rotmans J, Schot J (Hrsg) Transitions to sustainable development – new directions in the study of long term transformation change. Routledge, New York, S 105–220

Schiemann M (2008) Eurostat Statistik kurz gefasst. Unternehmen nach Größenklassen – Überblick über KMU in der EU. Eurostat, Luxemburg

Schumpeter J (2006) Theorie der wirtschaftlichen Entwicklung. Nachdruck der, 1. Aufl von 1912. Duneker & Humblot, Berlin

Schwarz M, Birke M, Beerheide E (2010) In: Howaldt J, Jacobsen H (Hrsg) Die Bedeutung sozialer Innovationen für eine nachhaltige Entwicklung. VS-Verlag für Sozialwissenschaften, Wiesbaden, S 165–180

Sosna M, Trevinyo-Rodrıguez RN, Velamuri SR (2010) Business model innovation through trial-and-error learning. The Naturhouse case. Long Range Plan 43:383–407

Spence LJ (1999) Does size matter: the state of the art in small business ethics. Bus Ethics Eur Rev. 8(3):163–174

Swanson DL (1995) Addressing a theoretical problem by reorienting the corporate social performance model. Acad Manag Rev 20:43–64

Teece DJ (2010) Business models, business strategy and innovation. Long Range Plan 43:172–194

Thom N (1980) Grundlagen des betrieblichen Innovationsmanagements, Königstein

Tilley F (2000) Small firm environmental ethics: how deep do they Go. Bus Ethics A Eur Rev 9(1):31–41

Tukker A (2004) Eight types of product-service system: eight ways to sustainability? Experiences from SusProNet. Bus Strateg Environ 13:246–260

Vallejo MC (2008) Is the culture of family firms really different? A value-based model for its survival through generations. J Bus Ethics 81(2):261–279

van de Vrande V, de Jong JPJ, Vanhaverbeke W (2009) Open innovation in SMEs: trends, motives and management challenges. Technovation 29:423–437

Verbong G, Geels F (2007) The ongoing energy transition: lessons from a socio-technical, multi-level analysis of the Dutch electricity system (1960–2004). Energy Policy 35:1025–1037

Wenzel E, Kirig A, Rauch C (2008) Greenomics. Wie der grüne Lifestyle Märkte und Konsumenten verändert. Redline Wirtschaftsverlag, München

Werther WB, Chandler D (2010) Strategic corporate social responsibility: stakeholders in a global environment. Sage, Thousand Oaks

Wood DJ (1991) Corporate social performance revisited. Acad Manag Rev 16(4):691–718

Zapf W (1989) Über soziale Innovationen. Soziale Welt 40(1–2):170–183

Verantwortung und Innovation: Corporate Social Innovation

Wolfgang Stark

1   Einleitung

Globale gesellschaftliche Veränderungen vollziehen sich heute nicht nur außerordentlich schnell, sondern oft auch sehr intransparent; sie haben jedoch nicht selten sehr tiefgreifende, langanhaltende und globale Folgen für die nächsten Generationen. Die Entwicklung von nationalen Industriegesellschaften hin zu einer globalen und vernetzten Informations- und Dienstleistungsgesellschaft (Castells 1996) haben nicht nur in unserer Arbeitswelt, sondern auch in unserem öffentlichen und privaten Alltag tiefgreifende Wirkungen hinterlassen (Giddens 1999). Ein Großteil dieser Veränderungen werden nicht durch politische Prozesse oder demokratische Entscheidungsbildung hervorgerufen, sondern durch die wirtschaftliche Tätigkeit von Unternehmen und die Veränderung globaler Märkte. Dies führt zu neuen Herausforderungen für Politik, Zivilgesellschaft und Wirtschaft: nicht nur die Beziehungen zu den „stakeholder-Gruppen" einzelner Unternehmen müssen neu geregelt werden (Freeman und McVea 2001); von steigender gesellschaftspolitischer und unternehmensstrategischer Relevanz sind auch die Beziehungen zwischen den gesellschaftlichen Akteursgruppen, die neue Ansätze intersektoralen Handelns erfordern (Giddens 1999).

Daher beschäftigen sich Politik, Organisationsforschung und Gesellschafts- und Wirtschaftswissenschaften mit der Frage, inwieweit und in welchem Maße Unternehmen und Organisationen gesellschaftliche Verantwortung übernehmen (können und sollen). Die Frage nach der Rolle von Unternehmen als „Bürger mit Rechten und Pflichten" in unserer Gesellschaft, das Konzept des der „Corporate Social Responsibility" und sein aktionsorientierter Bruder „Corporate Citizenship" birgt notwendige gesellschaftspolitische Diskurse einer gemeinsamen Verantwortung in der modernen Welt; der Erfolg wird jedoch von

W. Stark (✉)
Labor für Organisationsentwicklung, Universität Duisburg-Essen, Universitätsstr,
45141 Essen, Deutschland
e-mail: Wolfgang.Stark@uni-due.de

R. Altenburger (Hrsg.), *CSR und Innovationsmanagement*,
Management-Reihe Corporate Social Responsibility,
DOI: 10.1007/978-3-642-40015-5_4, © Springer-Verlag Berlin Heidelberg 2013

verschiedenen Seiten durchaus ambivalent beurteilt. als notwendiges Übel, als image- und standortförderndes Instrument, als potentielle Verschleierungstaktik.

Die aktuelle Debatte ist weitgehend auf Trendsetter beschränkt oder wird vor allem legitimatorisch abgehandelt (vgl. Hafner 2007 und Hanke und Stark 2009). Der weit überwiegende Teil der bisherigen Berichte und Arbeiten zu Corporate Social Responsibility (CSR) und Corporate Citizenship (CC) konzentriert sich erstaunlicherweise immer noch auf Fragen, die typischerweise bei der Einführung von Konzepten gestellt werden:

- weshalb ist CSR/CC für heutige Unternehmen wichtig oder sollte wichtig sein?
- wie sehr/wie wenig ist CSR/CC in verschiedenen Ländern/Regionen/Branchen verbreitet?
- wie können CSR/CC-Aktivitäten und Erfahrungen am besten in entsprechenden Berichten zur Nachhaltigkeit oder social responsibility dargestellt werden?

Dies ist auf der einen Seite legitim und notwendig, um die Beschäftigung mit CSR/CC in Unternehmen appellativ zu inszenieren oder zu rechtfertigen (Legitimation vor allem gegenüber sich selbst und den shareholdern): d. h., erst einmal herauszufinden, was schon alles läuft (Bestandsaufnahme; best practice) und die Ergebnisse der Aktivitäten unter die Lupe zu nehmen, stärker aber noch nach außen darzustellen (accountability). Die Integration von CSR/CC-Projekten in die Geschäftsprozesse des Unternehmens (vgl. Riess 2006) oder gar das Selbstverständnis von CSR/CC als Teil der Unternehmensstrategie (Stark 2007) lässt sich allerdings nur in (dann umso häufiger zitierten) Einzelfällen finden, die zudem stark von den jeweiligen Führungskräften/UnternehmerInnen geprägt und damit konsequenterweise von den aktuellen Besitzverhältnissen abhängig sind.[1]

Die in der Fachliteratur mittlerweile vorfindbare große Zahl von CSR/CC-Praxisberichten aus Unternehmen sind nur selten wissenschaftlich evaluiert und illustrieren eher Grundsatzarbeiten, die entweder politisch-appellativ oder konzeptionell die (zivil-) gesellschaftliche Bedeutung bürgerschaftlichen Engagements – auch durch Unternehmen – betonen. Systematische und umfassende Arbeiten, die sich der Thematik Corporate Citizenship (CC) aus der Perspektive der Sozial- und Organisationswissenschaft nähern und die Möglichkeiten sowie Wirkungen von CC-Konzepten für innovative Organisationskulturen längerfristig erforschen und darüber hinaus für die Praxis fruchtbar machen, liegen international bislang nur vereinzelt vor (Moss Kanter 2003; Kramer und Porter 2003; Porter und Kramer 2011) – im deutschsprachigen Raum sind sie praktisch gar nicht vorhanden. Auch aus diesem Grund erweisen sich öffentliche Debatten um die Verantwortung von Unternehmen (oder gar von Führungskräften) weitgehend als legitimatorisch – und sie werden von den meisten Unternehmen auch in dieser Weise reaktiv aufgenommen.

Dabei sind insbesondere die innovativen Potentiale von CSR/CC noch kaum erkannt. Um diese Potentiale zu nutzen, bedarf es aber tendenziell einer Neuorientierung der Akteure in der Gesellschaft und ihrer Beziehung zueinander:

---

[1] Die Konsequenzen aus veränderten Besitzverhältnissen und den Anforderungen des Kapitalmarktes lassen sich plastisch an den Trendsetteranalysen von Sonja Hafner (vgl. Hafner 2007) ablesen.

Der von zahlreichen Akteuren in Wissenschaft, Politik und Zivilgesellschaft – vgl. stellvertretend für viele Anthony Giddens (1999) – immer wieder vorgetragene Vorschlag, über ein neues Verständnis sozialer Verantwortung nachzudenken, in dem nicht nur Regierungen und Wirtschaftsunternehmen, sondern auch Unternehmen der Finanzbranche eine aktive Schlüsselrolle als „corporate citizen" bei der aktiven Beachtung unternehmerischer sozialer Verantwortung spielen, springt – angesichts der Finanz- und Umweltkrisen der letzten Jahre – zu kurz: die kritische Nachfrage nach dem Verantwortungsprinzip in unserer globalen Gesellschaft muss natürlich weiter gehen – zu den Bürgern, die, wenn sie nicht nur als Konsumenten betrachtet werden, ihre Rolle in einer „marktwirtschaftlich geprägten Zivilgesellschaft" ebenso bestimmen müssen wie die öffentlichen und/oder politischen Institutionen. Bewegung ist für alle drei Akteure (Politik – Wirtschaft – Zivilgesellschaft) angesagt und dies ist durchaus vor dem Hintergrund kurzfristiger Perspektiven bei allen Akteuren durchaus nicht banal: die Frage bleibt, ob wir über den aktuellen „Schlingerkurs" weltweiten Krisenmanagements hinaus kommen und die Idee sozialer Verantwortung mit dem Anspruch gesellschaftlich nachhaltiger Innovationen verbinden können.

2 Soziale Verantwortung und qualitatives Wachstum als Ordnungsprinzip einer „innovativen Gesellschaft"?

Diskurse zur Entwicklung einer Zivilgesellschaft (vgl. als „Klassiker" etwa Beck 1999 oder Giddens 1999) schlagen eine neue Aufteilung gesellschaftspolitischer Verantwortung vor, an der nicht nur Unternehmen als „Corporate Citizens" mehr teilhaben (sollen), sondern auch das Verständnis von Wachstum im Sinne einer innovativ-nachhaltigen und kooperativen Gesellschaft (Sennett 2012; Heinecke et al. 2013) neu verhandelt werden muß. Der Anspruch, der *Gesellschaft etwas zurück zu geben* und sich als Unternehmen für gesellschaftliche (soziale, ökologische oder kulturelle Belange) zu engagieren, ist insgesamt nicht neu, aber bislang nur vereinzelt als Teil einer Unternehmens*strategie* umgesetzt worden (vgl. Berthoin et al. 2002; Yunus und Weber 2010). So kann kaum davon gesprochen werden, dass die gesellschaftliche und soziale Verantwortung *von* Unternehmen in unserem Wirtschaftssystem einen strategischen und systematischen Stellenwert erlangt hat. Konsultationsprozesse für eine neue Unternehmenskultur und -führung im Bewusstsein der sozialen Verantwortung von Unternehmen (Corporate Social Responsibility - CSR) im Rahmen der EU oder auf nationaler Ebene haben daran nicht viel geändert. Nach ca. 30 Jahren Diskurs über Corporate Social Responsibility kann die Situation wie folgt beschrieben werden:

1. CSR/CC existiert, trotz vieler Aktivitäten und einer für unsere kurzlebige Zeit langen Tradition – strategisch gesehen – bislang lediglich als Idee mit zahlreichen, strategisch unverbundenen Umsetzungsbeispielen. CSR als systemrelevante gesellschaftliche Innovation (Roome 2006), dessen Potential unternehmensstrategisch erkannt und umgesetzt wird ist, ist trotz eines steigenden legitimatorischen Werbeaufwands flächendeckend

kaum und nur vereinzelt zu erkennen. Der Hoffnung auf einen für die Entwicklung einer Zivilgesellschaft notwendigen sinngebenden Diskurs kann die Debatte um die soziale Verantwortung von Unternehmen (CSR) und ihrer konkreten, oft lokalen Aktivitäten (Corporate Citizenship) bislang nur wenig entsprechen.

2. Dennoch werden Unternehmen in Zukunft zunehmend nach ihrem Beitrag zur gesellschaftlichen Entwicklung und ihrer Verantwortung gegenüber den hier relevanten Stakeholdern bewertet und reagieren entsprechend darauf. Das Ziel und die Notwendigkeit einer ethisch reflektierten, werte-orientierten Unternehmensführung ist demzufolge zukünftig entscheidend für den mittel- bis langfristigen Unternehmenserfolg (vgl. Brown 2009; Knopf et al. 2011).

3. Nachhaltiges CC kann nicht nur aus einzelnen gut sichtbaren Projekten bestehen – es muß sozusagen „in die DNA des Unternehmens" aufgenommen werden. Erst dann entfaltet es sein innovatives Potential – im Sinne der Entwicklung gemeinsam gelebter Werte, gemeinsamer Erlebnisse und der Entfaltung von Wirkung in der Gesellschaft, die über den rein instrumentellen (heute oft rein pekuniären) Unternehmenszweck hinaus geht (Jonker et al. 2010).

4. Verantwortung innerhalb des sozialen Systems Organisation darf deshalb nicht nur delegiert, sondern muß auch aktiv übernommen werden können. Die hier häufig auftretenden Paradoxien lassen sich auf der politischen Ebene ebenso konstatieren wie in „geschlossenen" sozialen Systemen im Sinne von Unternehmen (vgl. Nullmeier 2006). Gerade in einer Zeit schneller und tief greifender Veränderungsprozesse innerhalb und außerhalb der Organisationen müssen Werte jenseits des ökonomischen Erfolgs kommuniziert und verhandelt werden, um Veränderungsbereitschaft bei allen MitarbeiterInnen und damit eine gemeinsame getragene Lernkultur zu schaffen. Erfolgreichen Organisationen gelingt es, die Werte der Mitarbeiter und die Werte der Organisation auch intern zur Deckung zu bringen. Dabei entfachen sie einen Wertediskurs, der den ökonomischen Erfolg nicht vernachlässigt, gleichzeitig aber Sinn vermittelt und somit die Attraktivität der Arbeitsplätze durch ein hohes Maß an Mitarbeiterzufriedenheit steigert. Damit stellen sich im Rahmen von Corporate Citizenship neue Herausforderungen für Personalmanagement und -entwicklung auch hinsichtlich der Rolle von Führungskräften.

5. Die Entwicklung von CSR-Strategien für Unternehmen, und die Entdeckung und Nutzung der dieser Debatte innewohnenden unternehmerischen und gesellschaftlichen Innovationspotentiale kann innerhalb der relativ eng gesteckten Grenzen von Unternehmen oder auch Unternehmensnetzwerken kaum geschehen. CSR kann nur als gesellschaftliches Projekt oder Systemaufgabe begriffen werden (Roome 2006). Dazu müssen sich die jeweiligen Systeme öffnen. Dies ist aber gerade hinsichtlich permanenter strategischer Neuausrichtungen von Unternehmen und öffentlichen Institutionen die höchste Herausforderung. Über die gemeinsame Entwicklung von Innovationen ist diese Öffnung am ehesten möglich.

Während immer mehr Unternehmen CSR und Corporate Citizenship mehr oder (meist) weniger systematisch praktizieren oder sich zumindest diesem Thema annähern, machen

Lobbyisten und Funktionäre daraus Politik: Unternehmerverbände verlangen grundsätzliche steuerliche und arbeitsmarktpolitische Zugeständnisse als Voraussetzung dafür, diesem Thema den Stellenwert einzuräumen, den er in anderen Teilen der Welt (England, USA, Kanada und Asien) schon längst hat. Gewerkschaften sehen die historische Chance, Forderungen nach Mitbestimmung und Arbeitsnehmerrechten neu zu verpacken; die Parteipolitik macht daraus eine Grundsatzdebatte, die vor allem durch ihre Ferne zur Praxis besticht.

Erst in jüngerer Zeit wird aus Corporate Social Responsibility und Corporate Citizenship ein „business case" und ein „society case" (vgl. Porter und Kramer 2011): nicht nur das Image des Unternehmens gegenüber begehrten MitarbeiterInnen und Kundengruppen, sondern auch der Aktienwert durch eine verbesserte Performance im Rahmen von *sustainability indices* kann gesteigert werden. Klar ist dabei, dass die Unternehmensstrategie nicht nur den veränderten Erwartungen von etwas wenig fassbaren wie der „Gesellschaft", sondern auch ganz konkret von Anlegern sowie von tatsächlichen und potentiellen KundInnen Rechnung tragen muss. Die letzteren treten im Rahmen der Debatte allerdings erst langsam auf den Plan. Die Kundensicht ist zwar in den dokumentierten Debatten um CSR/CC noch weitgehend unterrepräsentiert, gewinnt aber vor dem Hintergrund der Weiterentwicklung des world wide web auch in dieser Hinsicht an Bedeutung (vgl. Heidbrink et al. 2006):

> Bereits im Jahr 2000 wurden die Ergebnisse einer weltweiten Umfrage des international anerkannten Meinungsforschungsinstituts MORI veröffentlicht, deren Konsequenzen in einem richtungsweisenden Papier zu Corporate Responsibility in Unternehmen gezogen wurden (Ipsos MORI 2008): danach wird die Wahrnehmung und das Image von Unternehmen bei den Bürgern stärker durch seine Corporate-Citizenship-Aktivitäten bestimmt (56 %), als durch die Markenqualität (40 %) oder die Geschäftsaktivitäten des Managements (34 %). Darüber hinaus: 78 % der Befragten (insgesamt 25000 Personen in 23 Ländern auf 6 Kontinenten) gaben an, dass sie gegenüber einem Arbeitgeber loyaler wären, der den lokalen Standort aktiv unterstützt; 81 % würden als Kunden sozial verantwortlichen Produkten den Vorzug geben, wenn Qualität und Preis gegenüber anderen Produkten vergleichbar wäre.

Das Potential, das in den tastenden Versuchen von Unternehmen mit CC liegt, ist noch kaum erkannt; bisherige CC-Aktivitäten kratzen gerade mal an der Oberfläche neuer Geschäfts- und Entwicklungsmöglichkeiten, mit denen die kapitalistische Marktwirtschaft nicht nur als soziales Nullsummenspiel begriffen wird, bei dem es nur „Sieger oder Verlierer" gibt. Gesellschaftliche soziale Interessen und erfolgreiche Geschäfte sind unter dem Blickwinkel von Corporate Citizenship nicht unvereinbar, sondern können sich – gerade im Zeitalter der Globalisierung – gegenseitig stützen und fördern (vgl. Ruggie 2002).

Der gesellschaftspolitischen Hoffnung auf einen für die Entwicklung einer Zivilgesellschaft notwendigen sinnstiftenden Diskurs kann die Debatte um die soziale Verantwortung von Unternehmen (CSR) und ihrer konkreten, oft lokalen Aktivitäten (Corporate Citizenship) bislang jedoch nur wenig entsprechen: Der weit überwiegende Teil der bisherigen Berichte und Arbeiten zu Corporate Social Responsibility (CSR) und Corporate Citizenship (CC) konzentriert sich jedoch auf Fragen, weshalb CSR/CC für heutige Unternehmen wichtig ist oder sein sollte (Legitimation), wie sehr/wie wenig CSR/CC in verschiedenen Ländern/Regionen/Branchen verbreitet ist (Bestandsaufnahme; best practice), oder wie die CSR/CC-Aktivitäten und Erfahrungen am besten in entsprechenden Berichten zur Nachhaltigkeit oder social responsibility dargestellt werden (accountability).

Eine Analyse aktueller Forschungsarbeiten zum Thema Corporate Social Responsibility (CSR) und Corporate Citizenship (CC) zeigt, dass die bisherige Debatte noch zu wenig gesellschaftspolitisch ausgerichtet, die Forschung aber in dieser Hinsicht auch kaum systematisch ausgeprägt ist (vgl. Braun und Backhaus-Maul 2010). Wenn Unternehmen zunehmend nach ihrem Beitrag zur gesellschaftlichen Entwicklung und ihrer Verantwortung gegenüber den hier relevanten Stakeholdern bewertet werden, ist die Notwendigkeit einer ethisch reflektierten, werte-orientierten Unternehmensführung demzufolge zukünftig mit entscheidend für den mittel- bis langfristigen Unternehmenserfolg. Damit gerät zusätzlich zur Frage des (ökonomischen) Wertes eines Unternehmens auch der Diskurs um die Werte von Organisationen, ihrer Führung und der Mitarbeiter und damit auch ihrer gesellschaftlichen Verantwortung in den Blickpunkt. Soziale Verantwortung von Unternehmen (CSR) und soziales Engagement von Management und MitarbeiterInnen (CC) muss letztlich also mehr sein als ein „business case" im Sinne strategischen Managements; diese Haltung der Verantwortung nicht nur gegenüber den shareholdern, sondern auch gegenüber Gesellschaft und Umwelt gehört in die Kultur des Unternehmens (vgl. Schein 2003, 2009).

Die Frage bleibt daher, auf welche Weise die Einbettung von Corporate-Citizenship-Strategien in die Unternehmensstrategie und die Entwicklung einer Organisation konkret vollzogen werden kann. Von welchen (gesellschaftlichen und organisatorischen) Veränderungsprozessen kann Corporate Citizenship profitieren? Welche Veränderungsprozesse werden durch eine CC-Strategie selbst angestoßen?

3   CSR als kultureller Wert im Unternehmen – CC als gelebte Kultur?

Wenn sich *Corporate Social Responsibility* weitgehend auf die Frage bezieht, wie der Verantwortungsdiskurs in einem Unternehmen begriffen und ausgefüllt wird, so wird dies in der großen Mehrzahl der Fälle *eher reaktiv* geschehen: CSR bedeutet dann die (mehr oder weniger freiwillige) Einhaltung gemeinsam vereinbarter Regeln (z. B. keine Kinderarbeit, angemessene Bezahlung und Behandlung der MitarbeiterInnen – bis hin zur Einhaltung ökologischer Grundsätze). Bereits auf dieser Ebene lassen sich Vereinbarungen zwar treffen und auch werbewirksam vermarkten, jedoch umso schwerer umsetzen und/oder kontrollieren.

Der Abschluss von Vereinbarungen kann jedoch – wenn zugelassen – auch einen innerorganisatorischen Reflexionsprozess über die Verantwortung des Unternehmens und entsprechende Aktionen in Gang setzen. Die Chancen einer Übernahme gesellschaftlicher Verantwortung in der *aktionsorientierten Rolle als Corporate Citizen* lassen sich dann auch über Legitimation und Rechtfertigung hinaus begreifen (Cramer et al. 2004) und stellen dann eine Fortentwicklung der Unternehmen und ihrer Werte und Kulturen im Sinne eines nachhaltigen Managements dar. Eine Unternehmenskultur in diesem Sinne fördert und fordert dann auch das Engagement von Management und Mitarbeitern, sich im Rahmen von Corporate-Cititzenship-Initiativen zu beteiligen. Hier werden nicht nur Effekte erzielt, die der Umwelt der Unternehmen, also den relevanten externen Stakeholdern (z. B. der Gemeinde, den Nachbarn und nicht zuletzt den Kunden) zugute kommen, sondern auch Effekte, von denen das Unternehmen selbst profitieren kann (Empowerment). Dabei geht es weniger um direkten finanziellen Profit, als um die Schaffung eines Klimas, das die Kommunikation, die Zusammenarbeit und das Verständnis der Mitarbeiter füreinander und für die jeweiligen Aufgaben des anderen sowie die übergreifenden Ziele des Unternehmens begünstigt (vgl. Jonker et al. 2010).

Aufgrund des Stellenwertes der Unternehmenskultur für den Bereich des Corporate Citizenship

- werden daher Qualitätskriterien für Corporate Citizenship benötigt, die zur werteorientierten Analyse der Unternehmenskultur und zur Ermöglichung eines Benchmarking dienlich sind,
- sind umfassende Steuerungsinstrumentarien für den Bereich der Unternehmenskultur zu entwickeln, die die erforderlichen Lernprozesse in Unternehmen anregen und Innovationen auf der Basis differenzierter sozialer und ökologischer Schlüsselqualifikationen bei MitarbeiterInnen und Führungskräften ermöglichen,
- werden regionale und überregionale Netzwerke verschiedener Akteure und eine funktionierende „network governance" entscheidend sein für eine innovative und nachhaltige Unternehmensstrategie mit gesellschaftlicher Verantwortung.

Bei Betrachtung der aktuellen Diskurse zu CSR/CC aus dem Bereich der Sozialwissenschaften und der Betriebswirtschaft und den daraus ableitbaren Anforderungen an Unternehmen und Unternehmensführung, kristallisieren sich Problemstellungen als Herausforderungen heraus, die aus der Perspektive der Organisationsentwicklung thesenartig skizziert werden können:

Wird soziale Verantwortung nur in den Führungsetagen diskutiert oder gar „von oben" verordnet, so hat CSR/CC nur wenig Innovationspotential und bleibt auf der legitimatorischen Ebene hängen. Beteiligung, Lernen und Innovation ist Ergebnis der Schaffung einer entsprechenden Unternehmenskultur: Durch den Einbezug möglichst vieler Mitarbeiter in Corporate-Citizenship-Projekte (Personalentwicklung, Führungskräfteentwicklung) können Lernprozesse (bei MitarbeiterInnen und Teams) vor allem im Bereich der zukünftig bedeutsamen sozialen Kompetenzen (Rosenstiel 1999) angestoßen werden. Ziel ist die Schaffung einer kooperativen Unternehmenskultur sowie lernfreundlicher Milieus, die auch die Aufgeschlossenheit der MitarbeiterInnnen gegenüber Innovationen begünstigen.

Corporate Citizenship kann als Katalysator für organisatorische und gesellschaftliche Veränderungsprozesse dienen: Nach Habisch (2002) ermöglichen Corporate-Citizenship-Projekte, interne Strukturen und Unternehmenskulturen zu verändern, ohne sie vorher zu determinieren. Mit dieser Möglichkeit der Selbstorganisation stellt Corporate Citizenship einen Katalysator für interne Lernprozesse dar, weil Mitarbeiter ihr eigenes Handeln permanent reflektieren.

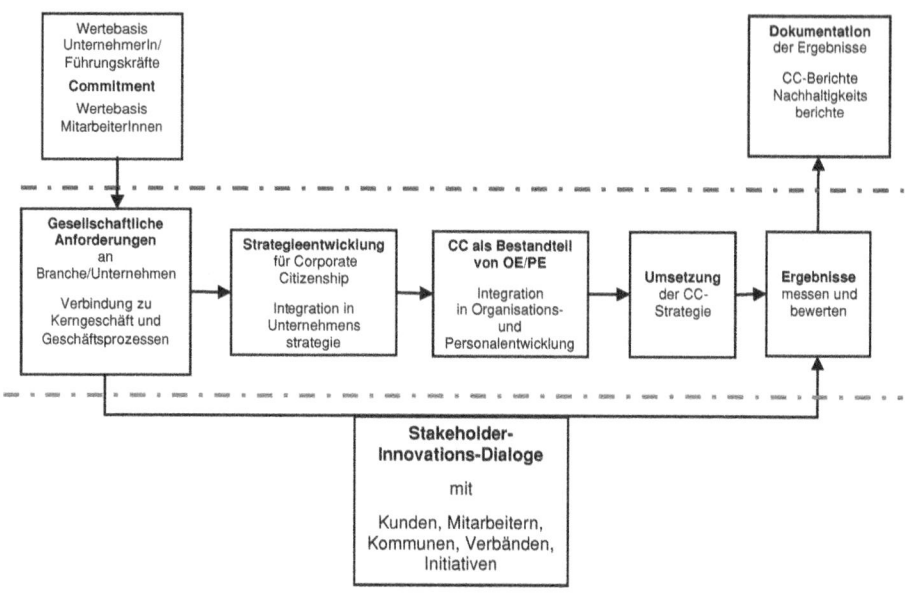

4   Corporate Social Innovation als gesellschaftliche Innovation?

In den letzten Jahren entwickelt sich – quasi neben dem „traditionellen" CSR/CC-Diskurs – eine praxisorientierte Debatte, die für die Unternehmens- und Gesellschaftsentwicklung deshalb interessant ist, weil sie zeigt, daß sich über die Verbindung zwischen Verantwortungsdiskurs und Innovation neue Ideen, Geschäftsmodelle oder Managementformen entwickeln und anstoßen lassen. Corporate Citizenship kann dann mehr sein als Wohltätigkeit oder ein klassischer „business case", wenn Unternehmen und soziale Institutionen gemeinsam den Schritt von der sozialen Verantwortung von Unternehmen zu *corporate social innovation* wagen. Dieses Potential von Corporate Citizenship wurde bereits in einigen Untersuchungen nachgewiesen (z. B. Austin 2000; Moss Kanter 2003): die Ansätze eines „Human Centered Design" (Brown 2009) im Rahmen von Design-Thinking oder des „base-of-the-pyramid" (Hart 2007) gehen in ihrer Konsequenz noch einen Schritt weiter, in dem auch die Rolle der Unternehmen in einer sich globalisierenden Zivilgesellschaft zum Thema wird.

Mit Corporate Social Innovation (CSI) kommt zur Wohltätigkeit und zur Verbesserung der Wettbewerbsfähigkeit von Unternehmen ein weiteres Motiv hinzu: beide Partner (Unternehmen und non-profit-Einrichtungen) können nicht nur voneinander lernen, sondern entwickeln gemeinsam neue Lernfelder, die zu innovativen gesellschaftlichen, sozialen oder wirtschaftlichen Ideen und Lösungen führen können. Bereits Moss Kanter (2003) hat für erfolgreiches CSI die Risiko- und Veränderungsbereitschaft aller Akteure – ausgedrückt in den folgenden sechs Charakteristika – gefordert:

(1) Die Partner (profit – non-profit oder besser profit – non-profit – Staat) entwickeln gemeinsam einen klaren Geschäftsplan: das Vorhaben muss zur jeweiligen Firmenpolitik und zu den Organisationszielen passen

(2) Es finden sich in ihren Feldern jeweils Partner zusammen, die nicht nur zur Veränderung ihrer Sicht- und Handlungsweisen bereit sind, sondern diese gezielt anstreben

(3) Alle Partner investieren in das gemeinsame Vorhaben; die jeweiligen Ressourcen und Möglichkeiten werden offen gelegt: einseitige Unterstützungsleistungen verhindern gleiche Augenhöhe und gleichberechtigtes Engagement

(4) Die jeweiligen Partner müssen sich in der vereinbarten Zielgruppe/Sozialraum verankern und darauf einlassen. Kurze Stippvisiten von Managern in sozialen Einrichtungen bringen für eine Seite vielleicht neue Erkenntnisse, aber kaum Innovationen.

(5) Damit das Projekt keine Eintagsfliege bleibt, sollten von vornherein Verbindungen zu Schlüsselpersonen und –organisationen hergestellt werden, um den Transfer in andere Bereiche sicher zu stellen

(6) Wie bei allen (auch technologischen) Innovationen brauchen auch soziale Innovationen einen langen Atem – und die Neugier und Bereitschaft für nicht geplante Ergebnisse und Folgen.

Ein Selbstverständnis von Corporate Citizenship als strategische Investition für die Entwicklung innovativer Ideen und Lösungen für Unternehmen und Gesellschaft spricht die drängenden Probleme der jeweiligen Partner an und kann – bei Beachtung obiger Grundsätze – ein wesentlicher Schritt für die Zukunftsfähigkeit von Corporate Citizenship sein. Damit kann CC lernende Gemeinschaften (Senge et al. 1999) im Sinne nachhaltiger Entwicklungen anstoßen, die weit über Unternehmen oder non-profit-Organisationen hinaus wirken können.

Die Entwicklung einer CSR-Strategie, noch weniger die Entdeckung und Nutzung der dieser Debatte innewohnenden Innovationspotentiale, kann nicht innerhalb der relativ eng gesteckten Grenzen von Unternehmen oder auch Unternehmensnetzwerken geschehen. CSR und CC kann daher langfristig nur als soziales Projekt oder Systemaufgabe begriffen werden. Dazu müssen sich die jeweiligen Systeme öffnen. Dies ist aber gerade hinsichtlich strategischer Neuausrichtungen die höchste Herausforderung.

Innovationsförderliche und verantwortliche Entscheidungsprozesse in Organisationen brauchen daher die Sicherheit und Stabilität von shared values/shared knowledge ebenso wie die spielerische Instabilität der Improvisation (vgl. Dell 2002; Kruse 2004; Stark und Dell 2012). Da sich im Rahmen der Globalisierung jedoch die „eherne Pyramiden" monolithischer und hierarchischer Organisationen tendenziell auflösen, werden geteilte Werte (triple bottom-line: ökonomischer Erfolg, nachhaltige Prozesse, Primat der Gleichheit), die das Prinzip der Selbstverantwortung (Empowerment) unterstützen, dringlicher denn je. Unter den Bedingungen der Globalisierung und sich verändernder gesellschaftlicher Rahmenbedingungen können Innovationen nicht mehr nur als technische Optimierungen begriffen werden. Radikale Innovationen entstehen im Dreieck globaler Vernetzung (Wirtschaft – Staat – Zivilgesellschaft), das die Zukunft des Organisierens bestimmen wird (Berthoin Antal und Sobczak 2004; Waddell 2003).

Innovative Organisationen und Gesellschaften können es sich heute nicht mehr leisten, nur aus der Vergangenheit zu lernen: sie müssen zukünftige Entwicklungen erspüren – gleichsam aus der Zukunft, und nicht nur bezogen auf die Vergangenheit (Senge et al. 2004) lernen – und diese wertschöpfend für Organisation und Gesellschaft umsetzen. Corporate Citizenship kann helfen, die Herausforderungen einer vernetzten Welt der Zukunft aktiv zu gestalten, in dem sie Netzwerke aus verschiedenen gesellschaftspolitischen Akteuren schafft, die die Kunst des Balancierens zwischen Stabilität und Instabilität beherrschen und sie zum innovativen Gestaltungsprinzip von Organisationen und Organisationsgemeinschaften machen.

5   Corporate Social Innovation: Strategieentwicklung für gesellschaftlich verantwortliche Innovationen als unternehmenskulturelle Musterkennung und –gestaltung

Konzepte zur Strategieentwicklungen unterstellen häufig eine weitgehend formal-rationale Sichtweise auf Organisationen als soziale Systeme, die kohärenten und geplanten Zielen folgen (Walsham 1993; Currie 1995). Mintzberg (1994) demonstriert anschaulich, dass formal-rationale Konzepte häufig nicht in der Lage sind, den Erfolg oder das Scheitern von Unternehmungen hinreichend zu erklären. Auf der Grundlage von Mintzberg's und McHughs (1985) sogenanntem „Grass-Roots-Modell" besteht eine Strategie einerseits aus intendierten Handlungsplänen und andererseits aus emergenten und hochgradig riskanten, weil unerwarteten, Entwicklungen. Mintzberg et al. (1998) beschreiben verschiedene Ansätze zur Strategieentwicklung (etwa die *planning school,* die etwa die Einhaltung formaler Planungsprozesse in den Vordergrund stellt; die *environmental school,* die auf die Reaktionsfähigkeit von Organisationen verweist, oder auch die *power school,* die auf das Aushandeln von Handlungsoptionen abstellt). Jede dieser insgesamt zehn beschriebenen Strategieschulen versucht, die Strategiepotenziale einer Organisation zu identifizieren, die Organisation hinsichtlich ihrer Interaktion mit der Umwelt abzubilden, die zur Verfügung stehenden Ressourcen zu berücksichtigen und die Handlungsrisiken gegeneinander abzuwägen. Strategieentwicklung vollzieht sich demnach als transformationaler Prozess, der aus der Veränderung (Lernen) und dem Wachstum von sowohl informalen (Kultur, Vision, Position, Menschen) als auch formalen Teilen (Programmen, Produkten, Struktur, System) der Organisation besteht. Um CSI erfolgreich in die Unternehmensstrategie zu integrieren, sind vor allem auch die beschriebenen Interaktionen zwischen Legitimation und Sinnstiftung zu berücksichtigen.

Das hier vorgeschlagene Rahmenkonzept (siehe Abbildung) liefert dafür strategische Optionen zur Klassifizierung organisationsspezifischer Treiber von CSI. Das Rahmenkonzept unterscheidet zwischen den Kategorien *Legitimation* und *Sinnstiftung* und zwischen der *Innenorientierung* und der *Umweltorientierung* der Innovation und differenziert vier Strategiebereiche, die für die Entwicklung von gesellschaftlichen Innovationen (Corporate Social Innovation) ausschlaggebend sind und eine sozial verantwortliche, nachhaltige Partnerschaft zwischen Wirtschaftsunternehmen, staatlichen Einrichtungen und Zivilgesellschaft begründen.

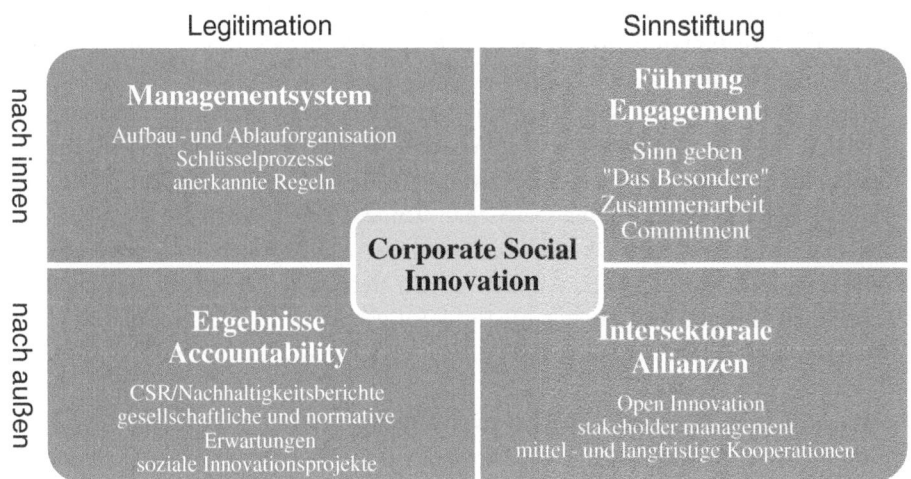

Die vier Kategorien des strategischen Rahmenkonzeptes – das interne *Management-System*, Dokumentation und Berichtswesen (Accounatbility), *Führung und Engagement*, und Aufbau dauerhafter *intersektoraler Allianzen* sind Ansätze sozialer Verantwortung und bürgerschaftlichen Engagements in Unternehmen können damit als Teil der Unternehmensstrategie begriffen und erklärt werden. Das Rahmenkonzept unterstützt die CSI-Strategieentwicklung und ermöglicht Reflexionsprozesse hinsichtlich des Designs, der notwendigen Instrumente und der Meßbarkeit einer CSI-Strategie.

- Das ***Management-System*** beinhaltet die formalen Voraussetzungen und Instrumente zur Einführung einer CSR-Strategie. Ein strategisches Steuerungssystem – top-down und mit entsprechenden Reflexionsschleifen – kann hier als Grundlage dienen zur Überwachung strategischer Ziele im Bereich CSR/CC oder zur Formulierung entsprechender Betriebsvereinbarungen (corporate governance). Das Verhalten der Mitarbeiter richtet sich nach diesen anhand mehr oder weniger formaler Regeln durch das Management vorformulierten Erwartungen.
- ***Dokumentation und Berichtswesen*** (Accountability) dient ebenso wie das „Managementsystem" der Legitimation des Unternehmens hinsichtlich CSR, richtet sich aber stärker auf die gesellschaftlichen Erwartungen und andere externe normative Anforderungen an das Unternehmen. Ziel ist hier die Verbesserung der Reputation des Unternehmens: accountability mit den Interessen der verschiedenen Stakeholder-Gruppen ausserhalb des Unternehmens (stakeholder-management hinsichtlich Öffentlichkeit, Gesetzgeber, …). Nachhaltigkeitsberichte, CSR-Berichterstattung u. ä. sind hier die Instrumente der Wahl.
- ***Führung und Engagement*** (sensemaking/sensegiving) bezieht sich auf Aushandlungs- und Wertentwicklungsprozesse innerhalb einer Organisation. Im Gegensatz zum Managementsystem (interne Legitimation) geht es hier um Sinnstiftung hinsichtlich sozialer Verantwortung im Unternehmen. Aktivitäten wie unternehmerisches

bürgerschaftliches Engagement (Corporate Citizenship) beziehen sich sehr stark auf die in der Organisation vorherrschenden Werte und benötigen ein hohes Partizipations- und Kommunikationsverständnis (Empowerment – vgl. Stark 2002).

- *Intersektorale Allianzen* sind die Grundlage für Prozesse sozialer Innovation. CC-Aktivitäten gehen über Kommunikation nach innen und aussen und mögliche interne Aushandlungsprozesse hinaus. Intersektorale Allianzen entwickeln Potentiale einer längerfristigen Zusammenarbeit zwischen Unternehmen, staatlichen und zivilgesellschaftlichen Akteuren. Prozesse gemeinsamer Sinnstiftung (etwa in Form von Metalogen) können entstehen. Ähnlich wie bei Netzwerken zwischen Wirtschaftsunternehmen entsteht hier das Potential innovativer Ansätze: intersektorale Allianzen sind die ideale Geburtsstätte sozialer Erfindungen (corporate social innovation).

Die verschiedenen Quadranten des strategischen Rahmenkonzepts beschreiben die grundsätzlich möglichen Prinzipien einer CSI-Strategie. In der Realität wird kein Unternehmen ausschließlich legitimatorisch oder sinnstiftend handeln. Genauso wird jedes Unternehmen sowohl die innerorganisatorischen Prozesse also auch die Beziehung zu den stakeholdern beachten. In der Praxis vermischen sich also die verschiedenen Prinzipien; die Sichtweise der Legitimation und der Sinnstiftung sowie die innere und die äussere Perspektive werden sich je nach Situation dynamisch zu einander verhalten. Deutlich werden kann dies an der Funktion von Nachhaltigkeitsberichten oder jährlichen Reports über das soziale Engagement von Unternehmen: solche Berichte bedienen zuallererst das Bedürfnis nach Legitimation gegenüber den stakeholdern (egal, ob sie für ein Wirtschaftsunternehmen erstellt werden oder für eine öffentliche Einrichtung). Sie dienen daher vordergründig zunächst der notwendigen Rechenschaftspflicht und der Verbesserung der Kommunikation zu den share- und stakeholdern einer Organisation. Gleichzeitig haben diese Berichte auch Auswirkungen auf die internen Prozesse, Strukturen und vor allem die Kultur der Organisationen: sie können einerseits das Erreichen der angestrebten Ziele bestätigen; sie können werden aber auch Widerstand von außen und innen hervorrufen, wenn – was nicht selten geschieht – CSR-Berichte und Nachhaltigkeitsbericht von Unternehmen die Wahrheit eher beschönigen oder gar verdrehen.

Bezogen auf die verschiedenen organisationalen Diskursebenen

- Unternehmenskultur – Was sind unsere Werte?
- Innovation – Was wollen wir Neues hervorbringen?
- Zivilgesellschaft – Welcher Nutzen für die Gesellschaft soll herauskommen?

kann angenommen werden, dass kulturelle Prozesse in einer Organisation (z. B. die Art und Weise, wie Mitarbeiter gefördert oder wie Lernprozesse im Unternehmen organisiert werden) Prozesse der (innerorganisatorischen und zivilgesellschaftlichen) Innovation und der Entwicklung der Beziehungen zur organisationalen Umwelt beeinflussen. Auf der zivilgesellschaftlichen Ebene (z. B. die Gestaltung der Beziehung eines Unternehmens zu seinen stakeholdern) können Gewinne durch gegenseitiges Lernen, Austausch und Prozesse sozialer

Innovation erzielt werden. Dies wiederum hat Auswirkungen auf alle anderen strategischen Kategorien (Managementsystem, Rechenschaft ablegen, Führung). Die hier notwendige Entwicklung regionaler oder überregionaler Netzwerke und entsprechender Strategien der Netzwerkentwicklung kann durch das strategische Rahmenkonzept angestoßene Reflexionsprozesse im Sinne einer innovativen und nachhaltigen CSR-Strategie unterstützt werden.

Jede Organisation entwickelt eine für sie einzigartige Strategie und hebt sich damit ab von Wettbewerbern und vergleichbaren Organisationen: daher ist die Entwicklung einer CSI-Strategie ein wichtiger Schritt auf dem Weg zu einem klaren und unterscheidbaren Unternehmensbild. Auch wenn manche Unternehmen dabei vor allem Wert auf die Legitimation ihres Handelns gegenüber Anteilseignern, Mitarbeitern und Gesellschaft (vor allem in Form von CSR- oder Nachhaltigkeitsberichten) legen, andere die Herausforderung gesellschaftlicher Verantwortung und bürgerschaftlichen Engagements als Möglichkeit der Sinnstiftung innerhalb und außerhalb des Unternehmens nutzen: die hier entwickelte Rahmenstrategie ermöglicht es Unternehmen, ihr spezifisches Verhältnis zur Gesellschaft zu reflektieren und ihre jeweilige Strategie insbesondere hinsichtlich des innovativen Charakters ihrer sozialen Verantwortung (CSR) und ihres sozialen Engagements (CC) zu entwickeln. Die oft in Unternehmen entwickelten CSR-Handlungsleitlinien und –Regularien (in Reaktion auf die entsprechende nationale oder internationale Gesetzgebung oder Vereinbarungen) im Sinne einer „license to operate" haben immer ein soziales und psychologisches Gegenstück: die Aktivitäten eines Unternehmens müssen sowohl rechtlich als auch gesellschaftlich und sozial anerkannt werden. Wirtschaftsunternehmen und Wirtschaftssystem benötigen dafür ein verändertes Selbstverständnis und die entsprechenden mentalen Modelle. Das Rahmenkonzept unterstützt einerseits Vorgehensweisen und Mess-Systeme, wie komplexe CSR-Strategien sichtbarer handhabbarer werden können; gleichzeitig kann mit seiner Hilfe aber auch die Art des unternehmerischen Engagements deutlich werden: dient unternehmerisches bürgerschaftliches Engagement eher zur Legitimation oder zur Sinnstiftung, ist es eher „nach außen" oder „nach innen" gerichtet – die Reflexion zu diesen Fragen unterstützen die jeweilige Feinabstimmung einer CSR-Strategie eines Unternehmens. Das strategische Rahmenkonzept für die soziale Verantwortung und das soziale Engagement dient hier zu einer ersten Mustererkennung im Organisationshandeln zur Entwicklung einer unternehmensspezifischen CSR-Strategie. Entscheidung für Akzeptanz und/oder Nichtakzeptanz dieser CSR-Strategie bleibt die Wertebasis des Unternehmens, die die Unternehmenskultur bestimmt.

Literatur

Austin J (2000) The collaboration challenge. How nonprofits and businesses succeed through strategic alliances. Jossey-Bass, San Francisco

Beck U (1999) Schöne neue Arbeitswelt. Campus, Frankfurt

Berthoin A, Dierkes M, MacMillan K, Marz L (2002) Corporate social reporting revisited. J Gen Manag 28(2):22–42

Berthoin Antal A, Sobczak A (2004) Beyond CSR: organizational learning for global responsibility. WZB Discussion papers, Berlin, SB III 2004-112

Braun S, Backhaus-Maul H (2010) Gesellschaftliches Engagement von Unternehmen in Deutschland: Eine sozialwissenschaftliche Sekundäranalyse. VS Verlag für Sozialwissenschaften, Wiesbaden

Brown T (2009) Change by design. How design thinking transforms organizations and inspires innovation. Harper & Collins, New York

Castells M (1996) The rise of the network society. Blackwell, Oxford

Cramer J, van der Heijden A, Jonker J (2004) Corporate social responsibility: balancing between thinking and acting. ICCSR Research Paper Series No. 28

Currie W (1995) Management strategy for I. T. Pitman Publishing, London

Dell C (2002) Prinzip improvisation. Verlag Buchhandlung König, Köln

Freeman RE, McVea J (2001) A stakeholder approach to strategic management. In: Hitt MA, Freeman E, Harrison JS (Hrsg) The Blackwell handbook of strategic management. Oxford, S 189–207

Giddens A (1999) Entfesselte Welt. Suhrkamp, Frankfurt

Habisch A (2002) Corporate Citizenship. Gesellschaftliche Verantwortung von Unternehmen in Deutschland. Springer, Berlin

Hafner S (2007) Trendsetter am Scheideweg. In: Hafner S, Hartel J, Bluszcz O, Stark W (Hrsg) Gesellschaftliche Verantwortung in Organisationen. Hampp, München

Hanke T, Stark W (2009) Strategy development: conceptual framework on corporate social responsibility. J Bus Ethics 85(3):507–516

Hart S (2007) Capitalism at the crossroads. Aligning business, earth, and humanity. Pearson, New Jersey

Heidbrink L, Schmidt I, Ahaus B (Hrsg) (2006) Die Verantwortung des Konsumenten. Über das Verhältnis von Markt, Moral und Konsum. Campus, Frankfurt

Heinecke HJ, Kristof K, Pfriem R, Smrekar O, Stark W (2013) Veränderungsfähigkeit lernen. Initiative für eine Schule zur Kunst des Wandels. Gaia 2(2013):34–39

Ipsos Mori (2008) Engaging employees through corporate responsibility. Employee Relationsship Management, London

Jonker J, Stark W, Tewes S (2010) Corporate Social Responsibility und nachhaltige Entwicklung. Einführung, Strategie und Glossar. Springer, Berlin

Knopf J, Quitzow R, Hoffmann E, Rotter M (2011) Nachhaltigkeitsstrategien in Politik und Wirtschaft: Treiber für Innovation und Kooperation? Oekom Verlag, München

Kruse P (2004) next practice. Erfolgreiches Management von Instabilität. Gabal, Offenbach

Mintzberg H (1994) The rise and fall of strategic planning. Harv Bus Rev 107–114

Mintzberg H, McHugh A (1985) Strategy formation in an adhocracy. Admin Sci Q 30:160–197

Mintzberg H, Ahlstrand B, Lampel J (1998) Strategy Safari. Prentice Hall, London

Moss Kanter R (2003) From spare change to real change: the social sector as Beta-site for business innovation. In: Harvard business review on corporate responsibility. Harvard Business School Press, Boston, S 189–213

Nullmeier F (2006) Eigenverantwortung, Gerechtigkeit und Solidarität. Konkurrierende Prinzipien der Konstruktion moderner Wohlfahrtsstaaten? In: WSI-Mitteilungen 4/2006, 175–180

Porter ME, Kramer MR (2003) The competitive advantage of corporate philantropy. In: Harvard business review on corporate responsibility. Harvard Business School Press, Boston, S 27–64

Porter ME, Kramer MR (2011) Creating shared value. Harv Bus Rev 89(1/2):62–77

Riess B (Hrsg) (2006) Verantwortlich für die Gesellschaft – verantwortlich für das Geschäft. Ein Managementhandbuch. Bertelsmann Stiftung, Gütersloh

Roome N (2006) Comments to the corporate responsibility conference of the finnish EU presidency in Brussels, November 2006

Rosenstiel, Lv (1999) Entwicklung von Werthaltungen und interpersonaler Kompetenz – Beiträge der Sozialpsychologie. In: Sonntag K (Hrsg) Personalentwicklung in Organisationen, Göttingen

Ruggie JG (2002) The theory and practice of learning networks corporate social responsibility and the global compact. J Corp Citizensh (5), Spring 2002. Special Issue on International Perspectives of Corporate Citizenship, S 27–36

Schein E (2003) Organisationskultur. EHP Verlag, Bergisch-Gladbach

Schein E (2009) On helping. How to offer, give, and receive help. Berrett-Koehler, San Francisco

Senge P, Kleiner A, Roberts C, Ross R, Roth G, Smith B (1999) The Dance of Change. Die 10 Herausforderungen tiefgreifender Veränderungen in Organisationen. Signum Verlag, Wien & Hamburg

Senge P, Scharmer CO, Jaworski J, Flowers BS (2004) Presence. Human purpose and the field of the future. Society for Organizational Learning, Boston

Sennett R (2012) Zusammenarbeit: Was unsere Gesellschaft zusammenhält. Berlin

Stark W (2002) Gemeinsam Kräfte entdecken. Empowerment als kompetenz-orientierter Ansatz einer zukünftigen psychosozialen Arbeit. In: Lenz A, Stark W (Hrsg) Empowerment in der Praxis. Gemeinde- und organisationspsychologische Perspektiven. dgvt-Verlag, Tübingen

Stark W (2007) Innovativ durch Verantwortung? Innovationspotenziale durch Konzepte gesellschaftlicher Verantwortung. In: Hafner S, Hartel J, Bluszcz O, Stark W (Hrsg) Gesellschaftliche Verantwortung in Organisationen. Hampp, Augsburg, S 237–246

Stark W, Dell C (2012) Organisationskultur revisited. Transdisziplinäre Schnittstellen zwischen Wissenschaft und Kunst beim Versuch, das Ungenannte und Unerwartete in Organisationen zu erfassen. In: Böhle F, Busch S (Hrsg) Management von Ungewissheit. Transcript, Bielefeld

Waddell S (2003) Global action networks. J Corp Citizensh 12:1–16

Walsham G (1993) Interpreting information systems in organisations. Wiley, New York

Yunus M, Weber K (2010) Building social business: the new kind of capitalism that serves humanity's most pressing needs. Public Affairs, New York

Gesellschaftliche Innovation als Managementprinzip

Thomas Osburg und René Schmidpeter

1   Einleitung

Das Konzept „Social Innovation" bzw. „Gesellschaftliche Innovation" hat in den letzten Jahren in Theorie und Praxis einen erstaunlichen Aufschwung erfahren (siehe auch die Beiträge in Osburg und Schmidpeter (2013)). Neuere Definitionen für „Social Innovation" fokussieren auf unternehmerische Lösungen und Innovationen mit gesellschaftlichen Nutzen bzw. auf innovative Managementansätze, die neue Formen gesellschaftlicher Zusammenarbeit unterstützen (EU Commission 2012; European Business School (EBS) 2012; INSEAD 2012). Ungeachtet der vermeintlich klaren Ausrichtung des Konzeptes, existiert eine Fülle an Unsicherheiten, da die meisten Definitionen sehr breitgefächert sind und eine Vielzahl unterschiedlicher Managementansätze sich mittlerweile auf den Begriff der Gesellschaftlichen Innovation beziehen. Obwohl oder gerade weil Social Innovation immer mehr Aufmerksamkeit erfährt, scheint es viele unterschiedliche Verständnisse des Konzeptes zu geben. Ist Social Innovation das nächste CSR oder ein neues Label für bestehende Konzepte? Haben nicht alle Innovationen eine gesellschaftliche Komponente? Was ist der innovative Charakter des traditionellen CSR?

Das Kapitel basiert auf den Ausführungen von Osburg und Schmidpeter (2013) Social Innovation erschienen im Springer Verlag.

T. Osburg
Intel Corp., Feldkirchen, Deutschland

R. Schmidpeter (✉)
Zentrum für humane Marktwirtschaft, Salzburg, Österreich
e-mail: rene.schmidpeter@gmx.de

R. Altenburger (Hrsg.), *CSR und Innovationsmanagement*,
Management-Reihe Corporate Social Responsibility,
DOI: 10.1007/978-3-642-40015-5_5, © Springer-Verlag Berlin Heidelberg 2013

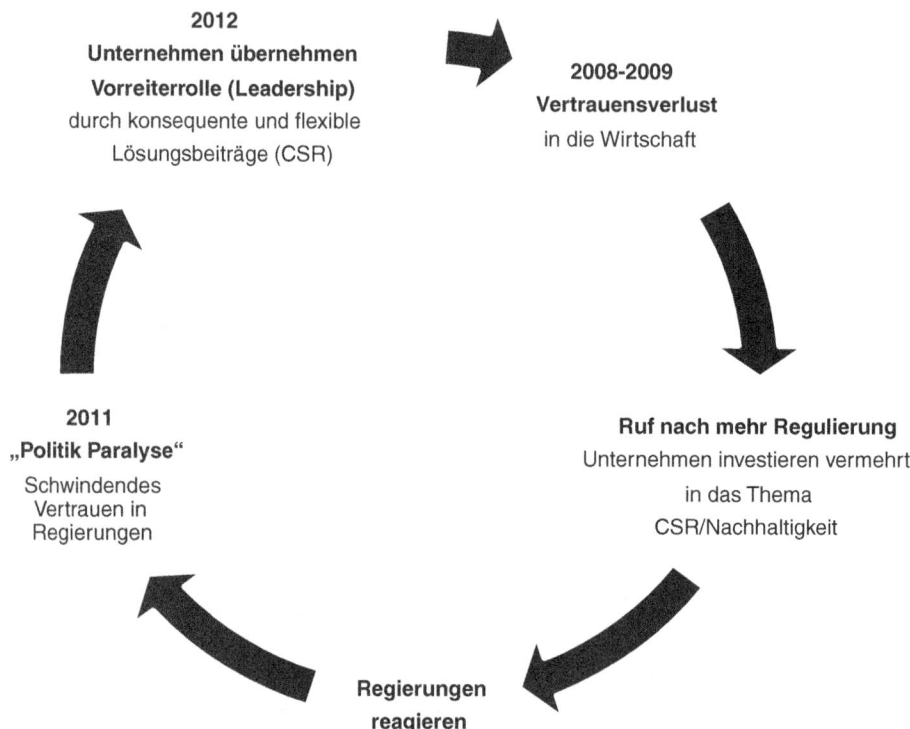

Abb. 1 Die Dynamik zwischen Vertrauen in Wirtschaft und Gesellschaft (in Anlehnung an Edelman (2013))

2 Social Innovation: Mehrwert für Unternehmen und Gesellschaft

Nicht erst seit dem Beginn der Wirtschaftskrise 2008 beobachten wir rund um die Welt ein sinkendes Vertrauen in Wirtschaft und Regierungen. 2012 stieg das Vertrauen erstmals wieder um jeweils 5 %, trotzdem trauen nur 48 % der Weltbevölkerung den Regierungen und 58 % der Wirtschaft zu, das Richtige zu tun (Edelman 2013). Die Relevanz dieser Veränderung ist bedeutend, bietet sie Unternehmen doch die Chance mit angemessenem Verhalten und nachhaltigen Management wieder Leadership in wichtigen gesellschaftlichen Fragen zu übernehmen (Abb. 1).

2.1 Investition in Vertrauen durch Social Innovation

Um ihr „Leadership" in Sachen Vertrauen zu festigen, muss die Wirtschaft anstatt einer rein defensiven Compliance-Strategie eine progressive Verantwortungsstrategie anstreben. Gesellschaftliche Innovationen werden daher immer wichtiger für die Unternehmen, um den sogenannten „Shared Value" (Mehrwert für Unternehmen und Gesellschaft) zu schaffen und das Vertrauen ihrer Stakeholder zu erlangen. Insbesondere das Marketing spielt eine Schlüsselrolle in der Stärkung „Gesellschaftlicher Innovation", indem es die Kundenbedürfnisse identifiziert, die Lösungsfindung für gesellschaftliche Herausforderungen mit Stakeholdern vorantreibt und die gemeinsam entwickelten Lösungen kommuniziert und letztendlich innovative Nachhaltigkeitsangebote in das Produkt- oder Serviceangebot der Firma integriert. Social Innovation sollte dabei nicht als eine zusätzliche Aufgabe gesehen werden, sondern als ein integraler Bestandteil aller Unternehmensprozesse. Das Thema der „Gesellschaftlichen Innovation" ist daher eng mit den unternehmerischen Investitionsentscheidungen verbunden. Wie stimmen die zukünftigen Investitionen mit einem „nachhaltigen" Portfolio überein und wie kann dieses Gesellschaftliche Innovation unterstützen?

2.2   Social Innovation als messbarer Faktor

Letztendlich sollte der Beitrag zur Gesellschaftlichen Innovation wie jede andere Investition und Produktinnovation gemessen werden können. Das ist sicherlich anspruchsvoller als für traditionelle Innovationen, da der Bottom-Line Impact schwerer zu identifizieren ist und die externen Auswirkungen oft erst nach Jahren gesehen werden können (vgl. Guenther und Guenther 2013). Gesellschaftliche Innovationen haben Auswirkungen auf die gesamte Organisation und hier liegt das volle Potenzial. Gesellschaftliche Innovation hat die Macht das „Bottom-Line Ergebnis" der Unternehmen zu steigern und gleichzeitig gesellschaftlichen Wert zu schaffen. In der Wirtschaft ist der Trend zu erkennen, sich neu in der Gesellschaft zu positionieren und eigenen Problemlösekapazitäten entlang der gesellschaftlichen Herausforderungen auszurichten (Abb. 2).

Diese Neupositionierung schafft sowohl neuartige Managementansätze, als auch wechselseitigen Respekt der verschiedenen Gesellschaftsgruppen gegenüber den allseitigen Bemühungen unsere Welt nachhaltiger zu gestalten. Dies erfordert jedoch auch, dass das Konzept der Gesellschaftlichen Innovation über das traditionelle CSR-Management hinausgeht, in dem es die Verantwortungsübernahme von Unternehmen als einen proaktiven und vorausschauenden Prozess definiert. Corporate Responsibility handelt in seiner ursprünglichsten Form von einem verantwortlichen Verhalten der Firma in allen Unternehmensabläufen und der daraus resultierenden Auswirkung auf die Gesellschaft. Das beinhaltet unterschiedliche Konzepte wie „Good Corporate Governance", den Respekt von Menschenrechten, Mitarbeitermotivation sowie Investition in die Gemeinschaft durch Freiwilligenarbeit oder Bildungsprogramme (vgl. dazu die Beiträge in Schneider und Schmidpeter 2012).

Das ultimative Ziel der meisten CSR-Strategien ist es, sich als guter Corporate Citizen zu verhalten, verantwortlich zu handeln und „das zu tun, was das Richtige ist". Ebenso ist die Steigerung der Unternehmensreputation oft ein Antrieb für eine Vielzahl von

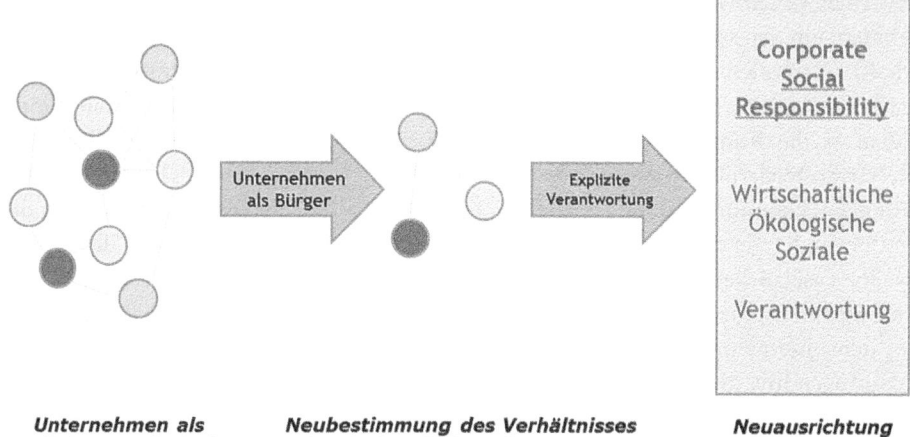

Abb. 2 Unternehmen in der Gesellschaft

CSR-Aktivitäten. Social Innovation jedoch betont eine weitere Dimension verantwortlicher Unternehmensführung, indem es den Blickwinkel auf die Schaffung von marktfähigen Lösungen für gesellschaftliche Herausforderungen lenkt. Um das zu erreichen, sollte die Perspektive von Social Innovation in den gesamten Innovationsprozess der Firma eingebettet werden.

3   Integration von Social Innovation in das Unternehmen

Innovation war und wird immer Schlüssel des Erfolges für Unternehmen sein. Innovation per se ist weder positiv noch negativ, sie bedeutet einfach die Schaffung von etwas „Neuem". Diesen Innovationsprozess in eine Richtung zu dirigieren, die sowohl der Gesellschaft nützt als auch der Firma, ist das ultimative Ziel der Diskussion um „Social Innovation". Im Kern ist dabei insbesondere „Open Innovation" das Schlüsselkonzept. Firmen verinnerlichen extern verfügbares Wissen und tragen gleichzeitig internes Wissen nach außen. Dies führt zu neuen bereichsübergreifenden Partnerschaften, die weit über traditionelle Ansätze, wie zum Beispiel Public-Private-Partnerships, hinausgehen.

Gegenwärtig entstehen permanent neue Geschäftsideen, die zu Social Innovation führen. „Inclusive Business Models", „Corporate Social Innovation", „Sustainable Entrepreneurship" etc. sind unterschiedliche Ansätze, um die Rolle von Unternehmen in der Gesellschaft neu auszurichten und das gegenwärtige strategische Management von Unternehmen neu zu definieren (Abb. 3).

Ein weiterer Vorteil der direkten Integration gesellschaftlicher Innovation in den Innovationsprozess von Unternehmen, ist die Nachhaltigkeit der Lösungen. CSR-Konzepte die nur als temporäre Projekte oder nicht als Bestandteil des Kerngeschäfts gesehen

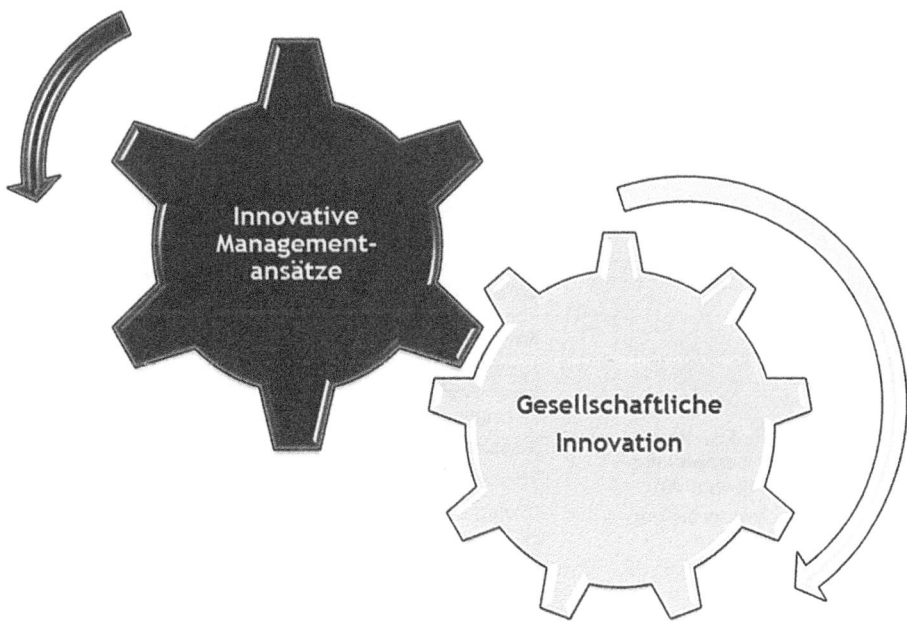

Abb. 3 Innovative Managementansätze und Gesellschaftliche Innovation

werden, stehen in schwierigen ökonomischen Zeiten vor dem Aus. Sind gesellschaftliche Innovationsbemühungen voll im Unternehmensportfolio eingebettet, können sie bei Veränderungen sehr viel schwerer ausgesetzt werden. Je mehr gesellschaftliche Innovationen von einem Zusatzgeschäft zu einem betrieblichen Kerngeschäft werden, desto erfolgreicher werden sie langfristig umgesetzt werden können.

Die Diskussion um „Social Innovation" steckt noch in den Anfängen, auch wenn das theoretische Konzept schon seit längerem existiert. Eine Vielzahl unterschiedlicher Verständnisse behindert nach wie vor eine schnellere Ausbreitung in den Unternehmen. Der Schlüssel dazu, Social Innovation in Unternehmen erfolgreich zu machen liegt darin, sie viel stärker mit dem Kerninnovationsprozess der Firma zu verlinken und ihren „Business Case" zu beschreiben. Momentan fokussieren viele „Social Innovation"-Initiativen zu sehr auf die gesellschaftliche Seite der Medaille, auf das Problem selbst und darauf wie Unternehmen sich einbringen können dieses zu lösen. Mit diesem Ansatz hängt Social Innovation vom Wohlwollen des einzelnen Unternehmens ab (oder manchmal sogar vom Interesse eines einzelnen Managers). Um dies zu umgehen, muss das Konzept der Social Innovation nicht nur in die CSR Abteilungen der Firma, sondern noch mehr in den Innovationsprozess des gesamten Unternehmens integriert werden (Abb. 4).

Social Innovation wird mehr und mehr die Innovationsbemühungen der Unternehmen um die gesellschaftliche Dimension ergänzen. Die momentan diskutierten Innovationen wie e-Health oder e-Mobility bieten enorme Möglichkeiten für viele Unternehmen. Dennoch muss noch viel Forschung nach den Möglichkeiten der gesellschaftlichen

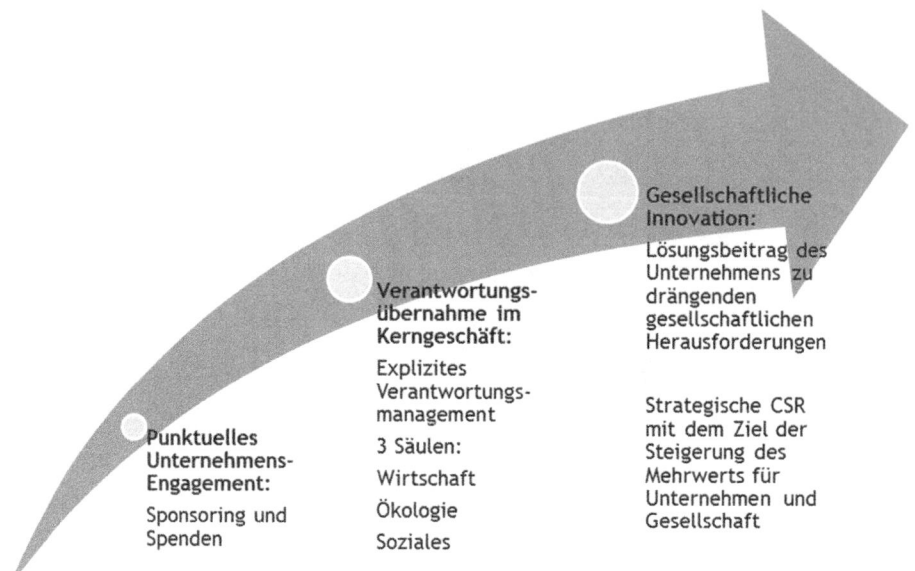

Abb. 4 Entwicklung von Managementansätzen (Schmidpeter 2012)

Einbindung solcher Innovationen betrieben werden. Wollen ältere Menschen wirklich zu Hause bleiben anstatt zum Arzt zu gehen? Bedeuten leise Autos nicht eine Gefahr für blinde Menschen? Viele dieser Fragen sind heute noch unbeantwortet und eröffnen enorme Potenziale für wahre gesellschaftliche Innovationen im erweiterten Sinne – dazu nötig ist eine neue sektorenübergreifende Zusammenarbeit zwischen Wirtschaft, Politik und Zivilgesellschaft, um gesellschaftlichen Wert zu schaffen.

3.1 Eröffnung neuer Möglichkeiten: Die Krise als Chance

Diese neue Rolle der Unternehmen nutzt nicht nur der Gesellschaft, sondern bietet auch großartige Möglichkeiten – speziell in Zeiten in denen alte Geschäftsmodelle nicht länger funktionieren. Anstatt des alten Paradigmas „entweder Profit ODER gesellschaftliche Wertschöpfung" müssen wir die Perspektive „ökonomisch sinnvoll UND gesellschaftlich nutzbringend" verinnerlichen. Dieses neue Paradigma fordert Unternehmen systematisch dazu auf, nach Social Innovation zu suchen die dringend benötigt werden, mit dem Bestreben unsere Geschäftsmodelle sowohl gesellschaftlich als auch nachhaltig zu gestalten (Abb. 5).

Letztendlich werden Unternehmen ein größeres Interesse daran haben Social Innovations zu entwickeln solange sie sowohl den geschäftlichen Bedürfnissen als auch der gesellschaftlichen Herausforderung dienen. Social Innovation ist der vielversprechenste Weg Nachhaltigkeit für alle zu generieren und gleichermaßen in Unternehmen und

Abb. 5 Mehrwert für Unternehmen und Gesellschaft

Gesellschaft fortzubestehen. Der Einsatz neuester Erkenntnisse des Innovationsmanagements sowie des Produktmanagements auf dem Gebiet der Nachhaltigkeit wird sicherlich zu neuen Ideen führen wie Social Innovation systematisch entwickelt werden kann.

Die ökonomische und finanzielle Krise kann ein wichtiger Beschleuniger dieser Entwicklungen sein, wenn diese als Beginn einer breiten öffentlichen Debatte darüber gesehen wird, wie man unsere Gesellschaften weiter entwickeln kann und welche Rolle dabei den Unternehmen zukommt.

Literatur

Edelman (Hrsg) (2013) Edelman Trust Barometer 2013. http://trust.edelman.com/. Zugegriffen: 22. Januar 2013

European Business School (Hrsg) (2012) http://www.ebs.edu/socialinnovation.html?&L=1. Zugegriffen: 22. Januar 2013

EU-Commission (2012) Social innovation. http://ec.europa.eu/enterprise/policies/Innovation/policy/social-Innovation/index_en.htm. Zugegriffen: 09. Dezember 2012

Guenther E, Guenther T (2013) Accounting for social innovations: measuring the impact of an emerging intangible category. In: Osburg T, Schmidpeter R (Hrsg) Social innovation. Springer

INSEAD (2012) What is "social innovation"? http://www.insead.edu/facultyresearch/centres/isic/home/about_us.cfm. Zugegriffen: 09. Dezember 2012

Osburg T, Schmidpeter R (Hrsg) (2013) Social innovation. Springer

Schmidpeter R (2012) Die Doppelrolle wiederentdecken. In: Verantwortung Zukunft – Das Magazin. Ausgabe 03–2012. FAZ-Institut

Schneider A, Schmidpeter R (Hrsg) (2012) Corporate social responsibility. Springer Gabler

Nachhaltigkeit und Innovation als Geschäftszweck von SAP

Christian Berg und Stefan Hack

1   Einführung und Begrifflichkeiten

Die Diskussion um unternehmerische Verantwortung hat in den letzten Jahren stark an Bedeutung gewonnen. Das hängt auch damit zusammen, dass viele Unternehmen in zunehmendem Maße global operieren, hingegen weltweite Regularien und Standards noch fehlen. Unternehmen sind bemüht, Kosten zu senken, günstig zu produzieren und die Vorteile global verteilter Wertschöpfungsketten zu nutzen. Gerade angesichts der Banken- und Staatschuldenkrise ist in Teilen der Gesellschaft deshalb der Eindruck entstanden, dass Nationalstaaten vergleichsweise hilflos versuchen, der Wirtschaft strengere Regeln vorzugeben. Allerdings ist die Wirkung nationaler oder regionaler Alleingänge bzgl. strengerer Regulierung etwa der Finanzmärkte begrenzt – da gerade die Finanzwirtschaft problemlos und praktisch ohne Transaktionskosten global operieren kann. Außerdem ziehen solche Alleingänge meist Standortnachteile (zumindest kurzfristig) für die betreffenden Staaten nach sich.

Der Vertrauensverlust, der durch die Bankenkrise ausgelöst wurde, hat indes vieles in Bewegung gesetzt. Zivilgesellschaftliche Initiativen haben die Macht der Banken und Finanzmärkte sowie rücksichtsloses Verhalten von Managern angeprangert („Occupy Wallstreet"); in der Politik hat es auf nationaler und internationaler Ebene engagierte Diskussionen um bzw. schon erste Maßnahmen für eine strengere Regulierung der

Die folgende Darstellung nimmt Bezug auf offizielle Kommunikationen von SAP, auf die auch jeweils gesondert verwiesen wird. Gleichwohl spiegelt der folgende Beitrag die persönliche Einschätzung der Autoren wider. Wir danken Heino Kantimm für wertvolle Hinweise.

C. Berg · S. Hack (✉)
Global Sustainability Services Hub, SAP AG, Dietmar-Hopp Allee,
69190 Walldorf, Deutschland
e-mail: stefan.hack@sap.com

R. Altenburger (Hrsg.), *CSR und Innovationsmanagement*,
Management-Reihe Corporate Social Responsibility,
DOI: 10.1007/978-3-642-40015-5_6, © Springer-Verlag Berlin Heidelberg 2013

Finanzmärkte gegeben (vgl. z. B. das deutsche Verbot von ungedeckten Leerverkäufen, der Beschluss der EU zur Einführung einer Finanztransaktionssteuer oder die Schweizer Volksinitiative „gegen die Abzockerei"). Auch gibt es juristische Nachspiele – wie etwa die Klage der US-Regierung gegen die Ratingagentur Standard & Poor's belegt –, die mutmaßlich noch länger andauern werden. Doch auch unabhängig von der Bankenkrise hat sich die Sensibilität der Öffentlichkeit für die Verantwortung von Unternehmen erhöht: Rückrufaktionen für Kinderspielzeuge (Bsp. Barbie-Puppen) oder Autos, soziale Missstände in der Lieferkette (Bsp. Foxconn) oder Katastrophen in der Öl- und Gasindustrie (Bsp. Deepwater Horizon) haben dazu beigetragen.

Angesichts dessen nimmt es nicht Wunder, dass Nachhaltigkeit zu einem wichtigen Thema für Unternehmen geworden ist, bis auf Vorstandsebene. Mehr als 6000 Unternehmen geben Nachhaltigkeitsberichte heraus (CorporateRegister.com 2011). Zwei Drittel der Manager halten es heute für notwendig, das Thema Nachhaltigkeit strategisch zu verfolgen, um die Wettbewerbsfähigkeit des eigenen Unternehmens zu erhalten, wie eine Umfrage unter 2800 Managern ergab (Kiron et al. 2012). Das Bekenntnis zur Verantwortung wird von den Top-Führungskräften auch öffentlich bekräftigt, wie zum Beispiel vom Chairman des Vorstands von Rio Tinto, Jan du Plessis, bei einer Rede in London 2012: „Es ist absolut entscheidend, dass wir das Vertrauensverhältnis zwischen Wirtschaft und Gesellschaft wieder aufbauen" (Plessis 2012, Übersetzung der Vf).

Wie sind diese Reaktionen von Unternehmen zu deuten? Sind sie in erster Linie Zeichen von veränderten Wertemustern oder moralischer Einsicht? Oder zeigt sich darin nur ein geschicktes Reagieren und Fügen in das ohnehin Unvermeidliche: dass dem öffentlichen Druck nachgebend nun die unternehmerische Verantwortung hervorgehoben wird? Geht es, anders gesagt, wirklich um Verantwortung oder „nur" um die geschickte Sicherstellung des eigenen Profits? Im Sinne Immanuel Kants kann man für menschliche Individuen zwar festhalten, dass die „Sittlichkeit", also die moralische Korrektheit eines Verhaltens mit der Gesinnung steht und fällt: nur die Absicht, der „gute Wille" macht ein Handeln für Kant gut. Ein Handeln, das aus eigennützigen Motiven heraus erfolgt, ist für Kant kein gutes, kein moralisches Handeln. Doch gilt das auch für Unternehmen?[1] Die Maximierung des Profits der Eigentümer wird häufig als oberster Zweck des Unternehmens angesehen. Doch zeigen gerade die erwähnten Entwicklungen der vergangenen Jahre, dass genau dieses Ziel gefährdet wird, wenn es solitär verfolgt wird. Anders gesagt: eine erfolgreiche Firmenstrategie zeigt sich gerade darin, dass mehrere Ziele zugleich verfolgt werden und dass Zielkonflikte dabei in einer Weise entschärft oder sogar gelöst werden, dass daraus kein Schaden für das Unternehmen erwächst.

Dauerhaft erfolgreich und profitabel – und in diesem Sinne auch nachhaltig – ist ein Unternehmen erst dann, wenn es die verschiedenen Stakeholder-Interessen wahrnimmt

---

[1] Es gibt durchaus gute Gründe dafür, Unternehmen (und allgemein überindividuellen Entitäten) Handlungsfähigkeit und daher auch Verantwortung in einem moralischen Sinne zuzuschreiben (vgl. Berg 2010).

und ihnen in einer ausgewogenen Weise entspricht. Das ist aber genau das, was von vielen als Wahrnehmung unternehmerischer Verantwortung angesehen wird. Im vorliegenden Beitrag bevorzugen wir die Rede von unternehmerischer Nachhaltigkeit – corporate sustainability – gegenüber dem Begriff der Verantwortung (corporate responsibility oder Corporate Social Responsibility – CSR). Angesichts des soeben Gesagten ist dies weniger eine grundsätzliche als vielmehr eine pragmatische Unterscheidung. Aus pragmatischen Gründen ziehen wir den Begriff der Nachhaltigkeit vor, weil er ganz unbefangen auch die großen Chancen zu integrieren erlaubt, die mit diesem Thema für Unternehmen verbunden sind (also dem „Business Case" für Nachhaltigkeit[2]), während die Rede von CSR nach unserer Einschätzung leider mitunter zu wenig fruchtbaren Fragen führt, ob ein Unternehmen für seine Nachhaltigkeitsstrategie auch die „richtigen" Motive habe oder ob es „nur" um Public Relations gehe. Unternehmerische Nachhaltigkeit umfasst nach unserer Überzeugung die gesamte Spannbreite, die zwischen diesen beiden Polen liegt.

2 „Make the world run better" als Vision von SAP

„Unser Ziel ist es, die Abläufe in der weltweiten Wirtschaft zu verbessern und die Lebensqualität von Menschen zu erhöhen" (SAP AG 2012b) – so beginnt der Abschnitt „Unsere Ziele und unsere Strategie" des Nachhaltigkeitsberichts 2011[3] der SAP AG (2012a). Um dieses Ziel zu erreichen, konzentriert sich SAP auf Nachhaltigkeit und Innovation als Grundpfeiler der Geschäftstätigkeit. Bei der folgenden Darstellung wird deutlich werden, dass Anforderungen der Nachhaltigkeit, wie sie z. T. auch durch Anspruchsgruppen (Stakeholder) vorgetragen werden, bei SAP in verschiedenen Bereichen immer wieder als Treiber für Innovationen von Produkten und Prozessen wirken.

Die Vision „Make the world run better" besitzt unter dem Aspekt der Nachhaltigkeit drei verschiedene Dimensionen, die im Folgenden näher erläutert werden. „Wenn wir eine bessere Welt schaffen möchten, müssen wir zunächst bei uns selbst anfangen. Durch die Verbesserung unserer eigenen Nachhaltigkeitsleistung lernen wir, wie wir auch unseren Kunden zu mehr Nachhaltigkeit verhelfen können" (SAP AG 2012c). Die erste Dimension beschreibt die eigene Nachhaltigkeitsleistung der SAP – das, was im Rahmen der eigenen Prozesse und des eigenen Geschäftsbetriebs getan wird, um wirtschaftliche, gesellschaftlichen und finanzielle Ziele – gemäß der sog. triple-bottom-line – zu verfolgen (Abschn. 3). Dies ist nicht nur aufgrund der eigenen Verantwortung wichtig, sondern auch deshalb, weil daran eine Blaupause erarbeitet und erprobt werden kann, wie Prozesse zu gestalten und zu optimieren sind. Eine solche Blaupause kann dann die zweite, noch wichtigere Dimension der Nachhaltigkeitsstrategie von

---

[2] Inwiefern sich aus der Nutzung von IT Potentiale für Wertschöpfung und nachhaltigere Unternehmensführung ergeben, haben wir an anderer Stelle untersucht, (vgl. dazu Berg und Hack 2012).

[3] Bei Redaktionsschluss lag der SAP Nachhaltigkeitsbericht 2012 noch nicht vor. Inzwischen ist der Bericht 2012 als integrierter Geschäftsbericht erschienen, der erstmals den bisherigen Nachhaltigkeitsbericht und den Geschäftsbericht vereint.

SAP befruchten: die IT-Lösungen, mit denen SAP seinen mehr als 230.000 Kunden weltweit hilft, Prozesse zu optimieren (Abschn. 4). Es gibt Schätzungen, wonach zwei Drittel der weltweit erwirtschafteten Wertschöpfung von SAP-Systemen unterstützt werden (SAP AG 2009). Daran erkennt man, dass diese zweite Dimension ungleich wirkungsvoller ist als die Verbesserung der eigenen Abläufe. Schließlich gibt es, drittens, auch Aktivitäten, bei denen sich SAP unabhängig vom Geschäftszweck und dem eigenen Betrieb für Innovation und Nachhaltigkeit engagiert, zum Beispiel durch Unterstützung anderer, vor allem benachteiligter und schwächerer Menschen im Rahmen von Projekten des Social Business, oder auch Aktivitäten wie der Extractive Industries Transparency Initiative, Engagement im Rahmen des UN Global Compact oder dem Sustainability Consortium (Abschn. 5).

3   Nachhaltigere SAP – Die eigenen operativen Prozesse und Aktivitäten

Gemäß der Einsicht, dass Veränderung zuerst bei einem selbst anfangen muss, hat sich SAP für den eigenen Betrieb ambitionierte Ziele für nachhaltigeres Wirtschaften gesetzt. Nur wer selbst Nachhaltigkeit praktiziert, kann auch anderen glaubhaft vermitteln, dasselbe zu tun. Und nur wer selbst die Komplexitäten, Herausforderungen und die Zielkonflikte des nachhaltigen Managements eines global operierenden, börsennotierten Unternehmens kennt, kann auch Instrumente entwickeln, die andere in die Lage versetzen, die eigenen Prozesse zu optimieren.

SAP hat sich deshalb zum Ziel gesetzt, ein Vorbild in Sachen unternehmerischer Nachhaltigkeit zu sein, ein Vorreiter für andere. Es gibt nach Einschätzung der Autoren nicht den einen Indikator, der als absoluter Maßstab für die Beurteilung dieser Leistungsfähigkeit herangezogen werden könnte. Dafür sind die Anforderungen zu komplex und unterschiedliche Kriterien nicht gegeneinander verrechenbar. Auf einer relativen Skala, im zeitlichen Verlauf und im Vergleich zu anderen Unternehmen, gibt es allerdings eine Vielzahl von Bewertungen, Ratings und Rankings, die die hohe Leistungsfähigkeit der SAP im Bereich der Nachhaltigkeit ausweisen. Allein im Jahr 2011 erhielt SAP insgesamt 24 Auszeichnungen, die dem Themenkomplex Nachhaltigkeit zuzuordnen sind. Dazu zählen unter anderem (SAP AG 2012f):

- Aufnahme in die Indices des Carbon Disclosure Leadership Index, den Carbon Performance Leadership Index, den FTSE4Good und den Dow Jones Sustainability Index, in welchem SAP das fünfte Jahr in Folge als führendes Unternehmen in der Kategorie Softwareunternehmen ausgezeichnet wurde
- Nominierung für den Deutschen Nachhaltigkeitspreis in der Kategorie „Deutschlands nachhaltigste Zukunftsstrategie"
- Auszeichnung des B.A.U.M. e. V. für den Beitrag der SAP AG zum Wettbewerb „Die fahrradfreundlichsten Arbeitgeber" (verschiedene Initiativen in der Firmenzentrale in Walldorf/St. Leon-Rot)

- Platz 20 in den Green Rankings 2011 der Zeitschrift Newsweek
- Sustainable Real Estate Roundtable's Outstanding Corporate Leader of the Year 2011
- Anerkennung für die innovative Nutzung des Internets und sozialer Medien im Wettbewerb für Nordamerika, deren Sponsoren von Ceres und die Association for Chartered Certified Accountants (ACCA) sind
- Sieger im Waste Reduction Awards Program 2011 des California Department of Resources, Recycling, and Recovery.

Der Komplexität des Themas „unternehmerische Nachhaltigkeit" entsprechend, ist es unmöglich, diese Leistungen auf wenigen Seiten darzustellen, weshalb im Folgenden lediglich einige wichtige Beispiele exemplarisch dargestellt werden.

3.1 Transparenz als Voraussetzung

Transparenz ist für unternehmerische Nachhaltigkeit von zentraler Bedeutung. Denn zum einen kann man nur dann die Leistungsfähigkeit eines Systems oder Unternehmens verbessern, wenn man den gegenwärtigen Zustand kennt. Insofern ist es auch im Bereich Nachhaltigkeit entscheidend, dass die Unternehmensführung genaue Kenntnis der wichtigsten Kennzahlen hat. Zum zweiten gilt es dann aber auch, die Mitarbeiter einzubinden und über die betreffende Ziele und Kennzahlen zu informieren – wie anders sollen die gesteckten Ziele erreicht werden? Diese Kommunikation nach innen wird häufig unterschätzt, ist aber bei der Nachhaltigkeitskommunikation mindestens ebenso wichtig, wie die nach außen. Vordergründig und zuerst richtet sich Nachhaltigkeitskommunikation allerdings nach außen und dient dazu, die Nachhaltigkeitsleistung des eigenen Unternehmens gegenüber den verschiedenen Stakeholdergruppen darzustellen.

SAP veröffentlicht seit einigen Jahren Nachhaltigkeitsberichte im Internet. Anders als die meisten anderen Unternehmen, veröffentlicht SAP den Nachhaltigkeitsbericht allerdings aus Gründen der Ressourcenschonung nicht in einer gedruckten Version, sondern ausschließlich im Internet, unter der eigenen Domain www.sapsustainabilityreport.com. Um zu vermeiden, dass der Bericht gleichwohl als Ganzes ausgedruckt wird, lässt er sich auch nur in Auszügen herunterladen – denn wenn jeder das Gesamtdokument herunterladen könnte, wäre die Umweltbilanz durch das Ausdrucken möglicherweise noch schlechter. Der SAP-Nachhaltigkeitsbericht (2011) entspricht den GRI G3.1 Richtlinien der Global Reporting Initiative GRI G3.1, GRI hat den Bericht mit dem Rating A+ versehen (SAP AG 2012d).

Auch mit einer anderen Neuerung weicht SAP von dem verbreiteten Vorgehen ab, wonach Nachhaltigkeitsberichte einmal jährlich und meist erst lange nach Abschluss des Geschäftsjahres veröffentlicht werden. Durch den Zeitverzug bringen solche Berichte vielen Stakeholdern (insb. auch Investoren) nämlich nur noch eingeschränkten Nutzen. SAP veröffentlicht daher quartalsweise Aktualisierungen des jährlichen

Nachhaltigkeitsberichts. Zeitgleich mit der Veröffentlichung der Quartalsergebnisse wird die Entwicklung wichtiger Nachhaltigkeitskennzahlen kommuniziert.

Um die Transparenz hinsichtlich der Nachhaltigkeitsleistung nicht nur nach außen, sondern auch nach innen, gegenüber den Mitarbeitern zu erhöhen, gibt es im internen SAP-Portal verschiedene Übersichten, sog. „Dashboards", die den Mitarbeitern aktuelle Daten zu wichtigen Kennzahlen geben, insbesondere zu den Verbräuchen von Energie und Papier – beides kann jeweils auf Organisationseinheiten, z. T. sogar auf die Ebene einzelner Gebäude spezifiziert werden.

3.2   Nachhaltigkeitsmanagement: Wesentlichkeitsanalyse, Zielvorgaben und Maßnahmen

Transparenz über den Stand der Leistung ist wichtig. Doch welche Kennzahlen sind entscheidend? Wo sollte der Schwerpunkt der Aktivitäten gelegt werden? „In welchen Bereichen müssen wir unserer Verantwortung gerecht werden? Welche Auswirkungen haben unsere Maßnahmen und Initiativen auf unsere Stakeholder? Wo sehen wir die größten Möglichkeiten, unsere geschäftlichen Ziele mit unserem Einsatz für eine nachhaltigere Welt zu vereinbaren?" (SAP AG 2012e) Bei der Beurteilung dieser Fragen spielt die Wesentlichkeitsanalyse für SAP eine entscheidende Rolle. SAP arbeitet deshalb bei der Untersuchung der Wesentlichkeit mit verschiedenen Stakeholdergruppen zusammen; 2011 waren es insgesamt acht Stakeholdergruppen: Behörden, Investoren, Mitarbeiter, Kunden, Analysten, Nichtregierungsorganisationen, Partner und Zulieferer, und dem CEO Sustainability Advisory Panel (SAP AG 2012e). Für die Einbindung der Stakeholder mittels innovativer Nutzung des Internets und sozialer Medien wurde SAP 2011 in Nordamerika von Ceres und der Association for Chartered Certified Accountants (ACCA) ausgezeichnet (SAP AG 2012f).

Die Auswertung der Rückmeldungen der verschiedenen Stakeholder hat für SAP verschiedene Themenbereiche ergeben, die besonderes Augenmerk bei der Umsetzung von Nachhaltigkeit erfordern. „Die erste Kategorie umfasst die Bereiche, in denen wir unserer Verantwortung für nachhaltiges Handeln gerecht werden müssen und die sich nach folgenden Schwerpunkten gliedern: Personalwesen, geistiges Eigentum, Sicherheit und Datenschutz, Klimaschutz und Energie sowie unser Geschäftsgebaren. Die zweite Kategorie bezieht sich auf unsere Innovationen, aus denen sich unsere Wachstumsstrategie ableitet und die fünf Produktkategorien Anwendungen, Analytik, mobile Lösungen, Cloud-Lösungen sowie Datenbanken und Technologie umfassen" (SAP AG 2012e).

In den durch die Stakeholderanalyse für besonders wichtig erachteten Bereichen wurden Kennzahlen und Ziele festgelegt und kommuniziert, die eine kontinuierliche Verbesserung gewährleisten sollen. So ist zum Beispiel eines der Ziele aus dem Bereich Personalwesen, den Anteil weiblicher Führungskräfte bis 2017 auf 25 % zu erhöhen. Die CO_2-Emissionen sollen bis 2020 auf das Niveau von 2000 abgesenkt werden, was gegenüber dem Jahr 2007 eine 50 %ige Reduktion bedeutet. Schließlich werden Maßnahmen definiert und beständig überprüft, die die Zielerreichung sicherstellen sollen. Am Beispiel der Emissionsreduktion seien einige Maßnahmen erläutert.

Als Software-Unternehmen gibt es bei SAP zwar keine Produktion im eigentlichen Sinn, aber einige typische emissionsrelevante Bereiche. Wie die Analyse der Energieverbräuche und CO_2-Emissionen ergeben hat, stammt ein großer Teil der Emissionen aus Reiseaktivitäten (Flugreisen und Dienstwagennutzung) sowie aus dem Betreiben der Gebäude und Rechenzentren. Deshalb werden nicht nur die direkten Emissionen berechnet, die durch eigene Verbrennung von Brennstoffen oder durch Stromverbrauch entstehen, sondern auch solche, die sich entlang der Lieferkette ergeben (Scope 3 im Sinne des Greenhouse-Gas-Protocols des World Resources Institute).

Aus der Fülle der Maßnahmen können hier nur einige exemplarisch genannt werden. Mithilfe einer Kostenkurve (Abatement-cost-curve) werden die Kosten für Maßnahmen zur Emissionsreduzierung den Einsparungspotentialen gegenübergestellt. Diese bisher vorwiegend für Länder oder Regionen verwendete Methode, hat SAP als eines der ersten Unternehmen auch für die innerbetriebliche Analyse verwendet und ermöglicht damit eine effiziente Emissionsreduzierung. Hierbei werden auch Hindernisse bei Veränderungen berücksichtigt: so eröffnet die weltweite Einführung von Video-Konferenzräumen ein großes Reduktionspotential. In der Praxis zeigt sich jedoch, dass dieses aufgrund von Akzeptanzproblemen nicht voll ausgeschöpft wird, wie Mitarbeiterbefragungen ergeben haben. Deshalb wird die Kostenkurve entsprechend angepasst. Auch bei den Rechenzentren wird auf Energieeffizienz besonders geachtet und extern zertifiziert. Beispielsweise wurde das wichtigste Rechenzentrum in St. Leon-Rot als besonders energieeffizient ausgezeichnet.

3.3   Innovationen betrieblicher Abläufe – Prozessinnovationen

Einige dieser Maßnahmen, das wurde soeben deutlich, wirken direkt als Innovationstreiber. Die Verwendung der Abatement-Cost-Curve für einen betrieblichen Zusammenhang eröffnet neue Möglichkeiten der Kosten-Nutzen-Analyse unter ökologischer Hinsicht. Die Virtualisierung interner Besprechungen macht Abstimmungsprozesse erheblich flexibler, weil kurzfristig Mitarbeiter mehrerer Standorte zu Besprechungen zusammenkommen können.

Eine aus unserer Sicht besonders interessante Maßnahme zur Reduzierung der Emissionen zielt auf das Pendelverhalten der Mitarbeiter. Unter dem Namen TwoGo wurde eine Software-Anwendung entwickelt, die sehr unkompliziert und automatisiert Fahrgemeinschaften vermittelt (SAP AG 2013). Nach Registrierung und Pflege der eigenen Präferenzen, braucht lediglich in MS Outlook ein Kalendereintrag erstellt zu werden, wann man (als Fahrer oder Mitfahrer) von wo nach wo zu fahren wünscht, und das System sucht automatisch nach passenden Mitfahrern, es berücksichtigt die Fahrerpräferenzen (z. B. den maximal tolerierten Zeitverlust durch Umwege) und erstellt bei Annahme automatische Kalendereinträge. Auf den Firmenparkplätzen erhalten diese

Fahrgemeinschaften bevorzugte Plätze und durch verschiedene Aktionen wurde gerade in der Anschubphase für dieses Projekt geworben. Der Anreiz zur Teilnahme wurde dadurch erhöht, dass SAP für jeden auf diese Weise gefahrenen Kilometer eine Euro für einen wohltätigen Zweck gespendet hat.

3.4 Forschungsaktivitäten als Innovationstreiber

Um die Vision „Make the world run better" verfolgen zu können, ist es für SAP wichtig, beständig im Dialog zu sein – vor allem natürlich mit den Kunden, für deren sich ständig verändernde Herausforderungen innovative Lösungsangebote entwickelt werden (vgl. Abschn. 4), dann aber auch mit der Wissenschaft, mit der SAP einen regen Austausch pflegt, zum Beispiel über seinen Forschungszweig, Global Research and Business Incubation, der in einer Vielzahl von Forschungsprojekten mit Konsortien weltweit engagiert ist, und schließlich mit der Zivilgesellschaft und der Nichtregierungsorganisationen (NGOs), die SAP auf vielfältige Weise unterstützt (vgl. Abschn. 5). Und es gibt diverse Mischformen, in denen gemeinsam mit Kunden, NGOs oder auch mit wissenschaftlichen Institutionen an der Lösung von Problemen im Bereich der Nachhaltigkeit gearbeitet wird.

Darüber hinaus seien hier exemplarisch drei weitere Aktivitäten genannt:

- Zusammenarbeit mit dem „Sustainability Consortium", das als unabhängige Organisation an wissenschaftlich fundierten Innovationen für nachhaltigen Konsum arbeitet und dabei verschiedenste Teilnehmer weltweit zusammenbringt – aus der Wissenschaft, staatlichen Behörden und Institutionen, NGOs und Unternehmen. Das Konsortium entwickelt Methoden und Strategien, die eine neue Generation von Produkten und Lieferketten ermöglichen, um ökologische, soziale und ökonomische Herausforderungen zu adressieren (The Sustainability Consortium 2010). Dank seiner umfangreichen Erfahrungen im Lieferantenmanagement und dem Prozesswissen in den beteiligten Industrien (z. B. im Bereich der Konsumgüterindustrie und des Handels), kann SAP dem Konsortium wichtige Impulse geben und in diesem außerwettbewerblichen Zusammenhang die Erarbeitung von Methoden und Strategien für einen nachhaltigeren Konsum unterstützen.
- Ein anderes Format, in dem interdisziplinär und mit Akteuren aus verschiedenen Bereichen zusammengearbeitet wird, ist die Business Transformation Academy. Aus der Überzeugung, dass die Herausforderungen von Unternehmen heute häufig mit Transformationsprozessen und deren mangelhafter Bewältigung zusammenhängen, und dass der Übergang in eine nachhaltigere Gesellschaft strukturierte Transformationsprozesse erfordert, ist die Business Transformation Academy entstanden. Sie bringt akademische Institutionen (z. B. Business Schools), SAP-Anwender und SAP-Experten zusammen, um gemeinsam Studien zum Thema Geschäftsprozesstransformation voranzutreiben. Ein eigenes, quartalsweise erscheinendes Online-Journal,

360°, berichtet über die Ergebnisse dieser Studien (vgl. Business Transformation Academy 2013).

- Mit dem World Resource Institute hat SAP an der Erarbeitung und Validierung eines globalen Standards für die „Scope-3-Emissionen" zusammengearbeitet. Diese Emissionen, die ja nicht direkt im Zugriff von Unternehmen stehen, weil sie aus deren Lieferkette stammen, in einer standardisierten Form zu erfassen und zu berechnen, war Teil eines Projekts, bei dem SAP als eines von 30 Unternehmen weltweit diesen Standard pilotierte (Greenhousegas Protocol 2012).

4   Nachhaltigere Unternehmen – Innovative Produkte und Dienstleistungen, die SAP-Kunden helfen, nachhaltiger zu wirtschaften

Ein konsequentes Nachhaltigkeitsmanagement in Unternehmen umzusetzen, lässt sich, wie die folgenden Beispiele zeigen werden, ohne innovative Softwarelösungen heute nicht mehr erreichen. In sehr verschiedenen Bereichen hat SAP Lösungen entwickelt, die Unternehmen beim effektiven und effizienten Nachhaltigkeitsmanagement unterstützen. Unternehmenssoftware birgt eine Reihe von Potenzialen zur nachhaltigeren Unternehmensführung. Vier zentrale Potenziale wollen wir hier hervorheben[5]:

1. Transparenz: Die Verfügbarkeit von Nachhaltigkeitsinformationen ist Grundvoraussetzung für Entscheidungen des Managements sowie für die interne und externe Nachhaltigkeitsberichterstattung.
2. Compliance: Die globale Geschäftstätigkeit von Unternehmen macht es erforderlich, eine steigende Zahl von Regularien und gesetzlichen Bestimmungen einzuhalten.
3. Effizienzsteigerung: Enterprise Resource Planning (ERP) ist per Definition mit der effizienten Ausgestaltung der Geschäftsprozesse und der Optimierung der Geschäftsabläufe und des Ressourceneinsatz beschäftigt. Durch den Einsatz moderner ERP-Anwendungen lassen sich Effizienzgewinne über die gesamte Liefer- und Wertschöpfungskette hinweg realisieren.
4. Positionierung im Markt: In zunehmendem Maße erkennen Unternehmen das Potential, sich durch unternehmerische Nachhaltigkeit im internationalen Wettbewerb zu differenzieren und die Zukunftsfähigkeit des Unternehmens und seines Geschäftsmodelles zu steigern.

SAP bietet eine Reihe von Software-Lösungen für die Ausgestaltung und Umsetzung unternehmerischer Nachhaltigkeit, die wir in den nächsten Abschnitten entlang der oben genannten vier Potenziale beispielhaft erläutern.

---

[5] In (Hack und Berg 2013) haben wir neben diesen vier hier genannten noch weitere Potenziale von IT zur nachhaltigeren Unternehmensführung diskutiert.

4.1 Transparenz

Nach einer Studie von 2012, in der mehr als 2.800 Manager aus über hundert Ländern befragt worden waren, haben 70 % der Unternehmen Nachhaltigkeit auf ihre Managementagenda gesetzt (Kiron et al. 2012). Entscheidungsträger benötigen allerdings zunächst Informationen und Indikatoren, mit deren Hilfe die Nachhaltigkeitsleistung ihres Unternehmens gemessen werden kann, sowie Werkzeuge für die operative Umsetzung der strategischen Ziele. In dieser Hinsicht unterscheiden sich Kennzahlen für Nachhaltigkeit nicht von anderen. Transparenz hinsichtlich der aktuellen Nachhaltigkeitsleistung ist somit ein erster Schritt für die Steigerung der Nachhaltigkeitsleistung eines Unternehmens. Werden Kennzahlen für Unternehmensziele festgelegt (zum Beispiel bzgl. der Absenkung der CO_2-Emissionen), ist selbstverständlich auch erforderlich, diese Kennzahlen kontinuierlich zu überwachen. Eine solche Überwachung ist ohne moderne Geschäftsanwendungen nur noch mit erheblichem Aufwand möglich. Denn zum einen sind die benötigten Informationen über die gesamte Unternehmung verteilt, über alle Geschäftsbereiche, Abteilungen und Regionen. Zweitens wurden manche Kennzahlen bisher noch gar nicht erhoben. Solange etwa CO_2-Emissionen als Externalitäten betrachtet wurden, brauchten entsprechende Daten nicht zu interessieren und wurden nicht ermittelt. Drittens besteht auch dort, wo Daten grundsätzlich verfügbar sind, oft nur eine geringe Integration der vorhandenen Systeme. Die verschiedenen IT-Systeme sind dann nicht verbunden, weshalb Daten per Telefon oder per Email erfragt und in Tabellenkalkulationsprogrammen (Spreadsheets) erfasst werden, was oft mit Fehlern und langwierigen Validierungsprozessen einhergeht. Hohe Kosten, aufwendige Prozesse und schlechte Datenqualität – das sind die Folgen händisch erstellter Nachhaltigkeitsberichte.

Andererseits erwarten das Management sowie die Öffentlichkeit eine unbedingte Verlässlichkeit von Unternehmensnachhaltigkeitsberichten, denn diese Berichte dienen unter anderem dazu, gegenüber den sog. Stakeholdern die eigene Verantwortlichkeit auszuweisen und Vertrauen aufzubauen, was in besonderer Weise eine verlässliche Datengrundlage erfordert. Soll die Glaubwürdigkeit des Nachhaltigkeitsberichts schließlich durch unabhängige Zertifizierung verbessert werden, so sind die Kosten hierfür wiederum umso höher, je schlechter die Prozessintegration ist.

Moderne Unternehmenssoftware kann hier ganz neue Möglichkeiten eröffnen und Effizienzgewinne realisieren helfen. Denn mit ihrer Hilfe lässt sich eine zuverlässige Datenbasis schaffen, die Kennzahlen lassen sich zeitnah ermitteln und die oft großen Datenmengen zielgerecht analysieren. Möller und Schaltegger haben hierzu die Möglichkeit der systemseitigen Umsetzung der sog. Sustainability Balanced Scorecard zur Steuerung der Nachhaltigkeitsleistung von Unternehmen durch softwaretechnische Integration von betrieblichen Informationationssystemen (ERP) und Umweltinformationssysteme beschrieben (Möller und Schaltegger 2005).

Um diesen Bedarf zu adressieren, hat SAP eine Lösung für die Nachhaltigkeitsberichterstattung entwickelt, die Unternehmen in die Lage versetzt, ihre Nachhaltigkeitsleistung mit derselben Verlässlichkeit und Qualität zu messen, nachzuverfolgen und zu steuern, wie dies aus dem Bereich der Finanzberichterstattung bekannt ist. Das SAP Sustainability Performance Management ist eine speziell für die umfassende Nachhaltigkeitsberichterstattung konzipierte Lösung, die u. a. über eine zentrale Bibliothek von qualitativen und quantitativen Messkennzahlen (KPIs) verfügt, inklusive denen der Global Reporting Initiative (GRI). Diese Lösung ermöglicht es Unternehmen, die zeitlichen und finanziellen Aufwände der Erstellung von Nachhaltigkeitsberichten zu reduzieren, die Datenqualität zu erhöhen und die Kommunikation zu internen und externen Stakeholdern zu vereinfachen. Sie erlaubt, Daten aus den operativen (z. B. ERP-) Systemen zu integrieren, beschleunigt damit die Berichtserstellung und weitergehenden Analysemöglichkeiten und stellt Nachhaltigkeitsberichte auf eine verlässliche Grundlage, was wiederum die Auditierbarkeit dieser Berichte verbessert.

Dies schafft die Voraussetzung für die nächste Stufe im Nachhaltigkeitsmanagement, die operative Verbesserung. Viele Unternehmen haben sich diesbezüglich engagierte strategische Ziele gesetzt. Die Beratungspraxis zeigt allerdings, dass sich deren Umsetzung oft weit schwieriger gestaltet.

4.2 Compliance und Risikomanagement

Standardisierte und zertifizierte Anwendungen bilden die gesetzlich geforderten Bestimmungen in Form von kodierter Geschäftsfunktionalität ab. Diese betreffen beispielsweise die Produktion von und den Umgang mit Gefahrstoffen genauso wie die EU-Chemikalienverordnung REACH (Registration, Evaluation, Authorisation of Chemicals), das Kennzeichnungssystem GHS (Globally Harmonized System) oder den Transport von Gefahrgütern über öffentliche Verkehrswege. Durch kontinuierliche Weiterentwicklung ist es möglich, dass Software-Lösungen hinsichtlich der internationalen Richtlinien und Bestimmungen immer auf dem neuesten Stand sind und somit Investitionssicherheit bieten und das Risiko von Gesetzesverstößen mindern.

Es ist insbesondere für global operierende Unternehmen immer schwieriger und aufwändiger geworden, die zunehmende Zahl von Umweltauflagen und gesetzlichen Regelungen zu erfüllen. In den Vereinigten Staaten wurden allein in Jahr 2007 in 231 Rückrufaktionen insgesamt 45 Millionen Kinderspielzeuge zurückgerufen. Rückrufaktionen habe oft signifikante Auswirkungen auf die Kundentreue und die Wahrnehmung der Unternehmung in der öffentlichen Meinung; ganz zu schweigen von möglichen Schadensersatzklagen mit nicht abzusehenden finanziellen Folgen für den wirtschaftlichen Erfolg des betroffenen Unternehmens (Kids in Danger 2008). Während Produktsicherheit die Verbraucher betrifft, adressiert der Arbeitsschutz das Wohlergehen der eigenen Belegschaft. Viele Unternehmen, insbesondere im produzierenden Gewerbe, haben ambitionierte Ziele in Sachen Arbeitssicherheit und realisieren diese Mithilfe von SAP Environment, Health, and Safety Management. ArcelorMittal Brasilien, zum Beispiel, setzt diese Lösung ein, um seine Prozesse zum Arbeitsschutz und Arbeitssicherheit zu vereinheitlichen und zu optimieren. Dabei konnte ArcelorMittal die Effektivität der EHS Aktionspläne und der arbeitsmedizinischen Untersuchungen um mehr als 50 % steigern, zugleich aber die Bearbeitungszeit für Untersuchungen zur Arbeitssicherheit um 80 % reduzieren. Das wiederum ermöglicht es, mit Versicherungsunternehmen bessere Vertragsbedingungen zu verhandeln (SAP AG 2010b).

Geschehen in einem Unternehmen viele Arbeitsunfälle, wird dies oft (vermutlich zu Recht) mit schlechten Arbeitsabläufen, schlechtem Management und schließlich schlechten Produkten und Dienstleistungen in Verbindung gebracht. Deshalb ist es für die Unternehmen wichtig, über ein geeignetes ‚Frühwarnsystem' zu verfügen, um Schadensfälle zu vermeiden. Für diesen Anwendungsfall hat SAP eine Lösung entwickelt, bei der sich Innovation und Nachhaltigkeit in schöner Weise treffen: im Rahmen der Incident Management-Lösung wurde eine App für Smartphones entwickelt, die mögliche Gefahrenquellen erheblich besser zu erfassen erlaubt: Entdeckt ein Mitarbeiter eine Gefahrenquelle (wie ein auf dem Boden liegendes Kabel), so genügt ein Foto mit dem Smartphone und es wird ein automatischer Prozess gestartet, der die Verantwortlichen informiert, den Ort der Gefahrenquelle mittels GPS-Koordinaten ergänzt sowie Daten zum Protokollanten. Da sehr viele Mitarbeiter heute über Smartphones verfügen, bietet sich hiermit die Möglichkeit, das operative Risikomanagement erheblich zu verbessern, da dadurch die Risikoerfassung erheblich ausgeweitet und vereinfacht wird.

4.3   Ressourcen- und Prozesseffizienz

Unter den zahlreichen Ausdrucksformen unternehmerischer Nachhaltigkeit ist die effiziente Nutzung von Energie und Rohstoffen wohl deshalb so häufig anzutreffen, weil sich hier unmittelbare Kostenersparnisse realisieren lassen. Eine effiziente Ressourcennutzung gehört generell zum Management und ist nicht spezifisch für nachhaltiges Wirtschaften. Die effiziente Ausgestaltung von Geschäftsprozessen stellt den Kern des Enterprise Resource Planning (ERP) dar. Moderne ERP-Anwendungen unterstützen die gesamte Liefer- und Wertschöpfungskette und den Einsatz unterschiedlichster Ressourcen (Rohstoffeinsatz, Energie, Humankapital, Anlagen etc.) unter dem Aspekt der Steigerung der Ressourceneffizienz und der damit verbundenen Kostensenkung. Im Zeitalter steigender Energie- und Rohstoffpreise wird die Effizienz in diesen Bereichen allerdings immer wichtiger und beeinflusst zunehmend den wirtschaftlichen Erfolg von Unternehmen.

Am Beispiel der in San Antonio, Texas ansässigen Firma Valero Energy Corporation sei erläutert, wie die Energieeffizienz mit Hilfe von SAP-Anwendungen verbessert werden kann. Valero verwendet eine Softwareanwendung, die das SAP ERP System mit den Fertigungssystemen (shop-floor systems) verbindet und damit umfassend und in nahezu Echtzeit Informationen über den Verbrauch unterschiedlicher Energiearten (wie Dampf, Elektrizität und Gas) zur Verfügung stellt. Mit Hilfe von sogenannten „Energy Dashboards" erhalten die Mitarbeiter im Leitstand der Anlagen durchgängig und in Echtzeit Transparenz über die aktuellen Energieverbräuche der Anlagen. Darüber hinaus sind die Mitarbeiter mithilfe des Systems in der Lage, diese mit modellierten Zielwerten zu vergleichen, um Abweichungen schnell zu erkennen und Maßnahmen zu ergreifen. Der Energieverbrauch von Anlagen kann verglichen werden, Störungen und Fehlfunktionen rasch beseitigt werden. Nach Angaben des Unternehmens ermöglichte dieses System für die 15 Raffinerien des Konzerns insgesamt Einsparungen von mehr als einhundert Millionen US-Dollar im ersten Jahr (2009) (Automation World 2009; SAP AG 2010c). Selbstverständlich werden neben Kosten auch Energie-Ressourcen eingespart und der Ausstoß von Treibhausgasen reduziert – ein mehrfacher Vorteil.

4.4   Positionierung im Markt

Transparenz über den Ressourcenverbrauch oder den Ausstoß von Klimagasen ist eine wichtige Voraussetzung für die Verbesserung der Nachhaltigkeitsleistung eines Unternehmens. In den vergangenen Jahren hat sich der „CO_2-Fußabdruck" von Unternehmen oder Produkten zu einem sehr relevanten Thema auch in der öffentlichen Diskussion entwickelt. Zur Berechnung des CO_2 Fußabdruckes benötigen sie umfangreicheren Einblick in CO_2 relevante Informationen im Rahmen ihrer Produktion und der gesamten Lieferkette des Unternehmens.

Im Rahmen eines Ko-Innovationsprojektes hat Danone, der französische Nahrungsmittel-Konzern, gemeinsam mit SAP eine Lösung entwickelt, die es Danone erlaubt, die CO_2-Emissionen von 35.000 Produkt-Artikeln regelmäßig zu berechnen, um Optimierungspotentiale zu identifizieren (vgl. FierceCIO 2011). Das Ziel war die Senkung der Treibhausgasemissionen um 30 Prozent innerhalb von vier Jahren (2008–2012). Die Lösung umfasst die gesamte Wertschöpfungskette des Unternehmens und deckt die Produktion und Distribution an 700 Standorten in 40 Ländern ab. Alle Phasen des Produktlebenszyklus vom Einkauf der Rohmaterialien und Verpackungsmaterialien, der internen Logistik und Distribution des Verbrauchs bis hin zu Recycling und Abfallbeseitigung werden berücksichtigt.

In großem Umfang werden dabei sowohl Stammdaten als auch Transaktionsdaten aus Danones SAP-Systemen verwendet, beispielsweise Daten zu Produktionsstandorten, Materialien und Rezepturen genauso wie Transaktionsdaten zu Produktions- und Lieferaufträgen aus Distribution und Logistik. Nach Aussagen von Danone werden 80 % der relevanten Informationen für die Berechnung des CO_2-Fußabdrucks aus dem SAP ERP System des Unternehmens zur Verfügung gestellt (Danone 2012). Danone will mit diesem System verlässliche Werte für die mit der Herstellung und dem Konsum ihrer Produkte verbundenen Klimagasemissionen erhalten.

Die Lösung ermöglicht eine weitgehende Automatisierung von anderweitig recht aufwändigen produktspezifischen Fußabdruck-Berechnungen. Eine manuelle Berechnung mit realen Daten wäre aufgrund der großen Datenmenge schlicht unmöglich. Es wären händische bzw. modellierte Annäherungen möglich, die aber den Nachteil hätten, aufwändig und und wenig flexibel zu sein, weil letztlich nur mit statischen Daten und Mittelwerten gerechnet wird. Die IT-basierte Automation erhöht die Verlässlichkeit und Genauigkeit der Ergebnisse und verbessert qua multi-dimensionaler Analysen für das Management die Entscheidungsgrundlagen bezüglich gesteigerter Ressourceneffizienz. Für die Manager und Entscheider werden monatliche Berichte erstellt, um diese in die Lage zu versetzen die ambitionierten Ziele für die CO_2-Reduktion zu erreichen. Zurzeit beschränkt sich die Berechnung auf CO_2, jedoch kann die Lösung auch andere Kennzahlen einschließen, wie beispielsweise den Wasserverbrauch. Ähnlich wie bei oben beschriebene Energieoptimierung ermöglicht auch diese Lösung, mehrere Ziele zugleich zu verfolgen und in verschiedenen Hinsichten erfolgreich zu sein: Die deutliche Reduktion der Emissionen, die zunächst einen positiven Beitrag zum Klimaschutz bedeuten, verdankt sich optimierter Prozesse und geht mit reduzierten Energiekosten und damit finanziellen Einsparungen einher. Daneben ergeben sich auch Möglichkeiten, die Klimafreundlichkeit werblich zu nutzen, die Produkte gegenüber Wettbewerbern zu differenzieren und neue Kundenkreise und Märkte zu erschließen (SAP AG 2011b).

5   Nachhaltigere Gesellschaft – Der Beitrag der SAP zur Verbesserung sozialer Verhältnisse

Nachdem die vorangegangenen Abschnitte gezeigt haben, wie die Herausforderungen der Nachhaltigkeit bei SAP sowohl zu Innovationen im Bereich der internen Betriebsabläufe wie auch der Produktentwicklung geführt haben, sollen nun Aktivitäten von SAP dargestellt werden, die nicht (bzw. zumindest nicht direkt) den Zweck der Gewinnerzielung verfolgen, sondern die Bewältigung einer gesellschaftlichen Aufgabe unterstützen und als spezieller Beitrag sozialer Verantwortung anzusehen sind. Die gewählten Beispiele verdeutlichen die Verknüpfung zwischen Technologie und sozialen Aspekten, beispielsweise hinsichtlich der Teilhabe am wirtschaftlichen Wohlstand.

„Technologie und Innovation vermögen weit mehr, als die Grundlage für unseren Erfolg als Unternehmen zu schaffen – sie ermöglichen es Menschen auf der ganzen Welt, an der wirtschaftlichen Entwicklung teilzuhaben. Wir sind zu der Überzeugung gelangt, dass diese beiden Ziele eigentlich dasselbe sind. Unsere Zukunft als nachhaltiges Unternehmen hängt von unserer Fähigkeit ab, neue Märkte zu erschließen, talentierte Mitarbeiter weiterzuentwickeln und den Aufbau neuer Unternehmen zu fördern. Dadurch werden Arbeitsplätze geschaffen, das wirtschaftliche Wachstum vorangetrieben und die Nachfrage nach IT-Services angekurbelt" (SAP AG 2012g). Mit diesen Worten wird im SAP-Nachhaltigkeitsbericht 2011 die dritte Säule des Nachhaltigkeitsengagements von SAP eingeleitet: die Beiträge des Unternehmens für eine nachhaltigere Gesellschaft.

5.1   Transparenz und Verfügbarkeit von Informationen

Transparenz im Wirtschaftsleben eines Landes ist eine Grundvoraussetzung für soziale Gerechtigkeit und bei der Bekämpfung von Korruption. In zahlreichen Entwicklungsländern zeigt sich das sog. „Paradox of Plenty", nämlich das Phänomen, dass der vorhandene Reichtum an natürlichen Ressourcen und Rohstoffen – wie Mineralien, „seltene Erden" oder Energieträgern – nicht zu einer Steigerung des allgemeinen Wohlstands in diesen Ländern führt. Die Gründe hierfür können vielschichtig sein, liegen im Kern jedoch in der fehlenden Transparenz bei wirtschaftlichen Transaktionen insbesondere hinsichtlich der Kapitalflüsse aus dem Verkauf der Ressourcen und Rohstoffe begründet. Datentransparenz als eine Domäne der Informationstechnologie ist dafür prädestiniert, hier einen wichtigen Beitrag zu leisten. Im Folgenden sei stellvertretend eines der Projekte beschrieben, bei denen SAP sich in dieser Hinsicht engagiert hat:

In Zusammenarbeit mit der Gesellschaft für Internationale Zusammenarbeit (GIZ) hat SAP eine IT-unterstützte Lösung implementiert, die Ghana in die Lage versetzt, in ihrer Öl- und Bergbauindustrie internationale Standards zu erfüllen, wie sie von der Extractive Industries Transparency Initiative (EITI) gesetzt werden. Das ghanaische Finanzministerium nutzt diese Lösung, um die Zahlungsflüsse zu Erlösen aus der Bergbauindustrie und in Zukunft der Öl- und Gasindustrie zu überwachen und zu analysieren. Diese Lösung versetzt die Finanzverwaltung Ghanas und anderer Stakeholder in die Lage, die Finanz- und Einnahmeströme effizient zu berechnen und die Gründe für etwaige Abweichungen festzustellen (SAP AG 2010a). Neben den technologischen Aspekten ist die Weitergabe von Wissen in SAP-Anwendungen ein wichtiger Aspekt dieses Projekts. Am Beispiel des EITI-Projekts zeigen sich mehrere Facetten der unternehmerischen Nachhaltigkeit von SAP: Zunächst leistet die SAP-Technologie einen Beitrag zur guten Staats- und Unternehmensführung (Good Governance), indem globale Standards eingehalten werden können. Gleichzeitig schafft das Projekt auch Grundlage für die eine gerechte Verteilung der Lebensgrundlagen und Verteilungsgerechtigkeit für Millionen Menschen in Ghana. Und schließlich bietet das Projekt auch Aspekte der Aus- und Weiterbildung.

5.2 Technologie zur Effizienzsteigerung gemeinnütziger Organisationen

Es gibt viele Organisationen, die das Ziel einer „nachhaltigeren Gesellschaft" verfolgen – wie es auch Vision von SAP ist. SAP als börsennotiertes, profitorientiertes Unternehmen muss sich zwar auf das Geschäft mit Geschäftskunden konzentrieren, durch zahlreiche Engagements kann SAP allerdings auch dazu beitragen, dass viele zivilgesellschaftliche Organisationen, NGOs und andere besser ihre betrieblichen Abläufe verbessern und ihren Beitrag zur nachhaltigeren Gesellschaft leisten können. 2011 hat SAP insgesamt 863 gemeinnützige Organisationen mit SAP-Technologie unterstützt. Die gemeinnützigen Organisationen nutzen die SAP-Technologie auf vielfältige Weise und sind damit in der Lage, ihre soziale Tätigkeit noch effektiver und effizienter zu leisten. So unterstützt SAP-Technologie dabei, die ehrenamtlichen Mitarbeiter besser zu verwalten, fundierte Budgetentscheidungen zu treffen und auf der Grundlage der erfassten Daten die Ziele und Erfolge ihres sozialen Engagements wirksam zu kommunizieren. Eines dieser Projekte sei kurz erläutert.

In Zusammenarbeit mit einer Nichtregierungsorganisation für Mikrokredite, Planet-Finance, unterstützt SAP ein Social-Business-Programm in Ghana (SAP AG 2011a). Das Programm umfasst die Bereitstellung von Schulungen, Microfinanzierung sowie geeigneter Informationstechnologie, damit etwa 3.000 Frauen im Norden Ghanas bessere Möglichkeiten bekommen, ihre landwirtschaftlichen Erzeugnisse (Shea-Nüsse) zu vermarkten. Das Programm unterstützt die Frauen, eigenständig ihr Geschäft zu betreiben, zu steuern und die Produktqualität zu verbessern. Die jeweils aktuellen Marktpreise von Shea-Butter und -Nüssen werden auf die Mobiltelefone versendet. Somit sind die Frauen niemals gezwungen ihre Produkte unterhalb der aktuellen Marktpreise zu verkaufen. Zudem werden die einzelnen Chargen per Mobiltelefon erfasst und werden damit für die weiteren Wertschöpfungsschritte rückverfolgbar, was für internationale Einkäufer ein wichtiges Kriterium ist. Als große Kooperative von 3000 Frauen können sie in großen Mengen anbieten und Zwischenhändler ausschließen. Das System gewährleistet Transparenz und erschwert Korruption. Die bessere Produktqualität ermöglicht es den Frauen, höhere Preise zu erzielen und ihre Einkommenssituation zu verbessern – laut einer Studie der Stanford University hat sich ihr Einkommen um bis zu 82 % erhöht. Darüber hinaus betont die Studie, dass die eingesetzte Technologie das Potenzial hat, auch in anderen Erzeugerwertschöpfungsketten eingesetzt zu werden, insbesondere dort, wo die Erzeuger aufgrund von physischen Barrieren – wie beispielsweise große Entfernungen zu den jeweiligen Märkten, schlechten Verkehrswegen oder mangelnder Infrastruktur – über unzureichende Marktpreisinformationen verfügen (Rammohan 2012).

5.3   Ausbildung und Unternehmergeist

Entsprechend ihrer eigenen Kernkompetenzen und strategischen Ausrichtung legt SAP die Schwerpunkte des Engagements in den Bereichen Bildung und Unternehmertum. SAP arbeitet daher bereits seit vielen Jahren im Rahmen des sog. University Alliance Programms weltweit mit Hochschulen zusammen, denen SAP-Software zur Verfügung gestellt wird und an denen Studierende Erfahrungen mit Geschäftsanwendungen sammeln können, um auf den Berufseinstieg besser vorbereitet zu sein.

Es wird von SAP dabei ganz offen auch angesprochen, dass sich auch hier neben dem unmittelbaren Nutzen für die Universitäten und Studierende, auch für SAP ein möglicher Nutzen ergibt: sei es, sich dadurch als attraktiver Arbeitgeber für Nachwuchskräfte darzustellen, sei es, dass die jungen Menschen durch ihre Erfahrungen bei anderen Unternehmen ihr wirtschaftliches Umfeld stärken, oder sei es, dass durch die Arbeit mit den Studierenden auch Impulse für SAP generiert werden (SAP AG 2012g).

Um eine Spende ganz anderer Art handelt es sich bei eLife, einem Projekt, das sich an Mädchen in Kolumbien wendet, die durch die Unruhen der vergangenen Jahrzehnte in diesem Land besonders benachteiligt sind (SAP AG 2012h). Die Bildungssituation vieler Mädchen in Kolumbien ist sehr schlecht, was unter anderem an den vielen Binnenflüchtlingen liegt, von denen etwa eine Million Kinder sind. Zugleich wächst die

Wirtschaft des Landes sehr rasch, doch haben diese Mädchen bisher kaum Chance, an diesem Wachstum teilzuhaben. Deshalb hat SAP gemeinsam mit der Foundation for Social Change ein Programm zur Schul- und Berufsbildung in Kolumbien initiiert. Das Ziel ist, den Mädchen neben ihrer schulischen Bildung auch praktische Fähigkeiten zu vermitteln und Perspektiven aufzuzeigen, wie sie ihre Zukunft selbst in die Hand nehmen können. „Durch die Vermittlung von finanziellem Know-how, Kommunikationskenntnissen und unternehmerischen Fähigkeiten werden sie fit für das Berufsleben oder auch die Gründung eigener Unternehmen gemacht. Zugleich werden sie motiviert und in ihrem Selbstvertrauen gestärkt. Das Programm ist stark praxisbezogen und hat damit direkten Bezug zur Alltagsrealität der Mädchen" (SAP AG 2012h).

5.4 Engagement der SAP-Mitarbeiter (Corporate Volunteering)

SAP unterstützt und fördert nicht nur selbst Projekte für mehr Nachhaltigkeit, sondern unterstützt auch das soziale Engagement seiner Mitarbeiter. Das Mitarbeiterengagement verstärkt somit den positiven Beitrag, den das Unternehmen durch Technologie und finanziellen Unterstützung leistet. 2011 haben die SAP-Mitarbeiter rund 105.000 Stunden Freiwilligenarbeit geleistet – von ihrem Engagement haben sowohl kleine Dörfer in Indien als auch Großstädte in Europa profitiert (SAP AG 2012i). Zahlreiche Programme bieten den SAP-Mitarbeitern Gelegenheit, ihr Talent und ihren Erfahrungsschatz zum Wohle der Gesellschaft einzusetzen. Ein solches soziales Engagement der Mitarbeiter verbessert nicht nur die Lebensqualität von Menschen außerhalb der SAP, sondern hat darüber hinaus auch einen positiven Effekt auf die Motivation, Zufriedenheit und Persönlichkeitsbildung der Mitarbeiter selbst. Hervorzuheben ist in diesem Zusammenhang das sog. Social-Sabbatical-Programm, welches im Juli 2012 bekannt gegeben wurde und mit Projekten in Brasilien, Indien und Südafrika begann (SAP AG 2012j). So können sich Leistungsträger für eine gewisse Zeit von ihrer Arbeit freistellen lassen, um sich in Schwellenländern intensiv um die Betreuung junger Unternehmer und deren sozialer Projekten zu widmen. SAP sieht das Programm als eine Bildungsmaßnahme für SAP-Mitarbeiter an. Das Ziel des Programms besteht darin, das betriebswirtschaftliche und technische Fachwissen der Mitarbeiter zu nutzen, um Unternehmen und kleine Firmen in Schwellenländern zu unterstützen. Kleine Teams aus hochqualifizierten, ausgewählten SAP-Mitarbeitern helfen gemeinnützigen Organisationen, Regierungsbehörden oder Bildungseinrichtungen dabei, geschäftliche oder organisatorische Herausforderungen zu lösen.

6 Zusammenfassung

Die soziale Verantwortung von Unternehmen erschöpft sich nach unserer Einschätzung heute nicht darin, Profit zu machen, wie es Milton Friedman meinte (Friedman 1970). Angesichts immenser globaler Herausforderungen sind in unserer komplexen, hochgradig vernetzten Informationsgesellschaft vielfältige Interessen zu berücksichtigen, wenn man erfolgreich und profitabel wirtschaften will. Unternehmerische Nachhaltigkeit und Verantwortung zeigen sich darin, unterschiedliche Interessen vielfältiger Anspruchsgruppen zu berücksichtigen. Um einer Gegenüberstellung von wirtschaftlichem Erfolg und sozialer Verantwortung nicht das Wort zu reden, haben wir aus pragmatischen Gründen den Begriff der unternehmerischen Nachhaltigkeit dem der Verantwortung vorgezogen. Wie sich unternehmerische Verantwortung am Beispiel der SAP AG ausdrückt, wurde dann entlang der Nachhaltigkeitsstrategie der SAP untersucht – zunächst im Bereich des eigenen Geschäftsbetriebs, dann anhand der Produkte und schließlich im Rahmen von Projekten von sozialem Engagement und Social Business. Es zeigte sich, dass SAP neben einem bemerkenswerten wirtschaftlichen Erfolg auch bei der Berücksichtigung der verschiedenen Aspekte unternehmerischer Nachhaltigkeit und Verantwortung in vielen Bereichen neue Wege geht. Bei vielen Innovationen interner Prozesse, wie der Software für Fahrgemeinschaften oder der quartalsweisen Nachhaltigkeitsberichterstattung, sind ökologische oder soziale Herausforderungen die treibenden Kräfte. Diese sind Teil des Übergangs von einer Nachhaltigkeitsstrategie hin zu einer nachhaltigen Unternehmensstrategie, im Rahmen derer unternehmerische Nachhaltigkeit auch integraler Bestandteil des Handelns jedes einzelnen Mitarbeiters ist. Auch im Bereich der Produktentwicklung hat sich gezeigt, dass die Herausforderungen heutiger Unternehmen in Sachen Nachhaltigkeit ohne zeitgemäße IT-Anwendungen faktisch nicht mehr zu bewältigen sind – sei es beim Nachhaltigkeitsbericht, bei der Gesetzeskonformität oder der Effizienzsteigerung. Und schließlich geht SAP auch im Bereich des sozialen Engagements im engeren Sinne neue Wege: durch die Bildung neuer Allianzen mit NGOs, den Einsatz moderner IT-Infrastruktur und entsprechender Software, werden soziale Ziele – z. B. die Besserstellung benachteiligter Frauen – erreicht, indem diesen der Aufbau wirtschaftlicher Existenzen ermöglicht wird und SAP damit sehr nah am Kern seiner Kompetenz hilft – Make the world run better.

Literatur

Automation World (2009) Enterprise manufacturing intelligence: a room with a view. http://www.automationworld.com/feature-5368. Zugegriffen: 13. März 2013

Berg C (2010) Handlung als überindividuelles Konzept? Eine Untersuchung zur Rede vom „technischen Handeln". Münster

Berg C, Hack S (2012) Sustainability driving innovation and value creation. In: Business + Innovation 03/2012, S 26–32

Business Transformation Academy (2013) https://www.bta-online.com/what-we-do/360-journal/current-issue/. Zugegriffen: 15. Januar 2013

CorporateRegister.com (2011) Global Winners & Reporting Trends. http://www.corporateregister.com/a10723/36941-11th-8607253C8215604518E-Gl.pdf. Zugegriffen: 12. Dez 2012

Danone (2012) Danone 2011 sustainability report. http://www.danonewaters.de/wp-content/uploads/Danone_Nachhaltigkeitsbericht_2011.pdf. Zugegriffen: 14. März 2013

FierceCIO (2011) Danone and SAP team up to analyze and measure carbon footprint across 35,000 products. http://www.fiercecio.com/press-releases/danone-and-sap-team-analyze-and-measure-carbon-footprint-across-35000-produ. Zugegriffen: 13. März 2012

Friedman M (1970) The social responsibility of business is to increase its profits. The New York Times Magazine (13 Sept 1970), zitiert nach McGrawHill Education: http://highered.mcgraw-hill.com/sites/dl/free/0073524697/910345/Appendices.pdf. Zugegriffen: 06. März 2013

Greenhousegas Protocol (2012) http://www.ghgprotocol.org/files/ghgp/Presentation_Overv iew%20of%20the%20Scope%203%20Standard.pdf. Zugegriffen: 11. März 2013

Hack S, Berg C (2013) The potential of IT for sustainability and value creation. Sustainability 2013. www.mdpi.com/journal/sustainability. Im Kürze erschienend

Kids in Danger (2008) The year of the recall. an examination of children's product recalls in 2007 and the implications for child safety, Chicago, IL. http://www.kidsindanger.org/docs/reports/2 008_year_of_the_recall.pdf. Zugegriffen: 19. März 2012

Kiron D, Kruschwitz N, Haanaes K, von Streng Velken I (2012) Sustainability nears a tipping point. MIT Sloan Manag Rev 53(2):69–74

Möller A, Schaltegger S (2005) The sustainability balanced scorecard as a framework for eco-efficiency analysis. J Ind Ecol 9(4):73–83

du Plessis J (2012) Time to build trust out of the ruins of financial crisis. Rede vom 04. Juli 2012. http://www.riotinto.com/documents/Chatham_House_Speech_duPlessis_04July2012.pdf. Zugegriffen: 15. Jan 2013

Rammohan S (2012) The shea value chain reinforcement initiative in Ghana, Stanford Global Supply Chain Management Forum, Dezember 2012. http://www.gsb.stanford.edu/sites/default/files /documents/GhanaSheaCase.pdf. Zugegriffen: 12. Dez 2012

SAP AG (2009) Vishal Sikka: Blogbeitrag vom 09. Nov 2009: http://scn.sap.com/people/vishal.sikk a/blog/2009/11/09/freedom-for-java. Zugegriffen: 11. März 2013

SAP AG (2010a) http://www.sapsustainabilityreport.com/2010/de/node/422. Zugegriffen: 24. Feb 2013

SAP AG (2010b) ArcelorMittal Brasil. Transforming environment, health, and safety management. SAP business transformation case study. Walldorf

SAP AG (2010c) Valero energy corporation. Gaining sustainable benefits with greater transparency. SAP business transformation case study. Walldorf

SAP AG (2011a) Creating an opportunity for women in Ghana. http://www.sapsustainabilityrepo rt.com/2010/opportunity-women-ghana?height=455&width=855. Zugegriffen: 13. März 2013

SAP AG (2011b) Danone: Using SAP solutions to measure carbon footprint for 35,000 products. SAP customer success story. Walldorf

SAP AG (2012a) Nachhaltigkeitsbericht 2011. www.sapsustainabilityreport.com. Zugegriffen: 15. Jan 2013

SAP AG (2012b) http://www.sapsustainabilityreport.com/de/purpose-de. Zugegriffen: 11. März 2013

SAP AG (2012c) http://www.sapsustainabilityreport.com/de/our-progress-de. Zugegriffen: 24. Feb 2013

SAP AG (2012d) http://www.sapsustainabilityreport.com/de/download-sap-sustainability-report. Zugegriffen: 11. März 2013

SAP AG (2012e) http://www.sapsustainabilityreport.com/de/materiality-assessment-de. Zugegriffen: 11. März 2013

SAP AG (2012f) http://www.sapsustainabilityreport.com/de/recognition-de. Zugegriffen: 11. März 2013

SAP AG (2012g) http://www.sapsustainabilityreport.com/de/creating-opportunity-de. Zugegriffen: 19. Feb 2013

98																																																																																																																																																																																																																																																																																																																																																																																																																																																																																																																																																																																																																																																																																																																																																																																																																																																																																																																																																																																																																																																																																																																																																																																																																																																																																																																																																																																																																																																																																																																																																																																																																																																																																																																																																																																																																																																																																																																																																																																																																																																																																																																																																																																																																																																																																																																																																																																																																																																																																																																																																																																																																																																																																																																																																																																																																																		C. Berg und S. Hack

SAP AG (2012h) http://www.sapsustainabilityreport.com/de/node/646. Zugegriffen: 24. Feb 2013

SAP AG (2012i) http://www.sapsustainabilityreport.com/de/volunteering-de. Zugegriffen: 24. Feb 2013

SAP AG (2012j) SAP News vom 9. Juli 2012. http://www.sap.com/corporate-en/news.epx?PressID=19248. Zugegriffen: 10. März 2013

SAP AG (2013) http://www54.sap.com/pc/tech/mobile/software/lob-apps/twogo/index.index.html. Zugegriffen 23. Sept 2013

The Sustainability Consortium (2010) http://www.sustainabilityconsortium.org/tsc-news/sap-first-global-technology-software-provider-to-join-the-sustainability-consortium/. Zugegriffen: 15. Jan 2013

Innovationen für eine nachhaltige Entwicklung: Aus Verantwortung, für die Zukunftsfähigkeit und den Markterfolg

Uwe Bergmann

1 CSR – Wettbewerbsstrategie – Innovation

1.1 Die „gesellschaftliche Verantwortung" von Unternehmen

Der Begriff CSR und Erwartungen, wie Unternehmen ihre gesellschaftliche Verantwortung wahrnehmen sollten, wird häufig auf freiwillige „Citizenship" Projekte außerhalb des Kerngeschäfts oder die Einhaltung moralisch-ethischer Mindestanforderungen und Prinzipien, beispielsweise basierend auf den 10 Prinzipien des Global Compact, verkürzt. Standards, Zertifizierungen und Berichtspflichten dominieren die Diskussion, wobei diese nur den Rahmen für die Geschäftstätigkeit bilden können. Sowohl für die gesamtgesellschaftliche Aufgabe einer nachhaltigen Entwicklung als auch die Wettbewerbsfähigkeit der Unternehmen sind aber Innovationen bei Produkten, Prozessen und Geschäftsmodellen ein entscheidender Faktor.

1.2 Wettbewerbsfähigkeit und Innovationen in der CSR Diskussion

In ihrem Grünbuch „Europäische Rahmenbedingungen für die soziale Verantwortung der Unternehmen" hat die EU Kommission (2001) neben Fragen der sozialen

U. Bergmann (✉)
Sustainability Management, Henkel AG & Co. KGaA, Henkelstr 67,
40191 Düsseldorf, Deutschland
e-mail: Uwe.Bergmann@henkel.com

R. Altenburger (Hrsg.), *CSR und Innovationsmanagement*,
Management-Reihe Corporate Social Responsibility,
DOI: 10.1007/978-3-642-40015-5_7, © Springer-Verlag Berlin Heidelberg 2013

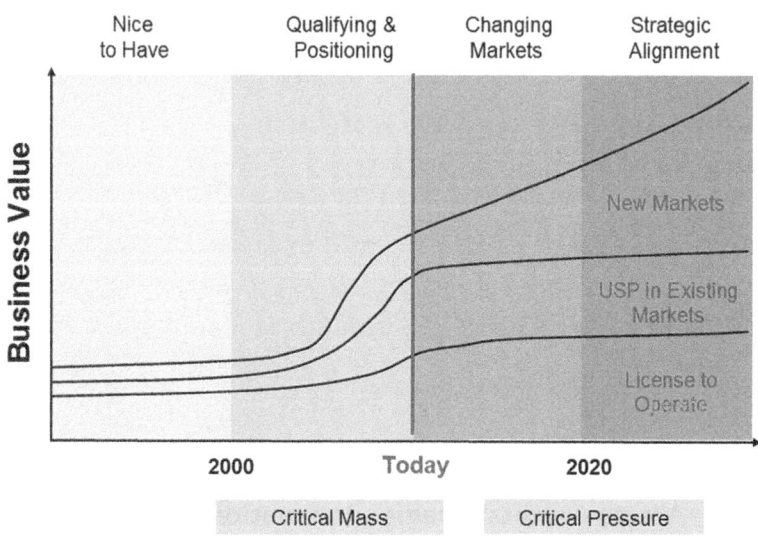

Abb. 1 Geschäftsrelvanz von Nachhaltigkeit/CSR. *Quelle* Henkel, eigene Darstellung

Verantwortung oder der Umweltauswirkungen und Bewirtschaftung der natürlichen Ressourcen schon 2001 explizit das Thema Wettbewerbsfähigkeit adressiert:

> Die Europäische Union hat die soziale Verantwortung der Unternehmen zu ihrem Anliegen gemacht, denn CSR kann beitragen zur Verwirklichung des in Lissabon vorgegebenen strategischen Ziels, die Union zum wettbewerbsfähigsten und dynamischsten wissensbasierten Wirtschaftsraum der Welt zu machen – einem Wirtschaftsraum, der fähig ist, ein dauerhaftes Wirtschaftswachstum mit mehr und besseren Arbeitsplätzen und einem größeren sozialen Zusammenhalt zu erzielen

Die Erfahrung mit umweltverträglichen Technologien und Unternehmenspraktiken lege nahe, dass es der Wettbewerbsfähigkeit eines Unternehmens zuträglich sein könne, wenn man über die bloße Gesetzeskonformität hinausgehe.

In den Folgejahren hat die Geschäftsrelevanz von CSR bzw. „Nachhaltigem Wirtschaften" – trotz konzeptioneller Unterschiede werden die Begriffe in der Praxis häufig synonym verwendet – deutlich zugenommen (Abb. 1).

Unternehmen, Investoren und Politik begannen das Thema intensiver zur eigenen Positionierung zu nutzen. Waren es Anfang der 90er-Jahre nur wenige Dutzend Unternehmen, die einen Umwelt-, CSR- oder Nachhaltigkeitsbericht veröffentlichten, ist dies heute insbesondere unter den großen börsennotierten Unternehmen zur Norm geworden. So hatte die Webseite CorporateRegister.com im Mai 2013 nach eigenen Angaben bereits mehr als 47.000 Berichte aus 166 Ländern erfasst. Mit dem zunehmenden Interesse stieg zum einen die Bedeutung des Themas für die gesellschaftliche „License to Operate", die Einhaltung von sozialen und ökologischen Standards wurde wichtiger.

Zum anderen wurden Erfahrung und gute Leistungen in diesem Bereich für Kunden und Konsumenten interessanter und boten so die Möglichkeit sich von Wettbewerbern zu differenzieren. In einzelnen Bereichen entstanden auch neue bzw. deutlich größere Märkte, beispielsweise bei Nahrungsmitteln oder erneuerbaren Energien aber auch industriellen Lösungen, die zu umweltschonenderen Produkten und Prozessen oder einem verbesserten Gesundheitsschutz beitragen.

Diese Entwicklung spiegelt sich auch in der politischen Sicht auf das Thema. Im Oktober 2011 veröffentlichte die Europäische Kommission „eine neue EU-Strategie (2011–14) für die soziale Verantwortung der Unternehmen" (Eine neue EU-Strategie 2011). Die Themen Wettbewerbsfähigkeit und Innovation folgen in der Einleitung unmittelbar auf die Definition des Begriffes.

> Für die Wettbewerbsfähigkeit der Unternehmen ist ein strategischer CSR-Ansatz von zunehmender Bedeutung. Er kann das Risikomanagement fördern, Kosteneinsparungen bringen sowie den Zugang zu Kapital, die Kundenbeziehungen, das Management von Humanressourcen und die Innovationskapazitäten verbessern.
>
> CSR setzt ein Zusammenspiel von internen und externen Stakeholdern voraus und ermöglicht damit den Unternehmen, sich besser auf die Erwartungen der Gesellschaft und die Betriebsbedingungen, die einem raschen Wandel unterliegen, einzustellen und daraus Nutzen zu ziehen. CSR kann somit die Erschließung neuer Märkte vorantreiben und Wachstumsmöglichkeiten eröffnen.
>
> Wenn sich die Unternehmen ihrer sozialen Verantwortung stellen, können sie bei den Beschäftigten, den Verbrauchern und den Bürgern allgemein dauerhaftes Vertrauen als Basis für nachhaltige Geschäftsmodelle aufbauen. Mehr Vertrauen wiederum trägt zur Schaffung eines Umfeldes bei, in dem die Unternehmen innovativ arbeiten und wachsen können.

Für Unternehmen, Politik und Stakeholder stellt sich die Frage, wie diese Potentiale genutzt werden können, wie das abstrakte Konzept der „gesellschaftlichen Verantwortung" – oder die nicht weniger abstrakte und häufig synonym verwendete Nachhaltige Entwicklung – in die Systeme, Prozesse und Kultur der Unternehmen integriert werden können.

1.3   Zunehmende Herausforderungen

In den kommenden Jahrzehnten werden vier Mega-Trends das Wettbewerbsumfeld von Unternehmen zunehmend prägen:

- Die Notwendigkeit, Geschäftsentwicklung und Ressourcenverbrauch zu entkoppeln, die sich von einem akademischen Konzept zu einer in vielen Regionen der Welt greifbaren Herausforderung entwickelt hat. Bereits heute ist der globale ökologische Fußabdruck der Menschheit größer, als es die Ressourcen der Erde langfristig erlauben. Die Weltbevölkerung wird Schätzungen zufolge bis zum Jahr 2050 auf 9 Milliarden steigen. Gleichzeitig führt die weltweit zunehmende Wirtschaftsleistung zu steigendem Konsum und Ressourcenbedarf. Dadurch wird sich der Wettbewerb um die verfügbaren Ressourcen in den kommenden Jahrzehnten verschärfen.

- Die beispiellose weltweite Transparenz und das weltweite Interesse an nachhaltigem Wirtschaften sowie der gesellschaftlichen Verantwortung von Unternehmen, ermöglicht unter anderem durch die Verbreitung elektronischer Medien, die Verfügbarkeit von entsprechenden Geräten, z. B. Smartphones, und die zunehmende Sprachkompetenz jüngerer Generationen.
- Ansteigende Regulierung und neue De-facto-Standards, die von nicht-staatlichen Akteuren entwickelt einen zunehmenden Einfluss auf den Zugang zu Märkten haben. Dazu gehören von Nichtregierungsorganisationen initiierte freiwillige Zertifizierungsstandards ebenso wie die Einkaufsrichtlinien großer Industrie- und Handelsunternehmen.
- Ein steigendes Bewusstsein bei Verbrauchern für soziale und ökologische Themen – aber bei der überwiegenden Zahl keine Bereitschaft, Kompromisse im Bezug auf Leistung, Preis oder Convenience zu machen.

Diese Herausforderungen stellen für Unternehmen Chancen und Risiken dar. Gesellschaftlich verantwortliches bzw. nachhaltiges Wirtschaften wird in diesem Umfeld zunehmend zu einem Erfolgsfaktor und einer Grundlage für den langfristigen Erfolg. Vorraussetzung dafür ist, die Umsetzung nicht auf die Einhaltung von Standards, Zertifizierungen und Berichtspflichten zu beschränken, sondern in die Entwicklung neuer Produkte, Prozesse und Geschäftsmodelle, die Zusammenarbeit mit Partnern in der Wertschöpfungskette und insbesondere das Wissen und die Motivation der Mitarbeiter zu integrieren.

2 Integration von CSR in Werte und Strategie bei Henkel

2.1 Verankerung in der Unternehmenstradition

Bei Henkel gilt seit jeher der Grundsatz: Entscheidend ist, wie sich das Unternehmen bei der Erzielung von Gewinnen verhält. Die Grundeinstellung, entlang der gesamten Wertschöpfungskette verantwortlich zu handeln, ist seit der Firmengründung im Unternehmen verankert.

Als der Kaufmann Fritz Henkel 1876 seine Waschmittelfirma gründete, hatte er die Vision, das Leben der Menschen leichter, besser und schöner zu machen. Von Anfang an übernahm das Unternehmen Verantwortung für seine Angestellten, Nachbarn und die Gesellschaft. So wurde bereits 1912 eine Erste-Hilfe-Station eingerichtet, und eine hauptamtliche Krankenschwester eingestellt. Seit 1927 wurde mit Erfolg an der Verbesserung der Arbeitssicherheit durch planmäßige Unfallverhütung gearbeitet. Die Einführung regelmäßiger ökologischer Gütekontrollen bei Wasch- und Reinigungsmitteln 1959 bildete den Ausgangspunkt für die ökologische Absicherung von Produkten und der Produktion.

Bereits 1972 mahnte der damalige Firmenchef Dr. Konrad Henkel auf der Hannover Messe: „Unternehmen, die nur in Gewinnen denken, werden bald eine Menge zu verlieren haben." Er war überzeugt, dass ökonomische, ökologische und soziale Ziele des Unternehmens im Einklang stehen müssen. In Vorbereitung des Umweltgipfels von Rio de Janeiro (1992) unterzeichnete der amtierende Henkel-Chef Prof. Dr. Helmut Sihler 1991 als einer der ersten Unternehmensvertreter die „Business Charter for Sustainable Development" der Internationalen Handelskammer (ICC). Im Jahr 1993 trat Henkel dem Weltindustrierat für Umweltschutz bei. Dieser wurde 1996 in den World Business Council for Sustainable Development (WBCSD) zusammengeführt, in dem Henkel somit ebenfalls Gründungsmitglied ist. Auch Dr. Hans-Dietrich Winkhaus rief während seiner Amtszeit bei Henkel bereits 1995 das Unternehmensleitbild „Wettbewerbsvorteile durch Öko-Leadership" aus und stellte in den Grundsätzen des Unternehmens klar „wir beziehen gesellschaftliche Wertvorstellungen verantwortungsbewusst in unsere Unternehmenspolitik ein, folgen staatlichen Vorschriften und gehen darüber hinaus."

Diese Tradition gilt bei Henkel als besonderes Kennzeichen und strategischer Wettbewerbsvorteil. Einer der Unternehmenswerte von Henkel lautet daher: „Wir verpflichten uns, unsere führende Rolle im Bereich Nachhaltigkeit auszubauen."

2.2   Nachhaltigkeitsstrategie und Ziele

In seiner strategischen Ausrichtung hat Henkel bewusst den Begriff Nachhaltigkeit und nicht die „gesellschaftliche Verantwortung" oder CSR gewählt, auch wenn diese Begriffe in der Praxis synonym verwendet werden können. Die Perspektive auf die gesellschaftlichen Herausforderungen und die sich daraus ergebenden Chancen für das Unternehmen waren unter dem Begriff „Nachhaltigkeit" besser zu vermitteln, da „CSR" noch zu häufig allein auf die soziale Dimension beschränkt und als die Einhaltung von Standards verstanden wird.

Als Vorreiter im Bereich Nachhaltigkeit will Henkel neue Lösungen für eine nachhaltige Entwicklung vorantreiben und sein Geschäft verantwortungsvoll und wirtschaftlich erfolgreich weiterentwickeln. Dieser Anspruch umfasst alle Aktivitäten des Unternehmens – entlang der gesamten Wertschöpfungskette.

Auf dieser Basis hat das Unternehmen seine Nachhaltigkeitsstrategie bis 2030 definiert:

Wir wollen mit weniger Ressourcen mehr erreichen und unsere Effizienz in den nächsten 20 Jahren verdreifachen.

Grundlage der Strategie ist die „Vision 2050" des World Business Council for Sustainable Development (WBCSD): „Im Jahr 2050 leben 9 Milliarden Menschen gut und im Einklang mit den begrenzten Ressourcen der Erde."(WBCSD Vision 2050) Für Henkel als Unternehmen bedeutet das, Lebensqualität zu schaffen und gleichzeitig den mit

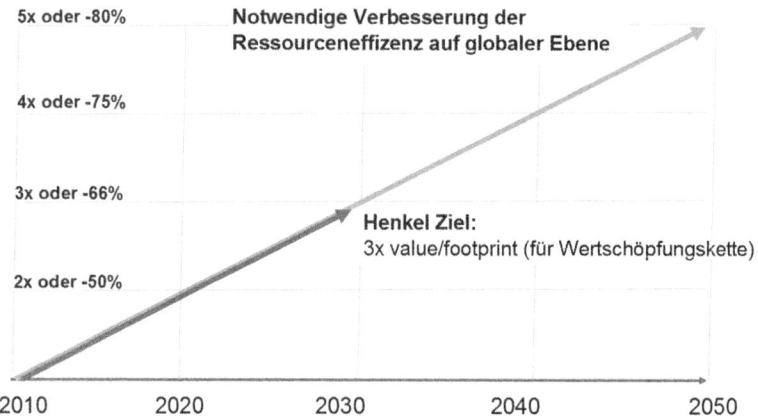

Unser 20 Jahresziel
Antwort auf die globalen Herausforderungen

Abb. 2 20 Jahresziel als Antwort auf die globalen Herausforderungen. *Quelle* Henkel, eigene Darstellung

seiner Wertschöpfung verbundenen Ressourcenverbrauch und Emissionsausstoß zu verringern. Diese Idee steht im Mittelpunkt der Nachhaltigkeitsstrategie: mehr Wert zu schaffen für Kunden und Verbraucher, das gesellschaftliche Umfeld sowie das Unternehmen selbst – bei einem gleichzeitig reduzierten ökologischen Fußabdruck. Die Voraussetzung dafür sind Innovationen: Produkte und Technologien, die mehr Lebensqualität und gleichzeitig einen geringeren Material- und Rohstoffverbrauch ermöglichen.

Aus den vorliegenden Daten und Prognosen zur wirtschaftlichen Entwicklung, Lebensqualität und dem „Planetary Footprint" (z. B. WBCSD 2010 WBCSD Vision 2050) muss unser globales Wirtschaftssystem bis zum Jahr 2050 fünf Mal effizienter werden, wenn wir 9 Milliarden Menschen ein gutes Leben im Einklang mit den begrenzten Ressourcen der Erde ermöglichen wollen. Aus dieser Herausforderung hat Henkel sein langfristiges Ziel abgeleitet: Bis zum Jahr 2030 will das Unternehmen den Wert verdreifachen, den es mit seiner Geschäftstätigkeit im Verhältnis zum ökologischen Fußabdruck schafft (Abb. 2).

Dieses Ziel, dreimal effizienter zu werden, bezeichnet Henkel als „Faktor 3". Es kann erreicht werden, wenn einerseits der erwirtschaftete Wert verdreifacht wird, der ökologische Fußabdruck aber gleichzeitig konstant gehalten wird. Ebenso kann der ökologische Fußabdruck auf ein Drittel reduziert werden, wenn der damit geschaffene Wert konstant gehalten wird. Um die Verdreifachung der Effizienz im Sinn des „Faktor 3" bis zum Jahr 2030 zu erreichen, muss sie das Unternehmen pro Jahr um durchschnittlich 5 bis 6 Prozent steigern.

Bei der Umsetzung der Strategie konzentriert Henkel seine Aktivitäten auf sechs Fokusfelder, die die für das Unternehmen relevanten Herausforderungen einer nachhaltigen

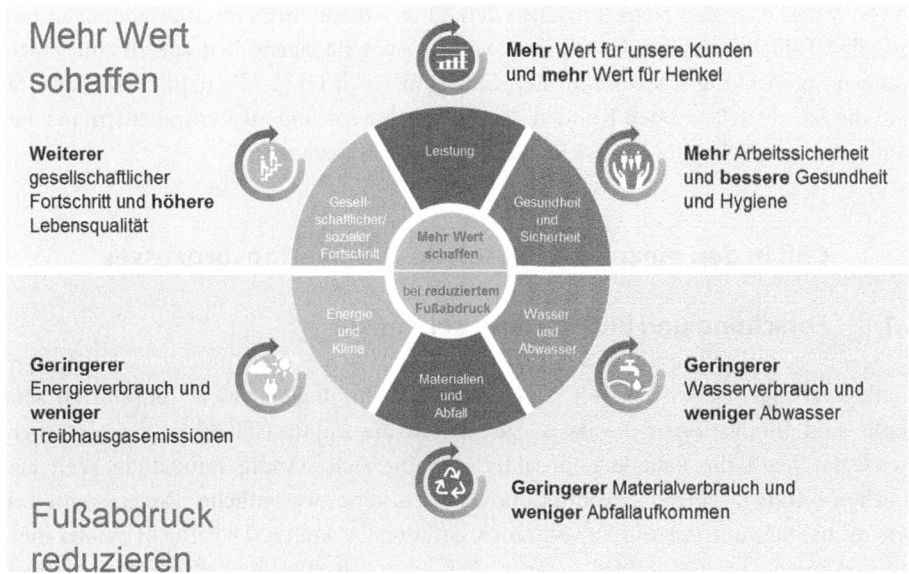

Abb. 3 Die Fokusfelder von Henkel. *Quelle* Henkel, eigene Darstellung

Entwicklung zusammenfassen. In diesen Fokusfeldern treibt Henkel mit seinen Produkten und Technologien Fortschritte entlang der gesamten Wertschöpfungskette voran (Abb. 3).

Dafür hat das Unternehmen die Felder in zwei Dimensionen gegliedert: „mehr Wert schaffen" und „Fußabdruck reduzieren".

Um die Strategie erfolgreich umzusetzen und die Verdreifachung der Effizienz bis zum Jahr 2030 zu erreichen, müssen sich beide Dimensionen im täglichen Denken und Handeln der mehr als 47.000 Mitarbeiter des Unternehmens sowie in seinen Geschäftsprozessen widerspiegeln. Dazu hat Henkel drei strategische Prinzipien definiert: Produkte, Partner und Mitarbeiter.

Die Produkte des Unternehmens nehmen hier eine Schlüsselrolle ein. Sie repräsentieren sein Kerngeschäft, kommen täglich weltweit millionenfach zum Einsatz und haben somit enormes Potenzial, Beiträge zu einer nachhaltigen Entwicklung zu leisten. Das erreicht Henkel durch Innovation und Information sowie durch Produkte, die eine bessere Leistung bei einem geringeren ökologischen Fußabdruck verbinden und dadurch Ressourcenverbrauch und negative Umweltauswirkungen reduzieren.

Die Partner sind entscheidend, um Nachhaltigkeit entlang der Wertschöpfungsketten des Unternehmens sowie in allen Bereichen der Wirtschaft und des täglichen Lebens voranzutreiben. Henkel unterstützt seine Kunden und Verbraucher mit Produkten und Know-how, um ihnen zu helfen, ihren eigenen ökologischen Fußabdruck zu reduzieren. Auf der anderen Seite arbeitet das Unternehmen auch mit ausgewählten Lieferanten zusammen, um Zugang zu Rohstoffen mit einem verbesserten ökologischen Fußabdruck zu bekommen.

Die Mitarbeiter von Henkel machen den Unterschied: durch ihren persönlichen Einsatz, ihre Fähigkeiten und ihr Wissen. Damit leisten sie eigene Beiträge zu einer nachhaltigen Entwicklung – sowohl im Berufsalltag als auch im gesellschaftlichen Leben. Sie sind die Schnittstelle zu den Kunden des Unternehmens und zu Verbrauchern, machen Innovationen möglich und entwickeln erfolgreiche Strategien.

3   CSR in den einzelnen Phasen des Innovationsprozesses

3.1   Forschung und Entwicklung bei Henkel

Henkel verfolgt die Vision, mit Marken und Technologien global führend zu sein. Dafür sind Innovationen die Basis. Sie sichern die Zukunftsfähigkeit des Unternehmens, das heißt die Fähigkeit, proaktiv auf eine sich ständig wandelnde Welt einzugehen. Zudem spielen Produktinnovationen eine wesentliche Rolle, wenn wir Lebensqualität vom Ressourcenverbrauch entkoppeln wollen. Dabei geht es uns nicht um die Entwicklung einzelner „grüner" Produkte mit einseitig optimiertem ökologischem Profil. Vielmehr muss der Anspruch sein, alle Produkte des Portfolios ganzheitlich und kontinuierlich zu verbessern. Um das zu erreichen, braucht das Unternehmen eine hohe Innovationskraft.

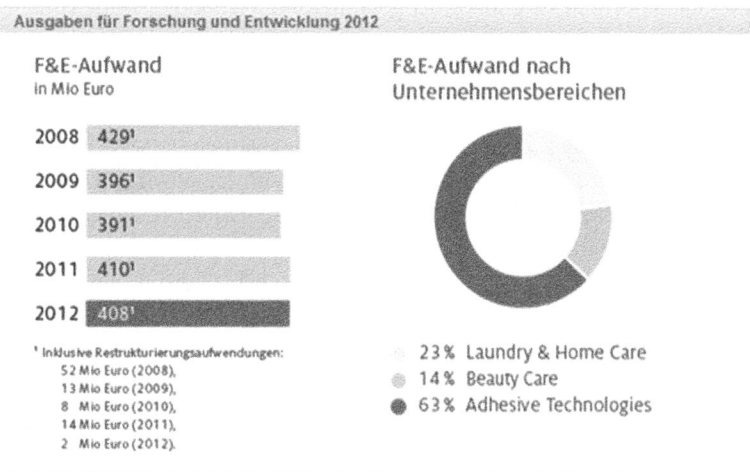

Im Jahr 2012 waren im Durchschnitt 2.657 Mitarbeiter in der Forschung und Entwicklung beschäftigt, und zwar vor allem in Deutschland und den USA. In den Bereichen Biologie, Chemie und Technologie arbeiten die Wissenschaftler auf spezifischen Kompetenzfeldern und entwickeln innovative Basistechnologien für neue Produkte und Produktionsverfahren.

Die Ergebnisse eröffnen Henkel neue Möglichkeiten, das Produktportfolio zu erweitern. Seine Technologien schützt das Unternehmen weltweit durch über 7.700 erteilte Erfindungspatente.

3.2   Integration von Nachhaltigkeit in den Innovationsprozesses

Um die Produktentwicklung von Anfang an im Sinn der Nachhaltigkeitsstrategie zu steuern, sind die Fokusfelder des Unternehmens seit 2008 im Henkel-Innovationsprozess verankert. Das heißt, die Forscher müssen an einem bestimmten Punkt aufzeigen, welche konkreten Vorteile ihr Projekt in Bezug auf Produktleistung, Mehrwert für die Kunden und Verbraucher sowie gesellschaftlichen und sozialen Nutzen bietet („mehr Wert"). Und sie müssen darlegen, wie es zu geringerem Ressourcenverbrauch beiträgt („geringerer ökologischer Fußabdruck").

Grafik Nachhaltigkeitsbewertung im Henkel-Innovationsprozess

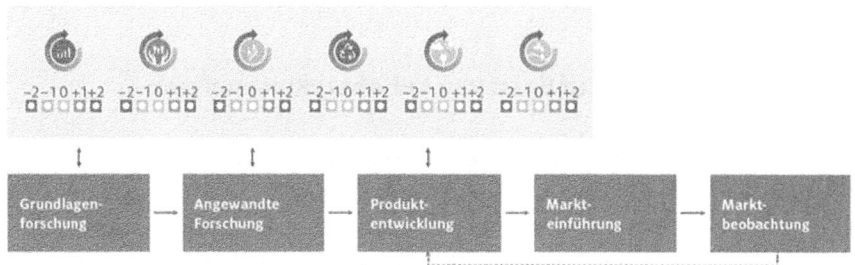

Um die Dimensionen „Wert" und „Fußabdruck" zu optimieren, steht bei Henkel die Entwicklung von verschiedenen Messmethoden zur Identifizierung der größten Nachhaltigkeitsauswirkungen in der Wertschöpfungskette im Fokus. Die Ergebnisse nutzt das Unternehmen, um Verbesserungsmaßnahmen abzuleiten. Denn nur die Betrachtung des Gesamtsystems stellt sicher, dass die getroffenen Maßnahmen zu einem insgesamt verbesserten Nachhaltigkeitsprofil unserer Produkte führen.

Bei der Bewertung der Beiträge hilft ihnen unter anderem der Henkel-Sustainability Master. Herzstück dieses Bewertungssystems ist eine Matrix, mit der sowohl Änderungen in der Dimension „Wert" als auch beim „Fußabdruck" bewertet werden können. Für jede Produktkategorie können auf Basis von wissenschaftlichen Messmethoden – zum Beispiel Lebenszyklusanalysen und Erfahrungswerte – sogenannte Hotspots identifiziert werden. Das sind die Felder mit der größten Nachhaltigkeitsrelevanz – das gilt sowohl für die Dimension „Wert" als auch für den „Fußabdruck" (siehe Grafik). Mithilfe der Matrix kann auch das Nachhaltigkeitsprofil zweier Produkte oder Prozesse verglichen werden. Durch den Vergleich wird eine Quantifizierung von Veränderungen ermöglicht.

Henkel-Sustainability#Master – Matrix mit Hotspots der Kategorie Flüssigwaschmittel

Wert	Rohstoffe	Produktion	Logistik	Einzelhandel	Anwendung	Entsorgung
Leistung					Hotspot	
Gesundheit und Sicherheit						
Gesellschaftlicher / sozialer Fortschritt					Hotspot	
Materialien und Abfall	Hotspot			Hotspot		Hotspot
Energie und Klima			Hotspot		Hotspot	
Wasser und Abwasser					Hotspot	

Fußabdruck

Die Forscher von Henkel nutzen diese Erkenntnisse für Innovationen und kontinuierliche Produktverbesserungen.

3.3 Verbesserung auf Basis von Lebenszyklusanalysen

Eine nachhaltige Entwicklung braucht System. Lebenszyklusanalysen und langjähriges Wissen um das Thema Nachhaltigkeit sind wichtige Grundlagen, um den gesamten Lebensweg von Produkten zu bewerten. Denn nur die Betrachtung des Gesamtsystems stellt sicher, dass die getroffenen Maßnahmen zu einem insgesamt verbesserten Nachhaltigkeitsprofil der Produkte führen. So bewertet Henkel bereits während der Produktentwicklung, in welcher Phase des Produktlebenswegs welche Umweltauswirkungen in welcher Höhe anfallen. Aufbauend auf den Ergebnissen, können Maßnahmen dort ansetzen, wo die Auswirkungen besonders relevant sind und Verbesserungen effizient umgesetzt werden können.

Die Betrachtung der Lebenszyklusanalysen verschiedener Produktkategorien zeigt, dass die Auswirkungen auf die Umwelt oft an ganz unterschiedlichen Stellen im Lebensweg eines Produktes anfallen – dementsprechend sehen auch geeignete Verbesserungen sehr unterschiedlich aus. Zum Beispiel wird durch Lebenszyklusanalysen des maschinellen Waschens oder Geschirrspülens deutlich, dass hier der Hauptenergiebedarf – und damit die meisten Kohlendioxid-Emissionen – während der Anwendungsphase durch die Benutzung der Wasch- beziehungsweise der Spülmaschine entstehen. In diesen Fällen arbeitet Henkel an der Optimierung der Produkte in Bezug auf energie- und wassersparende Anwendung. Andere Produktkategorien dagegen erfordern die Erhöhung der Ressourceneffizienz der eigenen Prozesse. Ansatzpunkte für die Verbesserung des Umweltprofils der Produkte bieten auch der sinnvolle Einsatz von nachwachsenden Rohstoffen, die Verbesserung der biologischen Abbaubarkeit oder die Reduktion und Verbesserung des Verpackungsmaterials.

4 CSR und nachhaltige Innovationen bei Henkel

4.1 Innovationen mit reduziertem Fußabdruck

Verbraucher erwarten, dass Produkte gleichermaßen die Kriterien Qualität, Umweltverträglichkeit und soziale Verantwortung erfüllen. Für Henkel ist dieser Anspruch daher auch das Ziel: Die Marken des Unternehmens verbinden Leistungsstärke mit der Verantwortung für Mensch und Umwelt. Diese Kombination ist zum einen ein Treiber von Innovationen und zum anderen Basis für die zukünftige Wettbewerbsfähigkeit des Unternehmens.

4.2 Beispiel 1: Persil Duo-Caps im Vergleich zur Persil Flüssigwaschmittel-Flasche

2012 hat Henkel Flüssigwaschmittelkapseln mit zwei Kammern eingeführt. Die vordosierten Duo-Caps haben eine zu 100 Prozent wasserlösliche und biologisch abbaubare Folie. Zwei Kammern trennen die Inhaltsstoffe, so dass diese bis zuletzt geschützt und stabil bleiben. So kann schon bei niedrigen Temperaturen ein hervorragendes Waschergebnis erzielt werden. Die vordosierte Waschmittelmenge mit einer nahezu wasserfreien Formulierung ist besonders leicht zu handhaben, verhindert eine Überdosierung und kommt mit 70 Prozent weniger Verpackung aus. So leistet das Produkt einen Beitrag zur Ressourcenschonung und führt zur Reduzierung des CO_2-Fußabdrucks um rund 15 Prozent. Die folgende Matrix zeigt die Verbesserungen des Nachhaltigkeitsprofils der Duo-Caps.

Value	Raw materials	Production	Logistics	Retailing	Use	Disposal
Performance			More efficient loading		Cleaning performance	
Health and Safety						
Social Progress					Easier handling	
Materials and Waste	Less petro-chemical raw materials	Reduced packaging		Secondary packaging	Reduced dosage	Less plastic packaging
Energy and Climate	More targeted raw materials selection		Reduced emissions		Washing temperature	
Water and Wastewater		Less water due to greater concentration			Water requirement in washing machine	

Footprint ☐ Significant improvement ☐ No improvement

4.3   Beispiel 2: Loctite Max 2 im Vergleich zu Epoxidharzen

Aufgrund ihres geringen Gewichts bei gleichzeitig hoher Festigkeit gewinnen Verbundwerkstoffe auf Basis von Karbon oder Glasfasern für die Herstellung von kraftstoffsparenden Fahrzeugen zunehmend an Bedeutung. Loctite Max 2 ist ein Harz auf Basis von Polyurethanen, für das im Vergleich zu den sonst verwendeten Epoxidharzen in mehreren Kategorien Vorteile aufgezeigt werden können. Der CO_2-Fußabdruck für Polyurethan ist im Vergleich zu einem auf Epoxid basierenden System deutlich geringer. Es härtet erheblich schneller aus und durchdringt das Fasermaterial wesentlich leichter, so dass kurze Injektionszeiten erforderlich sind. Diese kürzeren Zykluszeiten bedeuten wirtschaftliche Vorteile für den Kunden.

Wert	Rohstoffe	Produktion	Logistik	Verarbeitung Industrie	Anwendung Verbraucher	Entsorgung
Leistung				Kürzerer Zyklus, Systemlösung		Verlängerte Lebensdauer
Gesundheit und Sicherheit				Bessere Reaktionskontrolle		
Gesellschaftlicher / sozialer Fortschritt				Ermöglicht neuartige Konstruktionen		
Materialien und Abfall				Glattere Oberflächen, weniger Nacharbeit		Verlängerte Lebensdauer
Energie und Klima	Geringerer CO₂-Fußabdruck			Energiebedarf Aushärtung		
Wasser und Abwasser						

Fußabdruck   ▢ Signifikante Verbesserung   ▢ Keine Verbesserung

4.4   Beispiel 3: Right Guard im Vergleich zum bisherigen Produkt

Die Innovation des neuen Right Guard Antitranspirants beruht auf einem wasserlöslichen Wirkstoff. Dessen Einsatz ermöglicht die Formulierung eines Antitranspirants als Emulsion. Für die Verbraucher ergeben sich mit der neuen Technologie überzeugende Vorteile: Eine zuverlässige, lang anhaltende Antitranspirant- und Anti-Flecken-Wirkung. Bei der Produktion des Wirkstoffs ergibt sich aufgrund der stark reduzierten Staubbelastung ein bedeutsamer Vorteil für die Arbeitssicherheit. Außerdem entfällt der für die Sprühtrocknung des konventionellen, pulverförmigen Wirkstoffs erforderliche Energieaufwand. Das Ergebnis ist ein reduzierter ökologischer Fußabdruck.

Wert	Rohstoffe	Produktion	Logistik	Einzelhandel	Anwendung	Entsorgung
Leistung					Anti-Flecken-Wirkung	
Gesundheit und Sicherheit		Reduzierte Staubbelastung	Einsatz von Treibgas		Wasserlösliche Formulierung	
Gesellschaftlicher / sozialer Fortschritt						
Materialien und Abfall	Lösemittelfreie Formulierung					
Energie und Klima	Reduzierter Energieeinsatz					
Wasser und Abwasser						

Fußabdruck ☐ Signifikante Verbesserung ☐ Keine Verbesserung

5 Zusammenarbeit entlang der Wertschöpfungskette

5.1 Die Bedeutung von Partnern in der Wertschöpfungskette

Die Zusammenarbeit mit Partnern entlang der Wertschöpfungsketten des Unternehmens ist entscheidend, sowohl für die erfolgreiche Entwicklung und Einführung von Innovationen wie auch um Nachhaltigkeit in den verschiedenen Bereichen der Wirtschaft und des täglichen Lebens voranzutreiben:

- In der Zusammenarbeit mit Lieferanten, können Nachhaltigkeitsstandards in der Lieferkette verbessert und gemeinsam Grundlagen für Innovationen geschaffen werden.
- Mit Kunden können die Prozesse an den Schnittstellen der beiden Unternehmen – beispielsweise in der Logistik – optimiert und gemeinsam neue Produkte und Verfahren eingeführt werden.
- Handelsunternehmen sind eine zentrale Schnittstelle zum Konsumenten und ein wichtiger Partner, um auf eine verantwortliche Auswahl der Produkte und deren optimalen Einsatz hinzuwirken.
- Der Konsument selbst hat zum einen mit seiner Kaufentscheidung einen direkten Einfluss auf das Produktangebot von Handel und Herstellern, und damit den Erfolg von Innovationen. Zum anderen kann er über die richtige Anwendung, beispielsweise die korrekte Dosierung oder die Wahl einer möglichst niedrigen Waschtemperatur, entscheidend das ökologische Profil der Produkte beeinflussen.
- Bei Industrieprozessen sind die Hersteller von Maschinen und Ausrüstung ein weiterer zentraler Partner, der die erfolgreiche Einführung von Innovationen ermöglicht

und häufig erst deren volles Potential erschließt. Im Konsumentenbereich gilt dies auch, beispielsweise für die Hersteller von Haushaltsgeräten wie Waschmaschinen und Geschirrspülmaschinen.

5.2   Lieferanten

Im Rahmen seines Lieferantenmanagements arbeitet Henkel gezielt mit seinen Lieferanten zusammen an der Verbesserung von Nachhaltigkeitsstandards. Dabei versucht das Unternehmen, in der gesamten Lieferkette positive Veränderungen anzustoßen – beispielsweise durch Schulungen und gemeinsame Projekte hinsichtlich Prozessoptimierungen, Ressourceneffizienz oder Umwelt- und Sozialstandards.

So bekennt sich Henkel zu einer verantwortungsvollen Rohstoffwirtschaft – insbesondere zum Schutz von natürlichen Ressourcen und Biodiversität – und nutzt Inhaltsstoffe auf Basis nachwachsender Rohstoffe zur Optimierung von Produkteigenschaften dann, wenn dies unter Berücksichtigung ökologischer, ökonomischer und gesellschaftlicher Auswirkungen sinnvoll ist. So ist Palmkernöl ein wichtiger Rohstoff für die Herstellung von Tensiden, die waschaktiven Substanzen in Wasch- und Reinigungsmitteln sowie Kosmetikprodukten.

Am Beispiel Palm- und Palmkernöl wird deutlich, dass der Einsatz von Inhaltsstoffen auf pflanzlicher Basis verantwortungsvoll betrieben werden muss, da durch den extensiven Anbau von Palmölplantagen Probleme entstehen können. Henkel setzt sich daher mit einer Reihe verschiedener Interessenspartner für eine nachhaltige und damit ökologisch und sozial verantwortliche Gewinnung von Palm- und Palmkernöl ein.

Um die nachhaltige Herstellung von Palm- und Palmkernöl zu fördern, engagiert sich Henkel seit 2003 beim Runden Tisch für nachhaltiges Palmöl (RSPO). Als weltweit erstes Unternehmen hat Henkel bereits 2008 RSPO-Zertifikate für ausgewählte Produkte gekauft. Diese Zertifikate sind eine Möglichkeit, nachhaltig wirtschaftende Palmölplantagen zu fördern. 2009 hat sich Henkel verpflichtet, sein unternehmensweites Produktsortiment durch Zertifikate für nachhaltiges Palmkernöl abzudecken und diesen Schritt bis 2015 abzuschließen. Um sein klares Bekenntnis zu einer nachhaltigen Palmölwirtschaft zu bekräftigen, erwirbt das Unternehmen seit 2012 Zertifikate für nachhaltiges Palmkernöl für sein gesamtes Produktportfolio der Wasch- und Reinigungsmittel.

Auf der anderen Seite arbeitet das Unternehmen auch mit ausgewählten Lieferanten zusammen, um Zugang zu Rohstoffen mit einem verbesserten ökologischen Fußabdruck zu bekommen. Herausragende Beiträge zur Entwicklung nachhaltigerer Produkte von Henkel zeichnet das Unternehmen jährlich mit seinem „Henkel Sustainability Award" aus. 2012 zum Beispiel die BASF für das Ergebnis einer erfolgreichen Kooperation im Bereich Wasch- und Reinigungsmittel: einen innovativen Löslichkeitsverbesserer für maschinelle Geschirrspülmittel-Tabs, der ermöglicht, dass diese auch bei energiesparenden Kurz- und Niedrigtemperaturprogrammen kraftvoll und schnell wirken können. 2013 wurde Evonik Industries für ihren Beitrag zur Entwicklung der neuen

Produktkategorie von Syling Pulvern ausgezeichnet. Im Vergleich zu konventionellen Schaumfestigern kommen diese Pulver ohne flüchtige organische Verbindungen aus und benötigen nur rund 10 Prozent des Materialeinsatzes eines Schaumfestigers.

5.3   Kunden und Konmsumenten

Die Bedeutung von Nachhaltigkeitsthemen hat in den Beziehungen zu den Kunden und Konsumenten des Unternehmens deutlich zugenommen. Zum einen erwarten die Kunden von ihren Lieferanten zunehmend, dass sie die Einhaltung von globalen Umwelt-, Sicherheits- und Sozialstandards sicherstellen. Zum anderen stärkt die glaubwürdige Umsetzung seiner Nachhaltigkeitsstrategie im Markt sowohl die Marken von Henkel als auch die Reputation des Unternehmens. Diese erleichtert die Positionierung als führender Partner bei Kunden in Industrie und Handel sowie die gemeinsame Arbeit an zukunftsfähigen Lösungsansätzen. Der Henkel-Sustainability Master (siehe Abschn. 1.3.2) hilft dabei, die Beiträge dieser Innovationen zur Nachhaltigkeit systematisch darzustellen und fundiert zu bewerten.

Die Zusammenarbeit mit den Handelspartnern des Unternehmens spielt zudem eine wichtige Rolle bei der Förderung von nachhaltigem und ressourcenschonendem Konsum. Handelsketten bieten für Henkel wichtige Plattformen, um Verbraucher über nachhaltigere Produkte und umweltbewusstes Verhalten bei deren Anwendung zu informieren.

So hat Henkel 2012 eine Reihe von gemeinsamen Aktionen mit Handelspartnern gestartet. Beispielsweise haben junge Mitarbeiter des Unternehmens zusammen mit denen einer deutschen Drogeriemarktkette unter dem Motto „Verstehen durch Erleben" in einem gemeinsamen Workshop selbstständig Wissen über Nachhaltigkeit verschiedener Produkte erarbeitet. Mit diesem Wissen konnten sie den Verbrauchern in den Märkten anhand von Experimenten aufzeigen, wie die richtige Anwendung von Produkten Energie sparen kann. Auch an der Nachhaltigkeitswoche eines großen Einzelhändlers hat sich Henkel beteiligt, um Konsumenten eine verantwortungsvolle Produktanwendung näherzubringen. Dies ist besonders wichtig, da der ökologische Fußabdruck vieler Produkte zum großen Teil von der richtigen Anwendung bestimmt wird.

6   Interne Verankerung der Strategie als zentrale Voraussetzung

Eine klare Strategie ist nur der Anfang: Nachhaltiges Wirtschaften kann erst dann fest in die täglichen Aufgaben integriert sein, wenn alle Mitarbeiter die entsprechenden Prinzipien verstehen und eine Möglichkeit haben, ihren Beitrag einzubringen. Um die Nachhaltigkeitsstrategie allen Mitarbeitern zu kommunizieren und zu erklären, hat Henkel daher einen weltweiten Strategie-Roll-out durchgeführt.

Zentrales Element der internen Kommunikation waren die sogenannten „Action Plan"-Meetings. Führungskräfte aller Hierarchieebenen entwickelten mit ihren Teams einen „Nachhaltigkeits-Action-Plan" für ihren jeweiligen Bereich, in dem sowohl kurzfristige als auch langfristige Maßnahmen zur Erreichung der Nachhaltigkeitsziele auf dem Weg zum „Faktor 3" festgelegt wurden.

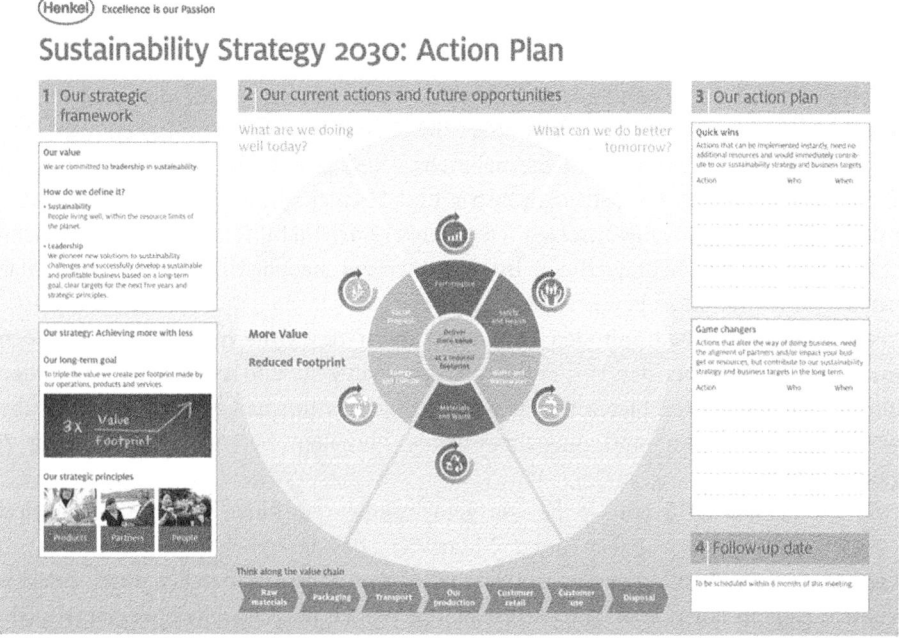

Die Workshops vermittelten zum einen die Grundlagen der Nachhaltigkeitsstrategie von Henkel, zum anderen fassten sie systematisch den Beitrag jedes einzelnen Teams zur Erreichung der Nachhaltigkeitsziele zusammen. So wurden in mehr als 670 „Action Plan"-Meetings rund 6.000 Vorschläge für Maßnahmen erarbeitet.

In einer Umfrage des Top-Managements zur Umsetzung und Kommunikation der Nachhaltigkeitsstrategie bewerteten mehr als drei Viertel die „Action Plan"-Meetings als guten Informationskanal. Den Befragten zufolge boten sie einen optimalen Rahmen, das Thema zu diskutieren, die einzelnen Bereiche und Mitarbeiter zu informieren, und zu erkennen, welchen Beitrag jedes Team zur Erreichung der Nachhaltigkeitsziele leisten kann.

Ergänzt wurde der „Action Plan" durch weitere dialogorientierte Ansätze. Dafür wurden viele Aktionen und Veranstaltungen unter das Motto „Nachhaltigkeit" gestellt, zum Beispiel auch der jährliche „Henkel Day". Er hatte zum Ziel, den Mitarbeitern weltweit die Nachhaltigkeitsstrategie durch Aktionen näherzubringen. In mehr als

75 Ländern feierten Henkel-Mitarbeiter am 26. September 2012 den 136. Geburtstag des Unternehmens.

Darüber hinaus wurden auch alle weiteren Kommunikationskanäle genutzt, um die Strategie den Mitarbeitern näherzubringen. Hierzu gehörten klassische Materialien wie Mitarbeiterzeitung, Broschüren und Präsentationen sowie Expertenveranstaltungen, Posterkampagnen, eine starke Online-Präsenz und spezielle Seminarangebote.

7 Zusammenfassung

Nachhaltiges und gesellschaftlich verantwortliches Wirtschaften wird für den langfristigen Geschäftserfolg von Unternehmen immer wichtiger. Bis 2050 wird die Weltbevölkerung voraussichtlich auf 9 Milliarden Menschen anwachsen. Dies geht einher mit einem Wandel im Konsumverhalten einer wachsenden Mittelschicht in den Schwellenländern. Gleichzeitig wird die Knappheit natürlicher Ressourcen, wie fossiler Brennstoffe und Wasser, zunehmen.

Da der Verzicht auf Lebensqualität und Konsum für die überwiegende Mehrheit der Bevölkerung keine realistische Lösung darstellt, muss unsere Gesellschaft Wege finden, Lebensqualität zu schaffen und gleichzeitig den mit unserer Wertschöpfung verbundenen Ressourcenverbrauch und Emissionsausstoß zu verringern.

Unternehmen müssen Innovationen, Produkte und Technologien entwickeln, die mehr Lebensqualität und gleichzeitig einen geringeren Material- und Rohstoffverbrauch ermöglichen. Dabei werden zukunftsfähige Lösungsansätze zunehmen gemeinsam mit Partner aus der Wertschöpfungskette entwickelt.

Unternehmen die führende Positionen im Bereich des nachhaltigen und gesellschaftlich verantwortlichen Wirtschaftens besetzten, werden hier Wettbewerbsvorteile haben. Kunden, Lieferanten, Verbraucher, Nichtregierungsorganisationen sowie Regierungen und Behörden achten immer stärker darauf, wie nachhaltig und verantwortlich ihre Partner ihr Geschäft führen. So wird Nachhaltigkeit zu einem strategischen Erfolgsfaktor.

Literatur

Kommission der Europäischen Gemeinschaften (2001) Europäische Rahmenbedingungen für die soziale Verantwortung der Unternehmen. Dissertation, Brüssel

Europäische Kommission (2011) Mitteilung der Kommission an das Europäische Parlament, den rat, den Europäschen Wirtschafts- und Sozialausschuss und den Ausschuss der Regionen, Eine neue EU-Strategie (2011–14) für die soziale Verantwortung der Unternehmen, Brüssel

CSR Management als Wettbewerbsvorteil. Ein integrierter Ansatz im Volkswagen Konzern

Gerhard Prätorius und Klaus Richter

1   Einleitung

Der nachfolgende Beitrag beschreibt einen im Volkswagen Konzern praktizierten Ansatz des integrierten CSR Managements. Entgegen manch modischen Erscheinungen einer partiellen Geringschätzung des traditionellen unternehmerischen Engagements setzt er auf eine Verknüpfung dieses Konzeptes mit einem modernen CSR Verständnis. Nach einer knappen Herleitung dieses Ansatzes wird beispielhaft das Thema anhand des internen wie externen Stakeholder Managements beschrieben.

2   Modernes vs. traditionelles CSR Verständnis

Akademische Moden verflüchtigen sich mitunter schneller als erwartet. Glaubt man einigen Auguren der Szene, so hat das Thema CSR bereits seinen Zenit überschritten, bevor es eigentlich sein volles Potenzial entfalten konnte. Unternehmen sind im Vergleich zu den akademischen Moden deutlich träger.

Der Grund liegt vor allem darin, dass sich Unternehmenskulturen, gute Traditionen und das Wertegerüst eines Unternehmens nicht kurzfristig ändern lassen bzw. der Versuch einer abrupten Änderung mit hohen Risiken verbunden ist. Starke Unternehmenskulturen sind ein Vorteil für den Vertrauenserwerb bei Kunden. In diesem Sinne stehen Unternehmen stärker für Kontinuität, während die akademische Forschung demgegenüber gerne

G. Prätorius (✉) · K. Richter
Koordination CSR & Nachhaltigkeit K-GK-A4, Volkswagen AG, Brieffach 1882,
38436 Wolfsburg, Deutschland

K. Richter
e-mail: klaus.richter@volkswagen.de

R. Altenburger (Hrsg.), *CSR und Innovationsmanagement*,
Management-Reihe Corporate Social Responsibility,
DOI: 10.1007/978-3-642-40015-5_8, © Springer-Verlag Berlin Heidelberg 2013

das Neue auch als Bruch mit dem Überkommenen betont. Leider wird häufig für Modifikationen und Weiterentwicklungen gleich das große Wort vom Kuhn'schen Paradigmenwechsel (Kuhn 1962) benutzt, ohne dass es in der Substanz gerechtfertigt wäre.

Übertragen auf unsere Fragestellung heißt das, selbst wenn in den nächsten Jahren das Thema CSR als akademische Mode durch einen neuen Begriff ersetzt werden sollte, sind damit die inhaltlichen Konzepte und eine unternehmerische Praxis, die sich daran ausrichtet, noch längst nicht obsolet geworden.

Um sich gegen mitunter sehr abrupte akademische Modewechsel zu immunisieren, bietet sich im Falle des Themas CSR aus unserer Sicht eine Unterscheidung zwischen einem traditionellen und einem modernen Verständnis von CSR als gesellschaftlicher Verantwortung des Unternehmens an. Diese Unterscheidung ist heuristisch ergiebig, gerade weil sie nicht in der Herausarbeitung der Unterschiede verharren soll, sondern im Sinne eines integrierten Ansatzes soll das traditionelle in dem modernen Konzept aufgehoben werden.

Das Verständnis von CSR als Hilfe für Bedürftige und Engagement für karitative Zwecke hat eine eigene Tradition. Ausgeprägter in der angelsächsischen Welt, die einer Absicherung sozialer Risiken über den Sozialstaat als gesamtgesellschaftliche Aufgabe weitestgehend entbehrt, spielt hier das karitative Engagement von Unternehmen in Form von Spenden und freiwilligem Einsatz der Mitarbeiter mit Unternehmensunterstützung („corporate volunteering") eine ungleich größere Rolle als in der europäischen Geschichte des rheinischen Kapitalismus, wenngleich es auch hier eine nicht zu unterschätzende Bedeutung hat. Im Sinne der Pyramide von Archie Caroll (Carroll 1991), einem Pionier der CSR Forschung, ist das soziale und karitative Engagement von Unternehmen in Form von Spenden und Sponsoring eine angemessene Haltung, der Gesellschaft vom erzielten Gewinn etwas zurückzugeben und Verantwortung und Gemeinsinn zu zeigen. Es ist die erwartete, aber freiwillige Reaktion von Unternehmen als Ausweis der Anerkennung einer gesellschaftlichen Verantwortung.

Ein modernes Verständnis von CSR ist ein integrierter Bestandteil der unternehmerischen Kernkompetenz. Es ist damit entsprechend nahe an den strategischen Zielen des Unternehmens angelehnt und beinhaltet ein Konzept der unternehmerischen Verantwortung über die gesamte Wertschöpfungskette (Porter und Kramer 2008). Beide hier idealtypisch gegenübergestellte CSR Konzeptionen haben entsprechend unterschiedliche Folgen für die unternehmerische Praxis und die grundlegenden Managementprozesse, worauf noch näher einzugehen sein wird.

Die Unterscheidung zwischen einem traditionellen und einem modernen CSR Ansatz kann in Anlehnung an das Vorhergehende auch noch in anderer Weise beschrieben werden. Während das traditionelle Verständnis von einer Bewertungsperspektive verschiedener Stakeholder darin gesehen werden kann, wie und wofür das Unternehmen einen Teil seiner erwirtschafteten Mittel verwendet, wofür setzt es sich in seinem sozialen Engagement ein etc., fragt das moderne Konzept danach, wie das Unternehmen seine Mittel erwirtschaftet hat, wie es sein Geld verdient hat. Das betrifft

Volkswagen: Integrierter CSR Ansatz

Abb. 1 „Integrierter CSR Ansatz"

dann sowohl die Verantwortung für die Produktionsbedingungen, d. h. die sozialen und ökologischen Standards in den eigenen Fertigungsstätten wie in der Zulieferkette, als auch für das Produkt, in dem letztlich die technologische Kompetenz des Unternehmens als Beitrag einer gesellschaftlichen Problemlösung inkorporiert ist. Hier ist das CSR Verständnis sehr viel näher an den strategischen und operativen Kernprozessen des Unternehmens, und es ist ein Fortschritt in der akademischen Beschäftigung mit CSR, dieses in den vergangenen Jahren deutlich herausgearbeitet zu haben (Abb. 1).

Aber – und dieser Teil wird in der aktuellen Diskussion mitunter etwas vernachlässigt – diese wichtige Unterscheidung und Herausarbeitung der Unterschiede darf in der realpraktischen Herangehensweise nicht dazu führen, den traditionellen Ansatz nicht nur konzeptionell zu entwerten, sondern ihn auch noch empirisch aufzulösen. Dieser Teil unternehmerischer Verantwortung hat gerade auch in einer globalen Perspektive eine wesentliche Bedeutung und ist sowohl konzeptionell als auch unternehmenspraktisch in das moderne Verständnis von CSR zu integrieren. Der Volkswagen Konzern hat dieses integrierte Verständnis wie folgt in seinem Geschäftsbericht formuliert:

Volkswagen ist aufgrund seiner Unternehmenskultur wie kaum eine andere Firma geeignet, das moderne Verständnis von Verantwortung und Nachhaltigkeit mit den traditionellen Werten unternehmerischen Handelns zu verbinden. Als global agierender Konzern unterstützt Volkswagen soziale Projekte und Hilfsbedürftige durch ein weltweites Engagement und Spendenwesen, und integriert dieses Konzept zugleich in ein modernes Leitbild, in dem die strategische Verankerung von Corporate Social Responsibility (CSR) und Nachhaltigkeit in der Wertschöpfungskette im Mittelpunkt steht. Die Herausforderungen des 21. Jahrhunderts, insbesondere die Ressourcen- und Klimaschonung sowie die Gerechtigkeit innerhalb und zwischen Generationen, werden in dem Leitbild der Verantwortung und Nachhaltigkeit zusammengeführt. Nachhaltigkeit verlangt die Zielbalance von ökonomischer, ökologischer und sozialer Dimension. Unser CSR-Konzept sorgt dafür, dass wir auf jeder Stufe des Wertschöpfungsprozesses Risiken vermeiden, Entwicklungschancen frühzeitig erkennen und unsere Reputation weiter erhöhen. So leistet CSR einen notwendigen Beitrag zur langfristigen Sicherung und Wertsteigerung des Unternehmens (Geschäftsbericht 2012).

3   Kriterien eines modernen CSR Managements

Für das traditionelle CSR Management war es – überspitzt gesprochen – relativ unbedeutend, wie das Unternehmen seine strategischen Ziele, sein Geschäfts- und Wettbewerbsmodell definiert hatte, welche unternehmerischen Kernprozesse mit welchen Managementinstrumenten gesteuert wurden. Es gab die Topentscheidung, einen bestimmten Betrag für sozial wohltätige Zwecke auszugeben und die Abwicklung wurde über eine Einheit realisiert, die mit anderen Bereichen nicht sehr stark verbunden war. Dieses entspricht auch heute noch in vielen Unternehmen der Praxis.

Ein modernes CSR Management zeichnet sich dadurch aus, dass es auf allen Ebenen des Unternehmens eng mit den anderen Fachbereichen verknüpft ist. Im Vorstand gibt es ein Mitglied, dass das Thema in sein Ressort integriert oder – so die Lösung bei Volkswagen – der Vorstand ist zugleich das Nachhaltigkeitsboard, dem periodisch zu dem Thema zu berichten ist. Es gibt fernerhin ein hochrangiges Steuerungsgremium, dem alle wichtigen Kernfunktionen des Unternehmens auf Topmanagement-Ebene angehören. In ihm werden die strategischen Ziele und Aussagen zu CSR und Nachhaltigkeit getroffen, es werden die unternehmensweiten Steuerungsindikatoren zu dem Thema festgelegt und kontrolliert und die Nachhaltigkeitsberichterstattung verabschiedet. Bewährt hat sich die operative Steuerung über eine Geschäftsstelle oder andere schlanke Einheit, die allerdings extrem gut mit den anderen Unternehmenseinheiten vernetzt sein muss. Auf der Fachebene hat sich eine Projektsteuerung bewährt, deren maßgebliche Themen zum Beispiel die Lieferantenbeziehungen, die Reviews zu den CSR-Ratings und die Stakeholderbeziehungen sind (Vgl. Nachhaltigkeitsbericht 2012a, b, S. 17) (Abb. 2).

4   Stakeholder Management

4.1   Stakeholder als Innovationstreiber

Unternehmen können sich ihre Stakeholder nicht aussuchen. Vom Handeln eines multinationalen Konzerns sind unzählige Interessengruppen direkt oder indirekt betroffen. Dazu gehören neben Kunden, Mitarbeitern und Lieferanten auch Akteure aus der Politik, Forschung und Wissenschaft, Zivilgesellschaft und Nichtregierungsorganisationen. Folglich hat ein Multinationales Unternehmen (MNU) Stakeholder – ob

CSR- UND NACHHALTIGKEITSMANAGEMENT IM VOLKSWAGEN KONZERN

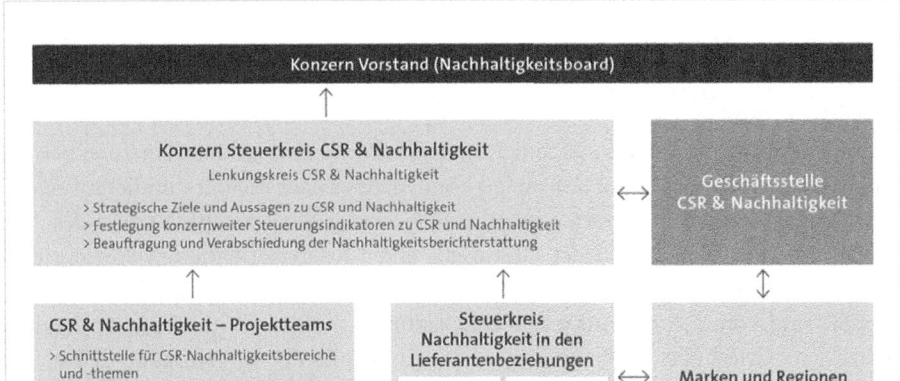

Abb. 2 „CSR- und Nachhaltigkeitsmanagement im Volkswagen Konzern"

es möchte, oder nicht. Zudem muss ein Unternehmen in permanentem Austausch mit seinen Interessengruppen stehen, da die vielfältigsten Forderungen (gerechtfertigt ebenso wie ungerechtfertigt) und Erwartungen (angemessen ebenso wie unangemessen) über eine breite Spannweite an Kommunikationskanälen auch Auswirkungen auf das erfolgreiche Wirtschaften eines Unternehmens haben.

Wie können nun die unterschiedlichsten Interessen – die zum Teil konträr sein können – der gesellschaftlichen Gruppen von Unternehmen aufmerksam wahrgenommen, gebührend gewertschätzt und strategisch berücksichtigt werden? Um solchen Herausforderungen zielorientiert zu begegnen, hat der Volkswagen Konzern ein Stakeholder Management eingerichtet, das den Kern des integrierten CSR Ansatzes bildet und entlang der gesamten Wertschöpfungskette die ökonomischen, ökologischen und sozialen Herausforderungen des Unternehmens analysiert. Dieses fußt auf einem systematisch organisierten Prozess, in dem offen und konstruktiv auf Augenhöhe miteinander kommuniziert wird.

Dabei können wir uns einer Vielzahl an Instrumenten bedienen. Dazu gehören: Dialoge, Workshops, Symposien, öffentliche Kontroversen, Fragebögen, Evaluationen, Projekte, IT-Systeme, uvm (Vgl. Nachhaltigkeitsbericht 2012a, b, S. 22). Auch die sozialen Medien spielen eine zunehmend wichtige Rolle für Innovationsprozesse, wie Müller herausstellt: „Durch Social Media ändert sich die Zusammensetzung der Akteure im Innovationsprozess. Wurden in der Vergangenheit Anforderungen und Lösungen von entsprechenden Fachleuten und -abteilungen erarbeitet, so ist es heute notwendig, eine Community aus verschiedenen Stakeholdern und Interessierten einzubeziehen und vertrauensvoll mit ihr umzugehen. Die einfache Übernahme oder Abwandlung bestehender Lösungen aus angestammten Märkten für aufstrebende Märkte wird immer weniger akzeptiert. Die Kommunikation zwischen Kontinenten erfordert die Berücksichtigung kultureller Unterschiede, z. B. in der Explikation impliziten Wissens, der Überprüfung stillschweigender Voraussetzungen und historisch gewachsener Vorschriften." Um aus dem Austausch den größtmöglichen gemeinsamen Nutzen zu erzielen, fließen schon frühzeitig die Anregungen der Stakeholder in Wissensmanagementprozesse ein. Idealerweise kommt es zu einer Verständigung darüber, wie eine gemeinsam zu erzielende Lösung aussehen kann. Darauf aufbauend können eines oder mehrere initiierte Projekte das vorläufige Ziel des Prozesses sein. Wie auch immer der jeweilige Verlauf des Austausches sein wird, immer gilt der Grundsatz, einen lösungsorientierten Fortschritt zu erzielen. Hierin besteht ein beträchtliches Potenzial für Innovationen. „Nachhaltigkeit und CSR sind vom Grundprinzip her entwicklungs-, lern- und innovationsorientierte Ansätze", so Grieshuber. „Die Auseinandersetzung mit der Organisation selbst, den Anforderungen der Anspruchsgruppen, die Suche nach Verbesserungen für Umwelt und Gesellschaft bringen Impulse für Veränderungen und Innovation. Innovation heißt, …, Neues zu entwickeln und umzusetzen – sei es intern, wenn es sich um organisatorische Veränderungsvorhaben handelt, oder auch am Markt, wenn es sich etwa um eine Produkt- oder Geschäftsinnovation handelt" (Grieshuber 2012).

Um das Engagement in und gegenüber der Öffentlichkeit nachvollziehbar zu machen, werden die Stakeholderdialoge in einem für den Volkswagen Konzern maßgeschneiderten IT-Stakeholdermanagement System dokumentiert und in einem jährlichen Nachhaltigkeitsbericht publiziert. Dabei werden Entscheidungen zur strategischen Ausrichtung des Stakeholder Managements in einem konzern-übergreifenden Steuerkreis und durch mehrere Projektteams in Marken, Regionen und auf Konzernebene sichergestellt, um die Steuerung innerhalb des Unternehmens effizient zu gestalten. In den Projektteams werden alle für das Stakeholder Management relevanten Fachbereiche eingebunden, dadurch wird eine erhöhte Effektivität im Austausch mit den Interessengruppen erreicht. Durch die gezielte Auswahl der internen Fachbereiche kann das Unternehmen auch kurzfristig eine strategische Position entwickeln, um den vielfältigen Anforderungen der jeweiligen Stakeholder gerecht zu werden.

Die zum Volkswagen Konzern gehörigen Marken und internationalen Regionen agieren mit Ihren Stakeholdern dezentral, aber stets in enger Abstimmung mit dem Konzern. An vielen Standorten des Unternehmens wurden beispielsweise Nachbarschaftskreise eingerichtet, in denen der permanente Dialog mit Standortnachbarn und den lokalen Verantwortungsträgern intensiv gepflegt wird. So bedienen sich die Marken und Regionen der jeweils für sie und den Stakeholder passenden Instrumente, – z. B. für Stakeholderbefragungen und -austauschforen.

Da insbesondere die Transparenz in der Kommunikation mit den Stakeholdern eine wesentliche Rolle im gesamten Austauschprozess einnimmt, legt der Volkswagen Konzern hierauf seinen Schwerpunkt. Als vorherrschendes Kommunikationsmedium dient hierfür der Konzern Nachhaltigkeitsbericht.

In einem umfassenden Redaktionsprozess, in dem insbesondere auch externe Stakeholder, unter diesen ausgewählte Beratungsunternehmen, involviert sind, werden Daten für die Nachhaltigkeitsberichterstattung aufbereitet. Dabei werden unter anderem die international anerkannten Prinzipien der Global Reporting Initiative (GRI: https://www. globalreporting.org) berücksichtigt. In gleicher Weise fließen Erkenntnisse aus dem Dialog mit internen Stakeholdern, zum Beispiel den Mitarbeitern der Zukunftsforschung, des Umweltradars, der Außenbeziehungen und Investor Relations, der Personalabteilung und dem Betriebsrat in den Prozess ein. Aus beiden Ansätzen gewinnt Volkswagen wichtige Erkenntnisse über die Ansprüche der Gesellschaft an das Unternehmen. Diese wiederum werden in einem mehrdimensionalen Prozess ebenso auf ihre Bedeutung für die Stakeholder wie auch auf die Bedeutung für die Zukunftsfähigkeit von Volkswagen analysiert und gewichtet. Zugleich wird die Beeinflussbarkeit eines Themas durch das Unternehmen selbst berücksichtigt. Dabei orientiert sich Volkswagen an den Prinzipien „Inclusivity", „Materiality" und „Responsiveness" gemäß des AA1000 AccountAbility-Standards (AA 1000: http://www.accountability.org), einem weltweit anerkannten Standard bei der Prüfung der Stakeholderanforderungen innerhalb der Nachhaltigkeitsberichterstattung. Anhand dieser Kriterien wird sichergestellt, dass Stakeholder umfassend, gezielt und systematisch in den Auswahlprozess von wesentlichen Themen einbezogen werden. Dementsprechend hat Volkswagen nicht nur einen intensiven Stakeholder-Dialog geführt, sondern die daraus resultierende Wesentlichkeitsmatrix (vgl. Nachhaltigkeitsbericht 2012a, b, S. 27) auch gemeinsam mit seinen Stakeholdern diskutiert. Dabei werden negative ökologische und soziale Auswirkungen des Handelns des Unternehmens von der Analyse nicht ausgeschlossen. So werden einerseits Chancen und andererseits Risiken für den Unternehmenserfolg und die Wettbewerbsfähigkeit aufgezeigt und daraus spezifische Zielsetzungen und Maßnahmen abgeleitet.

Die Nachhaltigkeitsberichterstattung findet zum einen in einem klassischen Printbericht, zum anderen auch im Internet auf einer entsprechenden Online-Microsite[1] statt. Beide werden zur Jahreshauptversammlung des Volkswagen Konzerns der Öffentlichkeit vorgestellt.

Um Rückschlüsse auf die Relevanz und Qualität der Nachhaltigkeitsberichterstattung zu erhalten, sucht Volkswagen gezielt den Dialog mit ausgewählten Stakeholdern. Dieses wird schon seit 1995 konsequent durch Zielgruppenbefragungen und einen aktiven Dialog mit den Stakeholdern fortlaufend optimiert. So wurde eigens ein Nachhaltigkeitspanel (vgl. Nachhaltigkeitsbericht 2012a, b, S. 23) eingerichtet, um die Erfassung von positiver, aber besonders auch negativer Kritik am Volkswagen Nachhaltigkeitsbericht zielgerichteter zu erfassen, um daraus konkrete Verbesserungspotenziale ableiten zu können.

---

[1] www.nachhaltigkeitsbericht2012.volkswagen.com.

4.2   Internes Stakeholder Management

Im internen Stakeholder Management werden die Potenziale der Mitarbeiter und der nachhaltigkeits-relevanten Fachbereiche gezielt genutzt. Regelmäßige Treffen, wie im CSR Projektteam, und intensiver Austausch klären die Zielsetzung des Unternehmens für die wesentlichen Fragestellungen und Themen, bei denen das Unternehmen aufgefordert ist, Verantwortung zu übernehmen. Ergebnis dieses Austauschs sind vielfältige Ideen und Ansätze, wie der Austausch mit externen Stakeholdern zielgerichtet gestaltet werden kann. Zudem münden diese Erkenntnisse in interne Veränderungsprozesse oder auf einer weiterführenden Entwicklungsstufe auch in Innovationen.

Als Beispiel führen wir hier das Ideenmanagement und den Innovationsfonds des Volkswagen Konzerns an.

4.2.1 Ideenmanagement

Eine exponierte Stellung im Unternehmen kommt dem Mitarbeiter und seiner Arbeitsleistung zu. Dabei fließen insbesondere Ideen und Verbesserungsvorschläge der Mitarbeiter in die Organisationsabläufe von Arbeit und den Produktionsprozess ein. Die Anregungen der Mitarbeiter werden im Volkswagen Ideenmanagement gesichtet und bewertet. Dieses ist an allen deutschen Standorten vertreten. Dabei reichen die Anfänge des Vorschlagwesens noch bis in das Jahr 1949 zurück. Seitdem ist das Engagement der Mitarbeiter für die Verbesserung von Prozessen und Produkten eine feste Messgröße für die Kreativität, Fachlichkeit und Motivation – diese Potenziale gilt es zu heben. So bietet Volkswagen umfassende Schulungen und Weiterqualifizierungen an, um die Ideenkultur im Unternehmen weiterhin systematisch zu fördern. Das Ideenmanagement ist damit ein wichtiges Führungs- und Motivationsinstrument für betriebliche Vorgesetzte. Es wird weiterhin konsequent an der Vernetzung der Volkswagen Standorte weltweit gearbeitet.

Viele der Verbesserungsideen tragen entscheidend dazu bei, die Qualität sowohl der Produkte zu erhöhen als auch die Prozesse noch effizienter zu gestalten. Dadurch werden Kosten im Konzern um mehrere hundert Millionen Euro reduziert – und das jährlich. Die Ideengeber werden durch Prämien am Erfolg des Unternehmens beteiligt, sodass sich ihre Kreativität auch monetär auszahlt.

Doch liegt der Fokus nicht allein auf dem finanziellen Zugewinn. Das Ideenmanagement trägt dazu bei, die Arbeit bei Volkswagen sicherer und gesundheitsverträglicher zu machen. So werden beispielsweise die Herausforderungen des demografischen Wandels durch die Förderung von Verbesserungsideen zum Thema Ergonomie besonders berücksichtigt. Dabei werden Arbeitssicherheit und Gesundheitsschutz kontinuierlich durch erfolgreich realisierte Ideen verbessert.

Als weiteres Beispiel dient in diesem Zusammenhang der Innovationsfonds der Volkswagen Aktiengesellschaft.

4.2.2 Innovationsfonds

Der Innovationsfonds wurde auf Initiative des Betriebsrats in zwei Schritten eingeführt.

Der Innovationsfonds I dient seit 2007 dazu, bereits vorhandene Kompetenzfelder an den Volkswagen Standorten weiterzuentwickeln. Beispiele dafür sind Wabensysteme aus Recyclingpapier, montagefreundliche Klick-Steck-Verbindung im Fahrwerk oder die Verwendung von Leichtblech im Karosseriebau.

Der im Zuge der Verlängerung des „Tarifvertrags zur nachhaltigen Standort- und Beschäftigungssicherung" zwischen der IG Metall und dem Unternehmen ins Leben gerufene Innovationsfonds II wurde erstmals 2011 aufgelegt, um neue Geschäftsfelder nahe der automobilen Wertschöpfungskette zu entwickeln, dabei liegt ein besonderer Fokus auf den Aspekten Energie und Umwelt. Um Arbeitsplätze langfristig zu sichern oder neu zu schaffen, steht dabei der Aspekt der Nachhaltigkeit im Vordergrund. Im Innovationsfonds II stehen (ebenso wie im Innovationsfonds I) jährlich 20 Millionen Euro für Projekte zur Verfügung. So werden beispielsweise Projekte wie das Recyceln von Prüfmitteln oder der Einsatz von Schwerkraftfördertechnik unterstützt. In der Schwerkraftfördertechnik werden beim Transport von Türen für den Golf 7 im Werk Wolfsburg bis zu 80 % Energie einspart. Dafür wurden Förderbahnen so unter dem Hallendach montiert, dass die Türen langsam bis an ihren Bestimmungsort gleiten. Das System könnte auch für Räder, Karossen, Triebwerke und viele andere Teile genutzt werden. Durch den Einsatz der Technik im gesamten Konzern ließen sich bis zu 50 neue Arbeitsplätze schaffen.

4.2.3 ThinkBlue.Factory

Die Umweltbelastungen innerhalb der Marke Volkswagen sollen bis zum Jahr 2018 um 25 % pro Fahrzeug verringert werden. Alle Produktionsstandorte arbeiten dabei unter der Bezeichnung „Think.Blue.Factory"[2] daran, die Ressourceneffizienz der Produktionswerke zu steigern und zeitgleich Emissionen zu senken. Anhand von fünf zentralen Kennzahlen wird der Fortschritt kontinuierlich gemessen: Energie, Wasser, Abfall, Kohlendioxid, Lösemittelemissionen.

Die Mitarbeiter in den Standorten werden durch eine umfassende Kommunikation sensibilisiert und treiben das Konzept durch ihren persönlichen Einsatz. Dieses lässt sich auch aus der Zahl der vielen Verbesserungsvorschläge und der Rekordbeteiligung am Ideenmanagement 2012 (536.532 Ideen) ablesen (vgl. Nachhaltigkeitsbericht 2012a, S. 72). Durch die Verleihung des Mitarbeiterpokals und des internen Umweltpreises wird das umweltfreundliche Engagement der Mitarbeiter zielgerichtet gefördert.

Die besonders hervorzuhebenden Maßnahmen werden bei einem jährlich stattfindenden „Think.Blue.Factory"-Tag, an dem über 350 Energie- und Umweltexperten aller

---

[2] Das"Think.Blue.Factory"-Programm ist eine Managementmethode zur Umsetzung des Konzeptes"Think.Blue", dem ganzheitlichen Ansatz von Volkswagen zu ökologischer Nachhaltigkeit, der unter 4.3.2 näher von uns erläutert wird.

Werke teilnehmen, vorgestellt und fungieren somit als Best-Practice-Beispiele für die weltweite Nachahmung (Vgl. Nachhaltigkeitsbericht 2012a, b, S. 131).

Aufgrund des gelungenen Zusammenspiels von ökologischen Zielen und Ökonomie erhielt die Marke Volkswagen Pkw den „Sustainovation Award 2012" http://www.wiwo.de/technologie/umwelt/sustainovation-award-wer-sind-die-effizienz-champions-deutschlands/7093206.html.

4.3   Externes Stakeholder Management

Eine besondere Herausforderung liegt für Volkswagen in der Mitgestaltung nationaler und internationaler Netzwerke. Dabei bringt das Unternehmen seine technische und soziale Kompetenz mit ein und fördert zahlreiche Projekte.

Unser Engagement weisen wir transparent im Nachhaltigkeitsbericht aus. So ist der Konzern im Vorstand des führenden europäischen Unternehmensnetzwerks für Corporate Social Responsibility, CSR Europe: http://www.csreurope.org, vertreten. Auf nationaler Ebene arbeitet Volkswagen sowohl im Vorstand von econsense, dem Forum Nachhaltige Entwicklung der Deutschen Wirtschaft e. V. http://www.econsense.de als auch im Vorstand der internationalen Initiative Biodiversity in Good Company: http://www.business-and-biodiversity.de[3] mit. Zudem haben wir zusammen mit zahlreichen anderen Unternehmen ein Leitbild für verantwortliches Handeln in der Wirtschaft. http://www.wcge. org/html/de/529.htm unterzeichnet und uns seit 2002 den zehn Prinzipien zu Menschenrechten, Arbeitsnormen, Umweltschutz und Korruptionsbekämpfung des United Nations Global Compact: http://www.unglobalcompact.org verpflichtet. Der Konzern ist hier in der Global Compact Advisory Group Supply Chain Sustainability vertreten.

Im Rahmen seines gesellschaftlichen Engagements arbeitet der Konzern sehr eng mit Organisationen der Zivilgesellschaft zusammen, die sowohl die soziale als auch die ökologische Dimension der Nachhaltigkeit repräsentieren. Im Rahmen der Partnerschaft sollen Menschen dazu bewegt werden, sich sozial zu engagieren.

Seit nunmehr zwölf Jahren besteht zwischen Volkswagen und dem Naturschutzbund Deutschland e. V. NABU: http://www.nabu.de eine einzigartige Kooperation. Diese beruht im Wesentlichen auf drei Komponenten: Beratung, Dialog und Projekte. In diesem Rahmen wird die Öffentlichkeit für Belange der Umwelt und der Nachhaltigkeit sensibilisiert, zum Beispiel durch gemeinsam organisierte Spritspartrainings (vgl. Nachhaltigkeitsbericht 2012a, b, S. 23). Als eines von vielen gemeinsamen Projekten mit dem NABU wird im Folgenden das Projekt des Flottenmanagements der Volkswagen Leasing GmbH vorgestellt.

---

[3] Biodiversity in Good Company ist ein Zusammenschluss von Unternehmen, die gemeinsam für den Schutz der biologischen Vielfalt eintreten – im Interesse von Wirtschaft und Gesellschaft. Der branchenübergreifenden Initiative gehören kleine, mittlere und große Unternehmen an – überwiegend aus Brasilien, Deutschland und Japan. http://www.business-and-biodiversity.de.

4.3.1 Grünes Flottenmanagement

Im Projekt des Flottenmanagements der Volkswagen Leasing GmbH mit dem NABU Deutschland e. V. werden durch den Einsatz effizientester Fahrzeuge sowohl die CO_2-Emissionen als auch die Kosten seitens der Flottenbetreiber reduziert (vgl. www.diegrueneflotte.de).

Das Grüne-Flotten-Programm ist ein Angebot an Fuhrparkmanager, gewerbliche Fahrzeug-Flotten umweltfreundlicher zu gestalten. Dabei klärt das Unternehmen seine Kunden darüber auf, wie sie durch den optimalen Einsatz einer „grünen Flotte" (besonders effiziente Fahrzeugmodelle unter 120 g/km CO_2) ein Maximum an Kraftstoff und Emissionen einsparen können. So wird ein wichtiger Beitrag für den Aufbau klimafreundlicher Fuhrparks geleistet und der Einsatz umweltfreundlicher Flottenfahrzeuge gefördert.

Außerdem leistet die Volkswagen Leasing GmbH für jedes neu zugelassene umweltfreundliche Fahrzeug einen Projektbeitrag an den NABU. Dieser wird für die Renaturierung deutscher Moorlandschaften verwendet. Moore sind die größten CO_2-Speicher der Erde und bieten einen einzigartigen Lebensraum für viele bedrohte Tier- und Pflanzenarten.

Mittlerweile leisten mehr als 216.000 Fahrzeuge mit CO_2-Emissionen von unter 120 Gramm pro Kilometer einen Beitrag zu den erheblichen Effizienzfortschritten bei gewerblichen Flotten. Zusätzlich sanken die Emissionen bei den Fahrzeugauslieferungen des Volkswagen Konzerns an Großkunden innerhalb von drei Jahren um elf Prozent – signifikant stärker als im Gesamtmarkt.

Ergänzt wird das Umwelt-Programm von dem Umwelt-Preis „Die Grüne Flotte". Dieser Preis zeichnet jährlich ökologisch wegweisendes Fuhrparkmanagement aus und richtet sich an alle Fuhrparkmanager, die an dem Umwelt-Programm teilnehmen. Seit 2009 wird der Preis verliehen und zeigt wie wichtig Nachhaltigkeit und Umweltorientierung für Flottenkunden ist. In 2012 nahmen 94 Großkunden mit einem Gesamtbestand von rund 12.000 Fahrzeugen an dem Wettbewerb teil und sparten in dem Wertungszeitraum von sechs Monaten 1.785 Tonnen CO_2 und 680.000 Liter Kraftstoff ein. Zum Vergleich: Um die ersparte Menge von 1.785 Tonnen CO_2 zu binden, wäre ein Laubwald mit der Größe von ca. 162 Hektar nötig. Gleichzeitig müsste eine handelsübliche Zapfsäule an einer Tankstelle 12 Tage „Nonstop" durchlaufen, um die eingesparten Liter abzugeben.

Für das Projekt wurde die Volkswagen Leasing GmbH im bundesweit ausgetragenen Wettbewerb „365 Orte im Land der Ideen" ausgezeichnet und gewann den Ökoglobe im Jahr 2010.

Ebenfalls ausgezeichnet wurde die Haltung „Think.Blue" der Marke Volkswagen Pkw, die wir im Folgenden kurz skizzieren möchten, und unseres Erachtens ebenfalls ein gutes Beispiel für ein gezieltes Stakeholder Management im Sinne eines integrierten CSR Ansatzes darstellt.

4.3.2 Think.Blue

Der Volkswagen Konzern hat sich das Ziel gesetzt, bis zum Jahr 2018 der nachhaltigste Automobilhersteller der Welt zu werden. Alle Aktivitäten im Bereich der ökologischen

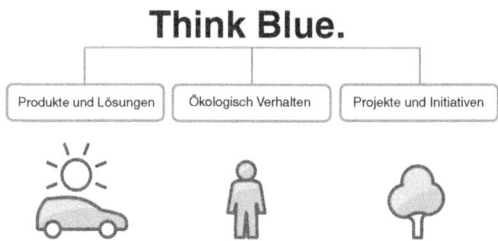

Abb. 3 „Think.Blue"

Nachhaltigkeit der Marke Volkswagen Pkw werden unter der Unternehmenshaltung „Think Blue." gebündelt. Damit wurde die Umweltstrategie wesentlich transparenter und kommunikativ sichtbarer gemacht.

Dieser Ansatz basiert auf drei Säulen:

- effiziente Produkte und Technologien entwickeln und anbieten
- Menschen zur Förderung ihres Umweltbewusstseins aktiv einbeziehen
- weltweite Unterstützung umweltrelevanter Projekte und Initiativen.

Diese Themen werden entlang der gesamten Wertschöpfungskette stetig weiterentwickelt. So bereits schon bei der Planung und Konzeption der Fahrzeuge. Die Volkswagen Pkw-Modelle werden so entwickelt, dass über den gesamten Produktlebenszyklus hinweg relevante Aspekte des Klimaschutzes, der Ressourcenschonung und des Gesundheitsschutzes (Abb. 3) integriert sind.

Dabei wird ein besonderer Schwerpunkt auf dem Thema Kraftstoffverbrauch gesetzt. Durch eine umweltbewusste Fahrweise kann der Verbrauch um bis zu 25 % reduziert werden. Um das Kraftstoffsparen auch „erfahrbar" zu machen, wurde die langjährige Tradition der gemeinsamen Spritspartrainings mit dem NABU um eine internationale jährlich stattfindende Meisterschaft, die „Think.Blue. World Championship" ergänzt. Dabei wurde für eine verbrauchsarme Fahrweise sensibilisiert und auf die großen Einflussmöglichkeiten des Fahrers hingewiesen. Am Rennen nahmen 2013 nach nationalen Vorausscheidungen die 16 effizientesten internationalen Teams teil. Eine möglichst wenig umweltbelastende Logistik, Verpflegung und Unterkunft wurden schon bei der Planung des Events beachtet. Um aber vollständig CO_2-neutral zu sein, wurden die angefallenen Emissionen in Kooperation mit ClimatePartner durch ein nach dem Gold-Standard zertifiziertes CO_2-Ausgleichsprojekt in Ceará, Brasilien kompensiert.

Bisher beteiligten sich an „Think Blue." über 30 Länder. Dabei wurden viele Projekte durch Kooperationen mit Umweltverbänden umgesetzt, bei denen in jedem Land individuell auf die jeweils dringlichsten Herausforderungen in Bezug auf ökologische Nachhaltigkeit eingegangen wurde.

5 Nachhaltigkeits Management System

Um den Anforderungen eines umfassenden und zeitnahen CSR- und Nachhaltigkeits-Managements nachzukommen, hat Volkswagen ein IT-gestütztes Kennzahlensystem auf Konzern, Marken- Gesellschafts- und Standortebene eingeführt. Dieses System dient ebenfalls zu Analyse- und Dokumentationszwecken und liefert alle relevanten Kennzahlen und Informationen aus den Bereichen Umwelt, Soziales und Governance. Somit wird eine konzernweit konsistente Datenbasis für die Erstellung des Geschäftsberichts, des Konzernnachhaltigkeitsberichts, die Unternehmensprofile für Ratings und die Nachhaltigkeitskommunikation gewährleistet.

Die Ziele des Nachhaltigkeits Management Systems liegen darin, eine revisionssichere, kohärente, aufwandsoptimierte und bereichsübergreifende Berichterstattung über das Nachhaltigkeitsprofil des Konzerns zu ermöglichen. Die Steigerung von Transparenz, Datenqualität und Abdeckungsgrad der Kennzahlen sowie das Monitoring von Environmental, Social und Governance (ESG)-Risiken und die Eruierung weiterer Chancen und Innovationen (vgl. Nachhaltigkeitsbericht 2012a, b).

6 Fazit

Mit dem im vorhergehenden vorgestellten integrierten Ansatz eines CSR Managements hat der Volkswagen Konzern ein zukunftsfähiges Konzept entwickelt. Es verknüpft die starken Traditionen einer Unternehmenskultur des gesellschaftlichen Engagements mit einem strategischen Ansatz der Nachhaltigkeit. Durch systematisches Stakeholder Management erfährt der Konzern wesentliche Impulse für seinen innovativen und wettbewerbsorientierten CSR Ansatz.

Literatur

Carroll AB (1991) The pyramid of corporate social responsibility. Bus Horiz 34(4):42
Geschäftsbericht (2012) Volkswagen Aktiengesellschaft
Grieshuber E (2012) CSR als Hebel für ganzheitliche Innovation. In: Schneider A, Schmidpeter R (Hrsg) Corporate social responsibility, Berlin
Kuhn TS (1962) The structure of scientific revolutions. University of Chicago Press
Müller J Volkswagen: Innovation Excellence als Unternehmensvision
Nachhaltigkeitsbericht (2012a) Volkswagen Aktiengesellschaft
Nachhaltigkeitsbericht (2012b) Micro Site. www.volkswagen-ag.de
Porter ME, Kramer MR (2008) Strategy & society: the link between competitive advantage and corporate social responsibility. In: Porter ME (Hrsg) On competition. Harvard Business School Publishing Corporation, Boston, S 479–503

Innovationen durch nachhaltige Unternehmensführung am Beispiel von Elektromobilität

Sebastian Ober, Markus Frank, Katharina Fischer und Dirk Voeste

1 Nachhaltigkeit als Bestandteil der Unternehmensstrategie

1.1 Gesellschaftliche Entwicklungen und Nachhaltigkeit

Die langfristige Entwicklung unserer Gesellschaft stellt uns vor große Herausforderungen. Prognosen zufolge werden 2050 auf unserem Planeten etwa 9 Milliarden Menschen leben (UN 2011). Dies sind ungefähr 2 Milliarden Menschen mehr als im Jahr 2011. Die Erfüllung langfristiger Bedürfnisse der Menschheit wirkt sich dabei auf den weltweiten Ressourcenverbrauch aus. So wird vermutet, dass sich der weltweite Bedarf an Primärenergie bis zum Jahr 2050 verdoppeln oder sogar verdreifachen kann (IEA 2003; WBCSD 2004). Für den Transportbereich wird angenommen, dass im Jahr 2020 weltweit 50 Prozent mehr Autos verkauft werden als 2013 (BMBF 2013). Gerade im Hinblick auf die begrenzte Verfügbarkeit des Erdöls und den voraussichtlich steigenden Preisen für diesen Rohstoff werden alternative Transportkonzepte erforderlich. Auf diese Weise wird die Herausforderung ersichtlich, gleichzeitig die langfristigen Bedürfnisse der Menschheit sowie den Verbrauch begrenzter Ressourcen in Einklang bringen zu müssen.

Die Autoren danken herzlich ihren Kollegen, insbesondere Anja Feldmann, Astrid Jung, Andreas Fischer, Markus Müller-Neumann, Malte Siebert, Matthias Bartmann und Markus Armbruster für ihre inhaltlichen Anregungen sowie die kritische Durchsicht des vorliegenden Beitrages. Unser Dank gilt auch Herrn Klaus Jopp aus dem Pressebüro WiWiTech für die Unterstützung bei der Anfertigung des Manuskriptes. Weiterhin möchten wir Frau Isabel Haas für die redaktionelle Arbeit danken.

S. Ober (✉) · M. Frank · K. Fischer · D. Voeste
BASF SE, Sustainability Strategy Development, 38 Karl-Bosch-Str,
67056 Ludwigshafen, Deutschland
e-mail: sebastian.ober@basf.com

R. Altenburger (Hrsg.), *CSR und Innovationsmanagement*,
Management-Reihe Corporate Social Responsibility,
DOI: 10.1007/978-3-642-40015-5_9, © Springer-Verlag Berlin Heidelberg 2013

Vor dem Hintergrund dieser gesellschaftlichen Entwicklungen erlangt nachhaltiges Haushalten mit knappen Ressourcen zunehmend an Bedeutung. Einerseits müssen die menschlichen Grundbedürfnisse erfüllt, andererseits die gesellschaftlichen Grundlagen wie die natürliche Umwelt für die Zukunft erhalten bleiben. Dabei zielt Nachhaltigkeit darauf ab, gleichzeitig sowohl die Lebenssituation der heute lebenden Menschen zu verbessern als auch die ökologischen, sozialen und wirtschaftlichen Grundlagen für künftige Generationen zu erhalten (Grunwald und Kopfmüller 2006). Dieser Grundsatz sowie der Begriff „Nachhaltigkeit" sind in der Forstwirtschaft schon seit spätestens Ende des 18. Jahrhunderts vertreten (Blank 2001). In diesem Zusammenhang sollte damals nicht mehr Holz geschlagen werden als nachwächst. Nur so ließe sich der Wald langfristig nutzen und erhalten. Allerdings muss sich dieser Gedanke in Bezug auf ökologische, soziale und wirtschaftliche Grundlagen in unserer Gesellschaft durchsetzen sowie in ein entsprechend verantwortungsvolles Verhalten (z. B. auf Unternehmens- und Konsumentenebene) münden.

1.2 Nachhaltige Unternehmensführung: Die Nachhaltigkeitsstrategie der BASF

Die Ausrichtung auf Nachhaltigkeit kann sich in der Strategie von Unternehmen niederschlagen. Dyllick und Hockerts (2002) definieren nachhaltige Unternehmensführung als die Erfüllung von Bedürfnissen direkter und indirekter Stakeholder eines Unternehmens (z. B. von Mitarbeitern und Kunden), ohne die Fähigkeit zu gefährden, entsprechend zukünftige Bedürfnisse erfüllen zu können. Diese Art der Unternehmensführung zeichnet sich dadurch aus, Kapital zu erhalten und gleichzeitig sowohl kurz- und langfristige als auch ökologische, soziale und ökonomische Aspekte zu integrieren.

In dieser Form kann die strategische Unternehmensausrichtung auf Nachhaltigkeit zugleich gesellschaftliche Beiträge leisten und den langfristigen Unternehmenserfolg durch Innovationen und Unternehmenswachstum sicherstellen. So propagieren Porter und Kramer (2011) das Konzept des „Creating Shared Value" (CSV) und verbinden wirtschaftlichen Erfolg von Unternehmen mit einem gesellschaftlichen Beitrag. Nach Ansicht der Autoren eröffnet die strategische Ausrichtung auf gesellschaftliche Bedürfnisse einem Unternehmen Märkte und Opportunitäten, denn erst der Bezug auf gesellschaftliche Probleme kann Innovationen durch die Nutzung neuer Technologien, neuer Prozessverfahren und Managementansätze hervorrufen. Diese wiederum vergrößern die Produktivität eines Unternehmens und dessen Märkte. So können Effizienzpotentiale erschlossen werden, und das Unternehmen kann sich in Märkten gegenüber dem Wettbewerb differenzieren. Durch die Ausrichtung solcher Unternehmensaktivitäten werden dann gleichzeitig Beiträge zur Erfüllung gesellschaftlicher Bedürfnisse geleistet.

Die Sicherstellung eines langfristigen Unternehmenserfolgs durch eine unternehmerische Nachhaltigkeitsorientierung erfordert eine konsequente Umsetzung im Unternehmen, denn eine entsprechende Ausrichtung mit den zugehörigen Aufwendungen (z. B. durch besonders intensive Ausgaben im Energiebereich) kann die wirtschaftliche

Leistung einer Firma herabsetzen (Eccles und Serafeim 2013). Um bei steigenden gesellschaftlichen Beiträgen eines Unternehmens den wirtschaftlichen Erfolg zu erhöhen, schlagen Eccles und Serafeim (2013) ein zielgerichtetes Innovationsmanagement vor, welches aus vier Maßnahmen besteht. Zur Ausrichtung der Innovationen sollen dabei zunächst die Themen (im Speziellen die Umwelt-, Sozial- und Governance (ESG)-Themen) identifiziert werden, die im Umfeld des Unternehmens besonders kritisch bzw. bedeutsam sind. Zweitens sind die finanziellen Auswirkungen zu quantifizieren, welche Verbesserung in solchen Themenbereichen hervorrufen. Im dritten Schritt sind entsprechende grundlegende Innovationen bei Produkten, Prozessen und Geschäftsmodellen einzuleiten, um die identifizierten richtungsweisenden Themen zu bedienen. Schließlich sind die resultierenden Innovationen an die Stakeholder eines Unternehmens zu kommunizieren. Auf diese Weise kann die Umsetzung eines zielgerichteten Innovationsmanagements ermöglichen, dass eine nachhaltige Unternehmensführung dem Unternehmen selbst auch zu langfristigem Erfolg verhilft.

1.2.1 Die Nachhaltigkeitsstrategie der BASF

Heutzutage lässt sich in der unternehmerischen Praxis nachhaltige Unternehmensführung in vielen Firmen wiederfinden. Die Integration von Nachhaltigkeit wird in diesem Beitrag am Beispiel der Unternehmensstrategie der BASF SE besprochen. Die BASF ist das weltweit führende Chemieunternehmen und hat Nachhaltigkeit im Rahmen der „We create chemistry"-Strategie im Unternehmenszweck verankert (BASF SE 2011). Globale Herausforderungen werden als strategischer Ausgangspunkt gesehen, um nachhaltige Lösungen zu liefern:

We create Chemistry for a sustainable future.

Dreh- und Angelpunkt ist dabei der „BASF-Verbund", um gleichzeitig sowohl die Unternehmensleistung zu steigern als auch gesellschaftliche Beiträge zu schaffen. Darin sind Produktionsanlagen, Energiefluss, Logistik, Infrastruktur und auch das Expertenwissen miteinander intelligent verbunden, so dass möglichst geschlossene Stoffkreisläufe entstehen. Dabei lassen sich Produktausbeuten steigern, Ressourcen und Energie einsparen, Logistikkosten senken sowie relevante Informationen optimieren und miteinander vernetzen (BASF SE 2012). Darüber hinaus kann das Unternehmen durch seine Technologievielfalt in seinem Produktportfolio (das von Chemikalien, über Kunststoffe bis hin zu landwirtschaftliche Lösungen reicht) sowie seiner Unternehmensgröße mit 113.000 Mitarbeitern in über 80 Ländern (2012) weltweit verschiedene Ebenen vieler Wertschöpfungsketten hinsichtlich gesellschaftlicher Beiträge beeinflussen.

Für die BASF bedeutet Nachhaltigkeit heute und zukünftig, wirtschaftlichen Erfolg mit gesellschaftlicher und ökologischer Verantwortung in Einklang zu bringen (BASF SE 2012). Die damit verbundenen Zielkonflikte werden als Herausforderung erkannt, verschiedene Interessen abzuwägen und bestmögliche Lösungen zu finden. In Bezug auf die ökologische, soziale und wirtschaftliche Dimension der Nachhaltigkeit leistet die BASF

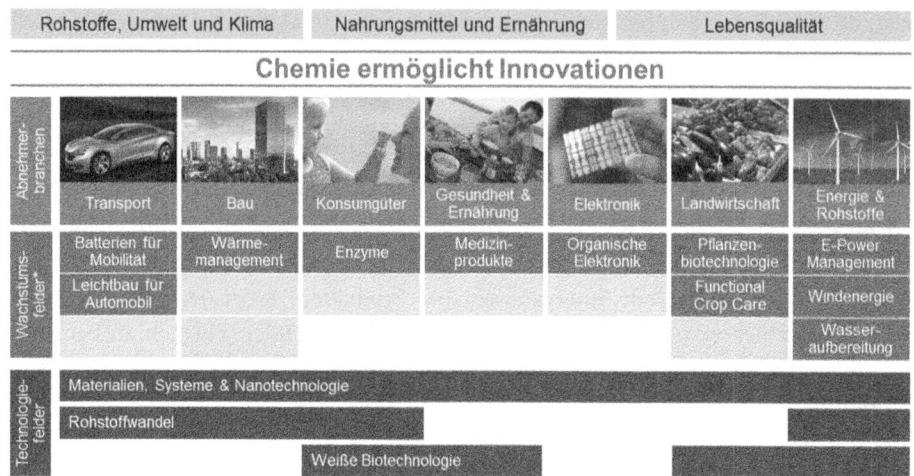

Abb. 1 Chemie-basierte Innovationsfelder, Abnehmerbranchen, Wachstumsfelder und Technologiefelder als Teil der Unternehmensstrategie der BASF (Eigene Darstellung)

unterschiedliche Beiträge und hat sich entsprechende Ziele gesetzt. Im Bereich Umwelt hat das Unternehmen zum Beispiel seine Treibhausgasemissionen je Tonne Verkaufsprodukt (ohne Gas- und Erdölförderung) 2012 im Vergleich zum Jahr 2002 um 31,7 % reduziert. Bis zum Jahr 2020 sollen die Emissionen dann um weitere 8,3 % gesenkt werden. Im sozialen Bereich sank die Zahl der Arbeitsunfälle der Mitarbeiter (mit Ausfalltagen je eine Millionen geleistete Arbeitsstunden) von 2002 bis 2012 um 48 Prozentpunkte. Angestrebt ist eine Verringerung der Arbeitsunfälle um 80 % im Jahr 2020 (im Vergleich zum Basisjahr 2002). In ökonomischer Sicht strebt das Unternehmen an, seinen Umsatz von 78,7 Mrd. € (2012) auf ca. 115 Mrd. € (2020) zu steigern. Zusammenfassend lässt sich damit festhalten, dass sich die BASF auf Nachhaltigkeit ausgerichtet hat und sich diese Orientierung in ihrer Unternehmensstrategie widerspiegelt.

Entlang der strategischen Ausrichtung auf Nachhaltigkeit hat BASF auch zentrale Wachstumsfelder identifiziert. Abgeleitet von den langfristigen gesellschaftlichen Entwicklungen setzt das Unternehmen auf Innovationen aus der Chemie in drei Bereichen: 1. Rohstoffe, Umwelt und Klima, 2. Nahrungsmittel und Ernährung sowie 3. Lebensqualität (vgl. Abb. 1; BASF SE 2012).

Im Rahmen der Unternehmensstrategie wurden sieben Abnehmerbranchen identifiziert, in denen Beiträge zu den drei chemie-basierten Innovationsfeldern erbracht werden können (Abb. 1). Aus den Innovationsfeldern wurden darüber hinaus für die unterschiedlichen Abnehmerbranchen Innovationsthemen, sogenannte Wachstumsfelder, abgeleitet. In diesen Wachstumsfeldern wird ein hohes Umsatzpotential im Jahr 2020 erwartet. Als Beispiel lässt sich die Branche „Transport" heranziehen, zu der die Wachstumsfelder Batterien für Mobilität sowie Leichtbau für Automobile zählen. Technologiefelder bilden die technologische Basis zur Entwicklung der Wachstumsfelder. Dazu zählt das Technologiefeld „Materialien, Systeme & Nanotechnologie", mit dessen Unterstützung nachhaltige Lösungen in allen Abnehmerbranchen und Wachstumsfeldern möglich sind. Damit hat das Unternehmen durch seine langfristige Ausrichtung seine Geschäfts- und Innovationsmöglichkeiten erkannt und Bereiche für entsprechende nachhaltige Lösungen und Innovationen bestimmt. Mit diesen Feldern verknüpft das Unternehmen seine gesellschaftlichen Beiträge mit der gleichzeitigen Entwicklung seiner Geschäftsfelder.

Dabei können die oben beschriebenen Maßnahmen der Autoren Eccles und Serafeim (2013) auf die Aktivitäten der BASF übertragen werden. Erstens werden die kritischen Themen im Unternehmensumfeld durch eine „Materialitätsmatrix" identifiziert (BASF SE 2012). Dabei handelt es sich um eine Einordnung von Nachhaltigkeitsthemen in zwei Dimensionen: Die Bedeutung von Nachhaltigkeitsthemen für die Stakeholder des Unternehmens sowie die Bedeutung entsprechender Themen für die BASF selbst. Wichtige Themen für sowohl die Stakeholder als auch die BASF sind z. B. Luftverschmutzung und Wasserknappheit. Damit werden Anliegen erkannt, die gegenwärtig und zukünftig Chancen und Risiken für das eigene Geschäft bedeuten können. Zweitens werden dann diese Themen nach ihrer strategischen Bedeutung bewertet und priorisiert. Prioritätsthemen sind z. B. Energie und Klima sowie Menschen- und Arbeitsrechte. Drittens werden Innovationen bei Produkten, Prozessen und Geschäftsmodellen angestrebt, wie beispielsweise zukunfts- und marktorientierte Strukturen von Forschung und Entwicklung sowie des entsprechenden Projektportfolios. Eine solche Neuaufstellung erfolgte 2012 und richtet sich auf die chemiebasierten Innovationsfelder, Abnehmerbranchen, Wachstums- und Technologiefelder, die in Abb. 1 zu finden sind. Bezüglich innovativer Geschäftsmodelle lässt sich die Anwendung einer Nachhaltigkeitsbewertung von Wertschöpfungsketten benennen (vgl. auch Frank et al. 2013, in Vorbereitung). Viertens werden die Stakeholder über die Innovationen informiert. Ein Beispiel ist der integrierte Nachhaltigkeitsbericht, in dem die ökologische, soziale und ökonomische Leistung des Unternehmens jährlich dokumentiert ist. 2007 veröffentlichte die BASF den ersten Nachhaltigkeitsbericht (BASF SE 2007).

Es lässt sich festhalten, dass die Integration von Nachhaltigkeit in bestehende Geschäftsprozesse bei der BASF bereits begonnen hat. Insbesondere die Anwendung von Nachhaltigkeitsanalysen entlang von Wertschöpfungsketten sowie die Integration von Nachhaltigkeit in das Innovationsmanagement sollen Inhalte des zweiten Kapitels sein.

2 Nachhaltigkeit als Treiber von Innovationen

2.1 Nachhaltigkeitsinnovationen durch Bewertung der Wertschöpfungskette

Nachhaltigkeitsanalysen und -bewertungen entlang von Wertschöpfungsketten können für alle darin beteiligten Akteure aufzeigen, bei welchen Produkten oder Prozessen Verbesserungspotentiale bestehen. Damit wird ersichtlich, an welchen Stellen

Unternehmen Nachhaltigkeitspotenziale besitzen und wofür Innovationen gegebenenfalls notwendig sind.

Ausgehend von der Grundprämisse ‚Gestaltung und Fortschritt müssen messbar sein' hat sich in diesem Zusammenhang die BASF bereits vor 18 Jahren dem Thema Nachhaltigkeitsmessung und -bewertung gewidmet. Die Ökoeffizienz-Analyse (Saling et al. 2002) bildete den Anfang der mittlerweile langen Historie der Nachhaltigkeitsevaluation bei BASF. 1996 hat die BASF als eines der ersten Unternehmen der chemischen Industrie diese ganzheitliche Methode etabliert, die industrielle Prozesse – von der Rohstoffgewinnung über die Herstellung und Verwendung des Produkts bis zur Entsorgung – unter definierten Nachhaltigkeitsaspekten untersucht und bewertet. Die BASF Methode der Ökoeffizienz-Analyse wurde durch den TÜV Rheinland und die NSF (National Sanitation Foundation) validiert. Seit ihrer Einführung hat die BASF mehr als 500 Analysen durchgeführt, viele davon im Kundenauftrag.

Mit der Ökoeffizienz-Analyse setzt sich BASF zum Ziel, Produkte und/oder Verfahren, die denselben Kundennutzen erfüllen können, hinsichtlich ihrer Nachhaltigkeitsperformance zu vergleichen. Hierbei setzt die Ökoeffizienz-Analyse die Wirtschaftlichkeit eines Produkts (ökonomische Dimension) ins Verhältnis zur ökologischen Dimension – mögliche Auswirkungen auf die Umwelt. Auf diese Weise kann der BASF als auch den Kunden des Unternehmens Aufschluss darüber gegeben werden, welche Produkte und Prozesse sowohl aus wirtschaftlicher als auch aus ökologischer Sicht am besten abschneiden.

Die von der BASF entwickelte Ökoeffizienz-Analyse ist eine Lebenszyklus-Analyse, d. h. die wirtschaftliche Analyse sowie die ökologischen Auswirkungen werden über den gesamten Lebensweg eines Produktes oder Verfahrens hinweg erfasst, von der „Wiege bis zur Bahre". So wird zum Beispiel die Belastung der Umwelt durch Produkte und deren Ausgangsstoffe identifiziert. Ebenfalls analysiert werden Nutzungsverhalten von Endabnehmern sowie die verschiedenen Möglichkeiten der Wiederverwendung und Entsorgung.

2.1.1 Nachhaltigkeitsaspekte in der Ökoeffizienz-Analyse

Die Ökoeffizienz-Analyse von BASF basiert auf der DIN EN ISO 14040 und 14044 für ökologische Bewertungen. Die Umweltwirkung wird anhand von sechs Kategorien beschrieben (Shonnard et al. 2003): (1) Verbrauch von Rohstoffen; (2) Verbrauch von Energie; (3) Flächenbedarf; (4) Emissionen in Luft und Wasser sowie Abfälle; (5) Toxizitätspotenzial; (6) Risikopotenzial.

Aus der Zusammenführung dieser Einzeldaten ergibt sich die Gesamtumweltbelastung eines Produktes oder Verfahrens. Die einzelnen Umweltkategorien werden hier zunächst normiert und gewichtet. Die Gewichtung setzt sich dabei aus einem „wissenschaftlichen" Relevanzfaktor und einem sozialen Gewichtungsfaktor zusammen (Shonnard et al. 2003). Parallel werden die ökonomischen Daten zusammengetragen. Hierbei werden sämtliche Kosten, die bei der Produktherstellung oder -verwendung entstehen, in die Rechnung einbezogen. Diese ökonomische Analyse bildet zusammen mit der Gesamtumweltbelastung die Grundlage für Ökoeffizienzvergleiche.

2.1.2 Nachhaltigkeitsmessung als Werttreiber

Ziel der Nachhaltigkeitsanalysen und -bewertungen ist der Vergleich zwischen Produkten und Herstellungsverfahren hinsichtlich ihrer Nachhaltigkeitsperformance. Studien können dabei ein klarer Werttreiber für sowohl den Kunden bzw. den Studienpartner als auch für die BASF sein. Der Kundengewinn kann darin bestehen, bei Produkten oder Herstellungsverfahren Ressourcen einzusparen und Nachhaltigkeitsbeiträge zu leisten. Dadurch können sich Produkte zum Beispiel im Markt differenzieren. Die BASF hingegen kann diese Verbesserungspotentiale identifizieren und den Kunden entsprechende Lösungen anbieten bzw. Innovationanstrengungen starten (Uhlman und Saling 2010).

Die Ökoeffizienz-Analyse wird bei der BASF in vier Bereichen eingesetzt. Bei strategischen Entscheidungen können für den untersuchten Anwendungsfall zukunftsfähige Produkte von weniger zukunftsfähigen unterschieden werden. Dadurch ist es möglich, die ökologisch und ökonomisch vorteilhaften Produkte bevorzugt zu produzieren. Auch bei Investitionsentscheidungen kann die Ökoeffizienz-Analyse wertvolle Hinweise geben. So können für ein Produkt verschiedene Verfahren und verschiedene Standorte miteinander verglichen und die optimale Lösung ermittelt werden.

Das zweite Einsatzgebiet der Ökoeffizienz-Analyse ist die Forschung und Entwicklung. Hier können Erfolg versprechende Produkte frühzeitig erkannt und die einflussreichsten Faktoren auf die Erfolgsaussichten quantifiziert werden. Dies hilft, Entscheidungen über die Entwicklungsschwerpunkte zu treffen sowie Zielkorridore vorzugeben. Das Innovationsmanagement lässt sich damit unterstützen.

Ein drittes Einsatzgebiet der Ökoeffizienz-Analyse ist die Erstellung von Diskussionsgrundlagen für Gespräche mit politischen Meinungsbildnern. Die Ökoeffizienz-Analyse erlaubt es, die komplexen ganzheitlichen Zusammenhänge der Industrieproduktion und der Nutzung der Produkte anschaulich darzustellen. Dadurch kann mit Politikern über die Auswirkungen von Gesetzesvorhaben diskutiert werden.

Die vierte Anwendung der Ökoeffizienz-Analyse ist das Marketing. Den Kunden der BASF kann die ganzheitliche Sicht der Produkte vermittelt werden. Indem der gesamte Lebensweg berücksichtigt wird, sind die Einflüsse der Kunden in der Analyse mit integriert. Die Ökoeffizienz-Analyse verlässt also die singuläre Betrachtung der eigenen Produktion und untersucht den Einfluss der Produkte aus Sicht des Kunden (Becks und Gelbke 2001). Vor allem aber ermöglicht sie eine Zuordnung, wer welchen Beitrag zur Nachhaltigkeit innerhalb der Wertschöpfungskette leisten muss und kann.

Ein Beispiel für eine Ökoeffizienz-Analyse liefern Uhlman und Saling (2010) in Bezug auf die Herstellung, Nutzung und Entsorgung von hochqualitativen Möbelschäumen. In dieser Untersuchung wurden Prozessalternativen betrachtet, die entweder auf konventionellem Erdöl oder auf regernativen Soja- bzw. Rizinusöl basieren. Bei dieser Nachhaltigkeitsbewertung zeigte sich, dass bei den jeweils eingesetzten Rohstoffen Unterschiede sowohl in der ökologischen als auch in der ökonomischen Bewertung vorliegen. So ist der Einfluss des Herstellungsprozesses basierend auf Rizinusöl auf die untersuchten Umweltfaktoren am geringsten, weist jedoch die höchsten Produktionskosten auf. Das Verfahren basierend auf Erdöl hingegen weißt im Vergleich die stärksten Einflüsse auf die Umweltfaktoren auf, mit den geringsten Herstellkosten. Interessanterweise ist das aggregierte Ökoeffizienzverhältnis beider Prozesse gleich. Die Nutzung von Sojaöl als Alternative zeigt im Vergleich zu den beiden anderen Rohstoffquellen ein schlechteres Ökoeffizienzverhältnis. Mit Hilfe der Ökoeffizienz-Analyse lassen sich damit Produktionsprozesse vergleichen, Verbesserungspotentiale identifizieren und eine Entscheidungsgrundlage herstellen.

Neben der Ökoeffizienz-Analyse hat die BASF auch andere Instrumente zur Nachhaltigkeitsbewertung im Einsatz. Eine Weiterentwicklung der Ökoeffizienz-Analyse stellt beispielsweise die Methode AgBalance™ dar, die speziell auf den landwirtschaftlichen Bereich zugeschnitten ist und sowohl ökologische, wirtschaftliche als auch soziale Einflussfaktoren berücksichtigt (z. B. Erhaltung der Artenvielfalt, Löhne und Gehälter von Landwirten sowie Kosten für Saatgut; Schoeneboom, Saling, Gipmans 2012). Daraus können alle Akteure in der Lebensmittelwertschöpfungskette Verbesserungspotentiale in Bezug auf Nachhaltigkeit ableiten.

Insgesamt lässt sich festhalten, dass Nachhaltigkeitsanalysen und –bewertungen entlang der Wertschöpfungskette, wie z. B. die Ökoeffizienzanalyse, Verbesserungspotentiale für Produkte und Prozesse in Bezug auf Nachhaltigkeit aufzeigen können. Auch in Bezug auf Innovationen lassen sich damit wertvolle Potentiale aufdecken.

2.2   Nachhaltigkeit im Innovationsmanagement von Unternehmen

Die strategische Ausrichtung von Unternehmen auf Nachhaltigkeit erfordert auch eine zielgerichtete und konsequente Umsetzung dieses Themas im unternehmerischen Innovationsmanagement. Ein entsprechendes Management bezieht sich im Wesentlichen auf Produktinnovationen und ist besonders bei der Entwicklung und Markteinführung neuer Produkte von großer Bedeutung (Homburg und Krohmer 2009). Der Fokus liegt auf der Neuentwicklung vielversprechender Produkte sowie in der Optimierung des Innovationsprozesses.

Ein Innovationsprozess unterteilt sich typischerweise in verschiedene Stufen bzw. Arbeitsschritte, zwischen denen jeweils Kontrollpunkte liegen (vgl. Cooper 1990). Dies ermöglicht ein besseres Management des Innovationsprozesses. Ausgehend von der Innovationsidee können folgende Arbeitsschritte Teil des Prozesses sein: die Voranalyse (d. h. eine technische und marktbezogene Bewertungen der Innovationsidee), eine Detailanalyse des Innovationsprojektes (inkl. Geschäftsplan und Projektdefinition), die Entwicklung der Innovation (inkl. der eigentlichen Produktentwicklung), Tests und Validierungen (z. B. von Produkt, Herstellungsverfahren und Kundenakzeptanz) sowie die Produktion und Markteinführung des Produkts. An den Kontrollpunkten zwischen den einzelnen Stufen müssen dabei festgelegte Qualitätskriterien erfüllt werden, damit ein Innovationsprojekt die nächste Stufe erreicht. Dabei zielt ein Management eines Innovationsprozesses prinzipiell darauf ab, Innovationskosten zu senken, dessen Ablauf zu beschleunigen sowie strukturiert naturwissenschaftlich-technologische bzw. insbesondere Kundenbedürfnisse zu berücksichtigen (Homburg und Krohmer 2009). So können Entscheidungen besonders am Anfang eines Innovationsprozesses Kosten einsparen. Im Wesentlichen bezieht sich damit ein Innovationsmanagement auf die Entwicklung und Markteinführung von Produkten sowie die Optimierung des Innovationsprozesses.

Im Zusammenhang mit dem Innovationsmanagement spielen im Business-to-Business Bereich zudem auch besonders Kooperationen mit externen Partnern, wie die Integration von Kunden in den Innovationsprozess eine große Rolle (Homburg und Krohmer 2009). So können ausgewählte Kunden als Pilotkunden in den Innovationsprozess integriert werden, um beispielsweise bei der Produktentwicklung mitzuwirken, Produkte zu testen oder Erfahrungen zu sammeln (Homburg und Krohmer 2009; Brockhoff 1998). Dies bietet Chancen auf Zeit-, Kosten- und Qualitätsverbesserungen bei Innovationsprojekten und kann auch schon sehr frühzeitig z. B. in der Voranalysephase eines Innovationsprozesses geschehen, um den Erfolg des Innovationsprojekts sicherzustellen (vgl. Cooper 1990; Homburg und Krohmer 2009). Daraus kann ein gesteigerter Neuprodukterfolg resultieren, da im Vergleich zum Konsumgüterbereich im Business-to-Business Bereich meist keine kommerziell betriebenen Testmärkte zur Überprüfung der Produktakzeptanz zur Verfügung stehen.

Mit der Ausrichtung des Innovationsmanagements auf Nachhaltigkeit ergeben sich neue Ansatzpunkte für dessen konsequente Umsetzung. Zunächst seien hier noch einmal die Nachhaltigkeitsziele genannt, welche die Basis eines Innovationsprozesses darstellen können. Mit Bezug auf das Innovationsmanagement erlangen zudem gleichberechtigte, nachhaltigkeitsbezogene Entscheidungs- und Bewertungskriterien in den einzelnen Prozessschritten große Bedeutung. Darüber hinaus kann Nachhaltigkeit ebenfalls als Entscheidungskriterium in der Auswahl und Bewertung von Kunden bzw. Kooperationspartnern eingesetzt werden.

Die Integration von Nachhaltigkeit findet sich auch im Innovationsmanagement der BASF wieder. Die Entwicklung innovativer Lösungen und Produkte sind für den Erfolg des Unternehmens von erheblicher Bedeutung (BASF SE 2012). So hat die BASF im Jahr 2012 ihre Prozesse und Strukturen sowie ihr Projektportfolio zukunftsorientiert aufgestellt und noch stärker am Markt ausgerichtet als bisher. Die bereits genannten Wachstums- und Technologiefelder (vgl. Abschn. 1.2, Abb. 1) liefern dabei entscheidende Beiträge zu Innovationen und nachhaltigen Lösungen zur Bewältigung der globalen Herausforderungen. Ebenfalls ist Nachhaltigkeit in die Entwicklung und Umsetzung von Forschungs- und Entwicklungsprojekten integriert, wobei unter anderem die Instrumente des Unternehmens zur Nachhaltigkeitsbewertung genutzt werden.

Der Innovationsprozess der BASF entspricht der Vorgehensweise, wie sie auch in der Literatur als „Stage-Gate-System" zu finden ist (Cooper 1990). In der BASF ist diese Philosophie im Innovationsketten- (oder Innovation-Chains) – Prozess umgesetzt.

Abbildung 2 zeigt den BASF-Innovationsprozess (vgl. Song und Hormuth 2013), welcher eine klare Struktur in Bezug auf die Projektorganisation vorgibt und von allen Innovationsprojekten durchlaufen wird. Eine effiziente Steuerung und Überwachung von

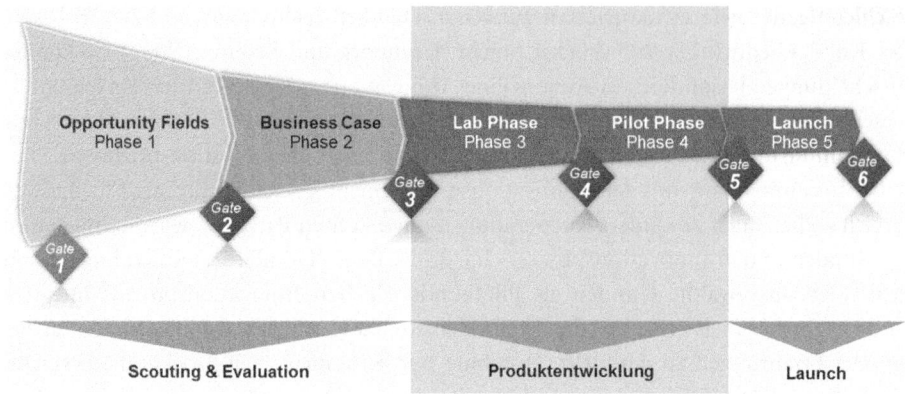

Abb. 2 Der Innovationsprozess der BASF (in Anlehnung an Song und Hormuth 2013)

Themen und Projekten wird so ermöglicht. Ebenfalls kann dieser Ablauf als ein offener Prozess verstanden werden, bei dem sowohl frühzeitig Projekte in operativen Einheiten verlagert (z. B. wenn sich Synergien mit bestehenden Geschäftsmodellen ergeben) als auch Projekte aus anderen Bereichen eingebunden werden können (z. B. falls sie nicht dem Fokus anderer Geschäftseinheiten entsprechen). Insgesamt besteht der Innovationsprozess der BASF aus drei Aufgabenfeldern. Das erste Feld besteht aus „Scouting & Evaluation", in dem neue Ideen generiert und bewertet als auch die selektierten Konzepte überprüft und entsprechende Strategien entwickelt werden. Das zweite Aufgabenfeld umfasst die Produktentwicklung, in der auch Investitionen in den „Scale-up"-Prozess und in die Produktion getätigt werden. Das dritte Feld wird als „Launch" bezeichnet, in dem Markteinführung und Vertrieb der entwickelten Innovationen folgen. Der gesamte Innovationprozess bzw. die drei genannten Aufgabenfelder unterteilen sich dabei in fünf Projektphasen (vgl. Abb. 2), welche durch sechs sogenannte „Gates" gegliedert sind. Die Gates sind hier als technologische und kommerzielle Meilensteine zu verstehen, in denen Entscheidungen über den Umgang mit neuen Themen und die Fortführung der Arbeitsschwerpunkte getroffen werden.

Forschungskooperationen spielen eine zentrale Rolle bei der Suche nach Innovationen. Der BASF-Forschungsverbund ist hier bei der Entwicklung von Innovationen von herausragender Bedeutung (vgl. Abb. 3).

Der BASF-Forschungsverbund besteht aus vier Forschungs- und Kompetenzzentren mit zahlreichen Entwicklungseinheiten in den operativen Bereichen (vgl. Abb. 3 sowie Song und Hormuth 2013). Entscheidendes Element dieses Verbundes ist das globale Netzwerk der BASF mit mehr als 600 exzellenten Universitäten, Forschungsinstituten und Unternehmen (BASF SE 2012). Dieses wird ständig weiterentwickelt, um geeignete Lösungen zu finden. Diesen Forschungs- und Kompetenzzentren ist die Einheit „Hochschulbeziehungen und Innovationsmanagement" übergeordnet, welche die genannten Zentren bei der Netzwerkpflege, bei öffentlich geförderten Projekten, bei der

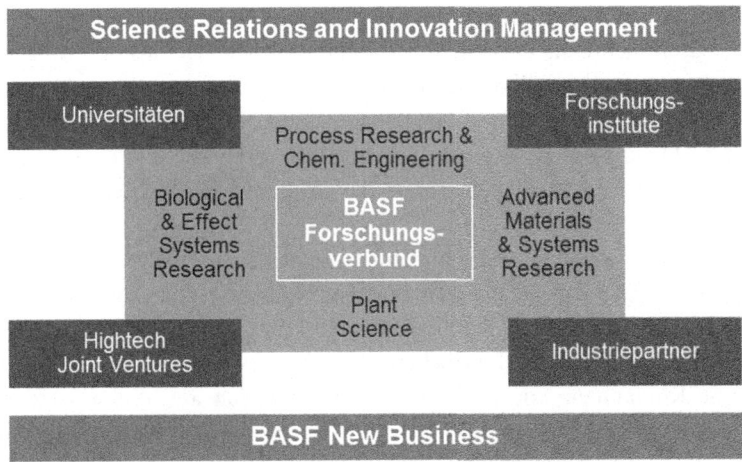

Abb. 3 Der BASF Forschungsverbund (Eigene Darstellung, vgl. auch Song und Hormuth 2013)

Projektorganisation und bei der Identifikation neuer akademischer Partner unterstützt. Zudem existiert die BASF New Business GmbH (ehemals BASF Future Business GmbH), welche sich auf den Aufbau neuer Geschäftsfelder und der Erschließung neuer Märkte bzw. neuer innovativer Technologien konzentriert. Auf diese Weise können Kooperationen dazu beitragen, dass alle Akteure entlang der Wertschöpfungskette sich an Innovationen beteiligen, und ein gemeinsames Vorgehen zu einer erfolgreichen Umsetzung führt.

3 Nachhaltigkeit und Innovation am Beispiel Elektromobilität

Wie sich das Thema Nachhaltigkeit auf die strategische Ausrichtung von Unternehmen entlang der Wertschöpfungskette sowie deren Innovationsbemühungen auswirkt, soll im Folgenden am Beispiel Elektromobilität erläutert werden.

Ausgehend vom Jahr 2013 wird geschätzt, dass weltweit die Anzahl an verkauften Autos bis zum Jahr 2020 um schätzungsweise 50 % steigt (BMBF 2013). Daraus folgen ökologische Herausforderungen wie die endliche Verfügbarkeit der fossilen Brennstoffe sowie entstehende Kohlendioxid-Emissionen als Treibhausgase. Vor allem in städtischen Regionen und Ballungsgebieten entstehen soziale Belastungen durch Stau, Parkplatznot, Luftverschmutzung und Lärm. Zur Lösung der genannten Probleme entstehen Innovationen wie die Entwicklung neuer Mobilitätskonzepte. Dazu zählen ein gut ausgebauter Nahverkehr, Car-Sharing sowie ein breites Spektrum an Elektrofahrzeugen (z. B. Zweiräder, Nutzfahrzeugen und Personenkraftwagen). Vor diesem Hintergrund wird die Bedeutung von Elektromobilität zukünftig steigen. Allerdings ziehen Antriebskonzepte mit Elektromotor und Batterie auch weitreichende Veränderungen im Fahrzeug nach sich, welche die Ausrichtung der gesamten Automobil- und Zulieferindustrie beeinflusst. In diesem Zusammenhang entstehen auch ökonomische Herausforderungen, indem Unternehmen hohen Herstellkosten bei innovativen Produkten gegenüberstehen. So betragen die Kosten für Batterien in Elektrofahrzeugen zurzeit etwa die Hälfte der Fahrzeugkosten. Elektromobilität ist somit ein Feld, in der neben der ökologischen und sozialen Dimension der Nachhaltigkeit gerade die ökonomische Machbarkeit zur Debatte steht.

Bei Nachhaltigkeitsanalysen oder im Einzelnen bei Umweltbewertungen entlang des gesamten Lebensweges von Fahrzeugen sind die Ergebnisse von Automobilvergleichen zum Beispiel sehr abhängig von dem eingesetzten Energiemix (Ifeu 2011). Während so bei einer Nutzung des durchschnittlichen deutschen Strommixes ein Elektrofahrzeug eine ähnliche Klimabilanz wie ein Verbrennungsfahrzeug aufweist, wird der Einsatz von erneuerbaren Energien (z. B. Windstrom) deutliche Klimavorteile gegenüber herkömmlichen PKW erbringen. Auf diese Weise lassen sich gerade durch solche Analysen die Herausforderungen für Nachhaltigkeitsleistungen entlang der Wertschöpfungskette identifizieren, damit schließlich Elektroautomobile in Zukunft besser abschneiden als Fahrzeuge mit Verbrennungsmotor. Es ist also folgerichtig, dass die Innovationsanstrengungen von Unternehmen anhand von Nachhaltigkeitsanalysen ausgerichtet werden.

Neben den ökonomischen Herausforderungen sind die Ansprüche der Verbraucher eine weitere wesentliche Stellgröße. Einerseits können Elektroautos abhängig von der Herkunft des Stroms besonders umweltfreundlich und energieeffizient sein (vgl. z. B. BMBF 2013). Durch ihre Nutzung können Kohlenstoffdioxid-Emissionen eingespart und regenerative Energien eingesetzt werden. Elektromotoren weisen zudem einen besonders hohen Wirkungsgrad von über 90 % im Vergleich zu etwa 35 % bei Verbrennungsmotoren auf und sind wartungsarm, flexibel einsetzbar und sehr leise. Andererseits zählen für den Verbraucher eine große (Fahr)reichweite, akzeptable Kosten, ein geringes Gewicht, schnelle Ladezeiten sowie eine lange Haltbarkeit der Fahrzeuge (vgl. z. B. BMBF 2013; Song und Hormuth 2013). Entsprechende Anforderungen müssen folglich auch die Batterien leisten. Für eine größere Reichweite ist eine hohe Energiedichte, für schnellere Ladevorgänge eine hohe Leistungsdichte und für eine lange Lebensdauer eine gesteigerte Zyklenfestigkeit notwendig. Darüber hinaus müssen Batterien im Betrieb und bei Unfällen sicher sein, weil gewisse Energiemengen gespeichert sind und hohe Spannungen im Fahrzeug anliegen.

Um diese gesellschaftlichen und marktbedingten Bedürfnisse zum Beispiel in Hinblick auf Batterien zu erfüllen, konzentriert sich die Forschung momentan auf die Lithium-Ionen-Batterie (BMBF 2013). Diese Technologie weist vergleichsweise eine hohe Energie- und Leistungsdichte sowie Zyklenfestigkeit auf. Darauf aufbauend wird die Weiterentwicklung dieser Technologie verfolgt und Lösungen auf Basis von Lithium-Schwefel- oder Metall-Luft-Zellen gesucht. Forschungsprojekte zur Optimierung der Energie- und Leistungsdichte, der Sicherheit, der Lebensdauer sowie der Herstellungsprozesse von Batterien werden angestoßen. Dabei behandeln die Forschungsarbeiten die eingesetzten Materialien bzw. Chemikalien sowie die Konstruktion, die Steuerung und die Fertigung der Batterien.

Zur Förderung dieser Entwicklungsanstrengungen werden ebenfalls übergreifende Kooperationen angestrebt. Als Beispiel kann hier die Nationale Plattform Elektromobilität der Deutschen Bundesregierung und der deutschen Industrie angesprochen werden, die im Jahr 2010 etabliert wurde (NPE 2010). Ziel dieser Plattform ist es, Deutschland zu einem Leitmarkt und zu einem führenden Anbieter für Elektromobilität zu entwickeln. Diese Absicht verfolgen gemeinsam Vertreter aus Industrie, Politik, Wissenschaft und Forschung sowie Verbraucher- und Umweltverbände. Im Einzelnen wurden so verschiedene Arbeitsgruppen, wie z. B. zu Antriebs- und Batterietechnologie oder Material und Recycling gegründet.

Die unternehmerische Ausrichtung auf Elektromobilität und im Speziellen auf Batterien spiegelt sich auch in der BASF wider, wobei sich das Unternehmen insbesondere durch sein marktorientiertes Innovationsmanagement und seine Kooperationen durch den BASF-Forschungsverbund auszeichnet. So ist eine entsprechende Ausrichtung auf Elektromobilität im Wachstumsfeld Batterien für Mobilität ersichtlich (vgl. Abschn. 1.2, Abb. 1). Das Innovationsmanagement verfolgt dabei einen ganzheitlichen und stark lösungsorientierten Ansatz hinsichtlich innovativer Materialien und funktionalen Komponenten, wie Kathoden- und Anoden-Materialien, Elektrolyten, Separatoren etc. (Song und Hormuth 2013). Aktivitäten der Forschung und Entwicklung sowie der Markt- und Geschäftsaufbau verlaufen parallel. Während Forschung und Entwicklung sich auf alle Systemkomponenten einer Batterie fokussiert und nachhaltige Lösungen sowohl bei innovativen Kathodenmaterialen mit einer hohen Energiedichte und einem verbesserten Kosten-Nutzen-Profil als auch bei Elektrolyten für eine längere Lebensdauer von Lithium-Ionen-Batterien sucht (BASF SE 2012), werden gleichzeitig Produktionskapazitäten wie eine erste Anlage zur Produktion von Kathodenmaterialien in Elyria, Ohio/ USA und optimale Vertriebsstrukturen aufgebaut (Song und Hormuth 2013). Synergien mit bestehenden Geschäftseinheiten sind in diesem Kontext ein entscheidendes Kriterium. Mit Bezug zu dem BASF-Forschungsverbund entwickelt das Unternehmen auch hier aktiv Kooperationen und ist beispielsweise in der Nationalen Plattform Elektromobilität in deren Lenkungskreis (BMU 2012, „NPE Vorsitz und Mitglieder des Lenkungskreises") als auch in den Arbeitsgruppen Batterietechnologie sowie Materialien und Recycling vertreten (BMU 2012, „NPE Mitgliederliste Arbeitsgruppen"). Durch diese gezielten Kooperationen wird der Forschungsverbund der BASF gestärkt und Forschung und Entwicklung auf den Marktbedarf ausgerichtet.

Am Beispiel Elektromobilität zeigt sich damit, dass alle Unternehmen innerhalb einer Wertschöpfungskette Beiträge in Bezug auf Nachhaltigkeit leisten können. Allerdings müssen sie sowohl ökonomischen Herausforderungen als auch Anforderungen der Verbraucher gerecht werden. Beides treibt Innovationen an, wobei Kooperationen bzw. die Zusammenarbeit verschiedener Akteure grundlegend sind. Die BASF ist hierfür mit ihrem Innovationsmanagement und ihrem Forschungsverbund für die Zukunft aufgestellt. Lösungen aus der Chemie sind dabei für eine nachhaltige Elektromobilität unerlässlich.

4 Nachhaltigkeit in Unternehmensstrategie und Innovation: Wohin geht der Trend?

Nachhaltigkeit in der Unternehmensstrategie und Innovation gehen Hand in Hand. Vor dem Hintergrund der langfristigen gesellschaftlichen Entwicklungen und der daraus einhergehenden Geschäftsmöglichkeiten kann angenommen werden, dass sich Unternehmen in Zukunft nicht nur vereinzelt auf Nachhaltigkeit hin ausrichten. Infolgedessen kann Nachhaltigkeit nicht mehr nur als ein „Nice-to-Have" sondern vielmehr als ein „Must-Have" verstanden werden. Eine solche Ausrichtung unterstützt dann Unternehmen dabei, sich selbst langfristig wirtschaftlich robust aufzustellen und entsprechend erfolgreich zu sein.

In welcher Weise sich Unternehmen langfristig aufstellen und sich Innovationen durch Nachhaltigkeit ergeben, ist aber auch abhängig von den Rahmenbedingungen in der Gesellschaft. Zur Bewältigung von Herausforderungen in Bezug auf eine Nachhaltigkeitsausrichtung bedarf es eines gemeinsamen Vorgehens aller Beteiligten, sowohl in der Politik als auch vom Energieversorger über den Zulieferer, den Automobilhersteller bis zum Konsumenten im Markt.

Die Umsetzung von Nachhaltigkeit in die Unternehmensprozesse kann große Bedeutung erlangen und lässt sich durch einen kontinuierlichen Verbesserungsprozess unterstützen. Nachhaltigkeit sollte ein fester Bestandteil der Geschäftsprozesse werden. Selbst wenn eine branchenübergreifende Unternehmensausrichtung auf Nachhaltigkeit eintritt, können sich dann Unternehmen von anderen nachhaltigkeitsorientierten Unternehmen im Markt unterscheiden. Eine solche unternehmerische Differenzierung kann gegebenenfalls in zweifacher Hinsicht gelingen. Erstens anhand der Intensität, wie Unternehmen Nachhaltigkeit in ihre bestehenden Geschäftsprozesse integrieren. So können Entscheidungen ausschließlich auf Nachhaltigkeitskriterien beruhen oder nur eine Erweiterung bestehender Bewertungskriterien sein. Wichtig ist insgesamt die Bedeutung, welche den Nachhaltigkeitskriterien im Vergleich zu den rein wirtschaftlichen Bewertungsmaßstäben eingeräumt wird. Zweitens können sich Unternehmen im Markt durch die entstehenden Innovationen im Bereich Nachhaltigkeit von Produkten, Prozessen und Geschäftsmodellen differenzieren. Entscheidend hierbei wird in der Zukunft sein, dass sie alle drei Nachhaltigkeitsdimensionen berücksichtigen.

Letzteres wird Unternehmen vor die Herausforderung stellen, ihre Produkte und Prozesse innerhalb des Unternehmens, aber auch entlang der Wertschöpfungsketten zu bewerten und Zielkonflikte innerhalb der drei Nachhaltigkeitsdimensionen miteinander in Einklang bringen. Zukünftige Antworten aus der unternehmerischen Praxis bleiben abzuwarten.

Literatur

BASF SE (2007) Bericht 2007. Konzernbericht. BASF SE, Ludwigshafen
BASF SE (2011) Bericht 2011. Konzernbericht. BASF SE, Ludwigshafen

BASF SE (2012) Bericht 2012. Konzernbericht. BASF SE, Ludwigshafen

Becks H, Gelbke HP (2001) „Die Ökoeffizienz-Analyse nach BASF." TA-Datenbank-Nachrichten, S 34–39

Blank J (2001) Sustainable development. In: von Schulz W, Burschel C, Weigert M, Liedtke C (Hrsg) Lexikon Nachhaltiges Wirtschaften. Oldenbourg Wissenschaftsverlag, München, S 374–385

Brockhoff K (1998) Der Kunde im Innovationsprozess. Vandenhoeck & Ruprecht, Göttingen

Bundesministerium für Bildung und Forschung (BMBF) (2013) Elektromobilität – das Auto neu denken. Bundesministerium für Bildung und Forschung (BMBF) Referat Elektroniksysteme; Elektromobilität, Bonn

Bundesministerium für Umwelt, Naturschutz und Reaktorsicherheit (BMU) (2012) NPE Mitgliederliste Arbeitsgruppen. Nationale Plattform für Elektromobilität. 05. Juni 2012. http://www.bmu.de/fileadmin/bmu-import/files/pdfs/allgemein/application/pdf/nat_plattform_elektromobilitaet_ags_bf.pdf. Zugegriffen: 18. Juni 2013

Bundesministerium für Umwelt, Naturschutz und Reaktorsicherheit (BMU) (2012) NPE Vorsitz und Mitglieder des Lenkungskreises. Nationale Plattform Eletromobilität. 05. Juni 2012. http://www.bmu.de/fileadmin/bmu-import/files/pdfs/allgemein/application/pdf/nat_plattform_elektromobilitaet_lenkungskreis_bf.pdf. Zugegriffen: 18. Juni 2013

Cooper RG (1990) Stage-gate systems: a new tool for managing new products. Bus Horiz 44–54

Dyllick T, Hockerts K (2002) Beyond the business case for corporate sustainability. Bus Strat Environ 130–141

Eccles R, Serafeim G (2013) The big idea. The performance frontier: innovating for a sustainable strategy. Harv Bus Rev 52–60

Frank M, Fischer K, Voeste D (2013) Messbarkeit gemeinsamer Wertschöpfung in der Landwirtschaft. CSR und value chain management, Springer (in Vorbereitung)

Grunwald A, Kopfmüller J (2006) Nachhaltigkeit. Campus Verlag, Frankfurt

Homburg C, Krohmer H (2009) Marketingmanagement. Gabler Verlag, Heidelberg

Institut für Energie- und Umweltforschung Heidelberg GmbH (Ifeu) (2011) UMBReLA. Umweltbilanzen Elektromobilität. Ergebnisbericht. Heidelberg, Oktober 2011

International Energy Agency (IEA) (2013) Energy to 2050. Scenarios for a sustainable future. Working Paper. OECD/IEA, Paris

Nationale Plattform für Elektromobilität (NPE) (2010) Zwischenbericht der Nationalen Plattform Elektromobilität. Gemeinsame Geschäftsstelle Elektromobilität der Bundesregierung (GGEMO), Berlin

Porter ME, Kramer MR (2011) The Big Idea: creating shared value: rethinking capitalism. Harv Bus Rev 1–17

Saling P, Kicherer A, Dittrich-Kraemer B, Wittlinger R, Zombik W, Schmidt I, Schrott W, Schmidt S (2002) Eco-efficiency analysis by BASF: the method. Int J Life Cycle Assess 203–218

Schoeneboom J, Saling P, Gipmans M (2012) AgBalance^{TM}. Technical background paper. BASF SE Agricultural Center, August 2012. http://www.agro.basf.com/agr/AP-Internet/en/function/conversions:/publish/upload/sustainability/AgBalance/307736_BASF_Tech-E_Paper-AgBalance.pdf. Zugegriffen: 20. Juni 2013

Shonnard DR, Kicherer A, Saling P (2013) Industrial applications using BASF eco-efficiency analysis: perspectives on green engineering principles. Environ Sci Technol 5340–5348

Song A, Hormuth W (2013) Die BASF Future Business GmbH. Vom Trendscouting zum Aufbau neuer Geschäftsfelder. In von Popp R, Zweck A (Hrsg) Zukunftsforschung im Praxistest. Springer Fachmedien Wiesbaden

Uhlman BW, Saling P (2010) Measuring and communicating sustainability through eco-efficiency analysis. Chemical Engineering Progress, Dezember 2010, S 17–26

United Nations (UN) (2011) World propulation prospects. The 2010 revision. Highlights and advance tables. Working Paper No. ESAP/WP.220. United Nations Department of Economic & Social Affairs, New York

World Business Council for Sustainable Development (WBCSD) (2004) Facts and trends to 2050. energy and climate change. Working Paper August 2004. WBCSD, Genf

CSR und Innovation – Neue Wege eines globalen Versicherungsunternehmens am Beispiel Mikroversicherungen

Martin Hintz und Daniel Dirks

Obwohl schon annähernd ein Begriff des täglichen Hausgebrauchs, zumindest in Wirtschafts- und *Non Profit* Organisationen, hält die Diskussion darüber, was Corporate Social Responsibility (CSR) eigentlich genau ist, weiter an. An Versuchen, den Begriff definitorisch genauer einzugrenzen, mangelt es nicht; die Debatte ist jahrzehntealt (Carroll 2008; vgl. auch Schneider 2012), und es ist festzustellen, dass eine eindeutige Klärung bislang nicht gelang, was besonders kritische Stimmen sogar dazu bringt, am Sinn von CSR insgesamt zu zweifeln (van Oosterhout und Heugens 2008). Hier handelt es sich allerdings um eine extreme Ansicht, die vor allem auf den akademischen Diskurs zum Thema rekurriert und gleichzeitig eingesteht, dass die Debatte um CSR immerhin der Praxis einen wichtigen Ansatzpunkt (,real-world focal point', ibid., S. 215) liefert, der das Management auf seinen Umgang mit dem ihm umgebenden Kontext fokussieren lässt.

Hier ist somit auch die Verbindung zum vorliegenden Beitrag: wir folgen dem breitgefassten Ansatz, den die Europäische Kommission 2011 veröffentlicht hat (Schneider 2012, S. 21f.) und in dem sie insbesondere auf die gemeinsamen Interessen von Kapital (,owners/shareholders') und Gesellschaft (,stakeholders and society at large') verweist. Es handelt sich notwendigerweise um einen langfristigen, strategischen Ansatz, der besondere Möglichkeiten für *Innovationen* in Produkte, Dienstleistungen und Geschäftsmodelle bietet. Dabei geht es bei CSR nicht nur um *rechtliche* Bedingungen und Rahmensetzungen, sondern insbesondere um die Nutzung *unternehmerischer* Fähigkeiten und marktwirtschaftlicher, d. h. *wettbewerblicher* Dynamiken (Schneider 2012, ibid.).

M. Hintz
Allianz SE, 28 Königinstr, 80802 München, Deutschland
e-mail: martin.hintz@allianz.com

D. Dirks (⊠)
CEB HR Consulting, 1 Georgsplatz, 20099 Hamburg, Deutschland
e-mail: ddirks@executiveboard.com

R. Altenburger (Hrsg.), *CSR und Innovationsmanagement*,
Management-Reihe Corporate Social Responsibility,
DOI: 10.1007/978-3-642-40015-5_10, © Springer-Verlag Berlin Heidelberg 2013

Hier überschneiden sich CSR Konzepte mit den Grundprinzipien des kapitalistischen Systems, in dem sich Wettbewerb und Innovation gegenseitig befruchten, ja konstitutiv füreinander sind (Baumol 2002).

Unternehmerische CSR Strategien und Programme müssen zwingend einem holistischen Ansatz folgen, um erfolgreich und innovationsfördernd zu sein. Dies ergibt sich einerseits definitionslogisch aus der Intention, mit CSR verschiedene Interessen zu bedienen und bestenfalls sogar auch zufriedenzustellen: aus Unternehmenssicht seine Anteilseigner, Mitarbeiter, Kunden, Lieferanten etc., je nachdem wie weit man den Blickwinkel richten mag (z. B. auch andere Kapitalgeber einbeziehend). Aus sozialer Perspektive das öffentliche Umfeld des Unternehmens (Politik, regulatorische Institutionen, Medien etc.) und die ökologischen Herausforderungen, die zu meistern sind. Neudeutsch spricht man allgemein vom Stakeholder-Ansatz, der für CSR die wohl fundamentalste Bestimmung ist (Bhattacharya et al. 2011).

Andererseits geht es hier nicht nur um konzeptionelle Festlegungen. Entscheidend ist weiterhin, dass ohne eine erfolgreiche Stakeholder-Orientierung *der ökonomische Erfolg des Unternehmens schlechthin in Frage steht*, zumindest in längerfristiger Perspektive. Das heißt Unternehmenserfolg und der Erfolg der anderen Stakeholder (kurz: Gesellschaft und Ökosysteme) sind untrennbar miteinander verbunden. Man spricht von der Maximierung des ‚shared value' durch CSR (Porter und Kramer 2011, 2012; vgl. auch Bhattacharya et al. 2011).[1]

Bewiesen ist diese theoretisch wie praktisch ehrgeizige These bislang nicht, wie die eingangs kurz zitierte anhaltende Diskussion zu CSR verdeutlicht. Auffällig ist allerdings, dass heute kaum noch ein größeres, zumal börsennotiertes Unternehmen ohne eine CSR-, Sustainability- oder wie auch immer benannte interne Einheit auskommt, verknüpft mit eigenen Budgets, Programmen, Instrumenten und dem obligatorischen Jahresbericht (typisch: Annual Corporate Sustainability Report; vgl. die einschlägigen Internetwebseiten z. B. der großen deutschen DAX 30 Unternehmen). Bedeutsam ist sicher auch, dass mit Managementvordenkern wie Michael Porter das Thema CSR seine höchsten konzeptionellen ‚Weihen' erhalten hat. CSR ist heute demnach ein *strategisches* Thema für Unternehmen weltweit, mit Konsequenzen für deren langfristige Wettbewerbsfähigkeit, auch und insbesondere über den Hebel Innovationskraft.

Der vorliegende Beitrag ist kein hypothesengetriebener Ansatz und beabsichtigt somit insbesondere nicht, die wissenschaftliche CSR Diskussion konzeptionell zu bereichern. Unsere Absicht ist vielmehr, ein konkretes Beispiel dafür zu liefern, wie ein globales Unternehmen des Finanzsektors mittels seiner CSR Strategie innovative Wege beschreitet, um Produkte, Prozesse, Vertrieb und Kundenservice neu aufzusetzen und damit gänzlich neue Märkte zu erschließen. Wie dabei *shared value* im CSR-Geschäftssegment *Mikroversicherungen* entsteht, soll eingehender erläutert werden.

Erfolg im Mikrofinanz-, und hier insbesondere im Mikroversicherungsbereich bietet dabei nicht nur erhebliches zukünftiges Geschäftspotenzial, sondern ist auch ein wichtiger Beitrag zur sozio-ökonomischen Entwicklung der sogenannten Schwellenländer. Das Fall-

---

[1] Bhattacharya et al. sprechen von Corporate Responsibility, da das ‚social' in CSR ihrer Meinung nach die ökologische Komponente vernachlässigt.

beispiel Allianz wählend, knüpfen wir damit schließlich sogar noch an die akademische Auseinandersetzung mit CSR an – Management-*Guru* Michael Porter hat die Allianz und ihre Mikroversicherungsaktivitäten als ein herausragendes *shared value*-Beispiel zitiert (Porter und Kramer 2012, S. 148f.). Ein besserer Ansporn, diesen Fall hier eingehender zu erläutern, lässt sich kaum denken.

1   Mikroversicherungen – Ein neues CSR-Geschäftsfeld

Mikroversicherungen sind Versicherungsprodukte, die sich an niedrigverdienende Familien mit einem durchschnittlichen Pro-Kopf-Einkommen von 1,25 bis vier Dollar pro Tag in Entwicklungs- und Schwellenländern richten. Mikroversicherungen bilden gemeinsam mit den bekannteren Mikrokrediten, aber auch mit Mikro-Sparprodukten und einer Reihe weiterer Finanzdienstleistungen das noch relativ junge Feld der Mikrofinanz. Immer stehen hier niedrigverdienende Familien im Fokus (Abb. 1).

Durch Mikroversicherungen kann sich diese Zielgruppe, die derzeit circa 2,6 Milliarden Menschen umfasst, mit geringen Versicherungsbeiträgen von etwa ein bis zehn Euro im Jahr gegen essentielle Lebensrisiken wie zum Beispiel Tod, Unfall, Krankheit und Ernteausfall absichern. Ohne eine solche Absicherung droht schnell das Abrutschen in Armut, wenn beispielsweise nach dem Tod eines Haupterwerbstätigen kaum mehr Einkommen zur Verfügung steht. Zudem wollen in solchen Fällen oftmals noch ausstehende Krankenhausrechnungen und Kreditschulden bezahlt werden. Erschwerend kommt hinzu, dass staatliche Sozialversicherungssysteme in Entwicklungs- und Schwellenländern häufig unterentwickelt sind und in solchen Situationen nicht greifen.

Weil Mikroversicherungen dazu beitragen, Existenzen abzusichern, gelten sie als wichtiges Instrument der Armutsbekämpfung. Korrekter muss man wohl von der *Vermeidung extremer Armut* sprechen, denn die bereits mittellos Armen, die deutlich unterhalb der Armutsgrenze leben, werden von Mikroversicherungen für gewöhnlich nicht erreicht. Im Idealfall gibt es für jene Menschen Armutsprogramme der Regierung. Ihnen fehlt die Fähigkeit zur Zahlung von Prämienbeiträgen, selbst wenn diese im Vergleich zu konventionellen Produkten bereits sehr gering sind (was dann auch für die entsprechenden Versicherungssummen gilt).

Darüber hinaus gibt es noch weitere soziale Argumente, die für Mikroversicherungen sprechen. Denn neben der reinen Existenzsicherung schützen Mikroversicherungen auch sozioökonomischen Fortschritt, den sich die Versicherten beispielsweise mit Hilfe von Mikrokredit- und Mikrosparprodukten erarbeitet haben. Karlan et al. (2012) gehen sogar davon aus, dass Versicherungsschutz dazu beiträgt, mehr Geld für Zukunftsinvestitionen zu mobilisieren, zum Beispiel den zuvor unter der Matratze versteckten ‚Notgroschen'. Und nicht nur das. „Versicherte" Investitionsentscheidungen sollen tendenziell risikofreudiger ausfallen als unversicherte, was wiederum zu insgesamt höheren Gewinnen und Einkommen führt. So fällt es einem Bauern, der sich gegen Dürre versichern kann, sicherlich leichter, von seiner bisherigen anspruchslosen Saatvariante

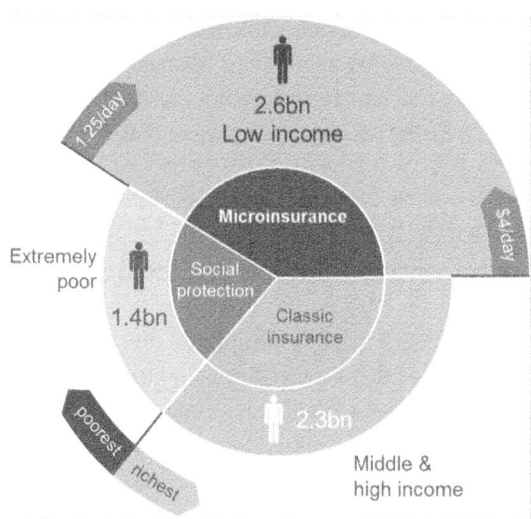

Abb. 1 Weltbevölkerung nach Einkommen und Versicherungssegmenten. *Quelle* Allianz 2013b. (Einkommen gemessen als Kaufkraftparität (Purchasing Power Parity) pro Kopf pro Tag.)

auf eine ertragreichere aber auch empfindlichere Variante umzustellen. Auch wenn die wissenschaftliche Beweislage hierzu noch nicht absolut tragfähig ist, können Mikroversicherungen also nicht nur als Sicherungsnetz, sondern auch als ein Sprungbrett für sozio-ökonomischen Aufstieg angesehen werden (vgl. Weltbank 2001).

Schätzungen zufolge hatten im Jahr 2012 fünfhundert Millionen Menschen eine Mikroversicherung. Hier sind allerdings auch staatlich hochsubventionierte Programme, beispielsweise in der Krankenversicherung und Agrarwirtschaft, eingeschlossen (ILO 2012a). Dennoch wären damit erst 20 Prozent des potentiellen Markts von 2,6 Milliarden Menschen erreicht, und da die meisten Mikroversicherten derzeit nur eine einzige Police haben, sind auch diese 20 Prozent noch stark unterversichert. Am häufigsten anzutreffen sind kreditgebundene Lebensversicherungen, die an Mikrokredite geknüpft sind (Roth et al. 2007). Stirbt der Mikrokreditnehmer während der Kreditlaufzeit, zahlt die Versicherung die noch ausstehenden Kreditsumme an die Bank zurück. Manchmal gibt es zusätzlich noch ein kleines Sterbegeld an die Hinterbliebenen. So wird die Familie nicht von den hinterlassenen Schulden belastet. Von einem umfassenden Versicherungsschutz kann hier allerdings nicht gesprochen werden.

Wenn also 80 Prozent des potentiellen Marktes noch nicht erschlossen sind und die bereits versicherten 20 Prozent noch erheblichen Zusatzbedarf haben, erschließt sich schnell das große Wachstumspotential von Mikroversicherungen. SwissRe (2010) schätzt die möglichen Prämieneinnahmen auf jährlich bis zu 40 Milliarden Euro. Das macht Mikroversicherungen nicht nur aus sozialer und entwicklungspolitischer, sondern auch aus wirtschaftlicher Sicht interessant. Es ist daher nicht verwunderlich, dass mittlerweile 33 der größten 50 Versicherungsunternehmen Mikroversicherungen im Programm haben, unter ihnen seit 2004 auch der Allianz Konzern (Microinsurance Network 2011). Dabei ist es wichtig, dass es nur sehr selten der klassische Versicherungsvertreter ist, über den die Unternehmen die neue Kundengruppe erreichen. Wegen der niedrigen Prämienbeiträge wäre dieses konventionelle Vorgehen in den meisten Fällen zu kostenintensiv. Vielmehr arbeiten die Versicherer im Mikroversicherungssegment vorwiegend mit großen Vertriebspartnern zusammen, die bereits über eine etablierte Kundenbasis im Niedrigverdienstsegment verfügen. Hauptsächlich sind dies Banken und Mikrofinanzinstitutionen, in zunehmender Anzahl aber auch alternative Vertriebskanäle wie Mobilfunkanbieter, Supermärkte, Warenhäuser oder Energie- und Wasserversorger.

Die Wachstumzahlen, die die steigende Anzahl involvierter Versicherer und Vertriebspartner in den vergangenen Jahren erreicht haben, sind beeindruckend. 1999, als der Begriff der Mikroversicherungen das erste Mal dokumentiert wurde (Brown und Churchill 1999), ging man von wenigen Millionen Mikroversicherten aus.[2] 2006 lag die Zahl schon bei 78 Millionen, 2009 bei 135 Millionen und 2012 bei besagten fünfhundert Millionen Menschen (ILO 2012a). Jüngste Schätzungen erwarten für das Jahr 2020 eine Milliarde Mikroversicherte (Microinsurance Network 2013).

Es stellt sich dennoch die Frage der wirtschaftlichen Nachhaltigkeit von Mikroversicherungen. Viele Programme hängen derzeit noch von staatlichen Subventionen oder Zuschüssen durch Entwicklungsorganisationen ab. Auch für rein privatwirtschaftlich organisierte Programme ist noch keineswegs erwiesen, ob sie sich langfristig finanziell lohnen. Bei der wirtschaftlich nachhaltigen Markterschließung stehen Allianz und andere Unternehmen noch vor erheblichen Herausforderungen, deren Überwindung nicht zuletzt ein hohes Maß an Innovationskraft erfordern, wie im Folgenden dargestellt werden soll (vgl. Abschn. 3). Und selbst die Frage, ob Mikroversicherungen in der täglichen Praxis tatsächlich zu einer Armutsverhinderung beitragen und dabei besser abschneiden als traditionelle, informelle Sicherungsmechanismen (z. B. Nachbarschaftshilfe), steht derzeit noch zur Diskussion. Jenseits von zahlreich vorhandenen Einzelberichten sind systematische Wirkungsanalysen, die den sozialen Mehrwert von Mikroversicherungen eindeutig unter Beweis stellen könnten, noch dünn gesät (Hintz 2010).

2   Anreizfaktoren – Warum die Allianz aktiv geworden ist

Die Allianz engagiert sich im Mikroversicherungsbereich sowohl aus wirtschaftlichen als auch aus sozialen Beweggründen. Diese Kombination aus wirtschaftlichen und sozialen Geschäftsanreizen wird als *Double Bottom Line* bezeichnet. Unterm Strich soll nämlich nicht nur der Gewinn stimmen, sondern auch der soziale Mehrwert, um damit shared value im Sinne von Porter und Kramer (2011) zu stiften.

Auf der wirtschaftlichen Seite steht die Erschließung und langfristige Bindung neuer Kundengruppen im Vordergrund. Die Allianz möchte mit ihren heutigen Mikroversicherungskunden mitwachsen und von deren allmählichem Kaufkraftwachstum profitieren.

---

[2] Die Idee, sich mit niedrigen Beiträgen gegen große Lebensrisiken abzusichern, ist dabei nicht neu. Metropolitan Life etwa stieg Anfang des 20. Jahrhunderts mit diesem Konzept, damals *industrial insurance* genannt, zum größten Versicherer der Welt auf (Roth et al. 2007, S. 12).

Laut eines OECD-Berichts wird die globale Mittelschicht von 1,9 Milliarden Menschen im Jahr 2009 bis 2030 auf knapp 5 Milliarden Menschen anwachsen (OECD 2010). Dieses Wachstum konzentriert sich vor allem in heutigen Schwellen- und Entwicklungsländern. Allein 65 Prozent der globalen Mittelschicht wird 2030 in Asien zu Hause sein. 2009 waren es gerade einmal 26 Prozent. Mikroversicherungen sind also vor allem eine langfristig angelegte Investition in die Zukunft des Unternehmens. Kurzfristige Profit- und Umsatzerwartung können dagegen nur eine untergeordnete Rolle spielen. Das verdeutlicht ein Blick auf aktuelle Zahlen: 2012 versicherte die Allianz zwar 17,1 Millionen Personen mit Mikroversicherungen. Der Bereich trug mit Prämieneinnahmen von knapp EUR 80 Millionen allerdings weniger als 0,1 Prozent zum Gesamtumsatz des Konzerns bei (Allianz 2013a). Ähnlich verhält es sich mit dem Gewinn. Kurzfristig gesehen sind Mikroversicherungen betriebswirtschaftlich gesehen also absolut marginal. Das Geschäftspotential von Mikroversicherungen wird erst in der langfristigen Perspektive wirklich deutlich.

Obwohl die wirtschaftlichen Erwartungen langfristig gesehen also hoch, kurzfristig aber niedrig sind, ist es wichtig, dass Mikroversicherungsprodukte bereits heute schon kostendeckend angeboten werden können. Andernfalls steht die finanzielle Nachhaltigkeit von Mikroversicherungen beständig in Frage und damit die Nachhaltigkeit des gesamten Engagements. Außerdem sind Verluste häufig Anzeichen für operative Ineffizienzen oder für Produkte, die nicht gut genug auf Kundenbedürfnisse abgestimmt sind. Ein gutes Jahrzehnt nach dem Mikroversicherungseinstieg der Allianz erbringen die meisten Mikroversicherungsprodukte inzwischen ein kleines Plus. Es gibt aber auch immer wieder lehrreiche Fehlschläge. Deshalb befindet sich das Unternehmen im Mikroversicherungsgeschäft durchaus noch in einer Lernphase (engl: „learning journey").[3]

Auf sozialer Seite möchte die Allianz mit ihren Mikroversicherungen einen signifikanten Beitrag zur Armutsverhinderung beizutragen, um auf diese Weise konstruktiv bei der Lösung des globalen Armutsproblems mitzuwirken. Ein wichtiger Katalysator für diese Motivation war der Tsunami, der Ende 2004 in Indonesien und anderen südostasiatischen Ländern hunderttausende Opfer forderte. In den Schadensbilanzen der Allianz und anderer Versicherer hat dieser Tsunami hingegen keine Spuren hinterlassen. Der Großteil der betroffenen Bevölkerung hatte schlicht keinen Zugang zu Versicherungen. Die Allianz konnte also, abgesehen von einigen spendenfinanzierten Projekten, keinen substantiellen Beitrag zur Bewältigung der Katastrophe leisten – für die Allianz ein Anlass, ihre schon kurz zuvor gestarteten Mikroversicherungsaktivitäten stark auszuweiten.

Neben den beiden Kernaspekten der *Double Bottom Line* ergeben sich für die Allianz aus ihren Mikroversicherungsaktivitäten noch weitere Vorteile, nämlich hinsichtlich der positiven Wahrnehmung durch wichtige Stakeholder und durch Innovationstransfer ins konventionelle Geschäft. Aufsichtsbehörden in Entwicklungsländern als eine wichtige Stakeholder-Gruppe schätzen es beispielsweise, wenn sich Unternehmen aktiv an der sozialen Entwicklung ihres Landes beteiligen, also dort als *corporate citizen* aktiv werden. Für die Allianz wirken sich Mikroversicherungen deshalb positiv auf das Verhältnis zu den Aufsichtsbehörden aus, was

---

[3] Ein solcher Fall ist in ILO 2012b dokumentiert.

letztendlich dem gesamten Geschäft im jeweiligen Land zuträglich ist. Einige Aufsichtsbehörden sind inzwischen sogar dazu übergegangen, die Entwicklung des Mikroversicherungsmarktes aktiv zu unterstützen. So ist es in Indien seit 2002 Vorschrift, dass sich jedes Versicherungsunternehmen im Mikroversicherungssegment zu engagieren und dort einen bestimmten Anteil des Gesamtumsatzes zu erwirtschaften hat (IRDA 2002).

Auch Investoren sowie Geschäftspartner interessieren sich verstärkt für die Nachhaltigkeitsinitiativen der Allianz. Eine überzeugende CSR Strategie, mit Mikroversicherungen als ein Kernbestandteil, macht die Allianz für Investoren und Geschäftspartner attraktiver. Dies gilt ebenso für Medien, Kunden und Mitarbeiter der Allianz. Der soziale und innovative Charakter von Mikroversicherungen verleiht dem Thema Versicherung – welches in der Außenwahrnehmung oft weniger vorteilhaft besetzt ist – eine positivemotionale Komponente. Die objektive Messbarkeit dieses Wahrnehmungsvorteils ist jedoch schwer und der sich hieraus ergebende Wertbeitrag von Mikroversicherungen für das Gesamtunternehmen deshalb nicht ohne weiteres zu quantifizieren.

Im Bereich Innovationstransfer können operative Effizienzsteigerungen und neue Produkt- und Vertriebsmodelle, wie sie für Mikroversicherungen unerlässlich sind (siehe unten), in manchen Fällen auf das konventionelle Versicherungsgeschäft übertragen werden. Es gibt hierzu allerdings nur wenige dokumentierte Belege. Zumindest ein Beispiel beschreibt die ILO (2012b, S. 19), wobei es um eine internet-basierte Mikroversicherungsanwendung der Allianz in Indonesien geht, die auf das reguläre Krankenversicherungsgeschäft übertragen wurde, was die Verwaltungsprozesse in diesem Bereich vereinfacht hat.

Die geschilderten Anreizfaktoren sind nicht als absolut statisch zu verstehen, sondern unterliegen einer gewissen Dynamik. Standen für die Allianz als Nachwirkungen des Tsunami zunächst soziale Beweggründe im Vordergrund, ist die Balance innerhalb der *Double Bottom Line* mittlerweile ausgeglichener. Dazu musste seit 2004 aus der konkreten Praxiserfahrung heraus allerdings zunächst ein besseres Verständnis für das neue Kundensegment und das neue Geschäftsmodell wachsen.

Dieser Trend zu mehr Engagement und Kundenverständnis sowie operativer Professionalisierung lässt sich nicht nur bei der Allianz, sondern auch im Gesamtmarkt erkennen. Die stetig steigende Anzahl von Versicherern im Mikroversicherungsbereich ist ein deutliches Indiz dafür. Neben zusätzlichen Akteuren bedarf es allerdings eines hohen Maßes an Innovation, bevor die 2.6 Milliarden avisierten Niedrigverdiener ausreichend Zugang zu Versicherungen erhalten.

3 Innovation – Warum es ohne nicht geht

3.1 Erfolgsfaktoren im Innovationsgeschäft

Die Innovationsliteratur gehört zu den Bereichen der Wirtschaftswissenschaften, deren Umfang und Ausdifferenzierung kaum mehr überschaubar ist. Ohne daher einen Anspruch auf vollständige Übersicht zu erheben, greifen wir uns diejenigen Aspekte heraus, die unseres Erachtens nach auch und gerade in Bezug auf CSR und unseren Mikroversicherungsfall besonders relevant sind. Demnach

- bieten Innovationen Differenzierungs- und damit Wachstumspotenzial für ein Unternehmen, wenn und sofern sie vom (potenziellen) Kunden her gedacht, entwickelt und umgesetzt sind, d. h. seine Bedürfnisse in allen ihren Facetten und Priorisierungen ('customers entire experience') als Kern- und Angelpunkt der innovativen Anstrengungen berücksichtigen (MacMillan und McGrath 2001, S. 131);
- sind Innovationen in der Regel systemimmanenten Widerständen ('dilemmas') in Organisationen unterworfen, d. h. bestehende Strukturen, Prozesse, Anreizsysteme etc. verhindern oft das Entstehen und Umsetzen neuer Ideen, insbesondere – und hier liegt die besondere Tragik – wenn sich das Bestehende durch besondere Erfolge in der Vergangenheit ausgezeichnet hat (Christensen 2003). *Why change a winning formula?* – ließe sich das umgangsförmlich ausdrücken. Echte Innovationen finden deshalb nicht selten in separaten, neu arrangierten Organisationseinheiten (*innovation labs*) statt, beginnen als Pilotprojekte eher klein, oder werden auf Testmärkten durchgeführt, ohne das bestehende Unternehmen im Ganzen besonders zu tangieren (Christensen 2003, S. 266f);
- werden erfolgreiche Innovationen insbesondere in ihrer Ausgestaltung (d. h. nachdem der 'Geistesblitz' entstanden ist) und Umsetzung zumeist in gemeinsamer Arbeit mit anderen ('collaborative networks') vorangetrieben (Dundon 2002).

Diese konstitutiven Elemente vieler erfolgreicher Innovationen, also

- Ausgeprägte Orientierung auf bestehende wie zukünftige Kunden
- Umgehung organisatorisch-systemischer Widerstände
- Networking mit Partnern, Stakeholdern etc.,

prägen auch den vorliegenden Fall der Einführung von Mikroversicherungen als neues Geschäftsfeld in einem internationalen Finanzkonzern wie der Allianz. Der Geschäftsbereich Mikroversicherungen, um sich erfolgreich entwickeln und nachhaltig im Unternehmen als *normal business* behaupten zu können, muss in der Regel nicht nur neue Wege im Hinblick auf Produkte und Kundensegmente beschreiten. Gleichzeitig müssen auch alternative interne Abwicklungsprozesse und Vertriebskanäle bereitgestellt werden, teilweise um den Kundenbedürfnissen zu entsprechen, aber auch, weil die bestehenden Strukturen hier nicht unterstützen können und wollen. Besonders wichtig schließlich ist die Kooperation mit externen Partnern, die dem Projekt wichtige Expertise und Erfahrung, aber auch Glaubwürdigkeit und Reputation nach innen und außen verleihen.

Eingangs ist hierzu bereits erläutert worden, dass z. B. anfangs oft neue Vertriebswege ausschlaggebend für die Entwicklung des Mikroversicherungsbereichs sind, da bestehende Vertriebsstrukturen nicht auf die z. T. völlig neuen Herausforderungen ausgerichtet sind. Zudem fehlen entsprechende Anreizstrukturen für die existierenden Distributionskanäle,

Abb. 2 Herausforderungen und Innovationsbereiche von Mikroversicherungen. *Quelle* Autoren

da das Geschäft zunächst zu wenig Umsatz und Ertrag bietet. Gerade hier helfen Partnerschaften und Kooperationen mit anderen Organisationen, Eintrittsbarrieren und –kosten zu senken. Im Folgenden wollen wir uns besonders auf einen der o.a. Innovationstreiber, die Kundenorientierung, konzentrieren. Es wird dabei deutlich, dass ein holistischer Ansatz nachhaltig wirken kann, d. h. Kundenorientierung in Bezug auf Prozesse, Produkte, aber auch hinsichtlich eines umfassenden Wertversprechens anzugehen ist.

3.2   Innovation – vom Kunden her konzipiert

Mikroversicherungen sprechen eine neue Kundengruppe an, deren Ausgangslage sich stark von jener der herkömmlichen Allianz-Kunden unterscheidet. Viele potentielle Mikroversicherungskunden leben in schwer erreichbaren ländlichen Gegenden, können weder lesen noch schreiben und haben noch keine Erfahrungen mit Versicherungen. Der überwiegende Teil von ihnen arbeitet im informellen Sektor, also ohne gesetzlich regulierte Arbeitsverträge und außerhalb staatlicher Sozialversicherungssysteme. Ein gewisses Einkommen ist zwar vorhanden, kann aber keineswegs als geregelt und sicher bezeichnet werden.

Daraus ergibt sich eine besondere soziale Verantwortung, diese Kunden nicht nur auf kosteneffiziente Weise mit bedarfsorientierten Produkten zu versorgen, sondern auch über Versicherungen im Allgemeinen aufzuklären. Der faire Umgang mit den Kunden steht im Vordergrund. Ansonsten kann sich die allgemein positive Absicht schnell in ihr Gegenteil verkehren, etwa wenn Schadensfälle nicht pünktlich gezahlt werden oder der Kunde das gekaufte Produkt grundsätzlich nicht verstanden hat. Ähnliche Risiken gibt es auch im normalen Geschäft, im Mikroversicherungsbereich werden sie allerdings für den betreffenden Kunden schnell existenziell bedrohlich und können für das Unternehmen gleichzeitig zu erheblichen Reputationsverlusten führen – zurecht, muss man anfügen.

Von daher benötigen erfolgreiche Mikroversicherungsprogramme Innovationen in fünf eng miteinander verknüpften Bereichen: (i) Grundphilosophie und Geschäftsansatz,

(ii) Produkte, (iii) Vertrieb, (iv) Prozesse sowie (v) Umgang mit Kunden (Aufklären) und der Öffentlichkeit (Reputation, Transparenz). Abbildung 2 stellt dies schematisch dar, während das folgende Kapitel konkrete Lösungsbeispiele aus dem Mikroversicherungsprogramm der Allianz liefert.

4 Praxisbeispiele

4.1 Grundphilosophie und Geschäftsansatz

Die Neuartigkeit der Zielgruppe und die damit verbundene besondere soziale Verantwortung verlangt von der Allianz nicht nur eine Aussage, welche Ziele sie im Mikroversicherungsgeschäft verfolgt (vgl. Abschn. 2), sondern auch welche Leitlinien sie dabei zugrunde legen möchte. Außerdem bedarf es einer eindeutigen operativen Definition von Mikroversicherungen, um konsistent bestimmen zu können, welche Produkte überhaupt als Mikroversicherungen bezeichnet werden können. Da es derzeit weder einen international gültigen Verhaltenskodex noch eine präzise Definition für das Mikroversicherungsgeschäft gibt, war hier von der Allianz zunächst einmal Innovation auf konzeptioneller Ebene gefordert.

Mit Unterstützung der Gesellschaft für Internationale Zusammenarbeit (GIZ), einem ihrer wichtigsten Kooperationspartner im Mikroversicherungsbereich, hat die Allianz zunächst vier *microinsurance values* definiert, an denen sich das tägliche Geschäft zu orientieren hat:

(1) *Passion*: Begeisterung und Gestaltungswille für das Ziel, einer zuvor stark vernachlässigten Kundengruppe auf sozial und wirtschaftlich nachhaltige Weise Zugang zu modernem Versicherungsschutz zu ermöglichen. Dies ist eine Grundvoraussetzung für langfristig erfolgreiches Arbeiten im Mikroversicherungsbereich.

(2) *Quality*: Hochwertige Produkte und Dienstleistungen, die sich an den besonderen Bedürfnissen niedrigverdienender Kunden orientieren und diesen gegenüber traditionellen Lösungen, wie z. B. informeller Absicherung auf Nachbarschaftsbasis, einen echten Mehrwert bieten.

(3) *Fairness*: Eine ausgewogene Verbindung von unternehmerischen und kundenseitigen Interessen zu gegenseitigem Nutzen, ein respektvoller und wertschätzender Umgang mit Kunden und die Förderung finanzieller Grundbildung.

(4) *Transparency*: Klare und offene Kommunikation gegenüber Kunden und der Allgemeinheit über Produkte, Preise und Leistungen, aber auch noch ungelöste Herausforderungen.

Nicht in allen dieser Aspekte sieht sich die Allianz bereits am Ziel. Besonders im Bereich der Qualitätssicherung gibt es Verbesserungsbedarf. Beispielsweise wird noch nicht, wie für andere Marktsegment schon lange üblich, systematisch die Zufriedenheit von Mikroversicherungskunden gemessen. Offensichtlicher sind dagegen Fortschritte im Bereich der Transparenz. Als erstes Versicherungsunternehmen hat die Allianz ihre gesamte

Mikroversicherungsproduktpalette im Internet publik gemacht und diese dort im Hinblick auf die Erfüllung der eigenen *microinsurance values* untersucht, mit einer deutlichen Diskrepanz zwischen dem bestplatzierten und dem letztplatzierten Produkten (Allianz 2013d). Regelmäßige Geschäftsentwicklungsberichte sind ebenfalls verfügbar.[4]

Als eine weitere Neuerung für ein privatwirtschaftliches Versicherungsunternehmen in Hinsicht auf öffentliche Transparenz kann eine Reihe von dokumentarischen Videointerviews mit zufällig ausgewählten Mikroversicherten gelten, die die Allianz wiederum in Zusammenarbeit mit der GIZ veröffentlicht hat (YouTube 2013). In diesen Videos, die sich ausdrücklich von Werbefilmen abheben, berichten Kunden über ihre Erfahrungen im Schadensfall. Die Berichte zeigen zwar zum einen, wie hilfreich die Versicherungszahlungen in der jeweiligen Notlage waren. Sie verdeutlichen aber auch, wie wenig die Versicherten letztlich über Versicherungen wissen – trotz der bereits erhaltenen Auszahlung. Der hohe Bedarf nach besserer Aufklärung über Versicherung im Allgemeinen und über Produkte im Speziellen wird so im wahrsten Sinne des Wortes offen-sichtlich.

Unter dem Transparenz-Kriterium hat die Allianz ebenfalls die eigens erarbeitete Mikroversicherungsdefinition öffentlich zugänglich gemacht (Allianz 2013c). Ohne eine solche Definition wäre es gar nicht möglich, wichtige Kennzahlen des neuen Geschäftsfeldes wie die Anzahl der Versicherten, Umsatz und Gewinn präzise und konsistent zu ermitteln. Im Vorfeld gab es natürlich bereits zahlreiche generische Mikroversicherungsdefinitionen. Auf die eine oder andere Weise beschreiben diese Definitionen Mikroversicherungen als vertraglich geregelte Versicherungslösungen für niedrigverdienende Einkommensgruppen, ohne jedoch den Begriff *niedrigverdienend* näher zu bestimmen (Churchill und McCord 2012; McCord und Ingram 2011).[5] Für die Allianz ist nun jedes Produkt ein Mikroversicherungsprodukt, sofern der Großteil der Versicherten (80 Prozent) zu den untersten 60 Prozent der Einkommensverdiener im jeweiligen Land gehört. Dabei werden nur Schwellen- oder Entwicklungsländer berücksichtigt. Natürlich gibt es auch in entwickelten Märkten Niedrigverdiener, der Kontext ist dort allerdings ein anderer. Das allgemeine und finanzielle Bildungsniveau ist höher. Staatliche Sicherungssysteme sind wesentlich engmaschiger geknüpft. Eine mit Schwellen- und Entwicklungsländern vergleichbare Wachstumsdynamik dieses Marktsegments ist dagegen nicht erkennbar. Das erhoffte Mitwachsen mit den Mikroversicherungskunden ist in entwickelten Märkten damit weniger wahrscheinlich. Deshalb hat die Allianz neben der einkommensspezifischen auch diese geographische Eingrenzung vorgenommen.

Darüber hinaus muss ein Allianz-Mikroversicherungsprodukt den gängigen versicherungs-mathematischen Prinzipien entsprechen und keine staatlichen Zuschüsse von mehr als 50 Prozent erhalten. Somit liegt eine klare Abgrenzung zu staatlichen

---

[4] Siehe https://www.allianz.com/de/verantwortung/index.html.
[5] Einige nationale Aufsichtsbehörden haben Mikroversicherungen bereits genauer definiert und dabei zum Teil einen produktbezogenen (z. B. Indien) oder auch einen einkommensbezogenen Ansatz gewählt (z. B. Philippinen). In jedem Fall sind diese Definitionen aufgrund ihres lokalen Kontexts nicht global anwendbar.

Sicherungssystemen vor, insbesondere jenen, die auf privatwirtschaftliche Elemente
zurückgreifen. Zu solchen zählen beispielsweise staatlich hochsubventionierte, aber privatwirtschaftlich organisierte Agrar- oder Krankenversicherungsprogramme, wie es sie
etwa in Indien und China gibt. Das dargestellte Grobgerüst aus Leitlinien und klarer
Mikroversicherungsdefinition sichert ein zur weiteren Geschäftsentwicklung notwendiges Grundverständnis ab. Auf dieser Basis können Innovationen in den weiteren vier
Innovationsgebieten, nämlich Produkt, Vertrieb, Prozesse und Kundenumgang gefördert und vorangetrieben werden. Ein konkretes Fallbeispiel aus Kolumbien soll dazu dienen, Innovationen in diesen Bereichen beispielhaft und zusammenhängend zu schildern.

4.2 Produkt

In Kolumbien geht es um ein im Februar 2011 von der Allianz eingeführtes Mikroversicherungsprodukt. Es sichert den Unfalltod des Versicherten sowie zahnärztliche Notfälle
des Versicherten und dreier weiterer, frei wählbarer Familienmitglieder ab. Zusätzlich
erhalten die Versicherten 50 Prozent Rabatt auf sämtliche zahnärztliche Behandlungen,
die außerhalb des eigentlichen Versicherungsumfangs liegen. Obwohl Unfalltod – außerhalb besonderer Risikogruppen wie etwa Bauarbeitern – kein besonders häufiges Risiko
ist, kann es bei Eintritt doch signifikante Auswirkungen auf die Familie haben. In diesem Fall erhalten die Angehörigen eine Leistung seitens der Versicherung in Höhe von
umgerechnet EUR 1200 – nicht direkt in bar an die Familie, sondern in Form einer Ausbildungsunterstützung an die Schulen der noch in Ausbildung befindlichen Kinder des
Versicherten. Damit soll sichergestellt werden, dass trotz des Todes des Hauptversorgers
die weitere Ausbildung der Kinder gesichert ist. In Kolumbien – wie anderorts auch – hat
dies für Eltern einen hohen Stellenwert. Das zweite versicherte Risiko, zahnärztliche Notfälle, tritt dagegen häufiger auf – auch deshalb, weil der Kreis der Versicherten hier um
drei Personen erweitert ist – und kann ebenfalls erhebliche Kosten verursachen. Darüber
hinaus bietet der 50-prozentige Preisnachlass auf alle nicht abgedeckten Behandlungen,
einschließlich kosmetischer Eingriffe, einen nicht zu unterschätzenden Mehrwert. Dies
gilt besonders im Kontext von Kolumbien, wo nach Carrion et al. (2011) gutes physisches Aussehen eine wichtige soziale Norm ist und kosmetische Behandlungen deshalb
entsprechend häufig vorgenommen werden. Von daher ist das Produkt speziell auf die
Abdeckung bestimmter Kundenbedürfnisse abgestimmt. Dies gilt im Mikroversicherungsbereich gemeinhin als Kennzeichen guter Produktqualität (SwissRE 2010, S. 2).

Ein weiteres Qualitätsmerkmal des kolumbianischen Produkts ist seine Einfachheit.
Es verzichtet weitgehend auf Ausschlüsse und anderes Kleingedrucktes. Es stellt auch
nur eine einzige Produktvariante zur Auswahl. Von daher ist das Produkt mit seinen
Leistungen und Bedingungen selbst für noch unerfahrene Versicherungskunden
schnell verständlich.[6]

---

[6] Gemäß des Transparenzanspruchs der Allianz ist auch dieses Produkt im Internet im Detail
beschrieben und auf seinen Kundennutzen hin untersucht worden (Allianz 2013c, S. 6).

4.3   Vertrieb

Ein besonderes Alleinstellungsmerkmal des kolumbianischen Produkts ist die Art des Vertriebs. Dieser erfolgt weder in Zusammenarbeit mit Banken und Mikrofinanzinstitutionen – die immer noch weitverbreitetste Art des Vertriebs – noch über Mobilfunkunternehmen oder Versorger als ebenfalls genutzte Vertriebskanäle. Vielmehr läuft der Vertrieb über die Zusammenarbeit mit einem internationalen Nahrungsmittelkonzern, der in Kolumbien tausende kleine „Tante Emma" Läden mit seinen Produkten beliefert. Dieser Konzern geht sogar so weit, die Kosten für die Versicherung selbst zu übernehmen und sie den Ladenbesitzern umsonst anzubieten. Eine Gegenleistung wird dennoch erwartet. Versicherungsschutz erhält nur, wer sich freiwillig dazu bereit erklärt, bestimmte verkaufsfördernde Maßnahmen des Nahrungsmittelkonzerns umzusetzen, beispielsweise eine besonders prominente und großflächige Produktpräsentation innerhalb der Läden. So profitieren am Ende beide Seiten: die Ladenbesitzer durch quasi kostenlosen Versicherungsschutz und der Konzern durch steigende Absatzzahlen. Bedenkt man, dass der Großteil der heute angebotenen Mikroversicherungen – auch bei der Allianz – für die Kunden immer noch verpflichtend ist, etwa als integrierte Zusatzprodukte zu Mikrokrediten oder Mikrosparplänen, ist die Freiwilligkeit der Registrierung hier besonders herauszustellen.

Das Versicherungsangebot wird den Ladenbesitzern direkt von den Außendienstmitarbeitern des Nahrungsmittelkonzerns unterbreitet. Diese besuchen die Läden regelmäßig und beliefern sie mit Ware. Für den nun zusätzlichen „Versicherungsvertrieb" sind sie von der Allianz speziell trainiert worden. Die Außendienstmitarbeiter kontrollieren regelmäßig, ob die vereinbarten Auflagen auch kontinuierlich eingehalten werden. Ansonsten droht der Verlust des Versicherungsschutzes.

Da die Allianz für den Vertrieb also das bereits bestehende Distributionsnetzwerk des Nahrungsmittelkonzerns nutzt, fallen die Kosten für den Versicherungsvertrieb entsprechend gering aus. Weitere Kostenvorteile ergeben sich daraus, dass die Außendienstmitarbeiter für ihre Zusatzaufgabe nicht noch zusätzlich vergütet werden müssen, etwa durch eine Versicherungsprovision. Dadurch, dass das Programm ihnen dabei hilft, ihre eigenen Verkaufsziele zu erreichen, bestehen bereits genügend Vertriebsanreize.

Nimmt man die Vorteile eines einfachen und wertstiftenden Produkts mit dem Vorteil der freiwilligen und kostenlosen Registrierung zusammen, ist es nicht verwunderlich, dass seit Produktstart schon mehr als 40.000 Ladenbesitzer von dem Angebot Gebrauch gemacht haben. Wie im Mikroversicherungsbereich üblich ist es für viele von ihnen das erste Mal, dass sie überhaupt eine Art von Versicherungsschutz erhalten.[7]

---

[7] Es ist allerdings nicht bekannt, wie viele Ladenbesitzer sich gegen das Angebot entschieden haben.

4.4   Prozesse

Einfache und kostengünstige Prozesse sind für die Kundenakzeptanz und Wirtschaftlichkeit von Mikroversicherungen unerlässlich. Das kolumbianische Produkt setzt diese Anforderungen durch eine Reihe von Maßnahmen um. Eine Gesundheitsprüfung ist nicht notwendig. Eine Altersbeschränkung gibt es ebenfalls nicht. Das spart Kontroll- und Verwaltungskosten. Die Registrierung erfolgt auf einem einfachen Formular. Dort werden auch die drei Mitversicherten für den Dentalschutz und die Begünstigten für die Ausbildungshilfe bei Unfalltod benannt. Hat der Ladenbesitzer keine eigenen Kinder in Ausbildung, können Enkelkinder oder andere Verwandte benannt werden. Den Abrisscoupon des Registrierungsformulars behält der Versicherte als Registrierungsbeleg. Er dient gleichzeitig als Mitgliedsnachweis in den kooperierenden Zahnkliniken und als Rabattcoupon für nichtversicherte Zahnbehandlungen.

Der Nahrungsmittelkonzern sammelt zunächst die Daten der Neuregistrierungen sowie die Daten derjenigen, die aufgrund von Auflagenverletzung den Versicherungsschutz verloren haben. Diese Informationen werden einmal pro Monat an die Allianz weitergeleitet. Die Prämienzahlung, für gewöhnlich ein komplexer und kostentreibender Prozess, erfolgt ebenfalls nur einmal im Monat *en gros* auf Basis der jeweiligen Versichertenzahlen. Dieses Vorgehen reduziert nicht nur den Verwaltungsaufwand für die Allianz, es hat für den Nahrungsmittelkonzern den angenehmen Nebeneffekt, dass die hauseigene Datenbank seiner Verkaufspunkte beständig aktualisiert wird. Dies war vor Beginn des Programms wesentlich schwieriger zu bewerkstelligen.

4.5   Umgang mit den Kunden

Was bereits im normalen Versicherungsgeschäft gilt, trifft im Mikroversicherungsbereich noch mehr zu: Zuallererst muss der Kunde gut über die Vertragsbedingungen aufgeklärt werden und diese verstehen und nachvollziehen können. In Kolumbien ist der Vertrieb wie beschrieben so strukturiert, dass es schon im eigenen Interesse der Außendienstmitarbeiter des kooperierenden Nahrungsmittelkonzerns ist, die Versicherten im Detail über ihre Versicherung aufzuklären, ohne dass dazu spezielle Provisionszahlungen notwendig wären. Die einfache Produktstruktur unterstützt den Vertrieb dabei, das Produkt schnell und doch vollständig erklären zu können. Dieses gegenseitige Bedingen aus einfachem Produktdesign, effizientem Vertrieb und systematisch gewährleisteter Kundenaufklärung ist der eigentliche Kern der Innovationsleistung des gesamten kolumbianischen Programms.

Wie im vorliegenden Fall gilt es insgesamt festzustellen, dass bei Mikroversicherungen im Bereich der Kundenaufklärung und im Kundenservice erheblicher Innovationsbedarf besteht. Raum für Kreativität gibt es allemal. In Indien beispielsweise verwenden die Allianz und andere Versicherer öffentliche Straßentheater sowie Lieder, Tänze und Filme im Bollywood Stil, um der Zuschauermenge die Vorteile von Versicherungen auf möglichst unterhaltsame und anschauliche Weise zu erläutern. In Indonesien unterrichten Mitarbeiter der Allianz auf freiwilliger Basis die niedrigverdienenden Kunden ihrer Mikrofinanz-Vertriebspartner in finanzieller Grundbildung. Neben Versicherungen stehen hier auch einfache Buchhaltung, Sparen und Kredite auf dem interaktiven Lehrplan.

Solche Maßnahmen sind allerdings kostenintensiv und in ihrer aufklärenden sowie verkaufsfördernden Wirkung noch nicht ausreichend vermessen. Nach der Devise „Je praktischer, desto besser" deuten Praxiserfahrungen allerdings darauf hin, dass niedrigverdienende und oft analphabetische Kunden dem Thema Versicherungen dann am offensten gegenüberstehen, wenn es neben allgemeiner Information zum Thema auch gleichzeitig ein auf ihre Bedürfnisse zugeschnittenes Produktangebot „zum Ausprobieren" gibt.

Zusammen mit der Herausforderung, einen großflächigen und kosteneffizienten Vertrieb aufzubauen, stellt die Kundenausbildung das Hauptnadelöhr bei der Erschließung des Mikroversicherungsmarkts dar. Die Entwicklung einer Versicherungskultur in Bevölkerungsgruppen, für die dieses Konzept oft etwas völlig Neues und Ungreifbares darstellt, erfolgt nicht von heute auf morgen, sondern erfordert Geduld, erheblichen Aufwand und kontinuierliche Innovation. Im Vergleich gesehen lassen sich Innovationen im Bereich von Produkten und Prozessen dagegen relativ schnell realisieren und bedarfsgemäß anpassen.

5   Zusammenfassung und Ausblick

Für die Allianz und andere globale Unternehmen hat sich CSR mittlerweile als ein strategisches Grundthema fest etabliert. CSR soll nicht nur zum langfristigen Erfolg des eigenen Unternehmens beitragen, sondern auch zum Erfolg – im Sinne von Nachhaltigkeit – der Gesellschaft und des Ökosystems, in dem sich das Unternehmen bewegt. In dem Begriff des „shared value" kommt dabei zum Ausdruck, dass sich Unternehmenserfolg und sozial-ökologische Nachhaltigkeit gegenseitig bedingen. *Shared value* wiederum hängt stark von gesellschaftlicher und unternehmerischer Innovationskraft ab, wobei Innovation der klaren Zielvorgabe im Sinne von Schaffen von *shared value* bedarf – auch hier also ein gegenseitiges Bedingen. Der vorliegende Beitrag beleuchtet diese Zusammenhänge am Beispiel von Mikroversicherungen. Es wird zum einen deutlich, dass es nicht die *eine* CSR-Motivation gibt, sondern dass einem Engagement wie dem Mikroversicherungsprogramm der Allianz mehrere ineinandergreifende Anreizfaktoren zugrunde liegen. Hierzu zählen insbesondere eine langfristige Investition in Kundenbindung, Reputationsgewinne und eine engere Verzahnung mit wichtigen Stakeholder-Gruppen außerhalb des eigenen Unternehmens. Zum anderen wird deutlich, dass es nicht die *eine* Innovation gibt, sondern dass es für den Erfolg von Mikroversicherungen Innovationen in mehreren interdependenten Bereichen bedarf, wobei hier besonders auf die Aspekte Leitlinien, Produkte, Vertrieb, Prozesse und Kundenumgang abgestellt wurde. Speziell für Mikroversicherungen sind Vertrieb und Kundenumgang dabei die gewichtigsten

Herausforderungen. Während die Allianz im Bereich Vertrieb mit ihren über 17 Millionen Mikroversicherungs-Kunden schon signifikante Zahlen vorweisen kann, gibt es im Bereich der Qualitätssicherung, der Kundenaufklärung und bei der langfristigen Entwicklung einer Versicherungskultur bei den gegenwärtigen und potentiell bis zu 2,6 Milliarden zukünftigen Kunden noch erheblichen Verbesserungsbedarf – und damit Bedarf an Innovation.

Eng anlehnend an die noch andauernde Debatte um die Definition von CSR ist auch die Antwort auf die Frage, was Erfolg in der Generierung von *Shared Value* genau bedeutet, bisher nur schemenhaft umrissen. Auf Mikroversicherungen bezogen heißt dies beispielsweise, dass der langfristige *finanzielle Erfolg* von Mikroversicherungen, das allmähliche profitable Mitwachsen mit dem sozio-ökonomischen Aufstieg des Kunden, noch keineswegs bewiesen ist. Einmal bewiesen oder zumindest plausibel belegt, würde sich das Angebot an Mikroversicherungsprodukten sicher deutlich erhöhen – zum Vorteil aller Beteiligten. Auch der positive soziale Mehrwert, das heißt der konkrete Beitrag zur Armutsverhinderung, erscheint derzeit zwar konzeptionell logisch, ist aber in der Praxis noch nicht zweifelsfrei belegt (Hintz 2010). In diesen Bereichen besteht also sowohl aus Unternehmens- als auch aus akademischer Sicht noch Klärungs- und Forschungsbedarf.

Literatur

Allianz (2013a) Allianz SE annual report 2012. Allianz, München
Allianz (2013b) Microinsurance full year report 2012. Allianz, München
Allianz (2013c) Microinsurance definition and assessment tool v2.9. Allianz, München
Allianz (2013d) Microinsurance product pool v2.2. Allianz, München
Baumol W (2002) The free-market innovation machine. Analyzing the growth miracle of capitalism. Princeton University Press, Princeton
Bhattacharya CB et al (2011) Leveraging corporate responsibility. The stakeholder route to maximizing business and social value. Cambridge University Press, Cambridge
Brown W, Churchill C (1999) Insurance provision in low income communities. Part I: A primer on insurance principles and products. USAID, Washington DC
Carrion C et al (2011) body dissatisfaction as a mediator of the relationship between disordered eating and cosmetic surgery acceptance among colombian university students. J Cogn Behav Psychother 9(2)
Carroll A (2008) A history of corporate social responsibility. Concepts and practices. In: Crane A et al (Hrsg) The Oxford handbook of corporate social responsibility. Oxford University Press, Oxford, S 19–46
Christensen CM (2003) The innovator's dilemma. Harper Business Essentials, New York
Churchill C, McCord MJ (2012) Current trends in microinsurance. In: Churchill C, Matul M (Hrsg) Protecting the poor: a microinsurance compendium, Bd II. International Labour Organization, Geneva, S 8–39
Dundon E (2002) The seeds of innovation. Cultivating the synergy that fosters new ideas. AMACOM/American Management Association, New York
Hintz M (2010) Micro-impact deconstructing the complex impact process of a simple microinsurance product in Indonesia. Universität Passau, Passau

ILO (2012a) Microinsurance coverage expanding at breathtaking pace according to ilo and the munich re foundation. http://www.ilo.org/global/about-the-ilo/newsroom/news/WCMS_177356/lang–en/index.htm. Zugegriffen. 26. Februar 2013

ILO (2012b) Learning journey: TAMADERA – savings and insurance for a prosperous future. International Labour Organization, Genf

IRDA (2002) IRDA (Obligations of insurers to rural social sectors) regulation. Insurance regulatory and development authority, Neu Delhi

Karlan D et al (2012) Agricultural decisions after relaxing credit and risk constraints. International Labour Organization, Genf

MacMillan IC, McGrath RG (2001) Discovering new points of differentiation. In: Harvard Business Review (Hrsg) Harvard business review on innovation. Harvard Business School Press, Boston, S 131–152

McCord MJ, Ingram M (2011) Defining microinsurance – a jouney towards a common understanding. MicroinsuranceCentre, Appelton

Microinsurance Network (2011) Commercial insurers in microinsurance. Microinsurance Network, Luxemburg

Microinsurance Network (2013) Microinsurance: 1 billion covered by 2020 (Pressemitteilung 30. Januar 2013). Microinsurance Network, Luxemburg

OECD (2010) The emerging middle class in developing countries. OECD, Paris

Porter ME, Kramer MR (2011) Creating shared value. Harvard Business Review, Boston

Porter ME, Kramer MR (2012) Shared Value: Die Brücke von Corporate Social Responsibility zu Corporate Strategy. In: Schneider A, Schmidpeter (Hrsg) S 137–153

Roth J, McCord M, Liber D (2007) The landscape of microinsurance in the world's 100 poorest countries. MicroinsuranceCentre, Appelton

Schneider A (2012) Reifegradmodell CSR – eine Begriffsklärung und –abgrenzun. In: Schneider A, Schmidpeter (Hrsg) S 17–38

Schneider A, Schmidpeter R (Hrsg) (2012) Corporate Social Responsibility. Verantwortungsvolle Unternehmensführung in Theorie und Praxis. Springer, Berlin

Swiss RE (2010) Microinsurance – risk protection for 4 billion people. Swiss RE, Zürich

Van Oostergout JH, Heugens P (2008) Much ado about nothing. A conceptual critique of corporate social responsibility. In: Crane A et al (Hrsg) S 199–223

Weltbank (2001) Social protection sector strategy: from safety net to springboard. Weltbank, Washington DC

YouTube (2013) Microinsurance claim stories by allianz. http://www.youtube.com/playlist?list=PL61FDCCF84210DE1A. Zugegriffen. 26. Februar 2013

Saubermacher – Ein ganzheitlicher Entsorgungspartner mit Verantwortung für Mensch und Umwelt

Hans Roth, Günter Brandner und Stefanie Köberl

1 Die Saubermacher Dienstleistungs AG

Als Vorreiter in der Ressourcenwirtschaft in Österreich und Zentral- bzw. Südosteuropa ist Saubermacher der kompetente Partner in allen Umweltfragen. Das Familienunternehmen betreut von der Konzernzentrale in Feldkirchen bei Graz aus ca. 70 Standorte und Beteiligungen in Österreich, Slowenien, Ungarn, Tschechien und Rumänien. Im Bereich der Sammlung, Aufbereitung und Verwertung von Reststoffen ist Saubermacher der kompetente Partner von ca. 1.600 Gemeinden und über 40.000 Betrieben aus Handel, Gewerbe und Industrie. Darüber hinaus werden Sortier- und Aufbereitungsanlagen betrieben und Abfallwirtschaftskonzepte zur Minimierung der Entsorgungskosten sowie zur Optimierung der betrieblichen und kommunalen Abfallwirtschaft erstellt. Saubermacher versteht sich dabei stets als ganzheitlicher Entsorgungspartner, der Fragestellungen und Herausforderungen im Sinne einer bestmöglichen Kundenorientierung im Gesamtkontext beurteilt. Zuverlässigkeit, hohe Qualitätsstandards und ein verantwortungsvoller Umgang mit Natur, Umwelt und Ressourcen aller Art bilden dabei die Richtschnur für alle Unternehmensentscheidungen und operativen Aufgaben.

2 Wirtschaften im Kreislauf

Seit der Gründung des Familienunternehmens im Jahr 1979 als Roth-Umweltschutz GmbH mit 5 Mitarbeitern hat sich das Familienunternehmen Saubermacher zu einem der führenden Entsorgungs- und Verwertungsunternehmen in Zentraleuropa mit rund 3.800 Mitarbeitern entwickelt.

H. Roth · G. Brandner · S. Köberl (✉)
Saubermacher AG, Hans-Roth-Straße, 8073 Feldkirchen bei Graz, Österreich
e-mail: S.Koeberl@saubermacher.at

R. Altenburger (Hrsg.), *CSR und Innovationsmanagement*,
Management-Reihe Corporate Social Responsibility,
DOI: 10.1007/978-3-642-40015-5_11, © Springer-Verlag Berlin Heidelberg 2013

Das Erfolgsgeheimnis? Statt kurzfristiger Gewinnmaximierung steht die langfristige Verantwortung für Mensch und Umwelt im Mittelpunkt der Unternehmensführung. Nachhaltigkeit hatte bei Saubermacher schon Tradition bevor dieser Begriff zum Modewort wurde: Für Unternehmensgründer Hans Roth und seine Frau Magret Roth war es anfangs der Wunsch der Abfallentsorgung bzw. -sammlung ein völlig neues Image zu geben, der sie zur Gründung Ihres eigenen Entsorgungsunternehmens veranlasste. Durch moderne und saubere Sammelfahrzeuge sowie gut ausgebildete, freundliche und kundenorientierte Mitarbeiter sollte die Abfallentsorgung einen neuen Stellenwert in der Gesellschaft bekommen. Gleichzeitig zielte man darauf ab, durch die geordnete Sammlung, Aufbereitung und Entsorgung der Abfälle einen Beitrag zum Schutz der Umwelt zu leisten.

Schon damals hat sich Saubermacher somit große Ziele gesetzt: einen nachhaltigen Umgang mit Ressourcen aller Art und eine lebenswerte Umwelt. Was heute als selbstverständlich erscheint, war vor dreißig Jahren jedoch noch Neuland. Der Gedanke des Umweltschutzes beispielsweise steckte noch in den Kinderschuhen und Saubermacher hatte umfangreiche Aufklärungsarbeit zu leisten. Aber auch die Abfallwirtschaft als solche war noch nicht bekannt bzw. entwickelt und so kann anhand der Unternehmensgeschichte des Entsorgungsunternehmens auch die Geschichte der Abfallwirtschaft nachvollzogen werden. Dabei hat Saubermacher stets versucht eine Vorreiterrolle einzunehmen und durch innovative Lösungen einen Mehrwert für die Umwelt und die Gesellschaft zu generieren. Gleichzeitig half diese vorrausschauende Unternemensphilosophie dem Unternehmen einen Wettbewerbsvorsprung aufzubauen.

So war es die Firma Saubermacher die 1984 die erste Tankstellenentsorgung und 1985 die erste Krankenhaus-Entsorgung in der Steiermark anbot. Saubermacher führte 1986 auch das erste 3-Tonnen-System für Glas, Papier und Restmüll österreichweit ein. 1989 folgte die erste Aufbereitungsanlage Österreichs für Kühlschränke und 1992 konnte die erste Restmüllsichtungsanlage in Österreich in Betrieb genommen werden.

Ein weiterer Meilenstein in der Geschichte des Unternehmens war 2003 die Eröffnung der Thermo-Team-Anlage, der weltweit modernsten und österreichweit größten Anlage zur Produktion von Ersatzbrennstoffen für die Zementindustrie. Bei Thermo-Team werden heizwertreiche Abfälle aufbereitet und zu qualitativ hochwertigem Ersatzbrennstoff, sogenanntem ASB (Aufbereitetem Substitut-Brennstoff), verarbeitet. Ziel ist es, durch den Einsatz von ASB mittelfristig auf fossile Brennstoffe wie Kohle zu verzichten und damit einen wichtigen Beitrag zur Reduktion der CO_2-Emissionen sowie zur Schonung primärer Ressourcen zu leisten.

2010 folgte die Erweiterung des seit 1996 betriebenen E-Cycling-Parks in Unterpremstätten. In der dabei entstandenen einzigartigen Gesamtanlage können nun alle Arten von Elektroaltgeräten aufbereitet werden. Da Elektroaltgeräte in der Regel nicht nur wertvolle Roh-, sondern auch Schadstoffe enthalten, ist eine fachgerechte Entsorgung in zweifacher Weise notwendig: Die Schadstoffe müssen umweltgerecht entsorgt und die Wertstoffe zu einem möglichst hohen Anteil wieder dem Rohstoffkreislauf zugeführt werden um die Umwelt zu entlasten und wertvolle Primärressourcen zu schonen. Im Saubermacher E-Cycling-Park können derzeit bereits rund 85 % der Elektroaltgeräte stofflich verwertet und damit wieder dem Rohstoffkreislauf zugeführt werden.

Die jüngste Entwicklung in der Saubermacher Geschichte ist die Eröffnung der Leuchtstofflampen-Recycling-Anlage in Wien. Die gemeinsam von Saubermacher und Air Mercury entwickelte BLUBOX Wiederverwertungs-Technologie ist die erste ihrer Art. Zukunftsweisende Innovation und Technologie machen es möglich, verschiedene Arten von Abfällen gleichzeitig aufzubereiten. So können neben Leuchtstofflampen auch weitere Lampenarten (Glüh-, Energiespar- und LED-Lampen) sowie LCD-Monitore und LCD-Fernseher aufbereitet und verwertet werden. Darüber hinaus liegen die aus den Abfällen gewonnenen Output-Fraktionen in einer recyclingbaren Qualität vor, wodurch eine Abfallbeseitigung vermieden und Deponievolumen eingespart wird. Lediglich das im Aufbereitungsprozess anfallende Leuchtpulver muss derzeit noch untertage deponiert werden. Da aber der Abbau von Seltenen Erden hauptsächlich in China erfolgt und sich der Preis in den letzten Jahren vervielfacht hat, ist es der produzierenden Industrie mittlerweile ein großes Anliegen, Seltene Erden aus den von ihnen erzeugten Produkten wieder zurückzugewinnen. Daher arbeitet Saubermacher bereits in Kooperation mit Universitäten und der Industrie an der Entwicklung eines Verfahrens, mittels dem auch die im Leuchtpulver enthaltenen Seltenen Erden für eine Wiederverwendung aufbereitet werden können.

Diese Entwicklungen der letzten Jahre und Jahrzehnte zeigen, dass sich die Abfallwirtschaft, eine Branche die bisher klassischerweise am Ende unseres Wirtschaftssystems angesiedelt war, zunehmend zu einer Ressourcenwirtschaft wandelt, die nicht mehr am Ende der Wertschöpfungskette sondern, wie es Klampfl-Pernold et. al formuliert, *„an allen Ecken und nicht mehr vorhandenen Enden der verschiedenen Produktlebenszyklen"* ansetzt (Klampfl-Pernold et al. 2012). War es bisher die Aufgabe der Branche den ineffizienten Umgang unserer Gesellschaft mit Ressourcen auszugleichen und die Auswirkungen auf Mensch und Umwelt möglichst gering zu halten, so gewinnt die Produktion von Sekundärrohstoffen, die in Fertigungsprozessen Primärrohstoffe ersetzten, zunehmend an Bedeutung (Simon 2006). Diese Entwicklung spiegelt sich unter anderem darin wider, dass bereits heute ein großer Teil der gesammelten Abfälle durch die Wertschöpfungsprozesse der Abfallwirtschaft ihre Eigenschaft als „Abfall" verlieren. So spricht man bei einer steigenden Zahl von Materialien, wie beispielsweise Papier, Metallen oder Glas nicht mehr von Abfall sondern von Wertstoffen(Klampfl-Pernold et al. 2012).

Diese Veränderungen in der Branche führen auch zu veränderten Anforderungen und neuen, komplexen Herausforderungen für Saubermacher. Wie die oben angeführten Beispiele zeigen, hat Saubermacher bereits in der Vergangenheit durch nachhaltige und innovative Lösungen Standards in der Entsorgungsbranche gesetzt und wird an diesen auch bei der Bewältigung heutiger und zukünftiger Herausforderungen auf dem Weg zu einer nachhaltigen Ressourcenwirtschaft festhalten.

3 Vorsprung durch Innovation und Know-how

Aber nicht nur anlagentechnisch und mittels zukunftsorientierter Verwertungsverfahren versucht Saubermacher immer einen Schritt voraus zu sein. Durch innovative Geschäftsmodelle wie den Public Private Partnerships, also gemeinsame Gesellschaften mit Institutionen der öffentlichen Hand, bietet Saubermacher Lösungen mit Mehrwert an. Die Vorzüge dieses Modells liegen klar auf der Hand. Der Haushalt der öffentlichen Institution wird entlastet und eine wirtschaftliche Betriebsführung gewährleistet eine stabile Entwicklung der Kundengebühren. Mitarbeiter der Kommunen können in die Gesellschaft übernommen werden, gleichzeitig profitiert die Gesellschaft vom Saubermacher Expertennetzwerk. Durch die räumliche Nähe wird eine hohe operative Flexibilität und lokale Wertschöpfung sichergestellt. Zudem bieten die breite Dienstleistungspalette und ein Abholsystem für die definierte Region ein Optimum an Bürgerservice und -nähe. Durch die enge Zusammenarbeit wird die Verhandlungsposition der Kommunen beispielsweise beim Einkauf gestärkt, und damit werden letztlich auch Kosten reduziert. Die Einwohner wiederum profitieren von diesen Kostenvorteilen und einer kompetenten und flexiblen Erledigung ihrer Anliegen.

Ein weiteres innovatives Saubermacher-Projekt mit Mehrwert ist die Verwertungsinitiative Sperrmüll GmbH – kurz VISP – in Grafenwörth in Niederösterreich, an der Saubermacher mit 74,9 % beteiligt ist. Die VISP ist ein sozialökonomisches Betriebsprojekt, das langzeitarbeitslosen Menschen durch sinnvolle Tätigkeiten im Umweltbereich die Chance auf eine Wiedereingliederung in den Arbeitsmarkt eröffnet. „Arbeit durch Verwertung anstelle von Wegwerfen" lautet die Devise des Projekts – ein Ansatz, der sich mit der Saubermacher Unternehmensphilosophie deckt, die auf Verantwortung für Umwelt, Mensch und Gesellschaft basiert. Im Rahmen eines einjährigen Dienstverhältnisses bei der VISP wird versucht, mit Hilfe einer Sozialarbeiterin die Mitarbeiter wieder „jobfit" zu machen. Die Hauptaufgabe der Mitarbeiter liegt in der Zerlegung von Bildschirmgeräten aus dem Raum Niederösterreich. Neben der Zerlegung betreibt die VISP eine Styropormühle und eine Lagerbewirtschaftung für den Abfallverband Tulln.

Last but not least stellt die Saubermacher Outsourcing GmbH ein Erfolgsmodell dar, das mit seinen innovativen Lösungen beim Outsourcing von Logistik-, Reinigungs- und abfallwirtschaftlichen Leistungen nicht mehr aus der Abfallwirtschaft wegzudenken wäre. Das Unternehmen hilft durch diese Übernahme von Tätigkeiten sowie einem umfangreichen zusätzlichen Dienstleistungsportfolio den Kunden dabei, sich auf ihr eigentliches Kerngeschäft zu konzentrieren. Eine möglichst langjährige und partnerschaftliche Zusammenarbeit mit Kunden aller Sektoren steht dabei ebenso im Fokus wie der Einsatz modernster Technologien.

Das auf Langfristigkeit und nachhaltige Markterschließung ausgerichtete, organische internationale Wachstum von Saubermacher ist ebenso ein wichtiger Aspekt wenn man die historische und ökonomische Entwicklung des Unternehmens betrachtet. Bereits lange vor der Ostöffnung und der EU-Erweiterung wagte Saubermacher den Gang in die Nachbarländer und ist heute ein verlässlicher Entsorgungspartner in vielen CEE-Ländern wie z. B. Tschechien, Ungarn, Slowenien, Bulgarien und Rumänien. Durch einen laufenden Wissenstransfer und eine enge Zusammenarbeit sowie dem Know-how und Engagement der Mitarbeiter vor Ort wurde in den vergangenen Jahren die Abfallwirtschaft im CEE-Raum aktiv von Saubermacher mitgestaltet.

4 Gesellschaftliche Verantwortung als fester Bestandteil in der Unternehmensphilosophie

Gedanken der Nachhaltigkeit und der gelebten gesellschaftlichen Verantwortung waren bereits bei der Unternehmensgründung eine wesentliche Triebfeder für die zukünftige Entwicklung und Ausrichtung der Geschäftstätigkeit und auch heute werden die Aktivitäten von Saubermacher maßgeblich vom Nachhaltigkeitsgedanken geprägt.

Mit dem stetigen Wachstum des Unternehmens wuchs auch die Zahl und die Vielfalt der CSR- und Nachhaltigkeitsaktivitäten und das meist ohne die Begriffe Nachhaltigkeit oder CSR überhaupt zu verwenden. Getragen bzw. initiiert von der Unternehmerpersönlichkeit Hans Roth wurden und werden Maßnahmen zum Wohle der Mitarbeiter aber auch der Kunden und Kommunen in denen man tätig ist, gesetzt. So war Regionalität und die Förderung regionaler Strukturen für Saubermacher immer ein wichtiger Teil der Unternehmenskultur, was sich auch in der Wahl von Produkten, wie zum Beispiel Kernöl und Honig steirischer Lieferanten aus der unmittelbaren Umgebung der Firmenstandorte, als Werbegeschenke widerspiegelt.

Die zusätzliche Berücksichtigung ökologischer Aspekte könnte man auf Grund der starken Verknüpfung mit dem Kerngeschäft schon fast als immanenten Teil der Geschäftstätigkeit betrachten. Doch auch hier wurden Maßnahmen gesetzt, die weit über das Kerngeschäft hinausgehen. So wurden bei einer Müllextrembergung aus dem Basislager des Mount Everest rund 4.000 Liter Müll abtransportiert und umweltgerecht entsorgt. Auf dem Weg zur Ortler-Spitze, dem höchsten Berg Südtirols, wurden Info-Plakate bei Schutzhütten angebracht und Postkarten an Bergsteiger ausgegeben, die zum verantwortungsvollen Umgang mit dem eigenen Müll aufriefen. Ziel beider Aktionen war eine Bewusstseinsbildung hinsichtlich der Verschmutzung der Bergwelt und der Problematik der langen Verrottungsdauer von Abfällen, wenn diese achtlos in der Natur weggeworfen werden.

Unternehmensgründer Hans Roth formuliert seine persönliche Einstellung, die der gelebten unternehmerischen Verantwortung bei Saubermacher zu Grunde liegt, wie folgt:

> Mein persönliches Verständnis von sozialer Gerechtigkeit orientiert sich am Ziel, dass alle Menschen die Chance haben sollen, am ökonomischen und gesellschaftlichen Leben teilzuhaben, in intakter Umwelt zu leben und ihre Fähigkeiten zu entfalten. Nachhaltigkeit funktioniert nur durch ein ausgewogenes Geben und Nehmen. An diesem Grundsatz orientiert sich Saubermacher und versucht diese Haltung auch in der täglichen Unternehmenskultur zu leben.

Die Art und Weise wie über die eigentliche Geschäftstätigkeit hinausgehende, gesellschaftliche Verantwortung bereits in den Anfängen des Unternehmens gelebt wurde lässt sich mit dem Modell des Ehrbaren Kaufmanns vergleichen: *„Für ihn sind Wirtschaftlichkeit und Moral keine Gegensätze sondern er lebt genau in diesem Spannungsverhältnis: Eigennutzen einerseits–– gesellschaftlicher Nutzen andererseits"* (Schwalbach und Klink 2012). Neben der Sicherung des wirtschaftlichen Erfolgs, der für den nachhaltigen Fortbestand des Unternehmens essentiell ist, übernimmt ein Unternehmer, der in Anlehnung an dieses Modell agiert auch über ökonomische Aspekte hinausgehend Verantwortung gegenüber seinem Unternehmen und der Gesellschaft (Schwalbach und Klink 2012).

In Fachliteratur wird das Modell des ehrbaren Kaufmanns vielfach als Keimzelle des heute in Unternehmen etablierten Corporate Social Responsibility (CSR) Managements bezeichnet und auch ein Blick auf Unternehmen in denen CSR aktiv gelebt wird zeigt, dass gerade bei Familienunternehmen hinter diesem Engagement oftmals eine Unternehmerpersönlichkeit steht, die durch Vorbildwirkung und aus tiefer persönlicher Überzeugung Nachhaltigkeit und gelebte gesellschaftliche Verantwortung zu einem Bestandteil der Unternehmenskultur macht. Jedoch besteht ein grundlegender Unterschied zwischen den beiden Modellen – der Begriff des Ehrbaren Kaufmanns bezieht sich auf die Verantwortung des Unternehmers selbst, während CSR, die Verantwortung von Unternehmen adressiert (Schwalbach und Klink 2012).

Dieser Transfer der grundlegenden Philosophie der Verantwortung von der Unternehmerpersönlichkeit Hans Roth in das Unternehmen ist bei Saubermacher geglückt – nachhaltiges und umweltbewusstes Handeln sowie Verantwortung gegenüber den Menschen und der Gesellschaft sind heute zentrales Anliegen und integraler Bestandteil der Saubermacher Unternehmensphilosophie. Die starke Verantwortung für Umwelt, Mensch und Gesellschaft spiegelt sich zum einen in der stetigen Weiterentwicklung des Kerngeschäfts unter besonderer Berücksichtigung ökologischer und sozialer Aspekte und zum anderen in den vielen, über das Kerngeschäft hinausgehenden Initiativen und Projekten von Saubermacher wider.

5   Effektives Instrumentarium für verantwortungsvolle Unternehmensführung

Um Nachhaltigkeit erfolgreich als Treiber für ganzheitliche Innovationen nutzen zu können braucht es auf Grund der Komplexität der Zusammenhänge und der Vielfalt an Themen laut Eva Grieshuber in „Prinzipien für ganzheitlichen Innovationen durch CSR" eine breite Verankerung des Themas auf unterschiedlichen Ebenen im Unternehmen. Um tatsächlich als Hebel für Innovationen wirksam zu werden muss daher sowohl auf der Werteebene als auch auf der strategischen und operativen Ebene eine Integration des Themas Nachhaltigkeit stattfinden (Grieshuber 2012).

Die Saubermacher Dienstleistungs AG ist sich dieser Komplexität des Themas Nachhaltigkeit bewusst und ist laufend bemüht der damit verbundenen, weitreichenden Verantwortung gerecht zu werden – sowohl im Rahmen der Kerngeschäftätigkeit als auch durch eine starke Verankerung in den Regionen, in denen Saubermacher tätig ist. Dieses umfassende Verantwortungsbewusstsein ist in den Saubermacher Unternehmenswerten zusammengefasst: Für den Menschen, für die Umwelt und für das Unternehmen – auf diesen drei Säulen der Nachhaltigkeit basiert das Saubermacher-Selbstverständnis (vgl. Abb. 1). Darüber hinaus ist man sich aber auch der Verantwortung gegenüber der

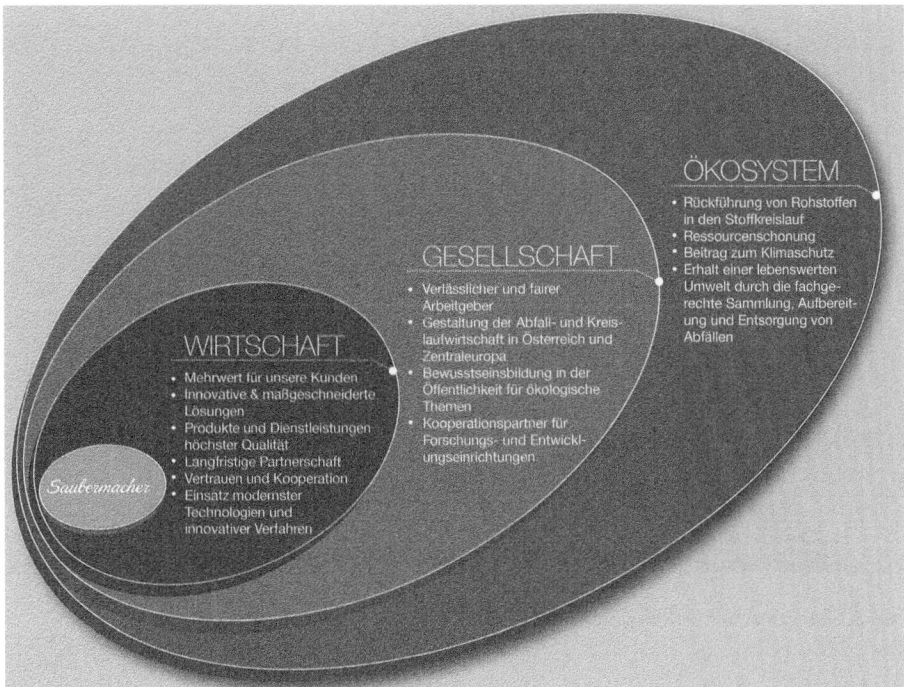

Abb. 1 Die Saubermacher Unternehmensphilosophie

Gesellschaft und den Regionen in denen Saubermacher tätig ist sowie der Bedeutung des ökologischen Umfelds bewusst. Dieses Denken in globalen Zusammenhängen und ein generationengerechtes Handeln spiegeln sich wiederum in den Dienstleistungs-Lösungen und Services wider.

Um den Mitarbeitern eine Orientierung bei den täglichen Herausforderungen zu bieten und die Umsetzung der Saubermacher-Philosophie im täglichen Handeln sicher zu stellen, wurden die in den Unternehmenswerten formulierten Grundsätze zu nachhaltigem Handeln während der letzten Jahre weiter heruntergebrochen und durch spezifische Instrumente für eine verantwortungsvolle Unternehmensführung in mehreren Ebenen verankert bzw. detaillierter formuliert. Dieses Führungssystem, das die Abhängigkeiten und Hierarchien von Führungs- und Steuerungsmechanismen regelt ist in der Dokumentenpyramide abgebildet (vgl. Abb. 2).

Die Lebens-Werte des Saubermacher

Die Unternehmenskultur der Saubermacher Dienstleistungs AG basiert auf den Werten, die schon für das Familienunternehmen Roth bestimmend waren. In der Pflege und Entwicklung dieser Werte liegt für Saubermacher das Geheimnis des Erfolgs. Diese ethischen Grundsätze wurden gemeinsam mit Univ. Prof. Mag. Dr. Leopold Neuhold vom Institut für Ethik und Gesellschaftslehre an der Karl Franzens

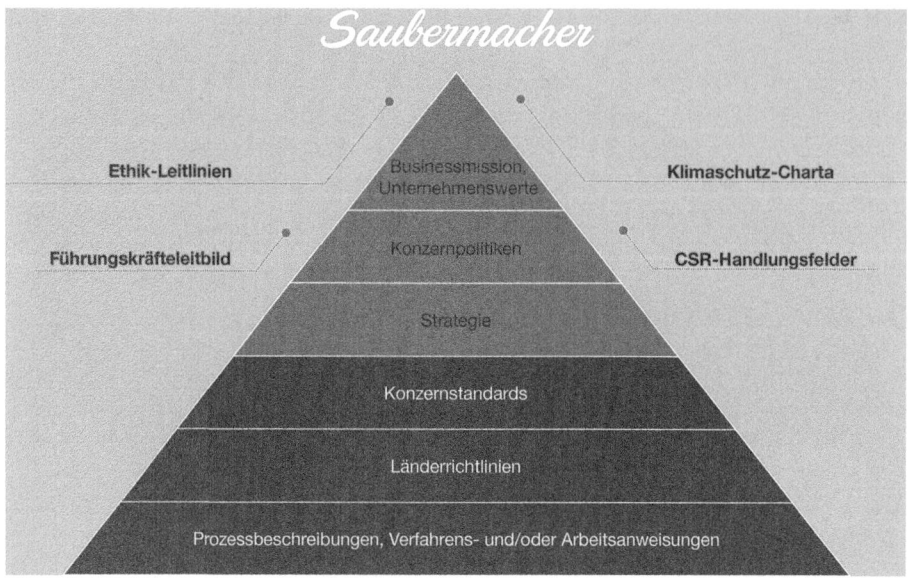

Abb. 2 Saubermacher Dokumentenpyramide

Universität Graz im Rahmen der „Lebens-Werte des Saubermachers" übersichtlich und leicht verständlich für alle Mitarbeiter und die Geschäftsführung als Basis des täglichen Miteinanders aufbereitet und zugänglich gemacht. Folgende 7 Leitlinien bilden die Wurzeln für das Saubermacher-Selbstverständnis:

- Familie als Ausgangspunkt
- Offenhalten der Preise auf Werte
- Heimat als haltender Rahmen
- Überschreiten von Grenzen
- Offen für das Neue
- Orientierung am Kunden
- Der Mensch zuerst

Klimaschutz-Charta: umweltfreundlich denken, CO_2 senken

Die fünf Klimaschutzleitlinien der Saubermacher Klimaschutz-Charta (vgl. Abb. 3) dienen als Rahmenwerk, um das übergeordnete Ziel einer Verringerung des Ausstoßes klimaschädigender Treibhausgase im Unternehmen umzusetzen. Die Klimaschutzleitlinien dienen dabei als Orientierungshilfe in Handlungs- und Entscheidungssituationen.

Das Saubermacher Führungskräfteleitbild

Das Saubermacher Führungskräfteleitbild soll das gemeinsame Zielverständnis aller Mitarbeiter bei Saubermacher sicherstellen und den Mitarbeitern als eine Richtschnur in der Zusammenarbeit mit Ihrer Führungskraft dienen. Gleichzeitig fördert es Veränderungs- und

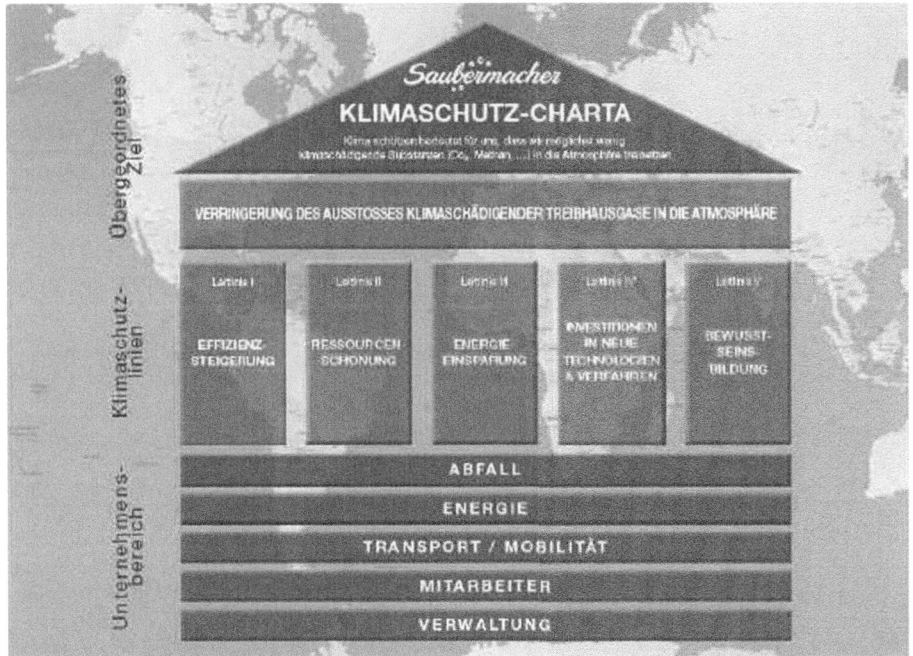

Abb. 3 Saubermacher Klimaschutz-Charta

Anpassungsprozesse im Unternehmen durch eine Steigerung der Bewusstheit und der Ver-
ständlichkeit des Themas Führung. Durch die klare Kommunikation der Saubermacher-
Werte dient es darüber hinaus der Unterstützung von Integrationsprozessen.

5.1 CSR-Management und CSR-Handlungsfelder

Um alle CSR-Aktivitäten, Programme und Ziele zu koordinieren, strategisch weiterzuentwickeln und an interne wie auch externe Stakeholder kommunizieren zu können,
wurde zudem im Jahr 2010 mit Unterstützung von PricewaterhouseCoopers ein Projekt
zur strategischen Koordination, Steuerung und Entwicklung der CSR-Agenden durchgeführt. Nach einer Bestandsaufnahme aller diesbezüglichen Aktivitäten und Initiativen wurden aktuelle Entwicklungen und Herausforderungen der Branche beleuchtet,
zentrale Risiken und Chancen für Saubermacher erarbeitet und die Erwartungen der
Stakeholder erhoben. Auf Basis dieser Erkenntnisse und unter Berücksichtigung der
Kernkompetenzen (vlg. Abb. 1) der Saubermacher Dienstleistungs AG wurden fünf zentrale CSR-Handlungsfelder mit konkreten Optionen definiert (vgl. Abb. 4).

Diese Handlungsfelder weisen zum einen eine starke Verknüpfung mit dem Saubermacher Kerngeschäft und damit mit dem Saubermacher Know-how auf. Auf der

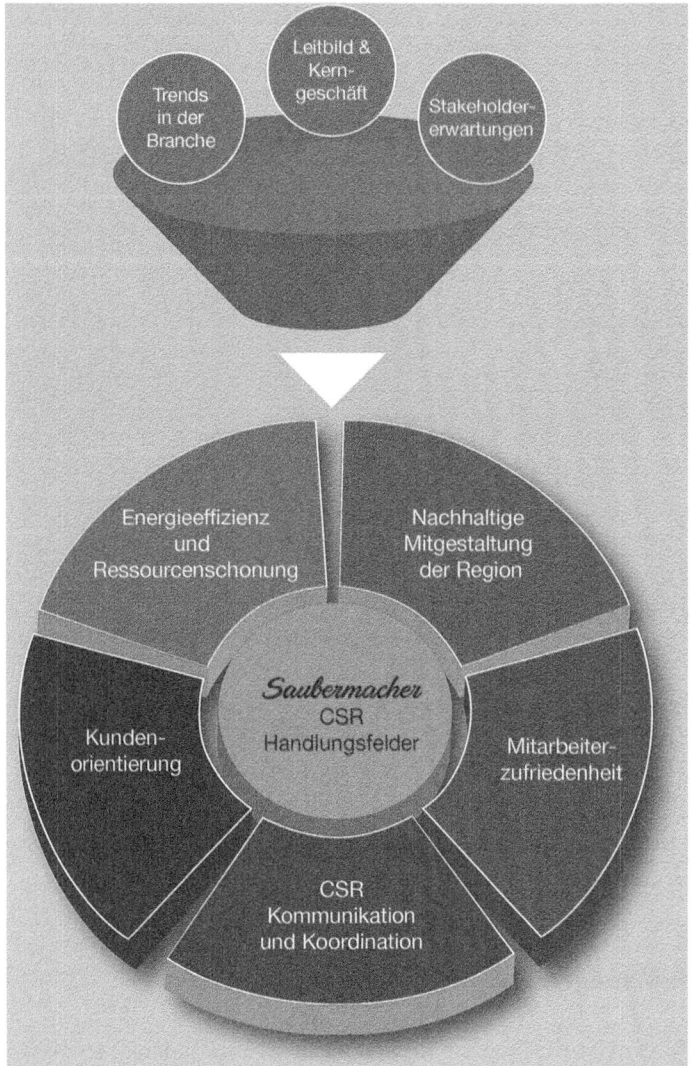

Abb. 4 Die 5 Saubermacher CSR-Handlungsfelder

anderen Seite zeigen sie aber auch, dass es im breiten Themenspektrum der Nachhaltigkeit wichtig ist, sich auf einige zentrale Themen zu fokussieren um nicht die wesentlichen Aspekte aus den Augen zu verlieren.

Die 5 Saubermacher CSR-Handlungsfelder
Energieeffizienz und Ressourcenschonung sind im Rahmen der Abfallsammlung, -aufbereitung und -verwertung, wie bereits eingangs erläutert, integraler Bestandteil des Saubermacher Kerngeschäfts. Aber auch der Aspekt der sozialen Verantwortung ist bei rund 3.800 Mitarbeitern international ein wesentliches CSR-Handlungsfeld. Das

CSR-Handlungsfeld Kundenorientierung hingegen steht für die Überzeugung des Saubermachers, dass die Zufriedenheit der Kunden und höchste Qualitätsstandards in allen Bereichen die Basis für den langfristigen wirtschaftlichen Unternehmenserfolg darstellen.

Durch die koordinierte Vorgehensweise im Bereich der Nachhaltigkeit und die Abstimmung der Aktivitäten auf das Kerngeschäft sowie die Stakeholderanforderungen soll, in Anlehnung an das Shared Value Konzept, die Konkurrenzfähigkeit des Unternehmens erhöht und gleichzeitig auch in Zukunft ein Beitrag zur nachhaltigen Entwicklung der Regionen, in denen die Saubermacher Dienstleistungs AG tätig ist, geleistet werden.

Ein Vergleich mit Best-Practice Modellen zeigte zudem Verbesserungspotentiale und Möglichkeiten für weitere Aktivitäten auf. Denn Saubermacher versteht Nachhaltigkeit als einen kontinuierlichen Prozess bzw. eine stetige Herausforderung die eigenen Prozesse, Aktivitäten und Dienstleistungen zu evaluieren, überdenken und zu verbessern, damit sie auch in Zukunft für eine lebenswerte Umwelt und eine nachhaltige Ausrichtung des Unternehmens tauglich sind.

Neben der Realisierung konkreter Vorhaben und Projekte steht damit die laufende Professionalisierung des CSR-Managements und der damit verbundenen Strukturen und Prozesse im Fokus. Für die fünf CSR-Handlungsfelder wurden im Rahmen der Erstellung des ersten Saubermacher Nachhaltigkeitsberichts Indikatoren und Kennzahlen definiert, Berichtsprozesse installiert und eine geregelte Datenerfassung mit Maßnahmen zur Sicherstellung der Datenqualität implementiert. Für die Definition relevanter ökologischer und sozialer Indikatoren und Kennzahlen wurde der internationale Standard für Nachhaltigkeitsberichte der Global Reporting Initiative (kurz GRI) als Basis herangezogen und an das Kerngeschäft von Saubermacher angepasst. Jede Kennzahl wurde in Form eines Steckbriefs beschrieben, um eine einheitliche Erhebung und Konsistenz der Daten zu gewährleisten. Mit den Verantwortlichen aus den unterschiedlichen Unternehmensbereichen wurden zudem im Rahmen von Workshops konkrete Nachhaltigkeitsziele und -maßnahmen definiert und zu einem Nachhaltigkeitsprogramm verdichtet. Darüber hinaus wurden die Aspekte einer effektiven CSR-Kommunikation beleuchtet und relevante Themen zentral erfasst. Die im Rahmen dieses Prozesses generierten Informationen und Daten wurden im ersten Nachhaltigkeitsbericht der Saubermacher Dienstleistungs AG publiziert und öffentlich verfügbar gemacht. Er strukturiert somit die bislang über unterschiedliche Kanäle transportierten Informationen zu CSR neu und liefert Hintergrundinformationen zu den wesentlichen Themenfeldern.

6 Vorsprung durch Nachhaltigkeit

Bei der Betrachtung der Saubermacher Geschichte sowie all der Nachhaltigkeitsaktivitäten des Unternehmens stellt sich nun die Frage ob Nachhaltigkeit ein wesentlicher Treiber des Innovationsprozesses bei Saubermacher ist oder es erst die grundlegende, innovative Ausrichtung des Unternehmens möglich machte, Nachhaltigkeit im Unternehmen umzusetzen?

Der positive Effekt von Nachhaltigkeit auf den Unternehmenserfolg bzw. die Wettbewerbsfähigkeit von Unternehmen wurde bereits vielfach wissenschaftlich untersucht und belegt. André Martinuzzi beispielsweise beschreibt diesen Zusammenhang in „CSR und Wettbewerbsfähigkeit" wie folgt:

> Der Zusammenhang von CSR und Wettbewerbsfähigkeit hängt davon ab, ob CSR in das Kerngeschäft des jeweiligen Unternehmens integriert wird. [...] Nur wenn Umwelt und Gesellschaft bei den grundsätzlichen Unternehmensentscheidungen berücksichtigt werden, kann CSR als Beitrag der Wirtschaft zur nachhaltigen Entwicklung verstanden werden, woraus langfristige Wettbewerbsvorteile für das jeweilige Unternehmen und geteilte Werte für Wirtschaft und Gesellschaft entstehen („Shared Value") (Martinuzzi 2012).

Somit erfordert ein optimal wirksames CSR-Management ein hohes Maß an Integration in das Kerngeschäft und eine strategische Abstimmung der Aktivitäten unter Berücksichtigung der Bedürfnisse und Erwartungen der Stakeholder. Ist Nachhaltigkeit derart umfassend in eine Organisation eingebettet kann eine verbesserte Wettbewerbsfähigkeit beobachtet werden. Ob diese gesteigerte Wettbewerbsfähigkeit nun aber aufgrund des innovationsfördernden Charakters von Nachhaltigkeitsaktivitäten eintritt oder aber einfach auf eine höhere gesellschaftliche Akzeptanz des Unternehmens bzw. ein verbessertes Image zurückzuführen ist, lässt sich hieraus noch nicht ablesen. Eine tiefere Betrachtung von Nachhaltigkeit und Innovation ist somit notwendig.

Hier bietet das Modell der „vier Entwicklungsstufen des Nachhaltigkeitsmanagements" von PricewaterhouseCoopers einen sehr guten Anhaltspunkt. Das Modell beschreibt wie sich die Wirkungsweise von CSR im Rahmen der Entwicklung von rein philanthropischen Projekten hin zu einem strategischen Mangementtool verändert. Steht anfangs vorwiegend das Reputationsmanagement im Fokus der Nachhaltigkeitsaktivitäten so gewinnt CSR mit zunehmender Integration in die Strategie an Innovationskraft. In dieser fortgeschrittenen Phase kann Nachhaltigkeit Innovationen anstoßen – etwa durch die Entwicklung neuer, nachhaltiger Produkte oder aber auch durch eine völlige Neu- bzw. Umorientierung des Kerngeschäfts hin zu Zukunftsmärkten (Gastinger und Gaggl 2012).

6.1 Warum Innovation?

In der Auseinandersetzung mit dem Einfluss von Nachhaltigkeitsaktivitäten auf die Innovationskraft eines Unternehmens ist zunächst aber die Schaffung eines klaren Verständnisses über die Charakteristika einer Innovation für Organisationen unerlässlich. Schumpeter berücksichtigt beispielsweise fünf Aspekte der Innovation:

- Die Einführung einer Ware (Produkt), die neu für den Konsumenten ist oder eine höhere Qualität aufweist, als die bisherige.
- Produktionsmethoden, die in einem bestimmten Industriezweig neu sind. Diese müssen nicht unbedingt auf neuen wissenschaftlichen Erkenntnissen beruhen und können auch schon in anderen Bereichen eine Verwendung gefunden haben.

- Die Erschließung neuer Märkte.
- Die Verwendung von neuen Bezugsquellen.
- Neue Formen des Wettbewerbs, die zu Restrukturierungen führen können (Schumpeter 1934).

Nach Gassmann und Sutter umfasst ein gesamthaftes Innovationsmanagement drei verschiedene Ebenen:

- Normative Ebene: Mission, Vision und Werte
- Strategische Ebene: Ressourcen, Technologien, Know-how und Kompetenz von Mitarbeitern, Kunden sowie Lieferanten, Wettbewerber und Märkte
- Operative Ebene: Definition und Führung des Innovationsprozesses, Kosten, Zeit, Qualität (Gassmann und Sutter 2008)

Das Ziel eines Innovationsmanagements besteht in der systematischen Unterstützung des gesamten Innovationsprozesses beginnend mit der Generierung von neuen Ideen bis zu deren Umsetzung/Implementierung in neue Produkte und/oder Services. Die jeweils spezifische Ausprägung hängt sowohl von der Unternehmensstrategie als auch von der Wettbewerbssituation, Forschungs- und Entwicklungspartnerschaften, Technologie, etc. ab.
Gerade der technologische Wandel zählt zu den primären Innovationsquellen. Legistische- bzw. Umweltentwicklungen erfordern oft neue Lösungen und eröffnen damit kontinuierlich neue Geschäftsmöglichkeiten. Die damit verbundenen Chancen und Risiken beeinflussen das Geschäftsmodell des jeweiligen Unternehmens und bedürfen einer gewissenhaften Abwägung.
Bei Saubermacher ist das Thema Innovation, in Anlehnung an die oben angeführten Aspekte für ein ganzheitliches Innovationsmanagement, auf mehreren Ebenen im Unternehmen durch vielfältige Instrumente verankert. Beginnend bei einer formalen Verankerung in den Unternehmenswerten über die Integration des Innovationsgedanken in strategische Entscheidungen bis hin zu vielfältigen operativen Instrumenten, wie das unternehmenseigene Ideenmanagement, reicht die Bandbreite des Saubermacher Innovationsmanagements. Kooperationen mit wissenschaftlichen Forschungseinrichtungen und Maßnahmen zur Mitarbeiterentwicklung runden das Spektrum ab und liefern laufend Impulse für Weiterentwicklungen. Gemeinsam zielen all diese Steuerungsinstrumente darauf ab, innovatives Denken und damit das Finden innovativer Lösungen anzuregen und zu fördern.

6.2   Innovation in der Abfallwirtschaft und bei Saubermacher

Getrieben werden viele der innovativen Entwicklungen in der Abfallwirtschaft im Allgemeinen und bei Saubermacher im Speziellen, durch einen Wandel des ökologischen Bewusstseins und durch technologische Entwicklungen, und haben zum Ziel einen nachhaltigen Beitrag zur Trennung und Aufbereitung von Abfällen sowie zur

Abb. 5 Entwicklungsphasen der Abfallwirtschaft

Rückgewinnung von Ressourcen zu leisten. Dieser Zusammenhang lässt sich auch wissenschaftlich darstellen und wurde von Saubermacher Mitarbeitern gemeinsam mit der Karl-Franzens-Universität Graz im Rahmen des „Innovationsorientierten Phasenmodells der Abfallwirtschaft" beschrieben. Dieses Modell geht davon aus, *„dass sich die Abfallwirtschaft als eine Reihe aufeinanderfolgender Innovationsprojekte entwickelt und folglich einen permanenten Innovationsprozess darstellt"* (Gelbmann und Klampfl-Pernold 2006).

Die Grundannahme des Modells ist, dass die Abfallwirtschaft jedes Landes mehrere aufeinander folgende Phasen bzw. Entwicklungsstufen durchläuft. Das Phasenmodell umfasst derzeit 6 Phasen, die von der Nicht-Beachtung des Themas Abfall bis hin zur Rohstoffbewirtschaftung reichen (vgl. Abb. 5). Das Ende einer Phase wird in der Regel durch eine Veränderung des sozialen Wertgefüges, die sich in einer Veränderung der rechtlichen Rahmenbedingung ausdrückt, definiert. Der Beginn einer neuen Phase hingegen wird zumeist durch eine technologische Innovation gekennzeichnet (Gelbmann und Klampfl-Pernold 2006).

Als wesentliche Treiber für Innovationsschübe in der Abfallwirtschaft eines Landes identifiziert das innovationsorientierte Phasenmodell neben ökonomischen Kriterien wie dem Bruttoinlandsprodukt, der Inflationsrate und dem Industrialisierungsgrad auch ökologische, rechtliche und soziale Treiber. Im Bereich der sozialen Kriterien sind es neben weiteren Aspekten vor allem der Lebensstandard, der Grad der Bildungsbeteiligung sowie

das Umweltbewusstsein der Bevölkerung, die die Voraussetzung für eine abfallwirtschaft-
liche Weiterentwicklung bilden (Gelbmann und Klampfl-Pernold 2006).

Die ökologischen Aspekte umfassen den Entwicklungsstand der zwei grundlegenden
technischen Lösungsansätze der Abfallwirtschaft, nämlich der Deponierung und der
Verwertung, denen in den einzelnen Phasen der Abfallwirtschaft eine unterschiedliche
Bedeutung zukommt. Darüber hinaus ist auch der Umgang mit Altlasten ein wichtiger
Indikator für den Innovationsprozess in der Abfallwirtschaft. Und auch rechtlich-regu-
latorischen Instrumenten kommt eine entscheidende Bedeutung zu (Gelbmann und
Klampfl-Pernold 2006).

Vergleicht man diese identifizierten Innovationstreiber mit den CSR-Aktivitäten von
Saubermacher so lassen sich hier starke Parallelen erkennen. Die Umweltbildung beispielsweise stellt seit den Anfängen des Unternehmens ein zentrales CSR-Handlungsfeld
dar. Das Bewusstsein der Bevölkerung für Recycling und Abfalltrennung wird seit Jahrzehnten weit über den eigenen Wirkungsbereich hinaus gefördert. Die Unternehmensführung sieht darin ein wesentliches Differenzierungsmerkmal gegenüber Mitbewerbern
und interpretiert Corporate Social Responsibility als ökonomisch sinnvolle Investition, die
Wertschöpfungs- und Wettbewerbsvorteile sicherstellt. Deshalb setzt Saubermacher auch
in wirtschaftlich turbulenten Zeiten das langjährige Engagement in den Bereichen Klimaschutz und soziale Verantwortung mit ungebremstem Elan fort. Was vor Jahrzehnten
mit informellen Führungen an Standorten und Besuchen von Saubermacher Fahrzeugen
in Kindergärten und Schulen begann, wurde im Laufe der Jahre zu einem umfassenden
Schulungs- und Informationsprogramm ausgebaut. Heute können Interessierte im Rahmen einer geführten Erlebnistour, der sogenannten Saubermacher Ecotour, Abfallwirtschaft an vier zentralen Standorten hautnah erleben. Neben dem Aufräumen mit Mythen
wie „der getrennt gesammelte Abfall landet ohnehin wieder vermischt auf der Deponie
und darum macht Abfalltrennung keinen Sinn" wird den Teilnehmern oft erst durch das
aktive Erleben und Sehen bewusst, welche Abfallmengen unsere Wegwerfgesellschaft, in
der wir leider alle leben, produziert und wie viele wertvolle Rohstoffe im vermeintlichen
Abfall noch stecken. Damit wird Interessierten nicht nur der direkte Zugang zum Thema
ermöglicht, sondern auch der wirtschaftliche wie ökologische Zusammenhang zwischen
Sammeln und Trennen beziehungsweise Aufbereitung und Recycling näher gebracht.

Neben der Ecotour ist es Saubermacher ein besonderes Anliegen Kindern den
bewussten Umgang mit Rohstoffen und Abfällen spielerisch näherzubringen. Das sym-
pathische Unternehmensmaskottchen „Sigi Saubermacher" erklärt Kindern leicht verständlich wie richtige Abfalltrennung funktioniert und warum es so wichtig ist unsere
Umwelt zu schützen und macht sie so zu Botschaftern für eine lebenswerte Umwelt. Kinder die es ganz genau wissen wollen können darüber hinaus im Rahmen der Kinderuni
viele spannende Details über die Abfallwirtschaft lernen. Die neueste Entwicklung in
diesem Informationspaket ist ein gemeinsam mit der FH Joanneum in Graz konzipier-
tes interaktives TipToi-Abfalltrennspiel bestehend aus Spielplan, Mini-Abfalltonnen &
Abfallproben. Im Erklärungsmodus bietet das Spiel Informationen zu den verschiedenen
Abfällen, ihrer Trennung & Verwertung. Im Spielmodus können Kinder ihr Wissen zum

Thema Recycling selbst spielerisch testen. Durch den interaktiven Charakter informiert, motiviert und begeistert das Spiel Kinder für das Thema Abfallrecycling.

Daneben stellen Forschung und Entwicklung in der Abfallwirtschaft und damit auch bei Saubermacher zentrale Treiber von Innovationen dar. Einen wichtigen Aspekt in diesem Zusammenhang stellt die aktive Zusammenarbeit mit Forschungseinrichtungen dar. Saubermacher betrachtet es als Herausforderung, aktiv zu einem fruchtbaren Austausch zwischen den Bereichen Wissenschaft, Wirtschaft, Technik und Umweltschutz beizutragen. Um dies zu fördern, wurde der Hans Roth Saubermacher Umweltpreis ins Leben gerufen und an drei österreichischen Universitäten (Montanuniversität Leoben, Karl Franzens-Universität Graz, TU Wien) ausgeschrieben. Der Preis soll helfen junge Nachwuchswissenschaftler im Bereich Umweltschutz und Abfallwirtschaft zu fördern und dient als Impuls für die Entwicklung innovativer Ideen und Lösungen.

Aber auch das unmittelbare Kerngeschäft von Saubermacher wird von einem laufenden Innovationsprozess geprägt – die bereits eingangs erwähnten neuen Anlagen sind, neben vielen kleineren technologischen Innovationen, Teil der vielfältigen Bemühungen von Saubermacher die Rückgewinnung von Rohstoffen zur forcieren bzw. die Verwertungsquote der gesammelten und behandelten Abfällen zu erhöhen, denn die Zukunft der Abfallwirtschaft liegt nicht im Beseitigen von Abfällen, sondern in der intelligenten und wirkungsvollen Rohstoffgewinnung. Daher beschäftigt sich Saubermacher auch unmittelbar mit der Entwicklung neuer Verwertungslösungen – auch für Abfälle, die es derzeit noch gar nicht gibt. Zu diesem Zweck wurde 2012 eine eigene moderne Forschungsanlage am Standort Puchstraße in Graz eröffnet. Gemeinsam mit Universitäten und Forschungspartnern aus Industrie & Gewerbe können dort neue Verwertungslösungen getestet und entwickelt werden. Das Technikum-Labor in großem Maßstab ist einzigartig, da es als Bindeglied zwischen Labor und Produktionsanlage bezeichnet werden kann. Flexibel und schnell können größere Mengen an Stoffströmen oder heterogenen Abfällen repräsentativ erforscht werden.

Als eines der führenden Unternehmen der österreichischen Abfallwirtschaft engagiert sich Saubermacher aber auch aktiv für die zentralen Anliegen der Branche, etwa als Mitglied im Verband Österreichischer Entsorgungsbetriebe (VÖEB) oder des Österreichischen Wasser- und Abfallwirtschaftsverbandes (ÖWAV). Zudem ist Saubermacher durch die oben genannten Verbände im Verein zur Verleihung eines Entsorgungsfachbetriebs (V.EFB) vertreten. Auf internationaler Ebene ist Saubermacher indirekt über den nationalen Fachverband in der Europäischen Föderation der Entsorgungswirtschaft (FEAD) vertreten, in dem sich Verbände aus 20 EU-Mitgliedsländern engagieren. Damit ist Saubermacher auch aktiv in die Mitgestaltung der regulativen bzw. legislativen Rahmenbedingungen der Abfallwirtschaft in Österreich und Europa eingebunden.

Es können somit viele Parallelen bzw. Übereinstimmungen zwischen den Innovationstreibern des Phasenmodells und den Saubermacher Nachhaltigkeitsaktivitäten festgestellt werden. Gleichzeitig zeigt die Saubermacher Geschichte, dass die vorausschauende und innovationsorientierte Unternehmensphilosophie und die zukunftsweisenden technologischen Weiterentwicklungen maßgeblich zum Unternehmenserfolg beigetragen haben. Auf Basis dieser Erkenntnisse kann die These, dass Nachhaltigkeit bei Saubermacher ein Innovationstreiber ist, bestätigt werden, auch wenn das unmittelbare Ziel der Nachhaltigkeitsaktivitäten nicht immer die Schaffung von Innovationen war, sondern die Maßnahmen darauf abstellen die Wünsche und Bedürfnisse der Saubermacher Kunden mit Lösungen von höchster Qualität in allen Bereichen abzudecken.

Unternehmensgründer und Aufsichtsratsvorsitzender Hans Roth formuliert die, diesen Aktivitäten zugrunde liegende Philosophie folgendermaßen:

> Nachhaltigkeit heißt für mich, das Leben und Wirtschaften so einzurichten, dass die natürlichen, sozialen und wirtschaftlichen Grundlagen dauerhaft gesichert sind. Wir dürfen nur so viel verbrauchen, wie wir erwirtschaften. Mit zukunftsweisenden Abfallentsorgungs- und Recyclingkonzepten leistet der Saubermacher einen wesentlichen Beitrag, um die natürlichen Ressourcen für die nächsten Generationen zu erhalten. Mit wert- und werteorientierter Unternehmensführung stellen wir uns unserer ökonomischen wie auch sozialen Verantwortungen, um dieser sowohl im Unternehmen als auch in der Gesellschaft gerecht zu werden.

7   Zeichen setzen für eine lebenswerte Umwelt

Saubermacher setzt aber auch abseits des unmittelbaren Kerngeschäfts innovative Nachhaltigkeitsprojekte, mit der tiefen Überzeugung, dass auch diese Projekte zum langfristigen Unternehmenserfolg beitragen, um. Diese Projekte sind aus der Perspektive Saubermacher ein Beitrag zur nachhaltigen Entwicklung der Gesellschaft und zu einer lebenswerten Umwelt. Gleichzeitig möchte man mit diesen Maßnahmen Zeichen setzen und zeigen, dass es auch für einzelne Unternehmen möglich ist, einen Beitrag zu einer sauberen Umwelt und einer stabilen Gesellschaft zu leisten, um so auch andere Unternehmen zu nachhaltigem Agieren zu inspirieren und motivieren. Unternehmensgründer Hans Roth fasst diese Bemühungen wie folgt zusammen:

> Ich kann zwar die Welt nicht alleine verändern, aber ich will jeden Tag einen Beitrag leisten, dass unsere Zukunft lebenswert bleibt.

7.1   ECOPORT: das Saubermacher Headquarters

Eines der wohl markantesten „Saubermacher Leuchtturmprojekte" der letzten Jahre ist in diesem Zusammenhang wohl die Saubermacher Unternehmenszentrale, der ECOPORT, denn der ECOPORT ist eines der österreichweit seltenen Bürogebäude, das klima:aktiv zertifiziert ist. Eine Vielzahl von ökologischen und energiesparenden Baumaßnahmen war dafür notwendig – nachstehend ein Überblick der wichtigsten Eigenschaften und Maßnahmen:

- Abdeckung des Warmwasserbedarfs über eine Solaranlage mit 40 m^2
- Fassadenintegrierte Photovoltaikanlage zur Gewinnung von Strom (erwarteter Jahresertrag 27.300 kWh)

- Gebäudekühlung mit Grundwasser
- Betonkernaktivierung für Heizung und Kühlung
- Nutzung des Regenwassers für WC-Anlagen
- Intelligentes Fassadenkonzept für optimale Ausnutzung des Tageslichts
- Elektrotankstelle für Pkws
- Ausstattung der Besprechungszimmer mit Multimedia für Videokonferenzen.

Darüber hinaus soll der ECOPORT eine offene Plattform für Abfallwirtschaft, Umweltschutz, Innovation und Nachhaltigkeit sein, ein Veranstaltungs- und Weiterbildungszentrum für ökologische und ökonomische Fragen. Neben Räumlichkeiten für Veranstaltungen mit ökologischem Fokus gibt es außerdem eine Bibliothek über abfallwirtschaftliches Wissen. In erster Linie ist der ECOPORT aber der moderne Arbeitsplatz für rund 200 Mitarbeiter, die seit März 2011 das Gebäude nutzen.

7.2 Helping Hands und Koordinatoren für Arbeitszufriedenheit für ein starkes Miteinander in schwierigen Zeiten

Die Zufriedenheit der Mitarbeiter innerhalb wie außerhalb des beruflichen Alltags ist Saubermacher ein wichtiges Anliegen. Aus diesem Grund wurde, neben vielen anderen laufenden Maßnahmen zur Mitarbeiterförderung und –entwicklung, am 9. September 2011 der Verein Saubermacher Helping Hands gegründet um der gesamten Saubermacher Belegschaft in turbulenten Zeiten unterstützend zur Seite zu stehen und einen festen moralischen und ökonomischen Halt in persönlichen und familiären Notlagen zu bieten. Der Verein hilft Mitarbeitern bei Schicksalsschlägen, schweren Krankheiten, schwierigen Lebenssituationen, Katastrophen oder aber auch unvorhersehbaren finanziellen Problemen. Jedes Anliegen wird streng vertraulich behandelt und ein Vereinsgremium entscheidet, wie dem Betroffenen am besten geholfen werden kann. Dabei reicht das Spektrum der Hilfe von der Vermittlung von (medizinischen) Spezialisten über Beratungsleistungen bis hin zu finanziellen Hilfeleistungen. Die finanziellen und personellen Ressourcen des Projekts werden einerseits von Saubermacher gestellt und andererseits finanziert sich der Verein durch Spenden und Aktionen. Zahlreiche Führungskräfte und Angestellte von Saubermacher spenden monatlich einen fixen Betrag für den Verein. Ergänzend hierzu wurden im Unternehmen auch sogenannte Koordinatoren für Arbeitszufriedenheit implementiert. Der Koordinator für Arbeitszufriedenheit ist zentrale und vertrauliche Ansprechperson für alle Mitarbeitern eines Standortes in allen Fragen rund um die Themen:

- Gesundheit – körperlich, psychisch, geistig-mental
- Qualifikationen – Wissen, Kompetenzen, Fähigkeiten, Fertigkeiten
- Kultur – Werte, Einstellungen, Motivation
- Arbeit – Führung, Arbeitsumgebung, Arbeitsinhalte, Arbeitsorganisation

Der Koordinator für Arbeitszufriedenheit ist verantwortlich Lösungen zu entwickeln, die zur Steigerung der Arbeitszufriedenheit beitragen. Die Lösungsentwicklung erfolgt in Zusammenarbeit mit Mitarbeitern, Führungskräften und den zentralen Servicestellen.

Diese, weit über das normale Maß der Mitarbeiterförderung und –entwicklung hinausgehenden Instrumente sind für Saubermacher Maßnahmen zur Sicherstellung der langfristigen Gesundheit und Zufriedenheit der Mitarbeitern, die auf der Überzeugung aufbauen, dass durch die Schaffung eines angenehmen Arbeitsumfelds die Arbeitsfähigkeit der Mitarbeitern positiv beeinflusst wird und so Leistungen und Ideen auf höchstem Niveau entstehen können.

7.3   Saubermacher Green Driver: Der erste Vollhybrid

Ein weiteres Vorzeigeprojekt von Saubermacher ist der erste Vollhybrid-Lkw der Entsorgungsbrache, den Saubermacher gemeinsam mit Volvo auf Österreichs Straßen gebracht hat. Der 26-Tonnen Lkw ist ein Parallelhybrid - die Leistung von Diesel- und Elektromotor können also gemeinsam oder unabhängig voneinander genutzt werden. Im Hybridmodus wird beim Anfahren der Elektromodus bis zu 50 km/h genutzt. Die elektromotorische Leistung ist so hoch, dass der Lkw bis zu zwei Kilometer nur mit Elektromotor – und damit vollkommen emissionsfrei – betrieben werden kann. Diese technische Ausführung wird als Vollhybrid bezeichnet und unterscheidet den Volvo-Lkw von anderen Hybrid-Nutzfahrzeugen, die den Dieselmotor auch im reinen Elektrobetrieb benötigen und folglich zu keiner Zeit völlig emissionsfrei unterwegs sind. Im Hybridmodus wird nach dem ersten Gangwechsel der Dieselmotor gestartet und beide Motoren laufen zur Optimierung des Kraftstoffverbrauchs parallel. Beim Bremsen arbeitet der Elektromotor als Generator und liefert Energie zum Aufladen der Batterie.

Sowohl Kunden als auch Anrainer und Mitarbeiter profitieren vom neuen Vollhybrid-Last-Kraftwagen, da sich die Geräusche, die üblicherweise beim Beschleunigen und im Leerlauf entstehen, um bis zu 50 Prozent verringern, verglichen mit herkömmlichen Lkws. Darüber hinaus werden der Treibstoffverbrauch und die CO_2-Emissionen um bis zu 30 Prozent reduziert. Der neue Vollhybrid-Lkw kommt in der Bundeshauptstadt zum Einsatz, wo er sein volles Potenzial vor allem im „stop-and-go-Verkehr" entfalten kann.

Bei einem Fuhrpark von mehreren hundert Lkws stellt ein einzelnes Hybrid-Fahrzeug natürlich nur einen kleinen Puzzlestein auf dem Weg hin zu einer maximalen ökologischen Ausrichtung dar und aus diesem Grund werden daneben auch laufend vielfältige Logistik-Maßnahmen umgesetzt, die die Auswirkungen des Lkw-Verkehrs minimieren sollen. Dennoch kommt dem innovativen Hybrid-Fahrzeug eine große Bedeutung zu, da er eine starke Symbolkraft besitzt – er steht für die Offenheit von Saubermacher gegenüber innovativen und nachhaltigen Lösungen und die Bereitschaft des Unternehmens neue Wege für eine nachhaltige Zukunft einzuschlagen.

8   Ausblick

Die aktuellen Entwicklungen zeigen deutlich, dass die Abfallwirtschaft und somit auch Saubermacher heute an einem Wendepunkt stehen. Die Abfallwirtschaft in ihrer bisherigen Rolle als letzte Station im Wirtschaftssystem ist an ihrem Ende angelangt. In Zukunft wird es intelligente Lösungen – „Waste Intelligence" – also eine strategische Rohstoffbewirtschaftung brauchen, um den steigenden Rohstoffbedarf der Zukunft abdecken zu können und als Unternehmen am Markt bestehen zu können (Klampfl-Pernold et al. 2012; Burger 2012). Es wird in der Branche nicht mehr darum gehen Abfälle zu sammeln und zu beseitigen, sondern marktfähige Substitute für Primär-Rohstoffe zurückzugewinnen bzw. für die Industrie bereitzustellen (Burger 2012). Diese veränderten Rahmenbedingungen sind eine Herausforderung und Chance zugleich, denn um die Anforderungen an eine Abfall- bzw. Ressourcenwirtschaft auch zukünftig erfüllen zu können braucht es innovative Lösungen und Technologien, eine zukunftsweisende Unternehmensstrategie und Mitarbeiter die diese Strategie mittragen und in ihrem täglichen Tun umsetzen. Und genau hier kann nachhaltiges, unternehmerisches Handeln den entscheidenden Vorsprung sichern, weil eine frühzeitige Auseinandersetzung mit den großen Herausforderungen unserer Gesellschaft neuartige Lösungsansätze und Produktinnovationen liefern kann, die zur langfristigen strategischen Differenzierung vom Mitbewerb beitragen. Am Beispiel der Unternehmensgeschichte von Saubermacher wird ersichtlich, dass verantwortungsvolles Unternehmertum ein wesentlicher Baustein zur Sicherung des langfristigen Unternehmenserfolgs sein kann. Bereits in der Vergangenheit hat Saubermacher durch nachhaltige und innovative Lösungen Standards in der Entsorgungsbranche gesetzt und auch heute betrachtet man nachhaltige Innovationen als Schlüssel zur Bewältigung der zukünftigen Herausforderungen auf dem Weg zu einer nachhaltigen Ressourcenwirtschaft.

Dabei ist sich Saubermacher bewusst, dass Nachhaltigkeit ein komplexes Thema ist und es daher diversifizierte Lösungsansätze braucht um das Thema im Unternehmen zu integrieren und aktiv umzusetzen. Nachhaltigkeit darf nicht als Einzelmaßnahme gesehen werden, sondern muss auf allen Unternehmensebenen, von der Werteebene, über die strategische, bis hin zur operativen Ebene verankert sein. Saubermacher ist es, nicht zuletzt aufgrund des starken Bekenntnisses des Unternehmenseigentümers zur Nachhaltigkeit, gelungen diese Basisstruktur bzw. Keimzelle für ein erfolgreiches Nachhaltigkeitsmanagement im Unternehmen zu implementieren und damit auch die Grundlage für ein innovatives und erfolgreiches Unternehmen zu schaffen. Für die Zukunft gilt es, diesen Weg der Nachhaltigkeit weiter zu gehen. Verantwortungsvolles Unternehmertum ist somit als ein kontinuierlicher Prozess bzw. eine stetige Herausforderung zu verstehen. Saubermacher wird daher auch zukünftig, alle Produkte, Aktivitäten und Dienstleistungen kritisch analysieren um auch weiterhin durch nachhaltige Innovationen und ganzheitliches Denken einen Beitrag für eine lebenswerte Umwelt zu leisten.

Literatur

Burger H (2012) Waste Intelligence – die Potenziale der Ressource Abfall. In: Lorber KE et al (Hrsg) DepoTech 2012, Tagungsband zur 11. Depotech-Konferenz, Montanuniversität Leoben, Österreich, 6.–9. Nov 2012. Leoben. IAE Eigenverlag, Österreich, S 73–78

Gassmann O, Sutter P (Hrsg) (2008) Praxiswissen innovationsmanagement von der Idee zum Markterfolg. München

Gastinger K, Gaggl P (2012) CSR als strategischer Managementansatz. In: Schneider A, Schmidpeter R (Hrsg) Corporate Social Responsibility – Verantwortungsvolle Unternehmensführung in Theorie und Praxis. Berlin, S 619–633

Gelbmann U, Klampfl-Pernold H (2006) die Entwicklung eines innovationsorientierten Phasenmodells für die Abfallwirtschaft. UmweltWirtschaftsForum (UWF), Heft 4/2006, 85–90

Grieshuber E (2012) CSR als Hebel für ganzheitliche Innovation. In: Schneider A, Schmidpeter R (Hrsg) Corporate Social Responsibility – Verantwortungsvolle Unternehmensführung in Theorie und Praxis. Berlin, S 371–384

Klampfl-Pernold H, Schmidt G, Heigl M (2012) Ist die Abfallwirtschaft (noch) am Ende?. In: Lorber KE et al (Hrsg) DepoTech 2012, Tagungsband zur 11. Depotech-Konferenz, Montanuniversität Leoben. Österreich, 6.–9. Nov Leoben. IAE Eigenverlag, Österreich, S 145–150

Martinuzzi A (2012) CSR und Wettbewerb. In: Schneider A, Schmidpeter R (Hrsg) Corporate Social Responsibility – Verantwortungsvolle Unternehmensführung in Theorie und Praxis. Berlin, S 619–633

Schumpeter JA (1934) The theory of economic development. Harvard University Press, Boston

Schwalbach J, Klink D (2012) Der Ehrbare Kaufmann als individuelle Verantwortungskategorie der CSR-Forschung. In: Schneider A, Schmidpeter R (Hrsg) Corporate Social Responsibility – Verantwortungsvolle Unternehmensführung in Theorie und Praxis. Berlin, S 219–240

Simon HW (2006) Suche nach verborgenen Schätzen – Sekundär-Rohstoffe werden immer wertvoller. Entsorga-Magazin 09/2006. S 26

Ein Hebel für Nachhaltigkeit: Produktinnovationen der PALFINGER AG

Drei Innovationsebenen für nachhaltige Entwicklung bei Produkten der PALFINGER AG

Herbert Ortner

1   Einleitung

Die Welt wandelt sich zu Beginn des 21. Jahrhunderts schneller denn je. Ressourcen-und Energieeffizienz sowie soziale Verantwortung verändern Anforderungen an Produkte. Dies betrifft auch Hebe-Lösungen, wie sie von PALFINGER angeboten werden. Nachhaltigkeit bedeutet für PALFINGER dabei eine besondere Chance, sieht sich das Unternehmen doch als Innovations- und Qualitätsführer. Produktneuerungen, die die ökologische und soziale Performance steigern, entsprechen dabei drei verschiedenen Innovationsgraden. Nachhaltige inkrementelle Innovationen verbessern PALFINGER Produkte im Detail. Nachhaltige Innovationen im Produktsystem führen zu konkreten Effizienzverbesserungen, die vom Kunden wahrgenommen werden und die Lebenszyk-luskosten minimieren. Nachhaltige Innovationen beim Produktzweck stellen schließlich den anspruchsvollsten Innovationsgrad dar. Sie erlauben es, PALFINGER Lösungen in neuen Branchen einzuführen, wo sie ökologische und soziale Entwicklungen unterstüt-zen. Neben den nachhaltigen Verbesserungen sollen alle diese Innovationen auch stets den wirtschaftlichen Erfolg von PALFINGER steigern.

2   PALFINGER AG – das Unternehmen

Die 1932 gegründete Schlosserwerkstatt von Richard Palfinger entwickelte sich über die letzten Jahrzehnte zum Global Player mit 50 Gesellschaften in 22 Ländern und 6.175 Mitarbeitern per 31. Dezember 2012. Der Hauptsitz befindet sich in Salzburg, Österreich.

H. Ortner (✉)
Palfinger AG, F.-W.-Scherer-Straße, 8020 Salzburg, Österreich
e-mail: h.roither@palfinger.com

R. Altenburger (Hrsg.), *CSR und Innovationsmanagement*,   187
Management-Reihe Corporate Social Responsibility,
DOI: 10.1007/978-3-642-40015-5_12, © Springer-Verlag Berlin Heidelberg 2013

Optimale Kundennähe in allen Produktgruppen wird durch 30 Fertigungs- und Monta-
gewerke sowie ein weltweites Vertriebs- und Servicenetzwerk mit mehr als 200 unabhän-
gigen Generalimporteuren und rund 4.500 Stützpunkten in über 130 Ländern auf allen
Kontinenten garantiert.

PALFINGER gilt als Technologie- und Innovationsführer. Bei Ladekranen, Windkra-
nen und Containerwechselsystemen ist PALFINGER Weltmarktführer. Darüber hinaus
ist das Unternehmen führend bei Forst- und Recyclingkranen, Hubladebühnen, Mitnahmestaplern und bei Eisenbahnsystemen im High-Tech-Bereich.

Im Jahr 2012 erzielte die PALFINGER Gruppe einen Rekordumsatz von 935,2 Mio
EUR (+10,6 Prozent zum Vorjahr) und ein operatives Ergebnis von 68,5 Mio EUR
(+0,8 Prozent zum Vorjahr). Mit einer Eigenkapitalquote von 44,8 Prozent und einer
Gearing Ratio von 59,6 Prozent verfügt PALFINGER über eine solide Kapitalstruktur.

Die PALFINGER AG notiert seit 1999 an der Wiener Börse und hat mit der Familie
Palfinger, die direkt bzw. indirekt 65 Prozent der Aktien hält, einen stabilen Kernakti-
onär. Zum 31. Dezember 2012 hielt die Aktiengesellschaft rund 1 Prozent der Anteile,
Delta Lloyd Asset Management NV rund 5 Prozent. Die übrigen 29 Prozent befanden
sich in Streubesitz.

Geschäftsfelder und Produkte Die diversifizierte Produktpalette von PALFINGER
bedingt, dass die Gruppe nicht eine einzelne Branche, sondern einen breiten Mix von
Kundenbranchen anspricht. Wesentliche Entwicklungen dieser Zielbranchen sind für
den Gesamterfolg der Unternehmensgruppe maßgeblich und können somit auch das
Risiko in wirtschaftlich schwierigen Zeiten deutlich besser abfedern. Zu den wichtigsten
Branchen zählen neben der Bauwirtschaft, Transport und Verkehr auch die Eisenbahn-
Infrastruktur, Holz- und Landwirtschaft, Recycling und seit 2010 verstärkt auch der
Marine- und Windkraft-Markt.

Das Hauptprodukt von PALFNGER ist nach wie vor der Ladekran, insbesondere der
Lkw-montierte Knickarmkran. Diese Business Unit bildet den historischen Ursprung, und
die Gruppe dominiert als Innovationsführer weiterhin den Weltmarkt mit einem Anteil von
rund 30 Prozent. Die Produkte abseits des Ladekrans gewinnen für PALFINGER zunehmend an Bedeutung. Bei Forst- und Recyclingkranen ist PALFINGER mit einem Marktanteil von rund 15 Prozent – ebenso wie der russische Hersteller Lifting Machines – weltweit
führend. Auch bei Containerwechselsystemen, Mitnahmestaplern und Hubladebühnen ist
PALFINGER ein wesentlicher Player am Weltmarkt und unter den Top 2 positioniert. Auf
den Spezialmärkten der Eisenbahnsysteme nimmt PALFINGER ebenso eine Vormachtstel-
lung ein (Abb. 1).

CSR-Engagement und Auszeichnungen Für PALFINGER als produzierendes Unternehmen ist Nachhaltigkeit seit langem ein zentrales Thema, auch wenn es nicht immer
mit diesem Namen tituliert wurde. Gerade an Produktionsstandorten sind Qualität,
Total-Cost-Betrachtungen hinsichtlich Transport, Energieeffizienz und Entsorgungsthe-
men von entscheidender Bedeutung.

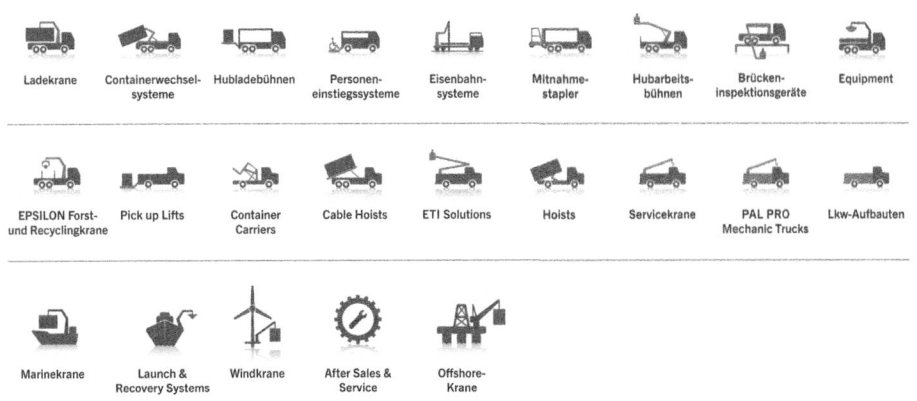

Abb. 1 Überblick über die PALFINGER Produkte

Der erste Nachhaltigkeitsbericht von PALFINGER wurde 2004 veröffentlicht, da man sich bereits seit Jahren mit wesentlichen nachhaltigen Themen beschäftigte. Seither folgten vier weitere extern auditierte Berichte, von denen jeder zumindest mit dem Nachhaltigkeitspreis für österreichische Unternehmen – dem ASRA, verliehen durch die Kammer der Wirtschaftstreuhänder und Wirtschaftsprüfer – ausgezeichnet wurde. Die Meinungen gehen auseinander, ob es nötig ist, einen Bericht zu veröffentlichen. Jedenfalls deckt auch der Berichtsprozess Stärken und Schwächen in Unternehmen auf. So werden Chancen und Risiken durch gezielte proaktive Maßnahmensetzung besser steuerbar.

PALFINGER ist seit Beginn an Mitglied im österreichischen Nachhaltigkeitsindex VÖNIX der VBV Pensionskasse und wird als überdurchschnittlicher Wert in nachhaltigen Fonds laut FER SRI AG Ratio gehalten. Überdies hält PALFINGER seit Jahren Kooperationen mit lokalen Ausbildungsstätten und Instituten, ist Partner von AMREF und auch ICEP, einem Institut zur Kooperation bei Entwicklungsprojekten, sowie deren Initiative corporAID. Weiters ist PALFINGER Mitglied im österreichischen CSR-Netzwerk respACT.

3 Soziale und ökologische Themen bei PALFINGER Produkten

Nachhaltige Innovationen können sowohl den Produktionsprozess als auch die Gestaltung der Produkte betreffen. Beide Aspekte werden bei PALFINGER forciert. In der Produktion werden etwa weltweit in den Werken überwiegend KTL-Lackierungsanlagen[1]

---

[1] Das kathodische Tauchlackieren (KTL) gilt mit einer Lackausbeute bis zu 98,5 Prozent als umweltfreundliche Methode. PALFINGER verwendet bei der Lackierung überwiegend Wasser als Lösungsmittel.

verwendet, LED-Beleuchtungen oder Wärmerückgewinnung werden im Zuge eines konzernweiten Effizienzprogramms vermehrt eingesetzt. Der vorliegende Artikel geht jedoch nicht auf nachhaltige Neuerungen in den PALFINGER Werken ein, sondern fokussiert auf den zweiten Aspekt, nämlich nachhaltige Produktinnovationen.

Bevor die verschiedenen Arten nachhaltiger Produktinnovationen dargestellt werden, ist es notwendig, die wichtigsten ökologischen und sozialen Themen in Verbindung mit PALFINGER Produkten zu beschreiben. Die in der Folge dargestellten Themen entscheiden darüber, wie nachhaltig eine Hebe-Lösung ist, unabhängig davon, ob sie auf Nutzfahrzeugen oder im maritimen Bereich zum Einsatz kommt. Anders ausgedrückt: Sie stellen die „Hebel" dar, mit denen PALFINGER Produkte einen Beitrag zu Umweltschutz und sozialer Verantwortung leisten können, (vgl. PALFINGER 2012, S. 68).

Bedienungssicherheit und Vermeidung von Unfällen Viele PALFINGER Produkte heben schwere Lasten, weshalb der Schutz in der Nähe befindlicher Personen unbedingten Vorrang hat. Manche Produkte, wie etwa Hubarbeitsbühnen, Brückeninspektionsgeräte oder Einstiegshilfen für Menschen mit Behinderung, heben sogar die Anwender selbst, was die Notwendigkeit zuverlässiger Sicherheitssysteme noch augenscheinlicher macht. Der Grundsatz lautet daher: Alle Produkte müssen so gestaltet sein, dass sie von den Anwendern mit höchster Sicherheit benutzt werden können. Die Vermeidung von Unfällen ist ein zentrales Anliegen. PALFINGER Produkte bieten dafür eine Reihe von Sicherheits-Features. Die Herausforderung dabei ist, dass die Benutzer diese Features nicht als Einschränkung in der Anwendungsfreiheit wahrnehmen. Vielmehr sollen sie im Anwendungsprozess als selbstverständlich und bequem erlebt werden.

Energieverbrauch und CO_2-Emissionen Beim Heben von Lasten wird Energie verbraucht. Wenn beispielsweise ein Lkw-Ladekran Material auf die Ladefläche hebt, sorgt in der Regel der Motor des Lkws für den notwendigen hydraulischen Druck. Diesen Treibstoffverbrauch zu reduzieren, bedeutet einen Gewinn für die Umwelt und reduziert Betriebskosten. Doch nicht nur beim Hebevorgang selbst wird Energie verbraucht. Auch wenn der Lkw in Bewegung ist, bewirkt das Gewicht eines fix montierten Ladekrans, dass der Dieselverbrauch pro Kilometer erhöht ist oder weniger Nutzlast transportiert werden kann, wodurch Mehrfahrten notwendig sind. Das Eigengewicht des Krans soll daher so gering wie möglich sein, um mehr Nutzlast zu ermöglichen. Die Prinzipien eines geringen Energieverbrauchs im Hebevorgang sowie des bestmöglichen Verhältnisses von Eigengewicht zu Hubkraft gelten jedoch für alle PALFINGER Produkte – vom Mitnahmestapler bis zum Marinekran.

Ressourcenverbrauch und Recyclierbarkeit Viele PALFINGER Hebe-Lösungen bestehen vorwiegend aus Stahl. Andere Produkte, wie etwa Hubladebühnen, die beispielsweise am Heck von Lkws montiert sind, bestehen großteils aus Aluminium. In jedem Fall gilt: Je „schlanker" die PALFINGER Produkte sind und je weniger Rohmaterial eingesetzt wird, desto geringer ist der ökologische Material-Rucksack. Auch in der

Nutzungsphase können Ressourcen eingespart werden, indem der Einsatz von Betriebsstoffen wie etwa Schmiermittel reduziert wird. Mitunter sind auch Betriebsmittel aus erneuerbaren Rohstoffen möglich. Eine weitere entscheidende Möglichkeit, den Ressourcenverbrauch zu minimieren, ist die Verlängerung der Lebensdauer der PALFINGER Produkte. Nachhaltigkeit bedeutet hier, die Produkte hochwertig zu gestalten, damit der Aufwand für Reparatur und Service so gering wie möglich ausfällt. PALFINGER Produkte erzielen aufgrund der Qualität und des dichten Netzwerks im Servicebereich durchwegs die höchsten Wiederverkaufspreise am Gebrauchtmarkt, (vgl. PALFINGER 2012, S. 74). Davon kann abgeleitet werden, dass sie über mehrere Besitzer hinweg lange im Einsatz sind. Am Ende eines langen Produktlebens ist schließlich die Recyclierbarkeit der Produkte ein wesentlicher Nachhaltigkeitsfaktor. Auf den Einsatz von Recyclingmaterialien bei zugekauften Rohstoffen hat PALFINGER wenig Einfluss. Es ist jedoch zu beobachten, dass der Anteil der Sekundärrohstoffe sowohl bei Stahl als auch bei Aluminium steigt, (vgl. Hüther 2010).

Freiheit von Problemstoffen Ob Forst- und Recyclingkran, Ladekran oder Marinekran – Nachhaltigkeit bedeutet den Verzicht auf Problemstoffe. Durch die Substitution dieser Stoffe können potenzielle Umweltbelastungen über den gesamten Lebenszyklus eines PALFINGER Produkts verhindert werden.

Produkte für den Umweltsektor oder mehr Lebensqualität Hebe-Lösungen können so eingesetzt werden, dass damit ökologisch vorteilhafte Wirtschaftszweige effizienter werden, wodurch sie sich besser gegenüber dem weniger nachhaltigen Mitbewerb durchsetzen können. PALFINGER Windkrane können den Einsatz von Offshore-Windparks optimieren, indem sie Bau und Wartung der Windturbinen einfacher gestalten. So werden erneuerbare gegenüber fossilen Energieträgern konkurrenzfähiger. Im sozialen Bereich ermöglichen PALFINGER Personeneinstiegshilfen Mobilität für Menschen mit Behinderung. Dadurch wird ein konkreter Beitrag zu Lebensqualität und Chancengleichheit geleistet.

4 Grundlegende Ausrichtung für nachhaltige Produktinnovation bei PALFINGER

Nachhaltige Produktinnovation bedeutet für PALFINGER, Anwendungen zu schaffen, die am Markt neu sind und sich erfolgreich durchsetzen. Sie substituieren andere Lösungen, die einen größeren Ressourcenverbrauch haben oder einen geringeren Beitrag zu Sicherheit und Lebensqualität der Anwender leisten. So tragen die Produktinnovationen zur allgemeinen nachhaltigen Entwicklung bei. PALFINGER ist ein früher Anwender von bzw. Pionier bei neuen Lösungen. Dies ergänzt die Strategie der angestrebten Qualitätsführerschaft. Diese grundlegende Ausrichtung wird in der Folge im Detail erläutert.

4.1   Definition nachhaltiger Produktinnovation bei PALFINGER

Zu Beginn ist es notwendig, den Begriff „nachhaltige Produktinnovation" im Kontext von PALFINGER zu definieren. Der Begriff „Innovation" wird vom lateinischen Wort „innovatio" abgeleitet und bedeutet so viel wie „Erneuerung", (vgl. Schachtner 2001, S. 34). Dementsprechend breit kann der Begriff angewendet werden. Prinzipiell ergeben sich zwei Sichtweisen: Aus der Perspektive des Herstellers findet Innovation statt, wenn ein neues Produkt in das Sortiment aufgenommen wird. Aus der Sicht des Marktes muss es sich dabei allerdings nicht zwingend um eine Neuerung handeln, da der Mitbewerb bereits zuvor diese Neuerung in den Markt eingeführt haben kann, (vgl. Kotzbauer 1992, S. 10f). Bei den Innovationen, die im vorliegenden Artikel behandelt werden, handelt es sich um „objektive Innovationen", die sich „aus den sachlichen Unterscheidungsmerkmalen zu vorhandenen Produkten" ergeben, (vgl. Schachtner 2001, S. 35). PALFINGER führte sie als erster auf dem Markt ein bzw. gehörte gemeinsam mit anderen Anbietern zu den Pionieren bei den entsprechenden Innovationen. Die hier behandelten Innovationen stellten somit über einen gewissen Zeitraum hinweg Neuerungen dar, die von der überwiegenden Mehrheit der Zielgruppen am Markt als solche anerkannt wurden.

Um eine speziell „nachhaltige" Innovation handelt es sich dann, wenn das Produkt die Bedürfnisse der Kunden menschengerechter und ökologischer erfüllt als andere verfügbare Lösungen am Markt. Setzen sich diese Neuerungen durch, verdrängen sie andere Produkte, die eine schlechtere Umwelt- und Sozialperformance aufweisen. So tragen sie insgesamt zu einer nachhaltigen Entwicklung von Wirtschaft und Gesellschaft bei, (vgl. Resel, Predota 2006, S. 44). Im konkreten Fall von PALFINGER bedeutet nachhaltige Innovation: Neue Lösungen für das Heben von Lasten, die die Sicherheit der Anwender besser gewährleisten, weniger Energie und Ressourcen verbrauchen und frei von Problemstoffen im Kreislauf geführt werden können, setzen sich erfolgreich am Markt durch. Dadurch substituieren sie bestehende Produkte mit größerem Umweltverbrauch und höheren Risiken für die Anwender.

4.2   Strategie für nachhaltige Innovation bei PALFINGER

Jedes Unternehmen hat – explizit oder implizit – eine strategische Positionierung bezüglich Innovation. Grundlegende Fragen sind etwa: Wie innovativ soll das Unternehmen auftreten? Soll das Unternehmen Pionier sein und entsprechend in Forschung und Entwicklung investieren? Oder sollen technische Neuerungen erst später übernommen werden? Die grundlegende Ausrichtung bei PALFINGER wird in den folgenden Absätzen beschrieben.

Qualitätsführerschaft und Nachhaltigkeit über den gesamten Lebenszyklus Ein Unternehmen, das auf Qualitätsführerschaft setzt, spricht Kunden an, die in ihrer Kaufentscheidung neben den Anschaffungskosten auch andere Kriterien stark gewichten. Ein Produkt, das im Qualitäts- oder Hochpreissegment angesiedelt ist, muss das Bedürfnis im Vergleich zu anderen Produkten besser befriedigen, (vgl. Strebel, Gelbmann et al. 2003, S. 142f). Im Fall von Hebe-Lösungen bedeutet dies etwa eine längere Lebensdauer der Produkte, geringere Wartungskosten, höheren Wiederverkaufswert, höhere Einsatzgeschwindigkeit und geringere Treibstoffkosten. Über die gesamte Lebensdauer des Produkts hinweg ergeben sich daraus geringere Lebenszykluskosten, wodurch sich die höheren Anschaffungskosten amortisieren. Diese Positionierung strebt PALFINGER an. 2011 kommunizierte das Unternehmen beispielsweise mit der Marketinginitiative „Bestpreis-Beweis", dass innovative Komponenten und hohe Qualität zu geringeren Lebenszykluskosten im Vergleich zu anderen Produkten beitragen.

Bei der Kostenführerschaft spielen oben dargestellte Eigenschaften keine Rolle. Dabei geht es um eine Umsatzmaximierung auf Basis geringer Produktionskosten. Ein Produkt wird also kaum abgeändert, es werden daran nur einzelne Verbesserungen durchgeführt, die auf Kostenminimierung abzielen. Dementsprechend bietet die Qualitätsführerschaft einen höheren Innovationsgrad als die Kostenführerschaft, (vgl. Strebel, Gelbmann et al. 2003, S. 143). Darüber hinaus ist die Qualitätsführerschaft besser mit nachhaltigen Produkten vereinbar, (vgl. Martinuzzi 2011). Ein einseitiger Fokus darauf, das „billigste" Produkt herzustellen, ignoriert Umweltschutz und soziale Verantwortung als vermeintliche Kostentreiber. Im Gegensatz dazu können Qualitätsprodukte besser die mittel- und langfristigen Synergien zwischen Qualität, Umweltschutz und sozialer Verantwortung am Markt durchsetzen.

Pionier und früher Anwender Prinzipiell kann zwischen Pionieren, frühen und späten Folgern unterschieden werden. Während die Pioniere ein höheres Risiko durch Forschungs-, Entwicklungs- und Marketingkosten auf sich nehmen, besteht für sie auch die Chance, eine begrenzte Zeit lang das Monopol auf ein neuartiges Produkt zu haben. Der frühe Folger bietet das neue Produkt oder die Produktkomponente in der Wachstumsphase des Pioniers an. Somit ist es möglich, eventuelle Fehler des Pioniers bereits zu umgehen. Der Vorteil dieser Strategie beruht vorwiegend auf geringeren Markterschließungskosten. Wirkliche Kostenvorteile können jedoch erst die späten Folger ins Treffen bringen. Sie betreten den Markt in der Reifephase und imitieren vorhandene Anwendungen. Häufig wenden die späten Folger oben skizzierte Strategien der Kostenführerschaft an, (vgl. Strebel, Gelbmann et al. 2003, S. 144ff). PALFINGER stuft sich selbst als Pionier bzw. früher Folger ein, der technische Innovationen initiiert oder Neuerungen, die bereits in anderen Sektoren erfolgreich angewendet werden, auf Hebe-Lösungen umlegt.

Der zentrale Stellenwert sowohl von Innovation als auch von Nachhaltigkeit lässt sich daran ablesen, dass die PALFINGER AG als einziges Unternehmen in der Branche beide Elemente zentral in seinem Mission Statement verankert hat:

> PALFINGER steht für innovative Hebe-, Lade- und Handlinglösungen. Unsere Marktkenntnis, unsere technische Kompetenz und das Commitment unserer Mitarbeiter machen weltweit unsere Kunden erfolgreicher. Nachhaltiges Handeln optimiert Produkte und Prozesse und trägt zum wirtschaftlichen Erfolg von PALFINGER entscheidend bei. (Vgl. PALFINGER 2012, S. 7).

5 Die drei Grade nachhaltiger Innovation bei PALFINGER Produkten

5.1 Überblick zu den drei Innovationsgraden für nachhaltige Produkte

Nachhaltige Neuerungen bei Produkten können verschiedene Innovationsgrade aufweisen. Der Innovationsgrad beschreibt die Tatsache, wie sehr ein Produkt verändert wird – ob es generell neuartig ist und einen bisher unbeachteten Nutzen erfüllt oder nur einfache Veränderungen etwa aufgrund des technischen Fortschritts vorgenommen werden, (vgl. Fichter und Hintemann 2009, S. 16f). In den folgenden Kapiteln werden Beispiele von PALFINGER zu drei verschiedenen Innovationstypen dargestellt, die auf Basis verschiedener Literaturrecherchen selbst klassifiziert wurden:

- Nachhaltige inkrementelle Innovationen
- Nachhaltige Innovationen im Produktsystem
- Nachhaltige Innovationen beim Produktzweck

Entscheidend ist hierbei, dass die verschiedenen Innovationsgrade für nachhaltige Produktneuerungen nicht wertend gemeint sind. Alle Innovationen werden von PALFINGER als sinnvoll erachtet, sofern sie die Umwelt- oder Sozialperformance erhöhen und vom Markt angenommen werden. So können beispielsweise inkrementelle Innovationen – in der Masse aller Produkte eingesetzt – ebenfalls wesentliche Verbesserungen für Mensch, Umwelt und Wirtschaftlichkeit bewirken.

5.2 Nachhaltige inkrementelle Innovationen

Definition nachhaltiger inkrementeller Innovationen Inkrementelle Innovationen entstehen durch vereinzelte Verbesserungen am Produkt. Mitunter werden auch kleinere Komponenten installiert, die die Produktsicherheit erhöhen. Das Produkt wird dabei nicht grundlegend verändert. In der Klassifikation nach Mensch wird dafür auch der Begriff „Routineinnovation" verwendet, (vgl. Strebel, Gelbmann et al. 2003, S. 35). Mit diesem Begriff werden alle Neuerungen zusammengefasst, die keine Eigenschaftsverbesserungen bewirken. Es handelt sich also um einfache Veränderungen, die der Kunde bei der Anwendung nicht oder nur in Ausnahmefällen wahrnimmt, (vgl. Schachtner 2001, S. 36).
Eine solche Neuerung wird zur „nachhaltigen" inkrementellen Innovation, wenn das Produkt durch die Veränderungen in der Anwendung weniger Ressourcen oder Energie verbraucht oder wenn ökologisch nachteilige Einzelteile durch umweltverträglichere Komponenten oder Materialien ersetzt werden, (vgl. Kanatschnig, Resel et al. 2002, S. 12f). Auch hier gilt: Nach außen hin sind die Innovationen in der Regel für den Nutzer weder sichtbar noch in der Anwendung wahrnehmbar. Damit sind sowohl Vor- als auch Nachteile verbunden. Der Vorteil ist, dass der Nutzer sein Verhalten nicht ändern muss.

Damit entstehen keine Hürden bezüglich der Akzeptanz, da der Nutzer bei seiner Routine bleiben kann. Allerdings honoriert der Nutzer die Vorteile häufig auch kaum. Kleine Fortschritte bei der Effizienz sind für die Anwender schwer wahrnehmbar, der Verzicht auf Problemstoffe kann während der Nutzung in der Regel nicht erkannt werden. Wenn diese inkrementellen Innovationen die Anschaffungskosten des Produkts auch nur geringfügig erhöhen, ist es daher oftmals schwierig, dem Kunden diese Vorzüge auch zu vermitteln, (vgl. Kanatschnig, Resel et al. 2002, S. 14f).

Beispiele für nachhaltige inkrementelle Innovationen bei PALFINGER
Freiheit von sechswertigem Chrom Chrom wird insbesondere zum Korrosionsschutz in vielen industriellen Prozessen verwendet. Es kommt in unterschiedlichen Oxidationsstufen vor, wobei nur dreiwertiges und sechswertiges Chrom eine längerfristig stabile Form einnehmen. Dreiwertiges Chrom (Chrom III) ist nicht toxisch. Im Gegensatz dazu wird sechswertiges Chrom (Chrom VI) als kanzerogen eingestuft (Umweltbundesamt Österreich 2013). Bereits seit einigen Jahren sind sämtliche in Europa hergestellte PALFINGER Knickarmkrane frei von Chrom-VI-beschichteten Komponenten. Laut EU-Recht ist Chrom-VI-Freiheit nur für Fahrzeuge bis zu 3,5 Tonnen vorgeschrieben. Der überwiegende Anteil der PALFINGER Produkte wird allerdings auf schwereren Fahrzeugen aufgebaut, PALFINGER unternimmt die Anstrengungen zur Chrom-VI-Freiheit also freiwillig. Da die Verfügbarkeit von Teilen wie Leitungen, Schrauben und Beilagscheiben ohne sechswertiges Chrom zu Beginn nicht immer gegeben war, wurden Lieferanten bei der Entwicklung durch PALFINGER unterstützt, um die gleiche Qualität der Komponenten zu gewährleisten. In der Zwischenzeit sind viele PALFINGER Produkte frei von sechswertigem Chrom. Nur einzelne Teile der Marinekrane – ein Produktbereich, der erst jüngst zur PALFINGER Gruppe kam – beinhalten noch dieses Schwermetall, ebenso Komponenten für die Fertigung in Asien und Südamerika. Die weitere Substitution von Chrom-VI-beschichteten Teilen wird vorangetrieben. Dieser einheitliche Umstieg auf Chrom-VI-freie Komponenten bringt den wirtschaftlichen Vorteil, dass die Beschaffung weniger komplex ist. Dafür werden allerdings auch Mehrkosten in der Beschaffung dieser Teile von 5 bis 10 Prozent akzeptiert, (vgl. PALFINGER 2012, S. 75).

Halogenfreie Hydraulikschläuche Eine ebenso freiwillige Initiative stellt der Umstieg auf halogenfreie Hydraulikschläuche dar. Während bei weniger umweltfreundlichen Komponenten die Möglichkeit besteht, dass am Ende des Produktlebens bei einer unsachgemäßen Verbrennung gefährliche Giftstoffe freigesetzt werden, ist diese Gefahr bei halogenfreien Schläuchen gebannt. Seit 2011 werden bei PALFINGER rund 70 Prozent des Umsatzes mit Produkten erzielt, deren Hydraulikschläuche halogenfrei sind, (vgl. PALFINGER 2012, S. 75).

Biologisch abbaubares Hydrauliköl Im Falle eines technischen Gebrechens – etwa in Folge nicht entsprechender Wartung – kann Hydrauliköl aus PALFINGER Produkten austreten und in die Umwelt gelangen. Dies stellt ein potenzielles Umweltproblem dar. Die generelle Einschätzung, dass ein Liter Öl eine Million Liter Grundwasser verschmutzen kann, ist weithin verbreitet, (vgl. beispielsweise Czycholl 2012). Kommt es zu einem

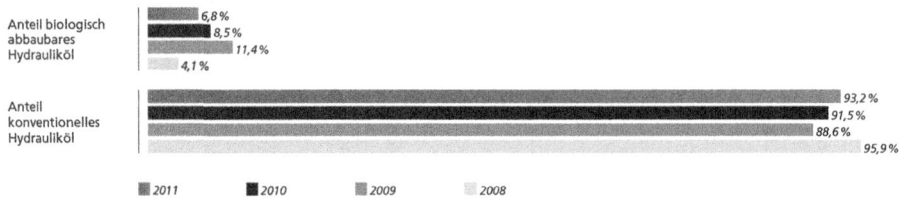

ANTEILE VON BIOLOGISCH ABBAUBAREM UND KONVENTIONELLEM HYDRAULIKÖL* (in %)

Abb. 2 Anteile von biologisch abbaubarem und konventionellem Hydrauliköl, PALFINGER
Nachhaltigkeitsbericht 2010/11, S. 75

Austritt, sind sofortige Maßnahmen zum Schutz von Boden und Grundwasser zu treffen. Das betroffene Erdreich muss abgetragen und entsorgt werden. Dieser Umweltas-
pekt kommt insbesondere in ökologisch sensiblen Gebieten zum Tragen – wie etwa
bei der Gewinnung von Biomasse in Wäldern. Darüber hinaus besteht die Gefahr, dass
Anwender im Falle eines Austritts von Hydrauliköl einer vorschriftsmäßigen Entsorgung
des Erdreichs nicht sorgfältig genug nachkommen. Um dieses potenzielle Umweltrisiko zu entschärfen, bietet PALFINGER auch eine Befüllung mit biologisch abbaubarem
Hydrauliköl an, das aus synthetischem Ester besteht. Nichtsdestotrotz erfordert auch
diese umweltfreundliche Variante des Hydrauliköls, dass bei einem Austritt das Erdreich abgetragen und fachgerecht entsorgt werden muss, wenn auch die Gefahr für die
Umwelt weitaus geringer ist. Die Akzeptanz von biologisch abbaubarem Hydrauliköl ist
bei den Kunden trotz aktiver Marktkommunikation nicht zufriedenstellend. 2009 wurde
der höchste Absatz erreicht, womit 11,4 Prozent des gesamten abgefüllten Hydrauliköls
aus dieser umweltfreundlichen Variante bestanden. Bis 2011 reduzierte sich dieser Anteil
jedoch wieder auf 6,8 Prozent. Neben den geringfügigen Mehrkosten ist vermutlich einer
der Gründe, dass „Bio-Öl" beim Endkunden ungerechtfertigterweise immer noch ein
schlechtes Image hat: Es gilt fälschlicherweise als weniger alterungsbeständig und tempe-
raturresistent. Dieses Bild zurechtzurücken, bedarf weiterer Marktkommunikation, (vgl.
PALFINGER 2012, S. 75) (Abb. 2).

Wirtschaftlicher Nutzen nachhaltiger inkrementeller Innovationen Bei zwei der
genannten Beispiele – bei halogenfreien Schläuchen und biologisch abbaubarem Hydrauliköl – handelte es sich um nachhaltige inkrementelle Innovationen, bei denen die technischen Lösungen bereits am Markt erhältlich waren und von PALFINGER zu einem frühen
Zeitpunkt in das eigene Produkt integriert wurden. Im Falle der Chrom-VI-freien Komponenten unterstützte PALFINGER die Entwicklungsarbeit eines Lieferanten, wodurch
PALFINGER Produkte hier eine Besonderheit aufweisen konnten. Dadurch, dass keine
der drei genannten inkrementellen Innovationen im Zuge der Anwendung bemerkbar
ist, werden die Innovationen von Kunden und Anwendern nur wenig wahrgenommen.

Halogenfreie Hydraulikschläuche bedeuten eine Umweltverbesserung erst am Ende des Lebenszyklus, sofern sie nicht sachgemäß entsorgt werden. Kunden und Anwender sind davon nicht direkt betroffen. Sechswertiges Chrom stellt insbesondere bei der Herstellung der Komponenten eine Gefahr für Mensch und Umwelt dar. Auch hier empfindet der Anwender der PALFINGER Produkte keinen direkten Nutzen. Noch am meisten wahrnehmbar – wenn auch nur in Ausnahmefällen – ist biologisch abbaubares Hydrauliköl, indem das Umweltrisiko bei einem Austritt deutlich reduziert ist.

Dennoch ist festzustellen, dass bestimmte Kundengruppen in ihrer jeweiligen Entscheidungsmatrix – implizit oder explizit – derartige Umweltvorzüge positiv bewerten. In einigen Ausschreibungen wird Wert auf speziell umweltfreundliche Produkte gelegt. So ergeben sich etwa Marktvorteile bei Anwendern, die PALFINGER Produkte im Forst oder in Wasserschutzzonen einsetzen. Auch bei Kunden im kommunalen Bereich ergeben sich bei Ausschreibungen Vorteile. Dieser Trend kann sich in Zukunft im Zuge des „Sustainable Public Procurements", das in der Europäischen Union zunehmend Fuß fasst, noch verstärken.

Zusammengefasst kann festgehalten werden, dass die drei genannten nachhaltigen inkrementellen Innovationen geringfügige Mehrkosten bedeuten und die Vorteile zwar von bestimmten Kundengruppen, jedoch nicht von der Mehrheit der Abnehmer entsprechend honoriert werden. Dennoch besteht zumindest implizit die Erwartung an einen Markt- und Qualitätsführer wie PALFINGER, dass die Produkte auch im Umweltbereich eine Vorreiterposition einnehmen. Die Herausforderung ist also, die Vielzahl an nachhaltigen inkrementellen Innovationen erfolgreich zu kommunizieren. Dies wird vermutlich erst gelingen, wenn sie gebündelt kommuniziert werden. Als Einzelkomponenten liegen Chrom-VI-freie Leitungen, halogenfreie Schläuche oder die vielen weiteren umweltfreundlichen Neuerungen unter der Wahrnehmungsschwelle. Vereint unter einem „grünen" Label könnten sie jedoch die Marktpositionierung von PALFINGER als Qualitätsführer unterstreichen. Leider gibt es derzeit kein unabhängig beglaubigtes Nachhaltigkeitslabel für Ladekrane, Containerwechselsysteme oder Hubarbeitsbühnen. Weder das „österreichische Umweltzeichen" noch der „Blaue Engel" bieten entsprechende Kennzeichnungen für diese Produktkategorien. PALFINGER müsste daher selbst als Pionier ein eigenes Label entwerfen und mit glaubwürdigen umweltfreundlichen Produkteigenschaften hinterlegen. Da viele Kunden vom Attribut „umweltfreundlich" implizit auch auf „qualitativ hochwertig" schließen, wäre damit ein ökonomischer Nutzen verbunden.

5.3   Nachhaltige Innovation im Produktsystem

Definition nachhaltiger Innovationen im Produktsystem In diesem Innovationsgrad werden Produkte grundlegender geändert. Im Gegensatz zur inkrementellen Innovation wird hier nicht nur eine Komponente durch eine andere ohne weitere Auswirkung getauscht. Vielmehr wirkt sich eine solche Neuerung auf weitere Produktkomponenten aus. Dadurch ändert sich das gesamte Zusammenspiel im Produktsystem. Mensch spricht hier von „Verbesserungsinnovation "oder auch „Produktdifferenzierung", (vgl. Strebel, Gelbmann et al. 2003, S. 35). Der Hersteller erhält so die Möglichkeit, ein Produkt mit verbesserten Eigenschaften anzubieten, (vgl. Schachtner 2001, S. 36). Hausschildt spricht in diesem Zusammenhang auch von „evolutionären Innovationen" (ebenda, S. 37). Diese werden im Unterschied zur inkrementellen Innovation vom Kunden deutlicher wahrgenommen. Mitunter bewirken sie, dass der Anwender sein Verhalten verändern muss. Kotzbauer verweist auf das Risiko einer der „Über-" bzw. „Niedrig-Innovationen". Nach seiner Ansicht sei es nicht vorteilhaft, zu viele Veränderungen auf einmal in ein Produkt zu geben oder Neuerungen anzuwenden, für die der Markt noch nicht bereit ist. Im anderen Extrem besteht die Gefahr einer Niedrig-Innovation, wenn eine Veränderung keine klaren Vorteile zum Vorgängerprodukt erkennbar macht, (vgl. Kotzbauer 1992, S. 6).

Eine Innovation des Zusammenspiels im gesamten Produktsystem wird dann zu einer „nachhaltigen" Neuerung, wenn damit eine deutliche Verbesserung beim Energie- oder Ressourcenverbrauch oder eine klare Erhöhung der Sicherheit für die Anwender verbunden ist, (vgl. Kanatschnig, Resel et al. 2002, S. 13).

Beispiele für nachhaltige Innovationen im Produktsystem bei PALFINGER

High Performance Stability Control (HPSC) PALFINGER strebt mit seinen Produkten an, die Sicherheit der Anwender bestmöglich zu gewährleisten. Dafür wurde in der Vergangenheit eine Vielzahl an Sicherheits-Features implementiert. Durch sie wird beispielsweise automatisch überwacht, ob der Lkw beim Ladevorgang ausreichend abgestützt ist; sie sorgen dafür, dass der Kran vor Überlast geschützt ist; und sie gewährleisten, dass der Lkw erst wieder in Bewegung gebracht werden kann, wenn Kran wie auch Abstützungen ordnungsgemäß eingefahren sind. Sicherheits-Features finden sich bei allen PALFINGER Produkten, von der Hubarbeitsbühne bis zum PALIFT Hakengerät, vom Marinekran bis zur Ladebordwand. Ihre Verbreitung nimmt zu, wobei dies in der Europäischen Union und in Nordamerika durch vorgeschriebene Standards vorangetrieben wird. Entscheidend und innovationsbestimmend ist, wie derartige Sicherheitsnormen umgesetzt werden. PALFINGER legt hohen Wert darauf, dass die Features vom Anwender nicht als einschränkend empfunden werden, sondern bedienerfreundlich sind. Wäre dies nicht der Fall, könnte der Anwender versuchen, derartige Sicherheitsausrüstungen zu deaktivieren. PALFINGER möchte Marktführer sein, wenn es darum geht, Bedienungsfreundlichkeit mit optimaler Sicherheit zu verknüpfen. Dies wurde auch mit dem neuen Feature High Performance Stability Control (HPSC) angestrebt, (vgl. PALFINGER 2012, S. 70f). „Es handelt sich dabei um ein proportionales System, das für jede beliebige Abstützsituation den zulässigen Arbeitsbereich neu berechnet und definiert. Sensoren für proportionale Wegmessung in den Abstützungen erlauben eine völlig variable Stützenpositionierung. […] Das HPSC-System berechnet und definiert von 0 bis 360° für jede beliebige Abstützsituation den zulässigen Arbeitsbereich. Dank einer in der hauseigenen Elektronikabteilung entwickelten Software, basierend auf einem intelligenten Rechenalgorithmus, arbeitet es effizienter als vergleichbare am Markt erhältliche Systeme"(PALFINGER Website 2013).

MARKTDURCHDRINGUNG VON WARTUNGSFREIEN SCHUBSYSTEMEN BEI LKW-KNICKARMKRANEN* (in %)

Wartungsfreies
Schubsystem

　50,9 %
　45,8 %
　0 %
　0 %

■ 2011　　■ 2010　　▨ 2009　　▨ 2008

*Daten gelten für alle Lkw-Knickarmkrane, die in Europa produziert wurden.

Abb. 3 Marktdurchdringung von wartungsfreien Schubsystemen bei PALFINGER Lkw-Knickarmkranen, die in Europa produziert wurden, PALFINGER Nachhaltigkeitsbericht 2010/11, S. 74

Wartungsfreies Schubsystem Konventionelle Lkw-Knickarmkrane müssen regelmäßig geschmiert werden. Die dafür notwendigen mineralölbasierten Schmiermittel bedeuten einen wiederkehrenden Ressourcenverbrauch, können bei unsachgemäßer Anwendung in die Umwelt gelangen und bedeuten Kosten durch Einkauf der Betriebsmittel und durch Arbeitsaufwand. Darüber hinaus besteht das Risiko, dass ohne entsprechende Schmierung die Lebensdauer des Krans reduziert wird. Das wartungsfreie Schubsystem eliminiert diese Nachteile. Es ermöglicht einen sanften Lauf der Schubarme durch verbesserte Gleit- und Laufeigenschaften. Bei der Erstschmierung im PALFINGER Werk wird ein lebensmitteltaugliches Fett verwendet. Für die Nutzer bedeutet das wartungsfreie Schubsystem eine jährliche Kostenersparnis durch den entfallenden Schmieraufwand in der Höhe von durchschnittlich 1.250 EUR. Seit der Markteinführung wurde das System auf mehrere Krantypen ausgeweitet, sodass mittlerweile über die Hälfte aller in Europa produzierten PALFINGER Knickarmkrane über ein derartiges, innovatives Schubsystem verfügen, (vgl. PALFINGER 2012, S. 74) (Abb. 3).

Load Sensing Die überwiegende Mehrzahl der PALFINGER Krane erhält die für das Be- und Entladen der Lasten notwendige Leistung, um den entsprechenden hydraulischen Druck herzustellen, vom Motor des Lkws. Mit anderen Worten: Der Motor des Lkws muss in Betrieb sein, wenn Lasten auf- oder abgeladen werden. Bei konventionellen Kranen gibt dabei der Motor eine konstant hohe Leistung ab. Im Gegensatz dazu erkennen Load-Sensing-gesteuerte Krane, wie viel Hubkraft gerade gebraucht wird und stellen die Pumpen und Motorleistung darauf ein. Werden also schwere Lasten weit gehoben, läuft der Lkw-Motor mit einer höheren Drehzahl. Werden leichte Lasten nahe vom Lkw auf- und abgeladen, wird der Motor gedrosselt und es wird entsprechend weniger Treibstoff benötigt. Für PALFINGER Kunden rechnet sich dieses Zusatzfeature rasch, da damit bis zu 20 Prozent Treibstoff pro Ladevorgang eingespart werden kann. Load Sensing wird bei PALFINGER Großgeräten ab 23 Metertonnen automatisch angeboten, optional ist dieses Feature für Krane mit einer Leistung ab 10 Metertonnen erhältlich. Load Sensing wird vom Markt gut angenommen, rund 14 bis 15 Prozent aller Lkw-Knickarmkrane, die in Europa produziert wurden, sind damit ausgestattet. Schwankungen ergeben sich je nachdem, wie viele Großgeräte nachgefragt werden, (vgl. PALFINGER 2012, S. 73).

Hybrid-Elektroantrieb für Lkw-Ladekrane Die oben beschriebene Innovation Load Sensing reduziert den Dieselverbrauch von Lkw-Ladekranen beim Ladevorgang. Neuerdings kann die Hydraulikpumpe eines Lkw-Knickarmkrans auch elektrisch betrieben werden, wodurch der Motor des Lkw beim Be- und Entladen von Lasten komplett außer Betrieb genommen werden kann. Seit 2012 sind zwei Varianten des elektrischen Antriebs, der grundsätzlich auf jedem Modell verwendet werden kann, erhältlich – eine mit 16 Ampere, die andere mit 32 Ampere. PALFINGER ist damit der erste Erzeuger von Lkw-Knickarmkranen mit elektrisch betriebener Hydraulikpumpe. Auch hier sind die Vorteile einerseits Kosteneinsparung und andererseits lärmarmer Betrieb und geringere CO_2- und Schadstoffemissionen, (vgl. PALFINGER 2012, S. 73).

Wirtschaftlicher Nutzen nachhaltiger Innovationen im Produktsystem Bei den zuvor beschriebenen Innovationen ist der Nutzen für die Anwender wahrnehmbar. Sicherheits-Features lenken die Anwendung zurück auf sichere Bahnen, wenn bei der Nutzung Gefahren auftreten. Der Ersatz von Schmiermittel verändert das Wartungsverhalten deutlich. Nutzer merken ebenso, wenn der Kran aufgrund geringer Lasten die Motorleistung des Lkws drosselt. Und im Falle einer elektrisch betriebenen Hydraulikpumpe wird der Motor des Lkws generell abgestellt und das Aggregat mit dem Stromnetz verbunden. All dies erhöht nicht nur die Öko-Effizienz und die Sicherheit, es werden auch Betriebskosten gesenkt, etwa durch geringere Treibstoffkosten oder weniger Ausfalltage aufgrund von Unfällen. Die Herausforderung besteht darin, glaubhaft zu vermitteln, dass diese mittel- und langfristigen Einsparungen den höheren Kaufpreis des Qualitätsprodukts überkompensieren. PALFINGER setzt daher in der Marktkommunikation auf reduzierte Lebenszykluskosten. Auch hier passt Nachhaltigkeit gut zur bestehenden Marktpositionierung. Denn aus der Umweltperspektive werden ökologischer Fußabdruck und Carbon Footprint ebenso über den gesamten Lebenszyklus eines Produkts betrachtet. Geringe Lebenszykluskosten betreffen also sowohl die wirtschaftliche als auch die ökologische Bilanz der PALFINGER Produkte.

5.4   Nachhaltige Innovationen beim Produktzweck

Definition nachhaltiger Innovationen beim Produktzweck Der höchste Innovationsgrad wird bei PALFINGER dann erreicht, wenn Hebe-Lösungen für gänzlich neue Bereiche entwickelt werden. Ein Fortschritt für nachhaltige Entwicklung wird dabei dann erreicht, wenn die neuen Lösungen einem besonders ökologischen oder sozialen Zweck dienen. So kann etwa ein neuartiges PALFINGER Produkt dabei helfen, einen nachhaltigen Wirtschaftszweig effizienter und wettbewerbsfähiger zu machen. Mitunter kann ein PALFINGER Produkt auch die Lebensqualität benachteiligter Menschen verbessern. Innovationstreiber ist hierbei das dahinterliegende Bedürfnis. Ideenquellen für derartige Innovationen sind aktuelle gesellschaftliche und ökologische Trends, (vgl. Kanatschnig, Resel et al. 2002, S. 13f). Da sich dadurch das Produkt sehr stark ändert, spricht Mensch in diesem Zusammenhang auch von „Basisinnovationen", (vgl. Schachtner 2001, S. 36). Es handelt es sich um „neuartige Produkte, bei denen neue technisch-konstruktive Gedanken verwirklicht" werden. Das Produkt, wie es bisher bekannt war, wird also grundlegend verändert und ein neuer, klarer definierter oder zusätzlicher Nutzen wird gestiftet (ebenda). Die „Basisinnovationen" finden ihre Entsprechung in den „revolutionären Innovation" nach Hausschildt. Ebenso sind sie auch als radikale, Pionier-, Basis- oder diskontinuierliche Innovationen in der Literatur zu finden. Hausschildt konstatiert, dass diese in „unregelmäßigen Abständen und unstrukturiert" auftreten und die „höchste Stufe der Innovation" darstellen, (vgl. Strebel, Gelbmann et al. 2003, S. 37).

Beispiele nachhaltiger Innovationen beim Produktzweck bei PALFINGER
Personeneinstiegssysteme Die Erfahrungen von PALFINGER im Bereich Hebe-Lösungen konnten auch auf den Bereich Einstiegshilfen für Menschen mit Behinderung übertragen werden. Die vergangenen Jahre zeigten hier laufend neue Anwendungen. So gibt es mittlerweile Personeneinstiegssysteme für den individuellen wie auch öffentlichen Verkehr. Der letztgenannte Anwendungsbereich umfasst inzwischen Rampen und Lifte für Linienbusse, Straßenbahnen und Züge. Im Forschungsbereich läuft aktuell bis zum Jahr 2013 ein EU-Projekt zur Entwicklung eines vollautomatischen Einstiegssystems für Rollstuhlfahrer, (vgl. PALFINGER 2012, S. 76).

Biomassekrane In ein weiteres nachhaltiges Anwendungsfeld sind EPSILON Krane vorgedrungen, welche in der Forstwirtschaft, im Recyclingbereich oder in der Gewinnung von Biomasse eingesetzt werden. Insbesondere die Sparte Bioenergie charakterisierte sich in den vergangenen Jahren als boomende Branche. Die Krane werden auf Hackern montiert und steigern so die Produktivität der Anwendung, da alle Schläuche bis zum Greifer innenliegend geschützt montiert sind. „Der Bediener kann sich somit voll und ganz auf das Hacken konzentrieren." (vgl. PALFINGER EPSILON 2013).

Krane für Off- und Onshore-Windkraftwerke Als Hersteller von Marine-, Plattform- und Gondelkranen für Offshore-Windkraftanlagen beliefert PALFINGER WIND bereits seit zehn Jahren die Windenergieindustrie. Die PALFINGER Produkte ermöglichen eine schnellere Wartung der Windkraftanlagen. PALFINGER WIND bietet darüber hinaus ein umfangreiches Servicekonzept für den Windenergiebereich. Das Konzept garantiert kürzeste Ausfall- und Standzeiten bei Service- und Reparaturarbeiten innerhalb und außerhalb der Gondel sowie bei Hub- und Blattinspektionen. Auch der einfache Material- und Personentransport ist möglich. Darüber hinaus wurde die WT 1000 entwickelt, eine 100-Meter-Hubarbeitsbühne für Montage- und Servicearbeiten im Onshore-Bereich von Windkraftanlagen. Basierend auf einem weltweiten Servicenetzwerk wird hohe Wirtschaftlichkeit während des gesamten Nutzungszeitraums garantiert.

Wirtschaftlicher Nutzen nachhaltiger Innovationen beim Produktzweck Der wirtschaftliche Nutzen neuer Produkte, die für einen nachhaltigen Produktzweck eingesetzt werden, zeigt sich vor allem im Umsatz der PALFINGER Gruppe. Der Anteil der

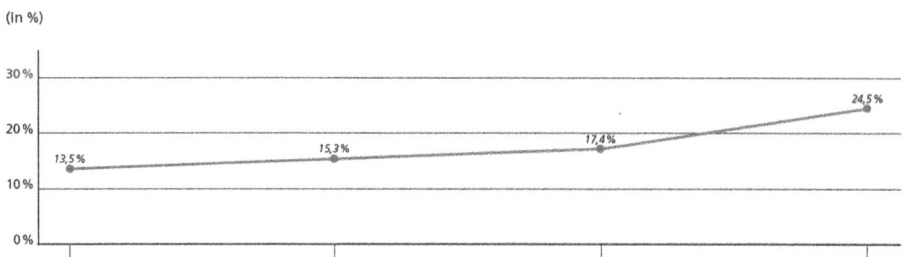

ANTEIL DER PALFINGER PRODUKTE FÜR ÖKOLOGISCHE UND SOZIALE ZWECKE AM KONZERNUMSATZ
(in %)

Abb. 4 Anteil der PALFINGER Produkte für ökologische und soziale Zwecke am Konzernumsatz, PALFINGER Nachhaltigkeitsbericht 2010/11, S. 76

Produkte in nachhaltigen Einsatzbereichen macht inzwischen rund ein Viertel des Konzernumsatzes aus, wobei die Tendenz über die vergangenen Jahre stark steigend war. Die Definition eines „nachhaltigen Einsatzbereichs" umfasst dabei die drei zuvor genannten Beispiele von Biomasse, Windkraft und Personeneinstiegshilfen. Darüber hinaus finden sich im nachhaltigen Portfolio von PALFINGER auch Spezialprodukte für den Bahnverkehr, Hakengeräte für Recyclingwirtschaft, Landwirtschaft, Kommunen oder Feuerwehr sowie Rescue-Krane im Marinebereich, um Menschen in Seenot zu retten. 2011 belief sich der Jahresumsatz von Spezialprodukten für all diese nachhaltigen Branchen auf rund 207 Mio EUR. Nachhaltige Branchen als Absatzmärkte stellen somit mittlerweile ein wichtiges wirtschaftliches Standbein der PALFINGER Gruppe dar (Abb. 4).

6   Systematische Verankerung von CSR-Innovationen

Von Innovation im engeren Sinne ist dann die Rede, wenn geplanter- oder ungeplanterweise eine Erfindung (Invention) entsteht, die aufgrund des in Aussicht gestellten wirtschaftlichen Erfolgs auch umgesetzt wird. Ab dem Zeitpunkt, an dem das Produkt am Markt eingeführt wird, handelt es sich um eine Innovation im engeren Sinne, (vgl. Brockhoff 1994, S. 27f).

PALFINGER hat Nachhaltigkeit nicht nur in seinem Mission Statement verankert, sondern operativ u. a. in mehreren Prozessen etabliert, die Innovationen direkt oder indirekt beeinflussen.

Strategischer Unternehmensprozess (SUP) Die PALFINGER Gruppe verfolgt eine langfristig orientierte Wachstumsstrategie, die konsequent umgesetzt wird. Kurz- bis mittelfristige Ziele und Maßnahmen werden dabei jeweils den sich ändernden Rahmenbedingungen angepasst, um eine zielgerichtete Umsetzung zu gewährleisten. Deshalb findet alle zwei Jahre eine strategische Unternehmensplanung (SUP) über einen Zeitraum von einem dreiviertel Jahr statt. Zentrale Themen der vergangenen Jahre waren organisches und anorganisches Wachstum mit den Querschnittsthemen China, Standardisierung, Mechatronik, Chancen- und Risikomanagement sowie Werte und Nachhaltigkeit. Ziel der erstmaligen Einbindung von Nachhaltigkeit in die SUP im Jahr 2012 war es, das Verständnis im Konzern erneut zu schärfen und eine Intensivierung von öko-sozialen Themen mit entsprechenden dahinterliegenden Kennzahlen zu forcieren.

Innovationsprozess Bei dem Ladekran als Hauptprodukt gibt es nicht zuletzt bedingt durch die Historie einen sehr strukturierten Innovationsprozess. In dieser Business Unit entstehen aber auch Grundlagenentwicklungen, die auf die anderen Produktbereiche bzw. Prozesse übertragen werden (z. B. Antriebstechnologien, Schweißmethoden).

In einem systemgesteuerten Innovationspool werden intern sowie extern Ideen gesammelt. Durch einen Konstruktionsverantwortlichen erfolgen eine Vorbewertung sowie ein Feedbackprozess der Ideen. In einem nächsten Schritt werden die Ideen durch ein Innovationsgremium, das mehrmals jährlich zusammentritt, auf technische Umsetzung, ROI, Marktnutzen etc. geprüft und genehmigt bzw. abgelehnt. Im positiven Fall wird ein konkreter Entwicklungsablauf beim F&E-Team eingesteuert, der einen Projektauftrag inklusive Zeitplan für die Innovation zur Folge hat. Im genannten System wurden Suchfelder definiert, die gezielt nachhaltige Themen ansprechen und entsprechend abhandeln (Umweltschutz, Energieeffizienz etc.). Eine konkrete Checkliste mit Nachhaltigkeitspunkten je Innovation besteht derzeit nicht, da dafür kein Bedarf gesehen wird. Aufgrund des PALFINGER Wertehauses sowie des damit verbundenen impliziten nachhaltigen Agierens werden neben den bestehenden KPIs (Key Performance Indicators) im Konzern CSR-Themen automatisch mitberücksichtigt.

Produktbezogene KPIs im Nachhaltigkeitsprozess und Nachhaltigkeitsbericht Das Nachhaltigkeitsmanagement bei PALFINGER orientiert sich an vier Säulen – faire Wirtschaft, Mitarbeiter, öko-effiziente Produktion und nachhaltige Produkte. In jedem dieser Bereiche wurden entsprechende KPIs definiert. Alle KPIs werden jährlich erhoben, auf Trendentwicklungen ausgewertet, in Teams diskutiert und entsprechende Maßnahmenprogramme werden abgeleitet. Im Anschluss erfolgt eine Veröffentlichung im jeweiligen Nachhaltigkeitsbericht.

Durch diese kontinuierliche Datenerhebung und Berichterstattung ist eine systematische Verankerung auch von einzelnen Teilaspekten möglich. Die Behandlung der Themen und KPIs in Workshops führt oftmals zu neuen Denkanstößen und weiteren übergreifenden Entwicklungsideen. Der Prozess selbst fungiert wie ein Radar: Eine proaktive Ortung von sinnvollen Handlungsfeldern im Rahmen der gesamten PALFINGER CSR-Landkarte wird dadurch ermöglicht und setzt jährlich neue Themenschwerpunkte innerhalb der vier Säulen.

Im Nachfolgenden sind PALFINGER-produktbezogene KPIs der Vollständigkeit halber noch einmal im Überblick aufgelistet. Die entsprechenden Werte im Jahresvergleich können im aktuellen Nachhaltigkeitsbericht nachgeschlagen werden Palfinger (2012).

Verbreitung von Sicherheits-Features, Anzahl Unfälle Die Produkte sollen so gestaltet sein, dass sie von Anwendern trotz erhöhter Sicherheitsvorschriften sicher und komfortabel benutzt werden können; die Vermeidung von Unfällen ist uns ein zentrales Anliegen.

Leistungsgewicht, Energieverbrauch, Emissionen Durch innovative Materialien kann das Verhältnis von Produktgewicht und Hubkraft optimiert und der Energieverbrauch dadurch minimiert werden. Neue effiziente Elektro- oder Hybridantriebe bei PALFIN-GER Produkten reduzieren Lärm- und Abgasemissionen.

Erhaltungs- und Serviceaufwand Durch effizienten Materialeinsatz, Reduktion des laufenden Bedarfs an Betriebsmitteln sowie eine höhere Lebensdauer und Recyclierbarkeit der Produkte kann der Erhaltungs- und Serviceaufwand reduziert werden.

Reduktion von Problemstoffen Potenzielle Problemstoffe im gesamten Produktlebenszyklus (z. B. Lacke, Öle, Chrom-VI) sollen reduziert und Alternativen eingesetzt werden.

Anteil von Produkten mit ökologischem/sozialem Zweck Mit der Entwicklung von Produkten für Spezialbranchen (z. B. vollautomatische Einstiegshilfen, Marine-Rescue-Krane) können neue Marktchancen außerhalb der herkömmlichen Branchen ergriffen werden.

7   Fazit: Wirtschaftlicher Erfolg durch nachhaltige Produktinnovation

PALFINGER strebt nachhaltige Produktinnovationen an, um damit wirtschaftliche Vorteile zu erreichen. Es besteht die Überzeugung, dass sich nachhaltige Produkte mittel- bis langfristig positiv in den wirtschaftlichen Kernkennzahlen des Unternehmens widerspiegeln. Innovationen mit sozialer und ökologischer Ausrichtung unterstützen dabei wesentlich die Marktpositionierung als Qualitätsführer: PALFINGER Produkte sollen über den gesamten Produktlebenszyklus betrachtet die wirtschaftlichste Variante sein. Sie sollen aber auch im ökologischen Lifecycle die beste Lösung bieten und den Anwendern höchstmögliche Sicherheit garantieren. In einer solchen Strategie haben alle Innovationsgrade ihren Platz: Sowohl inkrementelle Innovationen, wie auch Neuerungen im Produktsystem und gänzlich neuartige Produkte für ökologische und soziale Anwendungsbereiche werden aktiv verfolgt, um die Tripple-Bottom-Line zu erreichen. In diesem Sinne ist nachhaltige Produktinnovation in der Vision von PALFINGER verankert und gelebte Praxis.

Literatur

Brockhoff K (1994) Forschung und Entwicklung – Planung und Kontrolle. Carl von Ossietzky Universität Oldenburg, München, Wien

Czycholl H (18.10.2012) Wenn Öl in das Grundwasser fließt. Magazinartikel in „Die Welt". Axel Springer Verlag, Berlin

Fichter K, Hintemann R (2009) Grundlagen des Innovationsmanagements. Carl von Ossietzky Universität Oldenburg, Oldenburg

Hüther M (2010) Die volkswirtschaftliche Bedeutung der Entsorgungs- und Rohstoffwirtschaft. BDE Bundesverband der Deutschen Entsorgungs-, Wasser- und Rohstoffwirtschaft e. V., Berlin

Kanatschnik D, Resel K, Striegl A (2002) Nachhaltig Gründen – Anregungen für Gründerinnen und Gründer nachhaltiger Unternehmen. Berichte aus Energie- und Umweltforschung 20/2002. Bundesministerium für Verkehr, Innovation und Technologie, Wien

Kotzbauer N (1992) Erfolgsfaktoren neuer Produkte. Peter Lang, Frankfurt am Main

Martinuzzi A (2011) Wettbewerbsvorteile durch CSR? Befunde aus drei EU Projekten. Vortrag am 6. österreichischen CSR Tag, Workshop „CSR & Politik", 29. September 2011, Wien

PALFINGER AG (2012) Nachhaltigkeitsbericht 2010/11 – Wir haben viel Energie hineingesteckt, damit wir weniger verbrauchen. PALFINGER AG, Salzburg

PALFINGER EPSILON Webseite (2013) http://www.palfingerepsilon.com, Elsbethen-Glasenbach. Zugegriffen: 24. Februar 2013

PALFINGER Website, (2013) http://www.palfinger.com, Salzburg. Zugegriffen: 24. Februar 2013

Resel K, Predota L (2006) Methodenhandbuch – In 7 Schritten zum Nachhaltigkeitsbericht, Wien: Lebensministerium, ABCSD, WKO, WIFI, BMWA, BMVIT, Fabrik der Zukunft, Wien

Schachtner K (2001) Ideenmanagement im Produktinnovationsprozess – Zum wirtschaftlichen Einsatz der Informationstechnologie. Deutscher Universitäts-Verlag, Wiesbaden

Gelbmann U et al (2003) In: Strebel H (Hrsg) Innovations- und Technologiemanagement. WUV Universitätsverlag, Wien

Umweltbundesamt Österreich, Website mit Beschreibung zur Schadstoffanalytik http://www.umweltbundesamt.at, Wien. Zugegriffen: 24. Februar 2013

ÖkoBusinessPlan Wien und VBV – Vorsorgekasse

Wie Werte, interne strategische Prozesse und das Umfeld zu CSR-Innovationen im Unternehmen führen

Thomas Hruschka und Peter Eitzenberger

1   CSR – die Rolle der Öffentlichen Hand

Welche Rolle soll die öffentliche Hand im Rahmen von CSR spielen?

Eine seit Jahren bestehende, kontrovers geführte Diskussion pendelt zwischen Unterstützung, Verpflichtung und Selbstverpflichtung.

Mindestens ebenso emotional wird die Diskussion um das Thema selbst geführt. Ist CSR das Feigenblatt einer rein auf Gewinn ausgerichteten Marktwirtschaft, eine inhaltliche Neuorientierung des kapitalistischen Models, eine Reaktion auf den Druck der Gesellschaft?

In diesem Spannungsfeld agieren Verwaltung und Politik in dem Bestreben eine auf Nachhaltigkeit aufbauende Wirtschaftsordnung einzuleiten.

Mit CSR, so der Kern der meisten Definitionen, übernehmen Unternehmen gesellschaftliche Verantwortung. Hat auch die Gesellschaft Verantwortung zu übernehmen, dass dieses Vorhaben gelingt?

Deutschland war bei dieser Entwicklung Vorreiter. Mitte der 80iger wurden kleinen und mittleren Unternehmen von den Behörden in Zusammenarbeit mit den Handelskammern kostenlose Beratungen angeboten, um ihnen ihr Potenzial bei umweltschonenden Maßnahmen vor Augen zu führen und sie zu freiwilligen Umweltmaßnahmen zu motivieren (Beer 1992).

Mit Unterstützung der deutschen Bundesstiftung Umwelt kamen bis 1995 schließlich rund 10.000 KMU's aus dem Gebiet der ehemaligen DDR in den Genuss derartiger

T. Hruschka (✉)
INSIEME-Consult, Wachtertorgasse 11, 3500 Krems, Österreich
e-mail: t.hruschka@aon.at

P. Eitzenberger
VBV Vorsogekasse, Wien, Österreich

R. Altenburger (Hrsg.), *CSR und Innovationsmanagement*,
Management-Reihe Corporate Social Responsibility,
DOI: 10.1007/978-3-642-40015-5_13, © Springer-Verlag Berlin Heidelberg 2013

kostenloser Beratungen. Ziel war allerdings nicht nur eine Verbesserung der Umweltsituation. Es ging auch darum, die Betriebe an die für sie neue, marktwirtschaftliche Wettbewerbssituation heran zu führen (Stockmann und Meyer 2001).

Kann es auch heute noch Ziel sein öffentliche Gelder dazu zu verwenden damit Betriebe wettbewerbsfähiger werden, vielleicht auch nur mit dem Nebennutzen einer nachhaltigeren Wirtschaftsweise? Muss nicht im Gegenteil davon ausgegangen werden, dass Unternehmen einer Marktwirtschaft letztlich selber alles unternehmen werden um Erfolg zu haben? (Martinuzzi und Windsperger 2011).

Und wenn der Staat schon eingreift, warum dann nicht mit strengeren ordnungspolitischen Rahmenbedingungen die Unternehmen zwingen entsprechend zu agieren?

Unterstützende Maßnahmen haben den Vorteil deutlich flexibler zu sein als ausformulierte Verordnungen und Gesetze, die besser Basisanforderungen und Bedürfnisse abstecken als die Speerspitze von Entwicklungen zu unterstützen.

Wenn schon öffentliche Mittel im Spiel sind, dann kann das nur gerechtfertigt werden, wenn es auch klar messbare Vorteile für die Gesellschaft durch ihren Einsatz gibt.

In den letzten 20 Jahren haben sich in ganz Europa unterschiedlichste System entwickelt, um zunächst cleaner production, in der Folge aber auch eine nachhaltige wirtschaftliche Entwicklung in ihrer Gesamtheit, also unter Einschluss der sozialen Komponente, zu unterstützen.

Der 1998 von der Wiener Umweltschutzabteilung ins Leben gerufene ÖkoBusinessPlan Wien (ÖBP) gehört dabei nicht nur zu den umfangreichsten und ältesten Programmen, sondern auch zu einem der bestdokumentierten (Martinuzzi und Windsperger 2011).

2   ÖkoBusinessPlan Wien

Der ÖkoBusinessPlan (ÖBP) Wien wurde 1998 von der Wiener Umweltschutzabteilung -MA 22 gegründet. Das Programm hat zum Ziel, durch geförderte Beratung Unternehmen zur Umsetzung von Maßnahmen zu motivieren, die im Sinne eines ökologischen Wirtschaftens einerseits Nutzen für die Unternehmen (z. B. durch Einsparung von Energiekosten, Verbesserung der Öko-Effizienz, Erlangung von Wettbewerbsvorteilen, …) bringen und andererseits zur Umweltentlastung in Wien beitragen sollen. Die Beratung wird von externen, auf die Steigerung der Ökoeffizienz in Betrieben spezialisierten UmweltbetriebsberaterInnen durchgeführt, die ein Anerkennungsverfahren innerhalb des ÖkoBusinessPlan durchlaufen haben und in den ÖBP – BeraterInnenpool aufgenommen wurden.

Die übergreifenden strategischen Zielsetzungen des ÖkoBusinessPlan Wien lassen sich in umweltbezogene Ziele, wettbewerbs- und wohlfahrtsbezogene Ziele, regulationsbezogene Ziele und übergreifende Ziele differenzieren (Tab. 1).

Bei der Gründung des ÖkoBusinessPlan Wien im Jahr 1998 wurde von Beginn an darauf geachtet, dass der Einsatz öffentlicher Mittel und der Erfolg des Programms unzweifelhaft von dritten begleitet und dokumentiert wird (Martinuzzi und Windsperger 2011).

Tab. 1 Strategische Ziele des ÖkoBusinessPlan Wien

Zielebene	Strategische Ziele
Umweltbezogene Ziele	Verringerung schädlicher Umweltauswirkungen der Wiener Wirtschaft durch integrierten Umweltschutz – Umweltschutzaspekte werden bei allen Aspekten berücksichtigt
Wettbewerbs- und wohlfahrtsbezogene Ziele	Steigerung der Wettbewerbsfähigkeit Wiener Betriebe durch verbesserte Ressourceneffizienz (Nutzung von Innovations- und Kostensparpotenzialen) und damit mittelfristige Sicherung von Arbeitsplätzen
	Senkung von Betriebskosten und Gewährleistung hoher Produktqualität
	Wirtschaftswachstum ohne steigendem Ressourcenverbrauch und Umweltschädigung
Regulationsbezogene Ziele	Stärkung der beratenden Komponente in der Beziehung zwischen Behörde und Betrieb
Übergreifende Ziele	Beitrag für eine nachhaltige Entwicklung der Stadt Wien
	Nationaler und internationaler Erfahrungsaustausch mit Betrieben und Stadtverwaltungen, die ähnliche Programme betreiben
	Verstärkung der Breitenwirkung eines aktiven Umweltschutzes im In- und Ausland

Quelle Evaluation ÖkoBusinessPlan Wien 2009, Wuppertal Institut

Vom Start 1998 ab wurde das Programm begleitend extern evaluiert und so auch der Grundstein für eine kontinuierlich Weiterentwicklung gelegt. In einer speziell dafür entwickelten ÖkoBusinessPlan Maßnahmendatenbank sind mittlerweile rund 15.000 geplante und realisierte Maßnahmen von 974 Wiener Unternehmen (Stand Ende Programmjahr 2012) unterschiedlichster Größe und Branche dokumentiert.

Der ÖkoBusinessPlan Wien hat seit seinem Gründungsjahr 1998 eine Reihe von Erfolgen vorzuweisen:

- Einsparung Betriebskosten: 115,5 Mio. Euro
- Einsparung Trinkwasser: 2,5 Mio. m^3
- Einsparung Abfall: 122.400 Tonnen
- Einsparung gefährlicher Abfall: 7.290 Tonnen
- Einsparung Energie: 1,04 TWh
- Einsparung Transportkilometer: 93,4 Mio.
- Einsparung CO_2: 305.000 Tonnen

(Evaluation ÖkoBusinessPlan Wien 2013, Wuppertal Institut)

- die eingesparten Kilometer beim Transport würden ausreichen umdie Erde 2.330 Mal zu umrunden
- die eingesparte Energie könnte 346.000 Wiener Haushalte ein Jahr lang versorgen
- das eingesparte CO_2 entspricht 51.346 Heißluftballons
- mit dem eingesparten Abfall könnte das Wiener Ernst-Happel-Stadion 1,51 Mal befüllt werden.

Der ÖkoBusinessPlan Wien ist Dank der Innovationskraft der teilnehmenden Unternehmen in Österreich Vorbild, europaweit ein anerkanntes Vorzeigeprojekt und von der UN-Habitat mehrfach unter die weltweit besten Nachhaltigkeitsprogramme gereiht worden.

Für Wien hat der ÖkoBusinessPlan eine besondere Bedeutung. In vielen strategischen Papieren, wie beispielsweise dem Klimaschutzprogramm der Stadt Wien (KliP) oder dem Städtischen Energieeffizienzprogramm (SEP) ist er als jene Schnittstelle verankert, mit der Betriebe angesprochen werden.

Das europaweit bestens vernetzte Programm hat sich seit 2005 ausgehend von seinem immer noch bestehenden Schwerpunkt im Bereich cleaner production zu einem full service – CSR – Programm entwickelt.

Der ÖBP begleitet Unternehmen durch Interventionen zur Weiterentwicklung von Prozessen, Produkten und Dienstleistungen.

Eine Auszeichnung „belohnt" diese Weiterentwicklung. Im Gegensatz zu gängigen Preisen und Awards wird dabei nicht ein status quo ausgezeichnet, werden also nicht die absolut Besten vor den Vorhang gebeten, sondern jene Unternehmen, die freiwillig Schritte realisieren und damit Ihre CSR – perfomance im Vergleich zum Ausgangsstatus verbessern. Der umweltpolitische Hintergrund dieser an sich ungewöhnlichen Vorgangsweise ist der Wunsch Veränderungen zu induzieren. So soll innerbetriebliche Weiterentwicklung, also Innovation im weitesten Sinn, angestoßen werden.

2.1   ÖkoBusinessPlan Wien und CSR 2.0

Um diese Innovationen zu erreichen, gilt es in den im ÖkoBusinessPlan Wien angeregten Prozessen jenen vier Prinzipien zu folgen, die als Prinzipien für ein neues, gewandeltes CSR-Verständnis gelten, CSR 2.0: Creativity, Scalabillity, Glocality und Circularity (Visser 2011).

Creativity Ausgehend von den Ansätzen Joseph Schumpeters, und formuliert mit einem Ausspruch Einsteins kann man die Notwendigkeit von Creativity damit begründen, dass man „die Probleme von heute nicht mit dem Denken von gestern" lösen kann.

Im Rahmen der ÖBP – Beratung wird diese nötige innerbetriebliche Kreativität auf die Minimierung negative Umweltauswirkungen, auf eine Optimierung des Ressourceneinsatz und damit auch auf eine Senkung der Betriebskosten gelenkt. Hauptaugenmerk liegt dabei zunächst vor allem auf Innovationen in den Prozessen selbst und gar nicht so sehr auf den Produkten eines Unternehmens. Dies vor allem deshalb, da Unternehmen erst durch das bergen der „low hanging fruits" die Erfahrung machen können, dass sich CSR – Anstrengungen auch sehr direkt und oft extrem kurzfristig ökonomisch rechnen. So haben Wiens 974 ÖkoBusinessPlan Betriebe seit 1998 rund 115,5 Mio Euro Betriebskosten eingespart (Stand 1.1.2013). Zu mehr als 70 % sind dafür meist relative einfache Prozessinnovationen verantwortlich (Wuppertal Institut für Klima, Umwelt, Energie 2012).

Scalabillity Angesichts der rasch nötigen Erfolge um eine Klimaveränderung in einer managbaren Größenordnung zu halten, reichen Leuchtturmprojekte und Vorzeigestrategien nicht aus. Die Maßnahmen müssen rasch in die Breite gebracht und von einer Vielzahl von Unternehmen umgesetzt werden. Dem ÖkoBusinessPlan Wien gelingt es vergleichsweise gut eine relevante Durchdringung zu erreichen. In Wien gibt es nach Angaben der Wirtschaftskammer Wien rund 5.500 Unternehmen mit mehr als einem im Betrieb Arbeitenden. Mit 974 Betrieben (Stand 1.1.2013) konnte der ÖkoBusinessPlan Wien bisher knapp 18 % dieser Zielgruppe zum aktiven Mitmachen und zur überprüften Realisierung von Maßnahmen im Sinne einer nachhaltigen Entwicklung animieren.

Responsiveness Um eine nachhaltige Verbreitung von Innovationen im Sinne von CSR zu fördern, ist nach Visser ein Prinzip des „sharing of critical intellectual ressources" nötig (Visser 2011). In Ansätzen verfolgt der ÖkoBusinessPlan dieses Konzept. In multidisziplinär zusammengesetzten Workshops kreieren Unternehmen verschiedenster Branchen gemeinsam ihre Prozess- und Produktinnovation. Auf der ÖkoBusinessPlan Wien Unternehmenswebsite (http://unternehmen.oekobusinessplan.wien.at) werden die Maßnahmen so beschrieben, dass Betriebe vergleichbarer Branchen diese übernehmen können. Was bei dieser Form der Multiplikatorwirkung verloren geht, ist eine belegbare Zahl, wie viele Unternehmen diese Ansätze übernehmen und welches Potenzial daher zusätzlich zu den dokumentierten Einsparungen geborgen werden kann.

Glocallity Visser bezeichnet mit diesem Kunstbegriff „global localization", ein aus der Landwirtschaft stammendes Prinzip, allgemein gültige Prozesstechniken auf die lokalen Begebenheiten anzupassen. Durch eine individuelle Beratung als zweiten Baustein neben den Workshops werden im ÖkoBusinessPlan angepasste Lösungen für Unternehmen jeder Branchen und Betriebsgröße entwickelt und implementiert. Zu den erfolgreichen ÖkoBusinessPlan Betrieben zählen Bäcker mit Migrationshintergrund und kleine Werkstätten ebenso wie Technologieunternehmen und große Dienstleister.

2.2   Struktur des ÖkoBusinessPlan Wien, ein Schlüssel zum Erfolg

Die Struktur des ÖkoBusinnesPlan Wien ist auf die partnerschaftliche Zusammenarbeit jener Institutionen aufgebaut, die den ordnungspolitischen Rahmen für das unternehmerische Agieren in Wien bestimmen.

So setzt sich das Akteurssystem des ÖkoBusinessPlan Wien aus institutionellen VertreterInnen der Stadt Wien (Programmeigentümerin und Sitz des Programmmanagements)

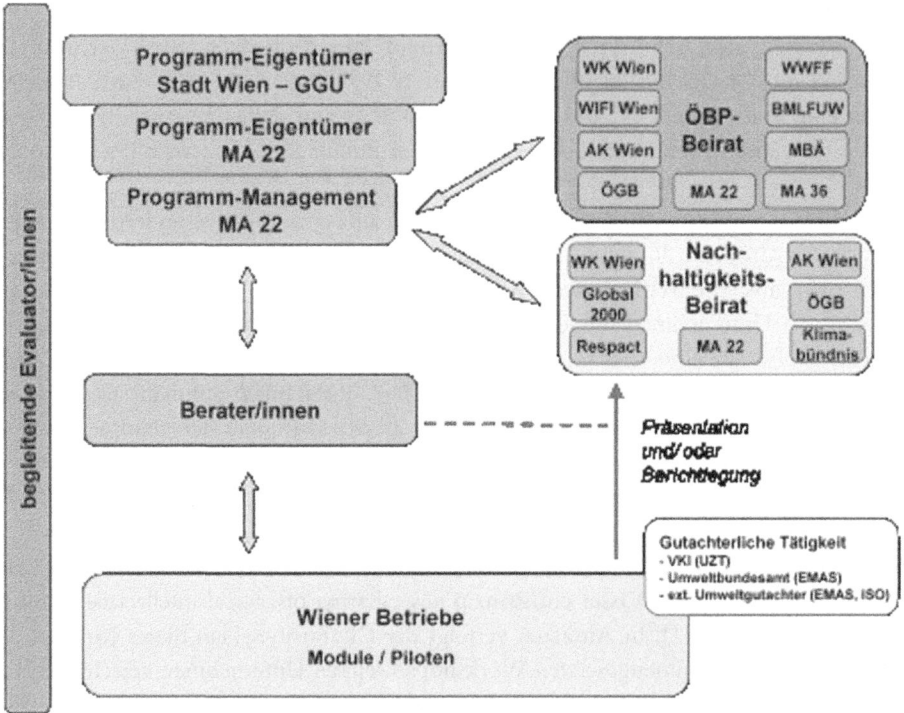

Abb. 1 Akteure des ÖkoBusinessPlan Wien Bildrechte: ÖkoBusinessPlan Wien, Evaluationsbericht 2009, Darstellung KMU FORSCHUNG AUSTRIA * GGU: Geschäftsgruppe Umwelt Stadt Wien

aus VertreterInnen von Wirtschaftskammer Wien (WK Wien), des WIFI Wien, der Arbeiterkammer Wien (AK Wien), des Österreichischen Gewerkschaftsbundes (ÖGB), des Lebensministeriums (BMLFUW), der Wirtschaftsagentur Wien (WWFF), Magistratischen Bezirksämter (MBA) als Gewerbebehörde erster Ordnung, der Gewerbetechnischen Sachverständigen der Stadt Wien (MA 36) und der Wiener Umweltschutzabteilung (MA 22) zusammen. Dieses Gremium ist der ÖkoBusinessPlan Beirat. Darüber hinaus fungiert für jene CSR – Angebote, die auch die soziale Dimension einschließen, ein eigener „Beirat Nachhaltigkeit", in dem folgende Organisationen vertreten sind: AK Wien, ÖGB, WK Wien, Global 2000, RespACT, Klimabündnis Österreich, MA22 (Vorsitz) (Abb. 1).

Der ÖkoBusinessPlan Wien ist eine höchst komplexe Netzwerkstruktur, deren Ausgestaltung sich über die Jahre evolutionär entwickelt hat und in großem Ausmaß auf implizitem Wissen basiert.

In der nachfolgenden Darstellung kommt die wechselseitige Bedeutungszumessung der einzelnen Akteure bzw. Akteursgruppen deutlich zum Ausdruck (Abb. 2).

Die wichtigste Bedeutung haben Programmmanagement die BeraterInnen und natürlich die Betriebe. Die KMU – Forschung Austria bezeichnet diese Akteure im ÖkoBusinessPlan Evaluationsbericht 2008 als „Trias des Erfolgs".

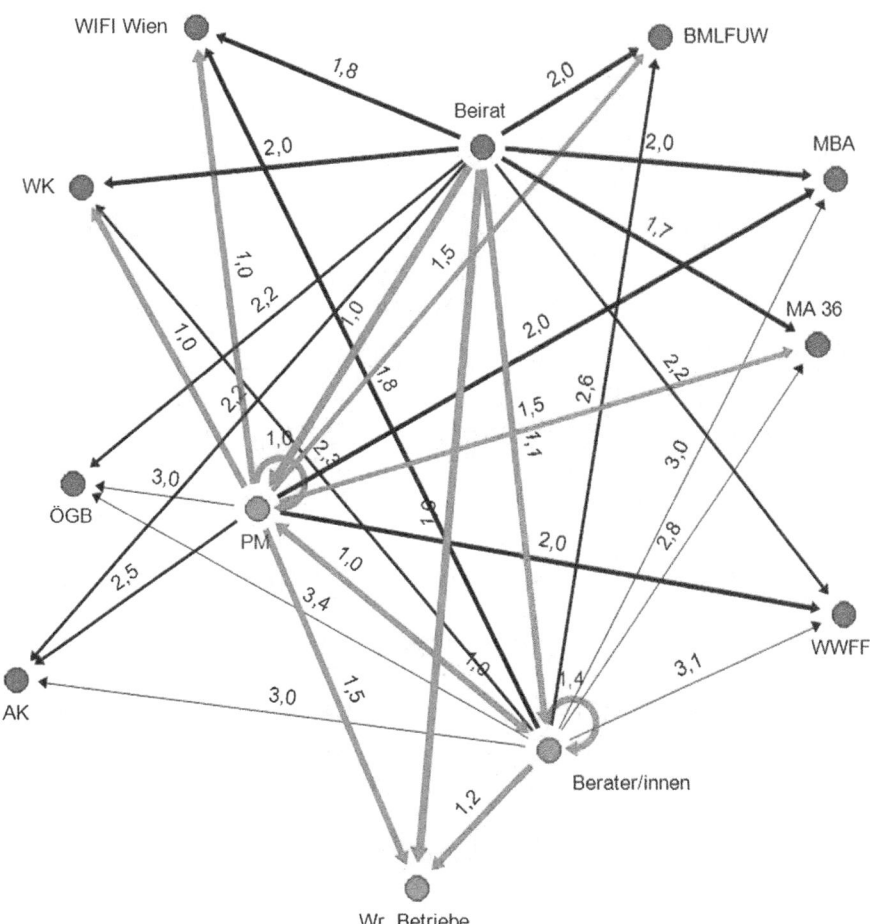

Abb. 2 ÖkoBusinessPlan Wien: Die Bedeutung von Akteuren bzw. Akteursgruppen für die Erfüllung von Aufgaben im Rahmen des ÖBP Bildrechte: ÖkoBusinessPlan Wien, Evaluationsbericht 2008, Darstellung KMU FORSCHUNG AUSTRIA, Online-Befragung umsetzender Akteure (2007) - Frühjahr 2008 Anmerkungen: n = 31 bis 33 Basis für die Darstellung ist eine Befragung der Akteure durch KMU – Forschung Austria im Rahmen der Gesamtevaluation der dritten Programmperiode 2006-2009. In Ihr Verarbeitet sind Antworten der Gruppen Programmmanagement, Beiratsmitglieder und Berater/innen auf die Frage: „Welche Bedeutung haben folgende Akteure für die erfolgreiche Durchführung Ihrer Aufgaben im Rahmen des ÖkoBusinessPlan Wien?", Mittelwerte (1 = sehr wichtig, 2 = wichtig, 3 = weniger wichtig, 4 = nicht wichtig) Je dicker die Pfeile, desto wichtiger die Bedeutung für die Bewertenden; rot eingefärbte Pfeile: Mittelwerte zwischen 1,0 und 1,5. MBA: Magistratische Bezirksämter, PM: Programmmanagement

Auch die Kommunikationsflüsse innerhalb des Akteurssystems des ÖkoBusinessPlan verdeutlichen die zentrale Rolle dieser Akteure (Abb. 3).

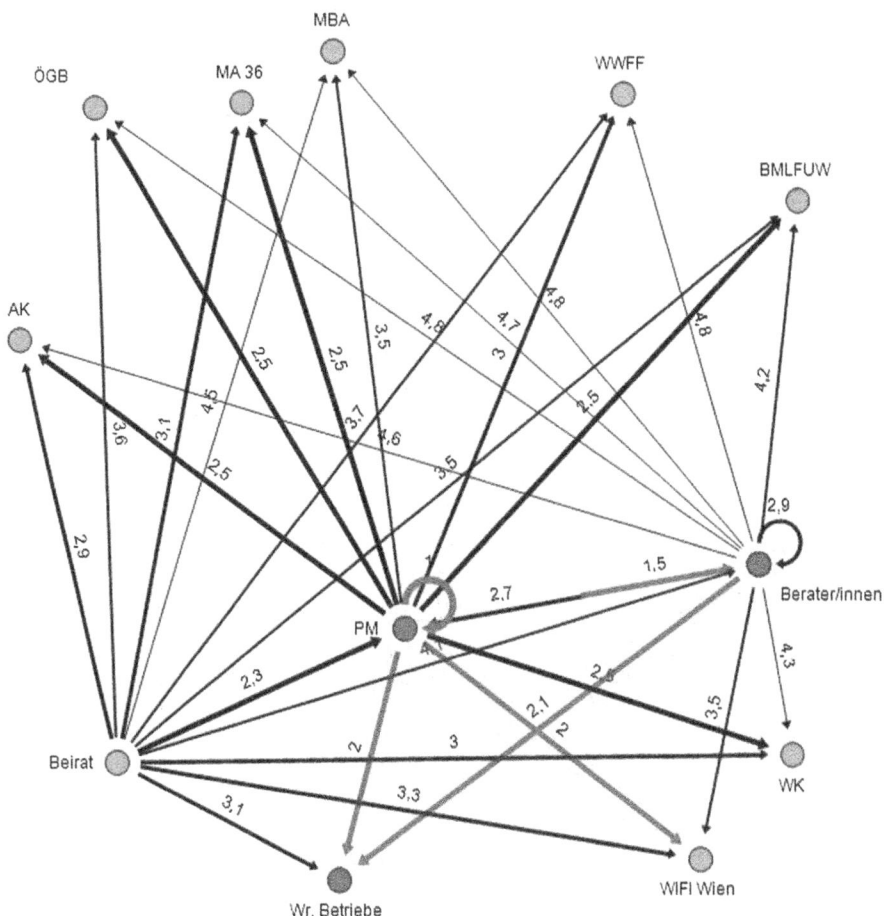

Abb. 3 ÖkoBusinessPlan Wien: Kommunikationsflüsse Bildrechte: ÖkoBusinessPlan Wien, Evaluationsbericht 2008, Darstellung KMU FORSCHUNG AUSTRIA, Online-Befragung umsetzender Akteure (2007) - Frühjahr 2008 Anmerkungen: n = 34 bis 36, Antworten der Gruppen Programmmanagement, Beiratsmitglieder und Berater/innen auf die Frage: „Wie oft kommunizieren Sie durchschnittlich mit den folgenden Akteuren zu ÖkoBusinessPlan Wien-relevanten Themen?", Mittelwerte (1 = mind. 2- bis 3-mal pro Woche; 2 = 1 bis 2-mal pro Monat; 3 = 1 bis 2-mal halbjährlich; 4 = 1 bis 2-mal jährlich; 5 = seltener) Je dicker die Pfeile, desto häufiger die Kommunikation; rot eingefärbte Pfeile: Mittelwerte zwischen 1,0 und 2,0. MBA: Magistratische Bezirksämter, PM: Programmmanagement

Bemerkenswert aus Sicht der Evaluation ist die „dominierende Rolle des Programmmanagements" auch auf der strategischen Ebene (Wuppertal Institut für Klima, Umwelt, Energie und KMU-Forschung Austria 2008):

Demnach geben von den umsetzenden Akteuren 87 % an, das Programmmanagement des ÖkoBusinessPlan Wien habe diesbezüglich einen „sehr großen" Einfluss; weitere

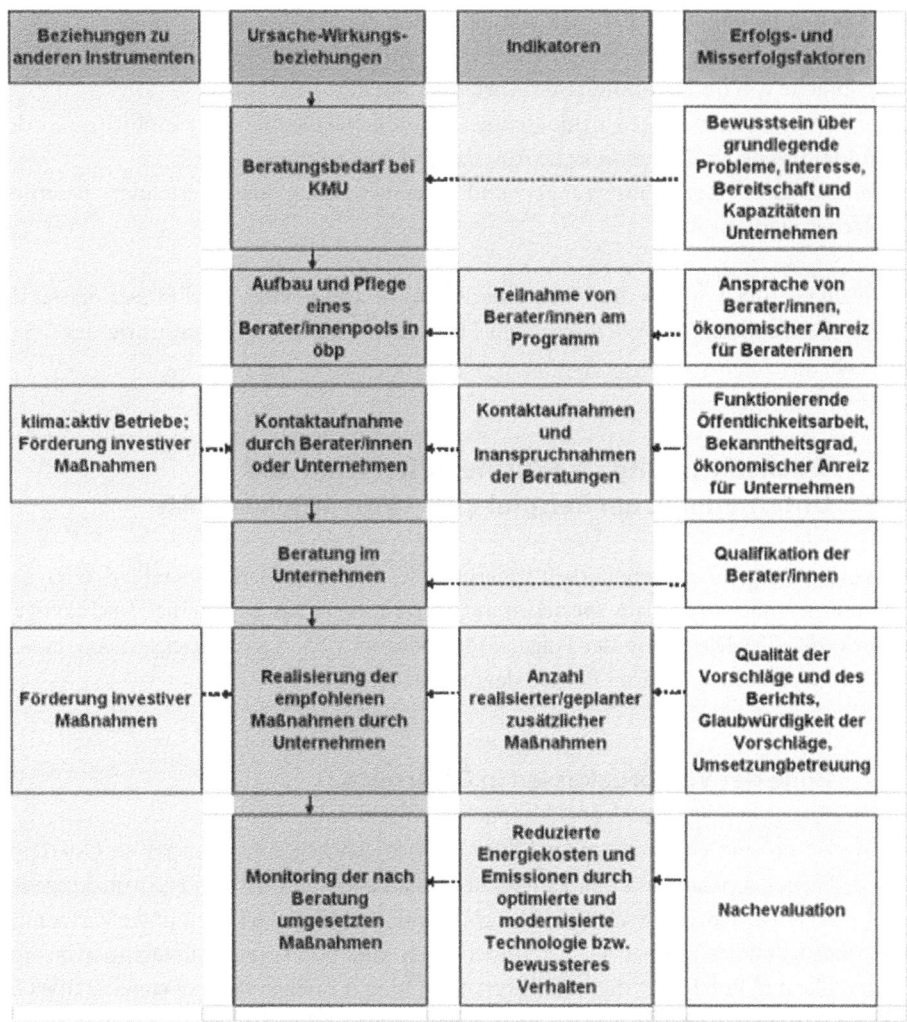

Abb. 4 Programmtheorie des ÖkoBusinessPlan Wien Bildrechte: ÖkoBusinessPlan Wien, Evaluationsbericht 2009, Darstellung KMU FORSCHUNG AUSTRIA, Wuppertal Institut

11 % sehen hier einen „großen" Einfluss. Mit deutlichem Abstand folgen hier die Berater/innen, denen 24 % der Befragten einen „sehr großen" und 43 % immerhin noch einen „großen" Einfluss attestieren. 14 % sehen einen „sehr großen" und 22 % einen „großen" Einfluss der Wiener Betriebe auf die thematische Ausrichtung des Programms. Angesichts der Tatsache, dass es keine institutionalisierte direkte Rückkoppelungsschleife von den Zielgruppen zum Programmmanagement gibt, spricht dieser Befund dafür, dass die BeraterInnen die in der betrieblichen Praxis vorgefundenen Probleme und Bedürfnisse recht gut an das Programmmanagement kommunizieren (Abb. 4).

Als Erfolgsbedingungen hebt die Evaluation drei Aspekte hervor:

- Ansprache von und ökonomischer Anreiz für BeraterInnen
- die Existenz einer starken flankierenden Öffentlichkeitsarbeit, Bekanntheitsgrad des Programms bei und ökonomische Anreize für Unternehmen
- die Existenz einer Umsetzungs- und Nachbetreuung nach erfolgter Beratung (Nachevaluation)

Die EvaluatorInnen stellen die Wechselbeziehungen und Erfolgs- und Misserfolgsfaktoren des ÖkoBusinessPlan Wien in einem Flussschema als „Programmtheorie des ÖBP" dar (Abb. 4).

3   Wechselwirkung ÖkoBusinessPlan Wien und Unternehmen am Beispiel VBV – Vorsorgekasse AG

Wie wirkt sich die Zusammenarbeit innerhalb des Systems ÖkoBusinessPlan Wien auf die Unternehmen und da im speziellen auf Innovationen im Sinne einer Nachhaltigen Entwicklung aus? Das soll in der Folge am Fallbeispiel VBV – Vorsorgekasse AG, einem langjährigen ÖkoBusinessPlan Betrieb dargestellt werden.

3.1   Rolle der Vorsorgekassen in Österreich

Vorsorgekassen sind ein bedeutender Faktor der betrieblichen Altersvorsorge in Österreich (Abb. 5). Sie bestehen auf Basis des Betrieblichen Mitarbeiter- und Selbständigenvorsorgegesetzes (BMSVG). Das einzige Geschäftsfeld (single license) von Vorsorgekassen ist die Verwaltung und Veranlagung der Beiträge aus der Betrieblichen Mitarbeiter- und Selbständigenvorsorge (Grünbichler und Pribil 2002). Sie unterliegen dem Österreichischen Bankwesengesetz (BWG).

Seit 1. Jänner 2003 gilt in Österreich die Abfertigung NEU für alle ab diesem Stichtag neu begründeten Arbeitsverhältnisse. Somit haben erstmals alle Arbeitnehmer mit einem privatrechtlichen Arbeitsverhältnis einen Anspruch auf Abfertigung. Der Beitrag beträgt 1,53 % des Bruttoentgelts.

Diese Form der betrieblichen Vorsorge wurde mit 1.1.2008 verpflichtend auf die Gruppe aller freien Dienstnehmer sowie alle in der Krankenversicherung pflichtversicherten Selbständigen erweitert. Auf freiwilliger Basis können seit dem auch Freiberuflich Selbständige und Landwirte in dieses System optieren.

Als Vorzüge der betrieblichen Vorsorge über Vorsorgekassen lassen sich folgende Punkte herausarbeiten:

- Die Vorsorgebeiträge sind steuerlich eine Betriebsausgabe
- Die Veranlagung erfolgt ohne Kapitalertragsteuer (KESt-frei)

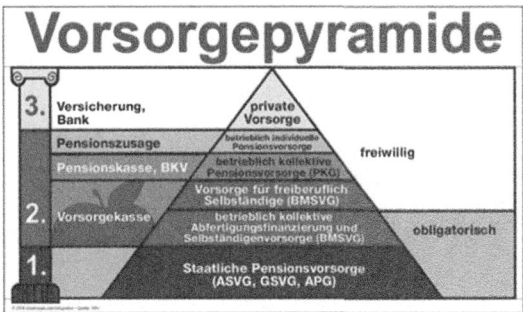

Abb. 5 Vorsorgepyramide Bildrechte: VBV Vorsorgekasse AG

- Es besteht eine Bruttokapitalgarantie auf alle geleisteten Vorsorgebeiträge
- Sichere, in einzelnen Vorsorgekassen auch nachhaltige Veranlagung
- Auswahlmöglichkeit zwischen einer lebenslangen, steuerfreien Zusatzrente oder Auszahlung unter Berücksichtigung eines 6 %igen Steuersatzes
- Die Anwartschaften können vererbt werden (gehen zu 100 % in den Nachlass)

Für Dienstverhältnisse die bereits vor 2003 begannen, besteht die individuelle Möglichkeit bestehende Ansprüche aus dem Unternehmen in die Vorsorgekasse auszulagern. Eine dementsprechende schriftliche Vereinbarung kann zwischen Arbeitgeber und Arbeitnehmer getroffen werden.

3.2 VBV – Vorsorgekasse

Die VBV – Vorsorgekasse AG (VBV) wurde als eine von damals neun Betrieblichen Vorsorgekassen am 28. Juni 2002 gegründet, um das vom Gesetzgeber beschlossene System der Abfertigung NEU zu verwalten.

Die VBV steht seit Ihrer Gründung in Kooperation mit über 25 Partnerunternehmen aus der österreichischen Banken- und Versicherungsbranche. Mit einem Marktanteil von rund einem Drittel zählen mittlerweile rund 2,3 Millionen Beschäftigte in Unternehmen sowie Selbständige zum Kundenkreis der VBV. Nationale und internationale Großunternehmen mit mehreren tausend Arbeitnehmern bis hin zu Kleinbetrieben mit nur wenigen Mitarbeitern oder Einpersonenunternehmern bilden die Bandbreite.

Im Bereich der Veranlagung setzte die VBV als erste Vorsorgekasse das Hauptaugenmerk auf nachhaltiges Investment. Mittlerweile kann die Performance mit einer 10-jährigen Historie dokumentiert werden (Abb. 6).

Unter Berücksichtigung laufender Veranlagung wurde aus einem Anfangsbetrag von € 100 zum 1.1.2003 ein Betrag von über € 136 zum 31.12.2012. Somit wurde eine Performance von über 3 % p.a. (netto) erzielt, womit die VBV über dem Branchenschnitt liegt. Ein Beispiel, dass sich Nachhaltigkeit und Performance nicht ausschließen.

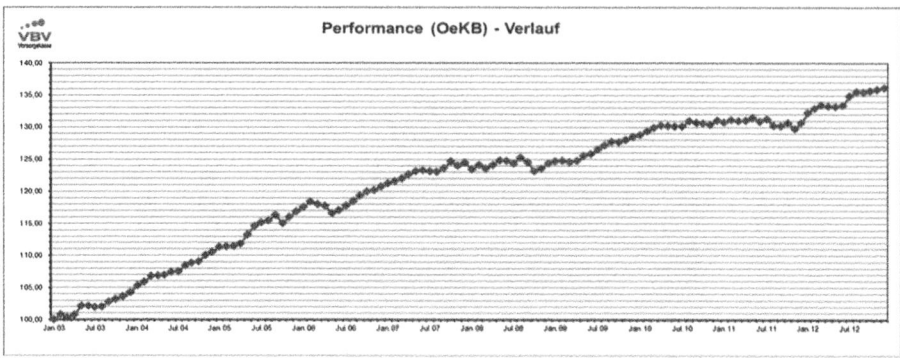

Abb. 6 Performance der Veranlagungen Bildrechte: VBV Vorsorgekasse AG

3.3 CSR als Unternehmensgrundsatz

3.3.1 CSR als „Spitze des unternehmerischen Ansatzes"

In der VBV wurde von Beginn an das nachhaltige Wirtschaften eng mit dem Kerngeschäft verknüpft. Eine zentrale Zielsetzung ist es daher seit 10 Jahren die nachhaltigen Ausrichtung der Veranlagungspolitik des Unternehmens. Sie ist mehrdimensional konzipiert und berücksichtigt neben ökonomischen Kriterien soziale und ökologische Wertigkeiten auf gleicher Ebene. Eine derartige konzipierte nachhaltige Veranlagung grenzt die Schwankungsbreite der erzielbaren Erträge ein. Nicht die kurzfristige, riskantere Maximierung des Ertrags steht bei diesem Unternehmen im Mittelpunkt, sondern eine mittel- und langfristige Optimierung. Dabei stellen die Verantwortlichen eine Verbindung zwischen den Beiträgen für den im Arbeitsprozess stehenden Teil der Bevölkerung, der nachhaltigen Veranlagung und der Sicherung des Lebensstandards her. Investments mit Verantwortung sind demnach für die VBV eine Möglichkeit, die Alterssicherung zu unterstützen und zu ergänzen und dabei gleichzeitig zu einer Ressourcenschonung beizutragen.

Um diese Einbettung des CSR-Konzept auf strategischer Ebene auch durch externen Input zu unterstützen und so fortlaufende Innovationen sicher zu stellen hat sich das Unternehmen im Jahr 2007 entschieden das Angebot des ÖkoBusinessPlan Wien anzunehmen. So wurden mit externer Begleitung die internen Prozesse aus CSR – Sicht beleuchtet. Seit diesem Zeitpunkt legt das Unternehmen auch jährlich einen integrierten Geschäfts- und Nachhaltigkeitsbericht. 2012 erzielte die VBV bei dem von der Kammer der Wirtschaftstreuhänder verliehenen Austrian Sustainability Reporting Award (ASRA) mit dem integrierten Geschäfts- und Nachhaltigkeitsbericht 2011 den ersten Preis (http://www.kwt.or.at/desktopdefault.aspx/tabid-144/).

3.3.2 Ethische Grundsätze

Die VBV orientiert ihre operative Tätigkeit seit ihrer Gründung auf ethische Themen, dies somit bereits neun Jahre vor Veröffentlichung der aktualisierten CSR-Definition der Europäischen Kommission. Die Europäische Kommission definiert CSR als Integration von gesellschaftlichen, ökologischen und (2011 neu) auch ethischen Themen, sowie Fragen der Menschenrechte in der Geschäftstätigkeit und Geschäftsstrategie – in enger Interaktion mit den Anspruchsgruppen (Schneider und Schmidpeter 2012a).

Bereits 2002 wurde von der VBV ein Ethik-Beirat gegründet, der erste Ethik-Beirat in der Geschichte der Betrieblichen Vorsorge in Österreich. Seine Mitglieder vertreten die Bereiche Soziales, Umwelt, Medizin, Kirche und Wirtschaft. Der Beirat besitzt hohe Fachkompetenz, mit der er die erforderlichen Analysen und Bewertungen vornimmt und Empfehlungen für die Anlagepolitik der Vorsorgekasse gibt.

3.3.3 CSR im Kerngeschäft

Die VBV veranlagt die ihr anvertrauten Kundengelder nach klar definierten ethischen und ökologischen Grundsätzen. Die Veranlagung erfolgt mit der Zielsetzung, nachhaltig ein optimales Ergebnis zu erreichen und Risiko zu vermeiden. Der Mensch ist der Maßstab des Handelns der Vorsorgekasse. Seine Absicherung hat oberste Priorität.

Die VBV investiert daher in kein Unternehmen, das durch seine Aktivitäten Leben oder Gesundheit bedroht, die Personenwürde gefährdet oder Vorteile aus unsozialem und ethisch bedenklichem Wirtschaften zieht. Soziale Rechte am Arbeitsplatz sowie Gleichberechtigung aller Menschen im öffentlichen und privaten Bereich sind ebenfalls Kriterien für die Investitionsentscheidungen.

Der Anlagehorizont ist weltweit, investiert wird auch konsequent in österreichische Unternehmen, um zur Sicherung von Betriebsstätten und Arbeitsplätzen beizutragen.

Gemeinsam mit dem Ethikbeirat wurde eine klar definierte Kriteriologie für Investments formuliert. Diese ist in einem Katalog verankert, gilt für das gesamte Wertpapierportfolio, und umfasst neben Ausschluss- und Negativkriterien auch Positivkriterien (Pinner 2003).

Ausgeschlossen werden dabei beispielsweise Investments in Unternehmen die sich mit der Produktion und Verwertung von Atomenergie befassen, in Produzenten von militärischen Waffen und Kampfstoffen, in Unternehmen die Kinderarbeit nicht ausdrücklich ausschließen sowie in das weite Feld der Pornographie. Die Produktion von gentechnisch manipuliertem Saatgut steht ebenso auf der schwarzen Liste wie Tabakerzeuger und die Emissionen von Staaten, die gemäß Amnesty International die Todesstrafe nicht gänzlich abgeschafft haben.

Negative Bewertungen erhalten beispielsweise Investments die mit der Ausbeutung von Umwelt, Mitarbeitern und Gesellschaft Hand in Hand gehen, was auch sozial-ökologisch kontroversielle Großprojekte inkludiert. Abwertend beurteilt werden Länder die von „Freedom House" als nicht frei eingestuft werden und in denen es zur Diskriminierung von Frauen und Minderheiten, zur Einschränkung der Medien und Meinungsvielfalt kommt.

Die VBV hat aber auch bereits bei der Gründung 2002 mit Unterstützung des Ethikbeirats (aktuelle Zusammensetzung unter http://www.vorsorgekasse.at/tmnethikbeirat) Positivkriterien für die Veranlagung erarbeitet. Dazu zählen Unternehmen mit sozialen Arbeitsbedingungen betreffend Kündigungsschutz und sozialen Standards, Bildungsförderung, die Orientierung eines Betriebes an den Interessen der Stakeholder und die offene Berichterstattung darüber. Ebenso auch Betriebe die umweltschonende

Maßnahmen setzten die zur Senkung des Energie- und Wasserverbrauchs führen, erneuerbare Energieformen verwenden oder ein zertifiziertes Umweltmanagementsystem nach EMAS oder ISO implementiert haben.

Die gesamte Liste der Veranlagungskriterien ist auf der Homepage des Unternehmens einsehbar (http://www.vorsorgekasse.at/tmnunternehmensmanagement).

Die Einhaltung der Kriteriologie wird durch laufendes Screening und durch externe Experten sowie die Analyse der Anlageprodukte durch den Ethikbeirat sichergestellt.

Die Umsetzung dieses Kriteriensets bildet sich deutlich in den erfolgten Aktieninvestments im Jahr 2011 ab. Sie setzen sich zu rund 80 % aus breiten Nachhaltigkeitsfonds und zu etwa 20 % aus nachhaltigen Themenfonds wie Umwelt, Klimaschutz und erneuerbare Energien zusammen.

3.3.4 CSR lohnt sich

Die ernsthafte Beschäftigung mit dem Thema CSR und eine Implementierung in das Kerngeschäft führt nicht nur zu Innovationen sondern wird mittlerweile längst auch ökonomisch honoriert und ist längst nicht mehr nur Thema von Studien und Impulsreferaten von CSR-Konferenzen. Der Stakeholderdialog der VBV zeigt, dass ein ehrlicher Umgang mit dem Thema klar honoriert wird.

Das Unternehmen VBV sieht die Kommunikation zwischen dem Investor und dem Emittenten, also jenem Unternehmen, dessen Wertpapiere der Investor erwirbt als einen wesentlichen Teil ihres Bemühens um eine nachhaltige Veranlagung an. Dieser Dialog wird geführt, um Defizite oder auch Verbesserungen bei Themen der Nachhaltigkeit zu besprechen. Das daraus resultierende „Engagement" eröffnet die Möglichkeit, Unternehmen im Sinne der Nachhaltigkeit zu beeinflussen.

2011 fand im Rahmen des Konzeptes Stakeholderdialog die bereits dritte Kundenumfrage statt. Mittels eines Fragebogens, der einerseits als Beilage zur Kontoinformation direkt an die Kunden versendet wurde sowie andererseits auf der Homepage des Unternehmens zu finden war, wurden die Anwartschaftsberechtigten (Arbeitnehmer und auch Selbständige) punkto Service und Qualität der Dienstleistung gefragt. Im Jahr 2011 erhielt die VBV rund 1.400 ausgefüllte Fragebögen. Die Auswertung ergab, dass eine überwiegende Mehrheit der Kunden mit der Tätigkeit und den Leistungen der VBV zufrieden ist. Exemplarisch nachstehende die Auswertung der Antworten zu zwei Fragekomplexen.

Frage: „Nachhaltige Veranlagung und Verantwortung für Umwelt und Gesellschaft sind für mich sehr wichtig! Deshalb möchte ich, dass mein Guthaben auch nachhaltig veranlagt wird" (Abb. 7).

Hier ist zu erkennen, dass die große Mehrheit der Anwartschaftsberechtigten, eine nachhaltige, offene und transparente Veranlagung für wichtig erachtet. Und somit die seit Gründung gelebte Firmenphilosophie des Unternehmens bestätigt.

Frage: „Ich schätze das Image der VBV – Vorsorgekasse als positiv ein" (Abb. 8).

Diese für die VBV sehr wichtige und aussagekräftige Frage wurde mit 94,39 % als zutreffend beantwortet. Gerade für eine junge Branche wie die Vorsorgekassen ist das Image, das in der Bevölkerung wahrgenommen wird, wichtig.

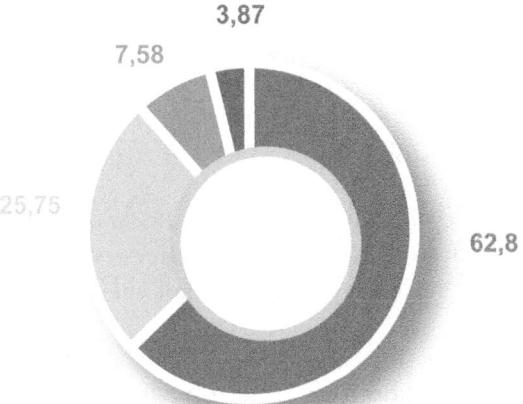

Abb. 7 Guthaben soll nachhaltig veranlagt werden Bildrechte: VBV Vorsorgekasse AG

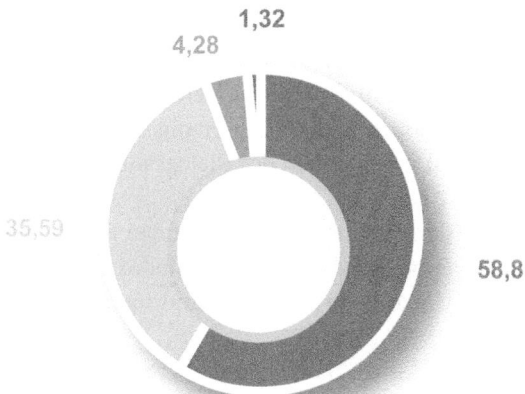

Abb. 8 postives Image der VBV Bildrechte: VBV Vorsorgekasse AG

3.4   Strategie und wertorientierte Führung

3.4.1 VBV – Unternehmensleitbild

Die Implementierung von CSR im strategischen Unternehmensbereich spiegelt auch das Unternehmensleitbild und der Prozess seiner Entwicklung wider.

Das Unternehmensleitbild der VBV entstand in einem Prozess unter Einbeziehung aller Mitarbeitenden. Eine Überprüfung bzw. Aktualisierung findet anlassbezogen statt, so ergibt sich auch eine intensive Einbeziehung der neuen Mitarbeitenden. Der Dialog mit den Stakeholdern wurde sowohl intern mit den Beschäftigten als auch mit externen Anspruchsgruppen durch Befragungen intensiviert.

Das so entwickelte Leitbild ist auf gemeinsame Werte im Berufsalltag ausgerichtet.

Nachhaltige Werte, Sicherheit und Stabilität, Teamgeist, Offenheit und Klarheit sowie Entwicklungsfähigkeit und Qualitätsbewusstsein bilden dabei die Eckpunkte.

Im Abschnitt Nachhaltige Werte steht beispielsweise:

Unser tägliches Handeln wird durch Beständigkeit, Zukunftsorientierung und klare Ziele bestimmt. Im Zentrum unserer Arbeit stehen die nachhaltige Veranlagung und der faire und respektvolle Umgang mit unseren Kunden und Partnern sowie der Umwelt.

Das gesamt Unternehmensleitbild ist unter http://www.vorsorgekasse.at/tmnwerte nachzulesen.

Die VBV verfolgt ihre CSR-Aktivitäten mit der Absicht über die schlichte Einhaltung rechtlicher Vorgaben und das Befrieden von Stakeholdererwartungen hinaus. Die Übernahme gesellschaftlicher Verantwortung kann damit auf ein höheres Niveau gehoben werden.

3.4.2 Werteorientiertes Führen als Steuerungsinstrument

Als Steuerungselement wurden im Rahmen des werteorientierten Führungssystems folgende fünf Hauptprozesse innerhalb des Unternehmens VBV erarbeitet:

- Die Mitarbeitenden – das Herz der Vorsorgekasse: ihre Qualität und ihr Engagement
- Zufriedene Kunden sind unser Kapital
- Die gesellschaftliche, soziale und ökologische Verantwortung unseres Unternehmens
- Zukünftige Produkte – innovative Ideen sichern unsere Zukunft
- Schlummerndes Potenzial – der Ausbau des Dialogs mit unseren Stakeholdern

Die Leitbild- und Wertediskussion hat einen spannenden Prozess in der Weiterentwicklung des Unternehmens ausgelöst, durch den ökonomische, ökologische, soziale und kulturelle Aspekte in der Unternehmensführung und im Unternehmensalltag verstärkt berücksichtigt werden.

Auf Basis der oben dargelegten Hauptprozesse garantiert eine VBV-Akademie die ständige Weiterentwicklung (ewiges Lernen). Gesammelte Erfahrungen aus den täglichen Arbeiten werden zu einer VBV-Wissensdatenbank weiterentwickelt. Im „Thema der Woche" werden aktuelle Themen aufbereitet und veröffentlicht. Alle Informationen sind für die Mitarbeitenden via Intranet zugänglich.

Zum jährlichen Zukunftsdialog werden Vertreterinnen und Vertreter der Wirtschaftsforschung, der Wissenschaft, Finanzverantwortliche, Arbeitnehmervertreterinnen und NGOs eingeladen, um neue Ideen, Ansätze oder Erfordernisse zu erörtern. Ziel ist es, einerseits die Intentionen der VBV zu positionieren sowie andererseits Wünsche, Anregungen und Empfehlungen wahrzunehmen und in der Folge strategisch umzusetzen.

Auf Einladung der VBV – Vorsorgekasse haben im Dezember 2011 namhafte Experten aus Wirtschaft, Wissenschaft und Zivilgesellschaft am VBV-Zukunftsdialog teilgenommen. Inhaltlich wurde der Bogen von aktuellen und absehbaren makroökonomischen Entwicklungen bis hin zu möglichen Strategien und Maßnahmen für die VBV gespannt, um angemessen und im Sinne der Nachhaltigkeit auf Grund der Herausforderungen zu agieren.

3.5 Innovation durch CSR

3.5.1 Shared Value wird zur Maxime

Die VBV weist Parallelen bei der Implementierung der CSR – Grundsätze in das Kernge-schäft unter anderem mit dem Prinzip Shared Value (Schneider und Schmidpeter 2012b) von Michael Porter von der Harvard Business School auf.

Porter streicht dabei unter anderem das Konzept neue Produkte und Märkte, Ver-besserung der Wertschöpfungskette und Förderung des lokalen Umfelds heraus, Hand-lungsmaximen denen die VBV im Rahmen ihres Kerngeschäftes folgt.

So hat das Unternehmen das Produkt Abfertigung Neu 2002/2003 innovativ am österreichischen Markt positioniert, setzt auf nachhaltige Veranlagung, reduziert den Papierverbrauch, bietet ein kostenloses Onlinekonto zur Information der Anwartschafts-berechtigten und setzt auf Partner im lokalen Vertrieb und lässt weiters ihre Informati-onsschreiben an Kunden in der Region (Österreich) produzieren.

Bei der Veranlagung wird der Schwerpunkt Österreich berücksichtigt, was auch einer nachhaltigen Ausrichtung entspricht. Die Länder-Aufschlüsselung zeigt die regionale Orientierung der Veranlagungsgemeinschaft (Daten per 31.12.2011) (Abb. 9):

Bei der Warenbeschaffung (Papier, Büromaterialien, Büromöbel, Obst) werden lokale Anbieter genutzt. Der EDV-Dienstleister hat seinen Sitz am Standort Wien, ebenso wie die Kreativ-Agentur. Die Konfektionierung der Poststücke übernimmt ein lokaler Anbieter, die Österreichische Post AG ist Partner bei der Versendung.

3.5.2 Externe Begleitung als Motor

Seit Jahren nutzt die VBV das vielfältige Angebot des ÖkoBusinessPlan Wien. Als Dienstleistungsunternehmen mit Schwerpunkt in der nachhaltigen Veranlagung und Verwaltung von Beiträgen der Mitarbeiter- und Selbständigenvorsorge bedeutet die för-dernde Begleitung des ÖkoBusinessPlan Wien eine Unterstützung und auch ein Bench-marking über Branchen hinweg.

Begleitet von BeraterInnen des ÖkoBusinessPlan wurde der bereits seit Gründung eingeschlagene Weg einer nachhaltigen Wirtschaftsweise durch eine prozesshafte Ent-wicklung eines Nachhaltigkeitsberichtes abgesichert und dokumentiert. Neben der an Nachhaltigkeitskriterien ausgerichteten Veranlagung fließt das ethische Thema Nachhaltigkeit seit 2006 auch zunehmend sowohl in die strategisch, normative Unter-nehmensführung als auch in das operative Tagesgeschäft ein. Es wird jährlich ein inte-grierter Geschäfts- und Nachhaltigkeitsbericht (2011) veröffentlicht. Weiters wurde ein werteorientiertes Managementsystem aufgebaut und die Basis für eine Sustainability Balanced Scorecard (SBSC) geschaffen.

Allumfassende Prozessdokumentationen gewährleisten die gesetzeskonforme, nach-vollziehbare Tätigkeit pro Bereich. Diese Instrumente begleiten die Umsetzung von Politik und Strategie und helfen, die Zielerreichung zu prüfen. Sie dienen der kontinu-ierlichen Kontrolle, geben Steuerungsimpulse und stellen die Informationsbasis für die

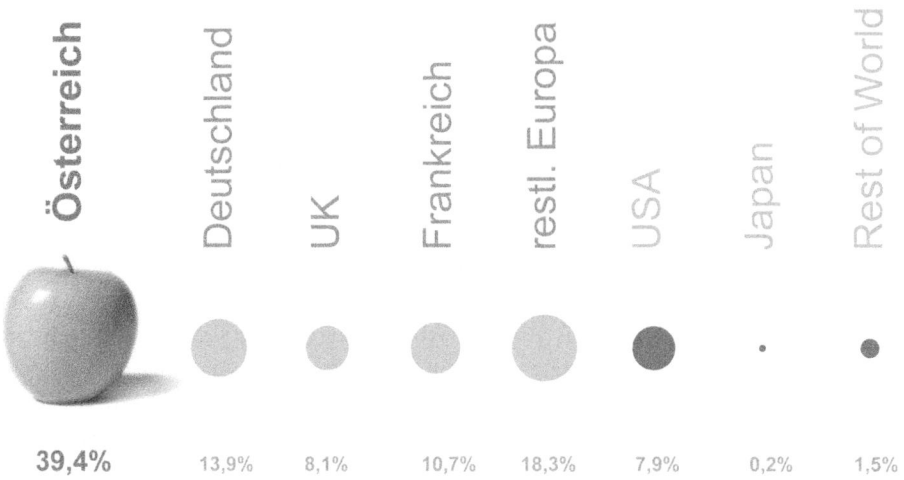

Österreich Deutschland UK Frankreich restl. Europa USA Japan Rest of World

39,4% 13,9% 8,1% 10,7% 18,3% 7,9% 0,2% 1,5%

Abb. 9 Regionalität in der Beschaffung Bildrechte: VBV Vorsorgekasse AG

quartalsweisen Aufsichtsrats-Sitzungen dar. Alle relevanten Teile der Organisation sind in diesen Informationsfluss integriert.

Durch die fachliche Beratung im Rahmen des ÖkoBusinessPlan Wien konnten die Nachhaltigkeitsansätze bei Management und Mitarbeitenden weiter vertieft werden. Das Thema Nachhaltigkeit wird vermehrt im alltäglichen Geschäft gelebt.

Die konkreten Resultate daraus sind:

- Intensive Einbeziehung der Mitarbeitenden in den Nachhaltigkeitsprozess
- Teilnahme eines Mitarbeiters an den Sitzungen des Ethikbeirats
- Optimierung des Teambuilding
- Steigerung der Motivation der Mitarbeitenden (nachgewiesen durch jährliche Befragung und Benchmarking mittels Teilnahme am Wettbewerb „Great Place to Work".[1]

3.5.3 Kennzahlen und Monitoring

Der ÖkoBusinessPlan Wien regt in Unternehmen eine Firmenspezifische Entwicklung von absoluten und relativen Kennzahlen an, um in der Folge ein effizientes Monitoring zu ermöglichen. Die kontinuierliche Beobachtung der Kennziffernentwicklung sowie der Veranlagungsinstrumente stellt eine der effizientesten Möglichkeiten dar, vom Plan abweichende Entwicklungen der Gesellschaft wahrzunehmen. Planungsabweichungen werden so erkannt, Entscheidungen über Steuerungsmaßnahmen können auf Basis der Soll-Ist-Vergleiche getroffen werden. Anpassungen, Ergänzungen und Änderungen werden in einer History dokumentiert.

---

[1] Great Place to Work Österreich.

Mittels einer täglichen Veranlagungs-Watchlist werden Entwicklungen und Erwartungen überwacht. Bei Veranlagungsprodukten führen Performanceveränderungen zu Managementreviews bzw. bis hin zu Produktabschichtungen.

3.5.4 Systematisches Umweltmanagement

In weiterer Folge kam es zu einem vom ÖkoBusinessPlan unterstützten Aufbau eines Umweltmanagementsystems auf Basis von ISO 14001 und EMAS. Das half auch betriebsintern, ökologische Schwerpunkte gemeinsam mit den Mitarbeitenden zu setzen. Eine deutliche Reduktion des Papierverbrauchs und eine Steigerung der Energieeffizienz durch ein Energiecoaching sind messbare Ergebnisse.

3.5.5 Innovation durch Integration von CSR in die Unternehmensstrategie

Die systematisch in allen Unternehmensebenen implementierten CSR – Aktivitäten sind in der VBV längst zur Triebfeder von Innovation geworden.

Im Rahmen der laufend stattfindenden Jour Fixe-Termine sowie der erweiterten Vorstandsklausur beschäftigen sich der Vorstand, das CSR-Team, Veranlagungsteam und die Führungskräfte unter anderem auch mit Zukunftsthemen für Branche und Gesellschaft, um für mögliche Trends vorausschauend Maßnahmen zu überlegen. Das Innovationsteam des Unternehmens hat die zeitgerechte Erkennung von zukünftigen technologischen, umweltrelevanten, sozialen und politischen Fragestellungen im Fokus.

So werden zum Beispiel die Assetklassen laufend erweitert bzw. verändert, etwa durch die Aufnahme eines weiteren globalen Aktienfonds, der nach nachhaltigen Kriterien gemanagt wird, durch die Gestaltung und Auflage eines global agierenden nachhaltigen Emerging Markets Anleihen Fonds in Kooperation mit einem intentional agierenden Asset Manager oder durch das Neuinvestment in einen europäischen nachhaltig ausgerichteten Immobilienfonds.

Die VBV ist mit ihrem systematischen CSR – Ansatz nicht nur ein mehrfach ausgezeichnetes nachhaltiges Unternehmen, sie ist auch wirtschaftlich sehr erfolgreich.

Mehr als 2,3 Millionen Kunden vertrauen heute auf die nachhaltige Veranlagung des Wiener Vorzeigeunternehmens.

3.5.6 CSR stärkt Vertrauen

Die Ursachen der grassierenden internationalen Finanz- und Wirtschaftskrise haben vielfach das gesellschaftliche Vertrauen in Unternehmen und deren Aktivitäten erschüttert. Oft wird dabei eine als ungehemmt angesehen Gewinnorientierung von Unternehmen als wesentliches Argument gebracht. Damit einher geht eine intensiv verstärkte Diskussion über die gesellschaftliche Rolle von Unternehmen und die sozialen Rahmenbedingungen der Wertschöpfung.

In dieser Situation bildet das wirtschaftliche Engagement von Unternehmen wie der VBV – Vorsorgekasse, unterstützt durch das öffentlich finanzierte Wiener Programm Öko-BusinessPlan Wien, eine spannende Alternative, die, wie an diesem Beispiel gezeigt, verantwortlichen, wirtschaftlichen Erfolg noch dazu am heiß diskutierten Finanzsektor hervorbringt.

Für einen regionalpolitischen Ansatz, wie ihn die Stadt Wien mit dem ÖkoBusiness-Plan verfolgt, spricht auch die Förderung von CSR-Kooperationen, die sich vorzugsweise im lokalen Umfeld der Unternehmen formieren (Maaß 2010).

Die nächste große Herausforderung im Rahmen des ÖkoBusinessPlan Wien wird es daher sein, eine aktive und starke Vernetzung jener derzeit knapp 1000 Wiener Unternehmen zu unterstützen, die sich mit Hilfe dieser Initiative aufgemacht haben mit CSR innovativ und erfolgreich zu sein.

Literatur

Beer R (1992) Umweltschutz und Mittelstand. Erich Schmidt Verlag, Berlin

Geschäfts- und Nachhaltigkeitsbericht 2011, VBV – Vorsorgekasse AG, Wien 2012. www.vorsorge kasse.at/geschaeftsbericht2011

Grünbichler A, Pribil K (2002) In: Grün M, Martinek JM (Hrsg) Mitarbeitervorsorgekasse System und betriebliche Umsetzung der „Abfertigung Neu". Einleitung, S 1–7

Maaß F (2010) Wirtschaftspolitische Ansätze zur Unterstützung von Corporate Social Responsibility-Aktivitäten. In: Institut für Mittelstandsforschung Bonn (Hrsg) IfM-Materialien Nr. 194, Bonn

Martinuzzi A, Windsperger A (2011) Beratungsprogramme für nachhaltiges Wirtschaften – ein erfolgreiches Instrument für Nachhaltigkeit in kleinen und mittleren Unternehmen. In: Meyer J-A (Hrsg) Jahrbuch der KMU-Forschung und Praxis. Eulverlag

Pinner W (2003) Ethische Investments Rendite mit „sauberen" Fonds. Betriebswirtschaftlicher Verlag Gabler, Wiesbaden

Schneider A, Schmidpeter R (2012a) Corporate Social Responsibility: Verantwortungsvolle Unternehmensführung in Theorie und Praxis. Springer, Berlin, S 21

Schneider A, Schmidpeter R (2012b) Corporate Social Responsibility: Verantwortungsvolle Unternehmensführung in Theorie und Praxis. Springer, Berlin (Shared Value: Die Brücke von Corporate Social Responsibility zur Corporate Strategie, S 137f)

Stockmann R, Meyer W (2001) Nachhaltige Umweltbeartung. Leske und Budrich, Opladen

Visser W (2011) The future of CSR: towards transformative CSR, or CSR 2.0, paper 2011

Wuppertal Institut für Klima, Umwelt, Energie, KMU-Forschung Austria (2008) Evaluationsbericht ÖkoBusinessPlan, Wien

Wuppertal Institut für Klima, Umwelt, Energie (2012) Evaluationsbericht ÖkoBusinessPlan, Wien

Inspiration für Verantwortung – Nach innen gehen, nach außen wirken

Ernst Gugler

Dieser Beitrag stellt den persönlichen Weg eines mittelständischen Unternehmers zu Nachhaltigkeit und CSR dar. Die gugler GmbH im niederösterreichischen Melk hat für sein Engagement um Nachhaltigkeit und CSR zahlreiche Auszeichnungen wie u.a. den TRIGOS Award, den ASRA Award, den Sustainable Entrepreneurship Award, den Golden Pixel Award und den Dr. Erwin Pröll Zukunftspreis „Meilenstein 2012" erhalten.

1   CSR – ein Begriff für die Elite?

Wer hätte gedacht, dass jemand der in der Schule nie Englisch gelernt hat, sich einmal seitenweise mit dem Thema Corporate Social Responsibility auseinandersetzen würde. Wobei ehrlich gesagt: Ich kann mit diesem Begriff eigentlich wenig anfangen. Das liegt nicht nur daran, dass er für mich noch immer ein Zungenbrecher ist. Vielmehr schafft es dieses Wortgebilde nicht, mich im Herzen zu berühren. Und wahrscheinlich empfindet das ein Großteil der Menschen in der Wirtschaft genauso. Über 121 Millionen Mal wird „Corporate Social Responsibility" in Suchmaschinen gelistet. Doch am Ende des Tages fühlt sich nur eine kleine intellektuelle Minderheit angesprochen.

Wollen wir die Aufmerksamkeit einer Mehrheit gewinnen, wäre es hilfreich, Begriffe zu verwenden, die Menschen auf der Ebene des Herzen erreichen. „Enkerltaugliches Wirtschaften" oder „Wirtschaften mit Freude" bringen den Kern der Sache schon viel konkreter auf den Punkt.

Ein weiterer Grund, warum ich mit dem gängigen CSR-Vokabular hadere, ist dem Umstand geschuldet, dass mich die praktischen Aspekte des Thema stets mehr

E. Gugler (✉)
gugler GmbH, Auf der Schön, 3390, Melk/Donau, Österreich
e-mail: Ernst@gugler.at

R. Altenburger (Hrsg.), *CSR und Innovationsmanagement*,
Management-Reihe Corporate Social Responsibility,
DOI: 10.1007/978-3-642-40015-5_14, © Springer-Verlag Berlin Heidelberg 2013

beschäftigt haben, als die graue Theorie. Ich habe nicht studiert und nur selten diesbe-zügliche Weiterbildungen absolviert. Und das war gut so. Denn in vielen Universitäten werden den StudentInnen nach wie vor oft auch Lehren, besser gesagt „Leeren", ein-geimpft. Konzepte und Denkmodelle, die nicht zukunftsfähig sind und die in mühe-voller Arbeit wieder verlernt werden müssen. Ich bin davon überzeugt, dass 1 Gramm Erfahrung mehr wert ist, als Tonnen von theoretischem Wissen. Und genau um dieses 1 Gramm Erfahrung geht es im folgenden Beitrag. Ich lege Ihnen diesen liebevoll auf ein Tablett und hoffe, dass es mir gelingt, Sie ein klein wenig im Herzen zu berühren und zu inspirieren. Und vielleicht werden aus diesem 1 Gramm durch Sie 10 g. Denn dieses 1 Gramm Erfahrung und das damit verbundene Erreichte wurde inspiriert von vielen Menschen meines Umfeldes. Es wäre vermessen zu glauben, dass ich alleiniger Schöp-fer des Erreichten wäre. Im Gegenteil: Immer mehr wird mir bewusst, dass nichts aus dem Nichts entsteht und es genau genommen keinen Anfang gibt. Alles, was sich entwi-ckelt hat, baut auf Gedanken, Worten und Taten anderer Menschen aus der Vergangen-heit auf. In meinem Fall haben meine Frau, unsere MitarbeiterInnen, meine Söhne und alle meine WegbegleiterInnen entscheidende Aufbauarbeiten geleistet. Meine Rolle war oft „nur" die des Initialzünders und des Entscheiders. Getragen und umgesetzt wurden diese Entscheidungen meistens vom gesamten gugler* -Team. Wie kam ich also zu die-sem 1 Gramm Erfahrung, warum blieb es nicht bloß beim Gerede, beim „Man müsste mal…"? Tiefe persönliche Überzeugungen bildeten dabei zweifellos eine gute Ausgangs-basis. Die Bewahrung unseres wunderbaren Planeten mit all seinen Wesen ist für mich eine echte Herzensangelegenheit. Und das schon seit rund 35 Jahren.

2   Am Anfang war der Protest

Als Jugendlicher war ich so gut wie gar nicht für Öko- und Umweltthemen sensibilisiert. Die ersten Impulse aus dieser Richtung bekam ich durch befreundete StundentInnnen aus der Alternativ- und Öko-Szene. Diese Eindrücke führten dazu, dass ich mich – noch lange vor meiner unternehmerischen Selbstständigkeit – immer intensiver mit Umwelt-schutzthemen beschäftigte und mich erstmals auch aktiv dafür einsetzte. So demonst-rierte ich 1978 gegen das geplante Atomkraftwerk Zwentendorf und später dann auch gegen den Bau des Donaukraftwerkes Hainburg. Währenddessen bekam ich Kontakt zur damaligen Friedensbewegung. Die wachsende Überzeugung, mich für den Frieden und Menschen einsetzen zu wollen, passte nicht mehr zum Dienst an der Waffe. Also stellte ich mich der Gewissensprüfung und meldete ich mich 1980 zum Zivildienst. Einige Jahre später gründete ich mit Freunden einen regionalen Stützpunkt des World Wildlife Fund. Während dieser Zeit starteten wir einige lokale Naturschutz-Initiativen, wie z. B. das Errichten von Froschschutzzäunen entlang stark frequentierter Straßen. Die bewegten Jahre als freier Mitarbeiter des WWF legten den Grundstein, um mein ökolo-gisches Engagement auch später im eigenen Betrieb fortzusetzen. Kein Zufall also, dass der WWF der erste Kunde unserer kleinen Druckerei wurde.

3   Vom Museumsdirektor zum Öko-Vorreiter

Begonnen hat alles 1989 als meine Frau und ich eine völlig veraltete Druckerei und Setzerei mit sechs MitarbeiterInnen und 30.000 Euro Startkapital übernommen haben.

Eine große Portion Optimismus war die Basis, um aus diesen schwierigen Bedingungen etwas zu machen. Unser damaliges Logo, ein vierblättriges und -färbiges Kleeblatt, sowie der Slogan „Ein Glück, dass es uns gibt" wirkten unbewusst und brachten uns Glück.

Von meinen damaligen ArbeitskollegInnen wurde ich als Museumsdirektor gehänselt. Und es war wirklich so. Gesetzt wurde noch mit Tonnen von giftigem Blei und gedruckt mit veralteten museumsreifen Buchdruckmaschinen. Maschinen, bei denen so viel Masse in Bewegung war, dass sogar noch die Gläser in mehreren Häusern weit gelegenen Räumen zitterten. Es gab viel zu tun, technologisch, organisatorisch und vor allem ökologisch. Dies brachte es mit sich, dass meine Frau und ich Woche für Woche mehr als 70 Stunden im Betrieb verbrachten. Zum Glück wohnten wir mit unseren Kindern – damals 5 und 7 Jahre alt – einen Stock über der Druckerei. Eine der ersten ökologischen Maßnahmen war es, den Bleisatz gegen Fotosatz zu ersetzen. Gefolgt vom Umstieg von mineralölbasierten Druckfarben auf solche auf Pflanzenölbasis. So versprach man uns das zumindest damals. Ich möchte nicht wissen, was wirklich alles darin enthalten war. Zudem haben wir natürlich so oft wie möglich Papiere aus recyceltem Altpapier verwendet. Heute weiß ich, dass in diesen Papieren noch so viele bedenkliche Stoffe drinnen steckten, dass es gesundheitlich vielleicht sogar bedenklich war. Trotz allem war jede dieser Maßnahmen ökologisch eine kleine Verbesserung. Vor allem trug es dazu bei, erste Samen eines ökologischen Bewusstseins bei unseren MitarbeiterInnen und unseren KundInnen zu säen und zu nähren – das war das Entscheidende und viel, viel wichtiger als ein ökologisch perfektes Produkt.

Maßnahmen, die eine Bewusstseinsänderung mit sich bringen, sind Gold wert, denn sie wirken auch in andere Lebensbereiche hinein.

Glücklicherweise wurde unser Engagement auch von unseren KundInnen geschätzt. Bald durften wir auch Greenpeace betreuen. So kam es, dass wir immer mehr Aufträge erhielten, immer mehr MitarbeiterInnen einstellen konnten und unsere Betriebsräume damit aus allen Nähten platzen. Eine Expansion am bestehenden Standort in der Altstadt war unmöglich. Somit war die Entscheidung für eine Aussiedelung auf die grüne Wiese gefallen.

4   Wie außen so auch innen

…. wie oben so auch unten. Das Gesetz der Entsprechung besagt, dass alles jeweils ein Spiegelbild des uns umgebenden ist. Aus diesem Bewusstsein heraus haben wir ein ruhiges und von Natur umgebenes Grundstück gewählt. Die Adresse „Auf der Schön" verrät schon einiges über diesen Standort rund 5 Kilometer östlich von Melk in unmittelbarer Nähe des Naturschutzgebietes Pielacher Auen. Ganz gezielt haben wir uns daher für einen Ökoarchitekten entschieden der mit Holzbauten Erfahrung hatte. Es war klar, das ein ökologisches Gebäude mehr kostet als ein konventioneller Industriebau. Diese Mehrkosten galt es dann auch zu rechtfertigen – vor allem gegenüber den potenziellen Geldgebern. Die Aussage eines Bankdirektors klingt mir noch deutlich in den Ohren: „Glauben Sie wirklich, Herr Gugler, dass sich die Mehrkosten jemals rechnen werden und dieses große Vorhaben gut gehen wird?" Ein damaliger Mitarbeiter wiederum sagte sinngemäß „Wäre es nicht besser wenn wir eine klassische Industrie- (Anm: Blech-)halle bauen?" Ich setzte allerdings meinen Willen durch, weil ich fest davon überzeugt war, dass es sich rechnen würde. Wenn nicht direkt monetär, so über Umwege. Heute wissen wir, dass unsere innere Haltung im Äußeren durch das Gebäude glaubwürdig zum Ausdruck gebracht wurde. Gleiches zieht Gleiches an. So war es auch. Es fiel uns dadurch leichter, neue ökologiebewusste KundInnen und zusätzlich qualifizierte und uns ideologisch nahestehende MitarbeiterInnen zu finden.

Sir Winston Churchill sagte: „Zuerst formt der Mensch das Gebäude, dann das Gebäude den Menschen". Ich denke auch, dass da eine feine Energie tagtäglich auf die im Gebäude schaffenden Menschen wirkt und deren Ökologie- und Ästhetikbewusstsein fördert. Auch heute noch präsentiert sich das Firmengebäude als ökologischer Musterbau inmitten einer weitläufigen Grünlandschaft. Der weitgehend aus Stampflehm, Glas und Holz errichtete Bau, der neben der Nutzung modernster Umwelttechniken auch hohen ästhetischen Ansprüchen gerecht wird, gilt mittlerweile als Vorzeigebeispiel zeitgenössischer Industriearchitektur und wurde dafür auch mit dem „Niederösterreichischen Holzbaupreis 2000" ausgezeichnet. Das Leben in und mit der Natur offenbart sich den MitarbeiterInnen und KundInnen nicht nur durch den Blick aus dem Fenster oder bei der Pause auf der großzügigen Holzterrasse. Die durch das Gebäude verlaufenden Stampflehmwände fungieren als Temperatur- und Feuchtigkeitspuffer und schaffen so gemeinsam mit den verarbeiteten Holzelementen ein angenehmes natürliches Raumklima. Großes Augenmerk wurde bei der Gesamtkonzeption auch darauf gelegt der Natur die durch den Bau verdrängte Wiesenfläche durch ein begrüntes blütenreiches Flachdach zurückzugeben. Durch die Anbringung von Nisthilfen wurde zusätzlich die Ansiedelung von Vögeln und Fledermäusen gefördert. Ebenfalls im Auftrag der Artenvielfalt wurde die Außenflächen gestaltet: naturnah und mit einem großzügigen Biotop. Fachlich begleitet wird das betriebliche Biodiversitäts-Förderungs-Programm von Lanius – einer Forschungsgemeinschaft für regionale Faunistik und angewandten Naturschutz.

5 Beim Essen kommen die Leute zusammen

Herzstück und wichtigster Kommunikationsort im Haus ist nicht etwa das Besprechungszimmer, sondern die bei MitarbeiterInnen und KundInnen gleichermaßen geschätzte Bioküche mit dem lichtdurchfluteten Speisesaal. Ausschlaggebend für diese Investition war aber das Bestreben, dem Team eine gesunde Ernährung so einfach wie möglich zu machen und gleichzeitig Pkw-Kilometer einzusparen, da in unmittelbarer Umgebung kein gastronomisches Angebot vorhanden ist. Das täglich zubereitete, hauptsächlich vegetarisch gestaltete Bio-Menü wird den MitarbeiterInnen zu einem Betrag angeboten, mit dem in etwa 75 % der Lebensmittelkosten gedeckt werden können. Die Restkosten, Lohnkosten der Köchin und Kosten für Infrastruktur, trägt das Unternehmen.

Unsere Köchin Roswitha Kainbacher ist Vegetarierin und Bio-Köchin aus Leidenschaft. Dementsprechend köstlich sind die vegetarischen Speisen, die sie regelmäßig auf die Teller zaubert. Da kommen sogar eingefleischte Fleischtiger hin und wieder ins Schwärmen bzw. ins Nachdenken. Mit dem Ergebnis, dass manche die Rezepte zu Hause nachkochen und damit natürlich auch weniger Fleisch verzehren.

6   Wenn der Salat in den Himmel wächst

2011 legten wir unter fachlicher Begleitung von Biolandwirt Helmut Butolen aus dem Waldviertel auf unserem Grund einen Versuchs-Gemüsegarten an. Ziel war es, auf einer Fläche von rund 150 m² zu testen wie gut sich verschiedenen Pflanzensorten auf dem Standort ohne Einsatz von Spritzmitteln und künstlicher Bewässerung entwickelten. Die Testergebnisse waren mehr als zufriedenstellend. Also erweiterten wir die Anbaufläche im nächsten Jahr auf rund 1.500 m². Auch der größere Bio-Gemüsegarten entwickelte sich prächtig und schenkte MitarbeiterInnen und BesucherInnen neben g'schmackigem Gemüse auch noch Raum für Entspannung und kleine aber feine Naturerlebnisse. Betreut wird der Garten seit 2012 von der eigens dafür angestellten Teilzeitmitarbeiterin, Biogärtnerin und Ökologin Evelyn Kinasberger. Um die einmalige Atmosphäre wahrnehmen zu können, muss man sich in den Sommermonaten freilich einmal selbst in die Mitte des Feldes stellen. Da gibt es Reihen mit üppigem Mangold, Fenchel mit grasgrünem Schopf, heranreifende Melonen, die wie verstreute Riesenmurmeln am Boden verstreut liegen. So ein Betriebsgarten nährt nicht nur den Magen, sondern auch die Sinne. Wie bei allen Dingen ist auch beim Gemüseanbau noch kein Meister vom Himmel gefallen. Auch wir tüfteln noch an der Feinabstimmung zwischen Anbau und tatsächlichem Bedarf. Tatsächlich konnten im Vorjahr nicht alle unsere schönen Salatköpfe gegessen werden. Deshalb ließen wir sie wachsen, blühen und Samen ausbilden. So können wir heuer Salat aus eigener Samengewinnung anbauen, Pflänzchen ziehen, die mit den Bedingungen vor Ort noch besser zurechtkommen. Das kleine Areal der blühenden Salatpflanzen ist unsere eigene Arche Noah geworden. Eine Kulturtechnik, die seit der Jungsteinzeit aktuell ist, muss heutzutage nicht alt aussehen. Im Gegenteil: Wer selbst Samen erntet, macht sich unabhängig von Saatgutkonzernen und handelt damit auch politisch.

Die Finanzer unter Ihnen werden sich wahrscheinlich die Frage stellen: „Rechnet sich ein eigener Gemüsegarten?". Natürlich nicht – noch nicht. Zumindest nicht monetär. Wir haben uns auch gar nicht die Arbeit gemacht es nachzurechnen. Es gibt Entscheidungen, die treffe ich einfach aus dem Bauch heraus mit der Gewissheit, dass es einfach Sinn macht und sich auch eines Tages rechnen wird. Außerdem: KundInnenbegeisterung lässt sich nicht quantifizeren – aber im Gesicht ablesen, wenn im Zuge eines Besuches ein Korb frisch geerntetes Gemüse überreicht wird.

7   Arbeitsmeditation im Gemeinschaftsgarten

Die indische Umweltaktivistin Vandana Shiva, ausgezeichnet mit dem alternativen Nobelpreis: „Gärtnern kann die Welt retten. Wir sind an einem Punkt, an dem Gartenarbeit viel ändern kann – materiell, emotional und politisch. Jeder sollte gärtnern. Für die Menschen, die keinen Platz haben, müssten die Gemeinden dafür öffentlichen Raum schaffen – statt neuer Parkplätze".

Da unser Grundstück groß genug ist, haben wir auch unseren MitarbeiterInnen einen solchen Platz für ihren Privatbedarf zur Verfügung gestellt. Alle, die beim Pflanzen mithelfen (außerhalb der bezahlten Arbeitszeit) und auch die Pflege für ihren Teil übernehmen, dürfen sie sich soviel Gemüse mit nach Hause nehmen, wie sie wollen. Das Beikraut-Zupfen ist eine wunderbare meditative und mit der Erde verbindende Arbeit für „Kopfarbeiter". Vor allem nach dem Mittagsessen.

8   green gym* gibt der Bewegung einen Sinn

Nicht jede unserer Initiativen fällt gleich von Beginn an auf fruchtbaren Boden. green gym* ist so eine Initiative. Dabei geht es darum, sich in der Natur körperlich zu betätigen und dabei einen sinnvollen Beitrag für den Naturschutz zu leisten. Gemeinsam etwas Gutes tun, gemeinsam aktiv werden und die Natur und unseren Körper spüren. Das ist der Grundgedanke von green gym*. In unserem Fall bringen wir den Naturschutzverein Lanius mit unseren KundInnen zusammen. Lanius besitzt ca. 35 Hektar naturschutzfachlich wertvolle Flächen, z. B. wertvolle Halbtrockenrasenflächen mit seltenen Pflanzenarten wie Kuhschellen und verschiedene Orchideen, die regelmäßig betreut werden müssen. Mittlerweile sind diese Areale so groß, dass die ehrenamtlich arbeiteten Mitglieder die Betreuung der Flächen nicht mehr alleine bewältigen können. Für unsere Kunden bietet sich durch die Mithilfe dagegen eine wunderbare Möglichkeit, eine erfüllende Erfahrung zu machen. Abgesehen vom sinnvollen Beitrag für den Naturschutz ist das gemeinsame Arbeiten in der Natur auch eine Gelegenheit vor allem menschliche Beziehungen zu vertiefen. Bis jetzt hat vielleicht auch das winterliche Wetter die Begeisterung für das green gym* getrübt. Aber wir werden dran bleiben und auch dieses Pflänzchen weiter hegen und pflegen.

9   Der Seinszweck eines Unternehmens

Weshalb lebe ich? Weshalb bin ich hier auf dieser Welt? Wer bin ich? Wer von uns hat sich diese Fragen noch nie gestellt? Auch Organisationen sollten sich diesen Fragen stellen. Auch wir stellen uns regelmäßig diese Fragen und kommen dabei oft vom Hundertsten ins Tausendste. Eine der häufigsten Antworten in unserem derzeitigen Wirtschafts- und Wertesystem ist wahrscheinlich: „Ein Unternehmen ist dazu da um

Gewinne zu machen." Ja, stimmt. Ohne Gewinne geht gar nichts. Da kann man noch so sozial und ökologisch sein. Am Ende des Monats wollen die MitarbeiterInnen und alle Lieferanten ihr Geld. Und das ist auch gut so. Nur: Reicht es aus um glücklich zu sein? Wie es scheint nicht. Immer mehr MitarbeiterInnen fragen nach dem Sinn des Lebens und nach dem Sinn ihrer Arbeit. Will eine Organisation auch zukünftig qualifizierte MitarbeiterInnen beschäftigen, dann muss sie sinnstiftende Arbeit anbieten können. Sinn wird eines Tages genauso wichtig wie ein fairer Gehalt.

E. E. Schuhmacher beantwortet die Frage in seinem Klassiker „Small ist Beautiful" so: „Arbeit sollte zumindest drei Aufgaben erfüllen: Sie gibt dem Menschen die Möglichkeit, seine Fähigkeiten zu nutzen und zu entwickeln. Sie hilft ihm, aus seiner Ichbezogenheit herauszutreten, indem sie ihn mit anderen Menschen in einer gemeinsamen Aufgabe verbindet und sie erzeugt Güter und Dienstleistungen, die für ein menschenwürdiges Dasein erforderlich sind." Seit vielen Jahren erreichen uns mehr und mehr Initiativbewerbungen von qualifizierten Menschen. Es handelt sich um reflektierte Menschen, die uns ideologisch nahe stehen und sich bei uns eine Antwort auf ihre Sinnfrage erhoffen. Ich empfehle daher jedem Unternehmer, sich immer wieder die Frage nach dem Sinn, Seinszweck und Beitrag zum Gemeinwohl zu stellen. Auch wir haben uns vor kurzem diese Frage gestellt und die Frage mit „Inspiration für Verantwortung" beantwortet. Das heißt, wir sehen unsere Aufgabe darin, andere Menschen in Organisationen durch erfolgreich umgesetzte Beispiele dazu zu inspirieren, Verantwortung zu übernehmen. Für sich selbst und für die Umwelt.

Für uns war in diesem Zusammenhang die Erstellung einer Gemeinwohlbilanz nach dem Wirtschaftsmodell der Gemeinwohl-Ökonomie äußerst hilfreich und dabei zugleich höchst bewusstseinsbildend. Die Gemeinwohl-Ökonomie entwirft ein alternatives Wirtschaftssystem, das auf Gemeinwohl-fördernden Werten aufbaut – und nicht auf Konkurrenz und Gewinnstreben. Mittlerweile wird die Bewegung von ca. 980 Unternehmen aus ganz Europa unterstützt.

10   Wenn Familien was unternehmen

Viele erfolgreiche Unternehmen sind Familienunternehmen. Auch wir zählen zu diesem Kreis. Meine Frau, unsere zwei Söhne und ich arbeiten im Betrieb. Wenn eine Familie gemeinsam etwas unternimmt, dann kann aus dieser Familienenergie heraus sehr viel entstehen. So war es auch bei uns. Ohne Unterstützung meiner Frau, und jetzt zusätzlich unserer Söhne, wäre uns vieles nicht gelungen. Was waren die Erfolgsfaktoren? Ich denke, es waren wahrscheinlich das unternehmerische Denken, die hohe Identifikation, die gemeinsame Vision, das Gemeinsam-an-einem-Strang-ziehen, die Kontinuität und der Aspekt, bei unternehmerischen Fehlentscheidungen wirklich Verantwortung übernehmen zu müssen. Verantwortung, die soweit geht, dass im Falle des Scheiterns auch das Privateigentum davon betroffen ist. Wir sind uns als Unternehmerfamilie der Sonnenseiten des gemeinsam tätig Seins bewusst. Umgekehrt haben wir natürlich auch das

Spannungsfeld zwischen Betrieb und Privat und das sich daraus ergebende Konfliktpotential allzu oft kennen gelernt.

Die häufigsten Konflikte entstanden durch die Vermischung der unterschiedlichen Rollen, in denen wir uns begegnen. Ich selbst wechsle beispielsweise ständig zwischen den vier Rollen als Geschäftsführer, Gesellschafter, Gatte und Vater. Eine weitere Herausforderung besteht darin, Firmenthemen und -probleme nicht in das Familienleben zu tragen und natürlich auch umgekehrt. Um die Voraussetzungen für ein gedeihliches Zusammenarbeiten und -leben noch deutlich zu verbessern, haben wir mit fachlicher Unterstützung einen eigenen Familienkodex' erarbeitet. Aufbauend auf dem „Governance Kodex für Familienunternehmen" werden darin die Familienwerte und Spielregeln klar definiert. Hauptzweck dieses Familienkodex' ist es, langfristig verantwortungsvolles Handeln sicher zu stellen und Familienseilschaften im Unternehmen zu vermeiden.

11   Von Wertvorstellungen zur Unternehmenskultur

Tief in unserem Innersten wissen wir alle, dass unser bestehendes Wirtschaftssystem, das auf Konkurrenz, Gewinnstreben, Gier, Verblendung, Umweltausbeutung und -zerstörung aufbaut, auf ein gestörtes Bewusstsein und einen gestörten Geisteszustand zurückzuführen ist. Erst wenn wir die Welt als zusammenhängendes Ganzes und uns als integralen Bestandteil davon sehen und verstehen, dass alles mit allem verbunden ist und nichts aus sich selbst heraus existieren kann, verändern sich unsere Werte und Kultur.

Der wahrhafte Kulturwandel in einem Unternehmen ist keine einfache Angelegenheit. Schließlich geht es dabei um nichts weniger als die Veränderung von inneren Haltungen und Gewohnheiten, die sich oft schon sehr lange eingeprägt haben und ständig durch die Wechselbeziehung mit unserem sozialen Umfeld beeinflusst werden. Letztendlich können wir nur alle bei uns selbst anfangen. Mit Druck von Außen bewegt sich gar nichts. Aber man kann Impulse setzen und Gelegenheiten schaffen, in denen gemeinsam eine neue Kultur des Miteinanders erlebt und erlernt werden kann. Bis 2007 basierte die Wertebasis auf dem Vorleben und direkten Erfahrungen. Es gab weder eine schriftlich ausformulierte Vision noch definierte Werte. Das wollten wir ändern. Also haben wir mit einem Teil der Belegschaft unsere Vision und unsere fünf Werte definiert. Der Prozess mit der Gruppe war wertvoll und wichtig. Nur: Der Rest der MitarbeiterInnen konnte mit den vorgegebenen Werten nicht viel anfangen. Jetzt weiß ich: Man kann Werte nicht einfach verordnen. Werte müssen tagtäglich neu erarbeitet und vor allem vom Chef und den Führungskräften vorgelebt werden. Meine MitarbeiterInnen würden mir meine umweltbewusste Haltung nicht abnehmen, wenn ich einen benzinfressenden SUV oder Sportwagen fahren würde. Das heißt: Vorleben, vorleben und abermals vorleben. Dort liegt der größte Hebel und die wirkliche Herausforderung für Führungskräfte. Aber auch ein einzelner Mitarbeiter kann ein Unternehmen verändern. Aus dieser Erfahrung heraus sind wir letztes Jahr einen neuen Weg gegangen und haben ein Ausbildungsformat für ‚MentorInnen der Unternehmenskultur" ins Leben gerufen.

Unter der Leitung des Future-Trainers Toni Stabentheiner aus Tirol haben sich zwei bunt gemischte Gruppen mutig darauf eingelassen, sich auf einer sehr persönlichen Ebene mit ihren eigenen Werten und ihrer Wirkung im Arbeitsumfeld zu beschäftigen. Gemäß dem chinesischem Sprichwort: „Es ist tausendmal besser, ein Licht anzuzünden, als ewig über die Dunkelheit zu schimpfen" war die Idee, sich gegenseitig zu unterstützen und zu erinnern um gemeinsam eine positive Strahlkraft im Unternehmen zu entwickeln. Ganz nebenbei entstanden dadurch auch langfristige freundschaftliche Verbindungen, quer durch das Unternehmen.

Den TeilnehmerInnen wurde dabei bewusst gemacht, dass – trotz ihrer Vorstellungen, was sich in der Unternehmenskultur alles ändern sollte – sie zuerst bei sich selbst anfangen müssen: „Mentorin/Mentor der Unternehmenskultur zu sein wird nicht nur als eine Funktion verstanden, sondern als ein Zustand authentischen Seins. Das erfordert eine intensive und kritische Auseinandersetzung mit den eigenen inneren Werten und damit, wie diese im täglichen Leben zur Wirkung kommen und umgesetzt werden." Auf Grund der positiven Erfahrung werden wir diese Ausbildung auch weiterhin anbieten.

12   Nur informierte Mitarbeiter sind motivierte Mitarbeiter

2× pro Jahr laden wir alle MitarbeiterInnen zum sogenannten „gugler* dialog" Bei dieser Veranstaltung legen wir jeweils die letzte Bilanz offen, präsentieren unsere Ziele und Strategien, zeigen wo wir stehen und laden alle zum Nachfragen und Mitreden ein. Der letzte gugler* dialog wurde dann noch mit einem „Unit-Kirtag" angereichert. Jede Unit präsentierte sich den jeweils anderen Units. Ein anderes Mal hatten wir den Musiker und Coach Tom Beck zu Gast, der mit seinen Songs wichtige Botschaften noch emotional verstärken konnte. Der musikalische Appell an die Selbstverantwortung zeigte bei vielen MitarbeiterInnnen Wirkung.

Transparenz kann jedoch auch demotivieren und Angst erzeugen. Wir haben die Erfahrung gemacht, dass das Offenlegen von Investitionssummen in Millionenhöhe die Mitarbeiter in Anbetracht ihrer kleineren Haushaltsbudgets eher verängstigt als motiviert.

13   Wenn MitarbeiterInnen mitbestimmen

Grundsätzlich nützen wir so oft wie möglich den Erfahrungsschatz und die Intelligenz der Menschen und lassen unsere MitarbeiterInnen mitbestimmen oder selbstentscheiden. Allerdings wäre auch so manches Projekt nicht verwirklicht worden, wenn ich ausschließlich auf mein Team gehört hätte, z. B. der vorhin erwähnte Gemüsegarten. Manchmal muss man auch Veränderungen beschließen, auf die MitarbeiterInnen negativ reagieren. Ansonsten würde so manche Idee womöglich aufgrund von Furcht, Zweifeln oder unternehmensinternen Widerständen untergehen.

14   CSR im Kerngeschäft

Wer von uns kennt das nicht. Da ein wenig Sponsoring für karitative Zwecke, dort ein wenig CO_2 einsparen, dann noch ein Brise Bewusstseinsbildung, einen umfangreichen Nachhaltigkeitsbericht und fertig ist das nachhaltige Unternehmen. Ein Nullemissions-Lkw, voll recyclierbar, und mit essbaren Sitzbezügen wäre zwar eine Errungenschaft, jedoch nur die halbe Miete, wenn damit Tomaten (womöglich noch konventionelle) kreuz und quer durch Europa transportiert werden. Sehr oft ist es so, dass in allen Bereichen CSR-Maßnahmen gesetzt werden, jedoch das Kerngeschäft unverändert bleibt. Zum Teil ist das verständlich und nachvollziehbar, denn es ist ungleich schwieriger, alle Kernprozesse und die damit verbunden MitarbeiterInnen auf Nachhaltigkeit einzuschwören, als ein paar Projekte von der neu geschaffenen CSR-Abteilung umsetzen zu lassen. Daher ist es unabdingbar den CSR-Gedanken ins Kerngeschäft zu integrieren. Und das ist gar nicht so leicht wie unser Beispiel zeigt. Nun, wir sind ein Kommunikationshaus und begleiten die Marken unserer Kunden über den gesamten Kommunikationszyklus. Von der strategischen Beratung, über die Kreation und Produktion von On- und Offline-Kommunikationsinstrumenten bis hin zu fertigen einzigartigen ökologischen Printlösungen. Organisiert sind wir in drei Kompetenz-Units. gugler* brand, gugler* digital und gugler* print.

Jede dieser Units hat die Aufgabe den CSR-Gedanken im Kerngeschäft integrieren.

14.1   Marken mit Verantwortung

gugler* digital ist die Kommunikationsagentur, die Strategien entwickelt, Inhalte erarbeitet, gestaltet und für verschiedenste Kanäle aufbereitet. Wir alle kennen die Macht der Medien. Professionelle Kommunikationsarbeit prägt gesellschaftliche Werte und individuelle Einstellungen. Ganz subtil wird unser Geist beeinflusst – und Mangel oder Fülle in uns erzeugt. Es heißt, die Werbung schafft immer wieder neue Bedürfnisse. Im schlimmsten Fall erhöht sie die Nachfrage nach Dingen, die wir vielleicht gar nicht brauchen und die bei der Herstellung viele Ressourcen benötigen. Aber es gibt ja auch noch Produkte und Services, die das Leben tatsächlich ein kleines bisschen lebenswerter machen und dabei sogar noch gut für unseren Planeten sind. Unser Fokus liegt jedenfalls ganz klar darauf, diesen Unternehmen und Marken zu nachhaltigem Erfolg zu verhelfen.

14.2   Ein Bäumchen für jede Website

gugler digital, die Agentur für digitale Medien ist in den Bereichen Online, Digital Marketing Management sowie Digital Publishing tätig. In dieser Unit liegt der größte CSR-Hebel sicherlich beim Hosten. Deshalb haben wir uns zum Ziel gesetzt, die CO_2-Emissionen, die durch das Hosting unserer Kunden-Websites im Rechenzentrum des externen Internetproviders entstehen, mittels Aufforstung eines heimischen Waldes im Augebiet an der Pielach auszugleichen. Mit wissenschaftlicher Unterstützung des Forschungsvereins LANIUS und der Universität für Bodenkultur Wien wurde dieses Projekt mit einer öffentlichen Pflanzaktion im April 2012 gestartet. Gemeinsam mit einigen MitarbeiterInnen und KundInnen wurden mehr als 200 einheimische Bäume am Ufer eines neu entstehenden Naturschutzgebietes gepfanzt. Diese Bäume binden ab sofort mehr als 120 % der CO_2-Emissionen, die jährlich durch das Hosting entstehen. Für unsere Kunden bedeutet das, dass ihre Websites ab sofort klimapositiv gehostet werden und sie damit ganz automatisch einen wesentlichen Beitrag zum Klimaschutz leisten.

14.3   Wäre es nicht schön, wenn man dieses Buch kompostieren könnte?

gugler* print, steht für höchst ökologischen Druck und für eine Branche, die allerorts mit großem Ressourcen- und Energieverbrauch verbunden wird. Seit mehr als zwei Jahrzehnten arbeiten wir daran, die Druckwerke, die wir produzieren, noch umweltfreundlicher zu machen. So umweltfreundlich, dass ihre Ökobilanz besser als die eines Onlinemediums ist. Pflanzenölfarben, Papier aus nachhaltiger Forstwirtschaft, klimapositive Druckproduktionen mit Ökostrom und viele andere Ideen fielen im ganzen Lande zum ersten Mal bei uns auf fruchtbaren Boden.

Die ernsthafte Auseinandersetzung mit allen Druckkomponenten unter Hinzuziehung des Chemikers und Umweltaktivisten Hans Werner Mackwitz brachte es mit sich, dass wir auf Probleme hingewiesen wurden, von denen wir bislang nichts wussten. So z. B. dass bei herkömmlichen Druckprodukten bis zu 40 % des Gesamtvolumens, hauptsächlich Farben und Füllstoffe, beim Papierrecycling als giftiger Schlamm zurückbleiben. Oder dass in herkömmlichen Druckfarben noch Pigmente verwendet werden, die mittlerweile sogar in der chinesischen Textilindustrie verboten worden sind. Gemeinsam mit dem Umweltforschungsinstitut EPEA starteten wir ein Forschungsprojekt und ließen insgesamt 19 Druckkomponenten auf Umwelt- und Gesundheitsrisiken untersuchen. Schritt um Schritt wurden bedenkliche Stoffe ersetzt und ein weltweit einzigartiges Druckprodukt entwickelt welches am Ende des Lebenszyklus wieder in den biologischen Kreislauf zurückfließen kann. Mit dem Cradle to Cradle®-Zertifikat ausgezeichnet starteten wir damit eine Druckrevolution. Eine Revolution deshalb, weil wir damit einen Paradigmenwechsel vollzogen haben. Öko-Effektivität statt Öko-Effizienz lautet die Devise. Im Kern geht es dabei darum, alle Schadstoffe von vorherein aus allen Materialien zu verbannen. Dann endet ein Produkt nämlich nicht als Abfall oder Sondermüll, sondern als Nahrung für einen neuen Stoffkreislauf.

Jetzt gilt es, unsere Kunden vom ökologischen und gesundheitlichen Mehrwert zu überzeugen. Nach wie vor steht für viele Unternehmen der Preis an erster Stelle – vor allem in Krisenzeiten. Zum Glück werden jedoch diejenigen KundInnen immer mehr, denen eine höchst ökologische Druckproduktion auch etwas wert ist. Genau diese

Abb. 1 Eines der ersten Cradle
to Cradle®-Bücher der Welt:
Ausgeführt ist das Werk als
fadengehefteter Pappband
mit 288 Seiten und rundem
Rücken, gedruckt wurde auf
Cradle to Cradle®-Naturpapier,
das Flexcover zusätzlich mit
einer matten, kratzfesten Folie
kaschiert. *Quelle* gugler

KundInnen haben dazu beigetragen, dass es uns heute noch gibt. Ganz im Gegensatz zu einigen BranchenkollegInnen, die dem Thema CSR keine Bedeutung zugemessen haben und heute insolvent sind. So gesehen ist verantwortungsvolles Wirtschaften für gugler* zum Überlebensfaktor geworden (Abb. 1).

15   CSR als Innovationstreiber

Ob CSR Innovationen vorantreibt hängt sicherlich davon ab, ob man es defensiv, karitativ, werbetechnisch, strategisch… basiert betreibt. Als wir im Jahr 2000 unser neues Gebäude aus Holz und Lehm errichteten, wurde dies von unseren BranchenkollegInnen als „Spinnerei" eingeordnet. Heute behaupten fast alle von sich, besonders „grün" zu sein. Und die KundInnen glauben es oft auch. Wie es scheint, ist das auch das Los der Pioniere, die die Brücken bauen, über die dann andere bequem gehen. Mehr oder weniger kaufbare Ökosiegel tragen ein Übriges dazu bei. Ein bekanntes Gütesiegel wäre uns zum Beispiel für rund 6.500 Euro verliehen worden. Mittlerweile gibt es mehr als 30 diesbezüglich ausgezeichnete Unternehmen. Für die Innovationskraft relevant ist meiner Erfahrung nach auch die organisatorische Ansiedelung des Themas. Oft ist das Thema in einer neu gegründeten Stabsstelle oder manchmal sogar nur im Marketing angesiedelt. Wenn das der Fall ist, dann wird es schwierig sein, CSR-Innovationen in den Kernleistungen herbeizuführen.

CSR-Abteilungen sind dann erfolgreich, wenn sie nicht mehr benötigt und aufgelöst werden können.

16   Herausforderungen und Aussichten

Jeder kann sich gut vorstellen, dass die vorgestellten Initiativen Geld kosten und dieses meist wieder in Form von erhöhten Erträgen hereingespielt werden muss. Ohne Gewinne kann kein Unternehmen überleben. Sicherlich, viele unserer Aktivitäten amortisieren sich

Abb. 2 Geplanter Erweiterungsbau der Firma gugler : Greenmedia Campus in Melk mit dem Ziel 0 % Energie, 0 % Emissionen und 0 % Abfall. *Quelle* gugler

über Umwege, andere wiederum, wie z. B. die Entwicklung von schadstofffreien Druckprodukten, müssen durch erhöhte Verkaufspreise erzielt werden. Leider ist das nicht immer der Fall. „Geiz ist geil"-Mentalität, Rabatt provisionierte Einkaufsabteilungen und ein unökologisches öffentliches Beschaffungswesen, welches dem Billigstbieter den Zuschlag erteilt, tragen das ihre dazu bei. Für immaterielle, ökologische und soziale Produkteigenschaften geben noch die wenigsten Unternehmen mehr Geld aus. Dennoch bin ich der Überzeugung, dass zukünftig nur jene Unternehmen überleben werden, die „100 % grün" sind. Durchhalten ist daher unsere Devise. Weitere Herausforderungen sind das allerorts blühende Greenwashing und ein Gütesiegeldschungel, der die Käufer eher verwirrt als informiert. Die wenigsten wissen, dass die Auflagen für die Erlangung von Siegeln oft schon State of the Art sind. Ein bekanntes österreichisches Umweltsiegel fordert beispielsweise nicht einmal die Verwendung von Strom aus erneuerbarer Energie. Nur: Wer von den KundInnen setzt sich so intensiv mit der Thematik auseinander, dass die Unterschiede erkannt werden? Meine Empfehlung: Verlassen Sie sich nicht nur auf Gütezeichen, sondern schauen Sie bei Ihren Lieferanten hinter die Kulissen, vor Ort natürlich.

Ganz zuletzt noch eine Herausforderung. Wir planen gerade einen Erweiterungsbau „Green media campus Melk" (Abb. 2) mit dem großen Ziel: Null Energie, Null Abfall und Null Emissionen.

Das Gebäude soll aus Holz errichtet und mit Stroh gedämmt werden. Nach wie vor ist es leider meist so, dass sich die Mehrkosten für ein höchst ökologisch innovatives Gebäude nur teilweise amortisieren. Diese Mehrkosten drücken auf die Marge und Gewinne. Die Kreditvergabekriterien von Banken orientieren sich kurzsichtigerweise nach wie vor an der Ertragskraft als am Gemeinwohlnutzen eines Unternehmens. Damit sind wir wieder einmal auf der Suche nach Finanziers.

So schließt sich wieder der Kreis. So lange nur der finanzielle Erfolg zählt, wird CSR nicht schnell genug vorankommen. Ja, und dann wären da noch die politischen Rahmenbedingungen, die eher die globalen Konzerne als die KMUs fördern.

17   CSR beginnt in uns

Angenommen, das auf den drei Säulen beruhende CSR greift auf allen Ebenen und in allen Unternehmen. Wären dann alle Menschen zufrieden, glücklich, frei von Leiden?

Sicherlich nicht, denn viele wichtige Aspekte des Lebens, wie z. B. die Einkommensgerechtigkeit werden von CSR 1.0 nicht erfasst. Solange es Menschen innerhalb einer Organisation gibt, die das Tausendfache eines „Kollegen" verdienen, ist CSR gescheitert. Wobei nicht gesagt ist, dass eine gerechte Einkommensschere alle glücklich macht.

23 Jahre habe ich mich dafür eingesetzt, dass unsere Umwelt erhalten bleibt, unserer Produkte und Dienstleistungen immer nachhaltiger werden, wir immer weniger Ressourcen verbrauchen, nur auf eine Ressource, die wichtigste, habe ich ganz vergessen: Die eigene. Das Ergebnis dieser Reise im Außen mündete 2008 beinahe in ein Burnout. Schlaflose Nächte haben mir im wahrsten Sinne des Wortes die Augen geöffnet. Mir wurde gezeigt, auf auf mich zu schauen und mir wurde auch ein Weg gezeigt, da wieder rauszukommen. Der Weg hat mich zu Yoga und zur buddhistischen Achtsamkeitspraxis geführt. Achtsamkeit ist die Fähigkeit zu erkennen, was in und um uns gerade im gegenwärtigen Augenblick passiert und im JETZT zu leben. Dazu folgende Geschichte:

Ein Mann wurde einmal gefragt, warum er trotz seiner vielen Beschäftigungen immer so glücklich sein könne. Er sagte: „Wenn ich stehe, dann stehe ich, wenn ich gehe, dann gehe ich, wenn ich sitze, dann sitze ich, wenn ich esse, dann esse ich, wenn ich liege, dann liege ich …" Dann fielen ihm die Fragesteller ins Wort und sagten: „Das tun wir auch, aber was machst Du darüber hinaus?" Er sagte wiederum: „Wenn ich stehe, dann stehe ich, wenn ich gehe, dann gehe ich, wenn ich …" Wieder sagten die Leute: „Aber das tun wir doch auch!" Er aber sagte zu ihnen: „Nein – wenn ihr sitzt, dann steht ihr schon, wenn ihr steht, dann lauft ihr schon, wenn ihr lauft, dann seid ihr schon am Ziel."

Achtsamkeit bedeutet auch, tief in die Natur der Dinge und Phänomene zu schauen. Sehr bald lernte ich mich besser kennen, entdecke den inneren Antreiber „es ist zu wenig" in mir. Lernte, dass es da ein Kompensationsverhalten in mir gab und sicherlich noch gibt, welches mit Arbeit und damit verbunden dem Streben nach Anerkennung einen inneren Mangel auszugleichen versuchte. ManagerInnen erscheinen mir diesbezüglich anfällig zu sein. ChefIn sein ist oft mit Einsamkeit verbunden. Vielleicht liegt es daran, dass sie selten positive Resonanz und Feedback erhalten. Ja, und dann lernte ich durch regelmäßige Mediation auch meinen Geist zu beruhigen und halbwegs im Hier und Jetzt zu leben. Und ich habe gelernt, nicht gegen etwas zu sein sondern für etwas. Oder, dass der wahre Wandel nur im eigenen Geist und Herzen stattfinden kann. Die Krise hat mir auch aufgezeigt, über unsere derzeitige Top-Down-Hierarchie nachzudenken. Zu sehr kanalisiert sie Erfolg, Niederlage und Endverantwortung auf eine Person. In unserem Fall auf mich als alleinigen Geschäftsführer. Und wer mich kennt weiß, so breit sind meine Schultern auch wieder nicht, dass Sie immer so viel Verantwortung über-nehmen können und wollen. Eine Lösung erscheint mir die Holokratie zu sein, mit der wir uns gerade beschäftigen. Holokratie ist eine Organisationsform, die es einem Kom-plex von miteinander verwobenen Funktionseinheiten erlaubt, sich selbst zu „regieren", indem sie den Seinszweck der Organisation als Ganzes in den Mittelpunkt setzt.

18 Jede Krise ist eine Chance

Die Krise hat mir auch aufgezeigt, dass es mehr als Arbeit gibt. Zum Nachdenken brachte mich auch die Fragestellung „Ob ich mir am Sterbebett jemals Vorwürfe machen werde, dass ist zu wenig Zeit am Schreibtisch verbracht habe". Da mir das regelmäßige Yoga praktizieren aus meiner Krise geholfen und mich regelrecht assimiliert hat, habe ich 2012 die Ausbildung zum Yogalehrer absolviert. Heute biete ich wöchentlich in der Firma Yogastunden für MitarbeiterInnen und Gäste an und übe mich darin im soge-nannten Karma-Yoga. Es ist der Yoga-Weg des bewussten und erwartungslosen Han-delns. Viele sind darüber erstaunt und fragen sich, ob zwei so unterschiedliche Rollen, also Chef und gleichzeitig Yogalehrer, überhaupt vereinbar sind. Das Erstaunen ist nicht unberechtigt. Die Werte, die ich als Yogalehrer „predige" gilt es dann auch in der Rolle des Chefs vorzuleben. Ich kann Ihnen sagen, dass ist wahrlich eine Herausforde-rung. Umgekehrt macht mir das Unterrichten sehr viel Spaß. Es erfüllt mich mit großer Freude zu erleben, wie die teilnehmenden MitarbeiterInnen nach der Yoga-Stunde völlig entspannt unsere Firma verlassen. Ist es nicht so, dass Chefs meisten eher für Spannung als Entspannung bei den MitarbeiterInnen sorgen? Weshalb nicht umgekehrt? Entspan-nung ist ein wichtiger Teil der Arbeit! Ohne Entspannung und Erholung gibt es keine Arbeitsleistung.

Vier Jahre habe ich übrigens benötigt, um aus meiner Krise mehr oder weniger her-auszukommen. Mehr oder weniger deshalb, weil ich noch immer nicht gänzlich meine Mitte und inneren Frieden gefunden habe. Nur wer von uns hat das schon? Sie? Jeden-falls rate ich allen, sich rechtzeitig auf die Reise nach Innen zu begeben, rechtzeitig auf die eigenen Ressourcen und Fülle zu schauen und durch innere Wandlung des Geistes und Herzens sowie durch „Walk the talk" die Welt zu verändern.

Autorenverzeichnis

Der Herausgeber

Reinhard Altenburger Prof. Dr., seit 2009 Professor für Strategisches Management, Nachhaltiges Management und CSR im Department Business der IMC Fachhochschule Krems. Der Fokus seiner Forschung liegt in den Themenfeldern „CSR und Innovation" sowie nachhaltige Geschäftsmodelle und der Verbindung von gesellschaftlicher Verantwortung und Unternehmensstrategie. Vorträge bei zahlreichen internationalen Konferenzen. Studium der Betriebswirtschaft und Wirtschaftspädagogik sowie Doktoratstudium der Sozial- und Wirtschaftswissenschaften an der Wirtschaftsuniversität Wien; Dissertation über die Funktionen des Top-Managements in Strategieprozessen; Langjährige Tätigkeit als Projektleiter und Fachexperte in den Bereichen Vertriebsstrategie, Unternehmensplanung, Controlling und Innovationsmanagement im Sparkassen- und Bankensektor und als Unternehmensberater; Fachbuchautor; zahlreiche Vorträge bei internationalen Konferenzen

Kontakt: reinhard.altenburger@fh-krems.ac.at

Die Autoren

Rupert J. Baumgartner Univ.-Prof. Dr., ist seit 2010 Professor für Nachhaltigkeitsmanagement am Institut für Systemwissenschaften, Innovations- und Nachhaltigkeitsforschung der Karl-Franzens-Universität Graz sowie seit 2011 Leiter dieses Instituts. Er ist Vorstandsmitglied der International Sustainable Development Research Society sowie Subject Editor des Journal of Cleaner Production für die Themenbereiche CSR/Nachhaltigkeitsmanagement und Industrial Ecology. Vor seinem Wechsel an die Uni Graz war er als Senior Researcher an der Åbo Akademi University in Finnland tätig. Nach dem Studium des Industriellen Umweltschutzes absolvierte er an der Montanuniversität Leoben das Doktoratsstudium im Bereich Wirtschafts- und Betriebswissenschaften und erlangte 2009 die Habilitation für das Fach Unternehmensführung (Titel der Habilitationsschrift: „Nachhaltigkeitsorientierte Unternehmensführung: Modell, Strategien und

Managementinstrumente"). Seine Forschungsinteressen umfassen die Themen (strategisches) Nachhaltigkeitsmanagement/CSR, Nachhaltigkeitsbewertung, Ökobilanzierung (LCA), Industrial Ecology, interorganisationales Management sowie Innovation.

Christian Berg Prof. Dr. Dr.-Ing., arbeitet bei SAP Deutschland als Chief Sustainability Architect im Global Sustainability Services Hub. Er ist Honorarprofessor für „Nachhaltigkeit und Globalen Wandel" an der Technischen Universität Clausthal sowie wiederkehrender Gastprofessor für „Corporate Sustainability" an der MBA-School der Universität des Saarlands. Er hat im Expertendialog von Bundeskanzlerin Merkel 2011-2012 die Arbeitsgruppe „Nachhaltiges Wirtschaften und Wachstum" geleitet und war 2012 Teil der Expertengruppe „create32", um eine Zukunftsvision für Österreich 2032 zu entwickeln. Er ist Mitglied im Präsidium der Deutschen Gesellschaft des CLUB OF ROME.
E-mail: ch.berg@sap.com

Uwe Bergmann ist seit Anfang 2007 Head of Sustainability Management bei Henkel. Er koordiniert unternehmensweit das Thema Nachhaltigkeit. Zu seinen Aufgaben gehören die Entwicklung der Nachhaltigkeitsstrategie und die Koordination des Sustainability Council des Unternehmens, die Umsetzung der Strategie gemeinsam mit den Unternehmensbereichen und Funktionen voranzutreiben und die Entwicklung von Steuerungs- und Kommunikations-instrumenten. Nach dem Studium an der University of East Anglia in Norwich und dem Imperial College in London begann Uwe Bergmann seine berufliche Karriere am Institut für Ökologie und Unternehmensführung an der European Business School in Oestrich-Winkel. Er ist seit 2000 im Nachhaltigkeitsmanagement bei Henkel tätig.

Günter Brandner Mag. studierte Betriebswirtschaftslehre an der Wirtschaftsuniversität Wien und startete danach seine berufliche Karriere im Bankenbereich. Seit nunmehr achtzehn Jahren ist er in führender Funktion bei internationalen Unternehmensberatungsgesellschaften tätig. Der Beratungs-Fokus von Mag. Brandner liegt im Bereich Corporate Performance Management und strategische Unternehmensführung. Seit 2013 ist er Miteigentümer und Geschäftsführer der Multiply GmbH, die sich auf Wertorientierte Unternehmensführung sowie Ertrags- und Risikomanagement spezialisiert hat. Neben seiner Tätigkeit als Lektor an der Donauuniversität Krems für „Controlling and Financial Leadership" ist er Vortragender bei Fachkonferenzen zum Thema Rechnungswesen und Controlling.

Katharina Fischer arbeitet seit 2011 in der Globalen Kommunikation für den Unternehmensbereich Agricultural Solutions der BASF SE. In ihrer Funktion war Fischer u.a. für die Einführung der Nachhaltigkeitsmessmethode für landwirtschaftliche Prozesse, AgBalance™, sowie die begleitende Kommunikation zuständig. Fischer hat Politikwissenschaft und Germanistik an der Universität Osnabrück studiert sowie im Anschluss an ihr Studium ein Volontariat der strategischen Kommunikationsberatung abgeschlossen. Vor ihrem Eintritt in die BASF, war sie als Beraterin bei Johanssen + Kretschmer Strategische Kommunikation GmbH in Berlin tätig. Weitere berufliche Stationen waren der Deutsche Bundestag (Abgeordnetenbüro, Presse- und Öffentlichkeitsarbeit) sowie private und öffentliche Rundfunksender (Hit-Radio Antenne/Nachrichtenredaktion, Frontal 21, ZDF).

Markus Frank Dr., ist verantwortlich für Nachhaltigkeitsanalysen in der Landwirtschaft, und damit für die Implementierung und Weiterentwicklung der Methode AgBalance™ bei BASF Crop Protection in Limburgerhof. Dr. Frank studierte Biologie in Kiel und Köln und promovierte am Zentrum für Molekularbiologie der Pflanzen in Tübingen. Darüber hinaus absolvierte er ein Studium zum Master of Business Administration an der Surrey Business School in Guildford, England. Nach seinem Eintritt in die BASF arbeitete Dr. Frank in der Pflanzenschutz sowie Biotechnologie-Forschung sowie im Globalen Strategischen Marketing, bevor er im Jahr 2011 in die Gruppe Globale Nachhaltigkeit bei BASF Crop Protection wechselte.

Ulrike Gelbmann Dr., forscht und lehrt seit 2008 am Institut für Systemwissenschaften, Innovations- und Nachhaltigkeitsforschung der Universität Graz (zuvor am Institut für Innovations- und Umweltmanagement der Universität Graz). Von der Ausbildung her Betriebswirtin haben sich ihre Forschungsinteressen bereits früh auf inter- und massiv praxisorientierte transdisziplinäre Felder verlegt. Ihre Forschungsbereiche umfassen Abfallwirtschaft, soziale Nachhaltigkeit, CSR und Stakeholdermanagement vor allem in KMU sowie Nachhaltigkeitsberichterstattung. 2012 war sie als Beraterin der Bundesregierung bei der Erstellung eines Nationalen CSR Aktionsplanes tätig. Ein neuerer Forschungsbereich betrifft Resilienzforschung. Sie arbeitet seit Jahren in einer Vielzahl von Forschungs- und Praxisprojekten (etwa in der Abfallwirtschaft und jüngst in sozialen Unternehmen) mit. Neben den universitären Lehrtätigkeiten engagiert sie sich in der Vermittlung von Forschungsergebnissen an PraktikerInnen.

Daniel Dirks Dr., ist Partner der CEB Corporate Executive Board GmbH, eine auf strategische HR Themen spezialisierte Unternehmensberatung mit Sitz in Hamburg. Bis Ende 2012 war er Leiter Corporate Social Responsibility (Allianz4Good) der Allianz Gruppe. Zu seinem Verantwortungsbereich gehörte u.a. die strategische Entwicklung und Steuerung der Mikroversicherungsaktivitäten des Unternehmens. Von 1999–2010 arbeitete er in verschiedenen Personalfunktionen der Allianz, zuletzt als Leiter des Konzernstabs HR. Von 1995–1998 war er Senior Researcher am Deutschen Institut für Japanstudien in Tokyo, wo er auch die Wirtschaftsabteilung des Instituts leitete. Nach abgeschlossener Banklehre absolvierte er sein wirtschaftswissenschaftliches Studium und Promotion (Dr. rer.oec.) an der Universität Witten-Herdecke; seine Doktorarbeit beschäftigte sich mit dem Management japanischer Unternehmen im Ausland. (Kontakt: daniel.dirks@online.de)

Peter Eitzenberger Mag. rer. soc. oec., geb. 1958, seit 1994 in Unternehmen der Betrieblichen Altersvorsorge tätig, 2002 Projektleiter Abfertigung Neu, Prokurist und CSR-Beauftragter der VBV – Vorsorgekasse AG, Publikationen: Mitautor u.a. in Chancen für die Grenzregion, Verlag ORAC, Wien 1991, Handbuch Mitarbeitervorsorgekasse, Manzsche Verlags- und Universitätsbuchhandlung, Wien 2002

Sabrina Engert Mag., forscht, lehrt und promoviert seit 2012 am Institut für Systemwissenschaften, Innovations- und Nachhaltigkeitsforschung der Universität Graz. In ihrer Masterarbeit behandelte sie das Thema "Nachhaltiger Tourismus in Südafrika und die Auswirkungen der FIFA Fußballweltmeisterschaft 2010" während ihres Auslandssemesters an der Universität Stellenbosch. Im Rahmen ihres Promotionsvorhabens beschäftigt sie sich nun mit dem Thema Sustainable Strategic Management.

Ernst Gugler 1974 Eintritt ins Arbeitsleben einer Siebdruckerei mit Konzentration auf die Druckvorstufe, eine abgeschlossene Siebdrucklehre, bald darauf 5 Jahre Leiter Druckvorstufe und 2 Jahre Bereichsleiter Offsetdruck bei Gradwohl.
1988 Meisterprüfung für das grafische Gewerbe.
1989 Übernahme der Druckerei Wedl und Sprung ins kalte Wasser der Selbstständigkeit. Seitdem Geschäftsführer und Gesellschafter der gugler GmbH
2011 Zertifizierung der weltweit ersten Cradle to Cradle®-Druckprodukte
2012 Ausbildung zum zertifizierten Yogalehrer
Berufliches Interessensspektrum:
Die Verbindung von Ökonomie und Ökologie in der Print- und NewMedia-Produktion und Werbung; Ökologie als Bestandteil eines top-modernen hochleistungsfähigen und -effizienten Dienstleistungsunternehmens, das seine offenen und fairen Beziehungen zum Kunden auf menschlich-lockerer Basis pflegt.

Stefan Hack Dipl. Wi.-Ing. M.B.A, arbeitet bei SAP Deutschland als Business Senior Manager im Global Sustainability Services Hub. Er ist seit 1998 bei SAP beschäftigt und war zuvor für die Beratungsunternehmen McKinsey & Company in Düsseldorf und KPMG Peat Marwick in Boston, U.S.A. tätig. Stefan Hack studierte Wirtschaftsingenieurwesen an der Universität Karlsruhe und erhielt ein Stipendium des Landes Baden-Württemberg zum M.B.A. Studium an der University of Massachusetts in Boston. Herr Hack hält mehrere Patente für SAP und hat zu den Themen Nachhaltigkeit und IT (Service-orientierte Architekturen) veröffentlicht.
E-mail: stefan.hack@sap.com

Erik G. Hansen Dr., ist Habilitand und wissenschaftlicher Mitarbeiter am Centre for Sustainability Management (CSM) der Leuphana Universität Lüneburg. Seine Forschungsschwerpunkte liegen auf den Gebieten Innovationsmanagement, Stakeholder Governance und kleine und mittlere Unternehmen (KMU) im Kontext einer nachhaltigen Entwicklung. Seinen akademischen Werdegang begann Erik Hansen mit dem Studium der Wirtschaftsinformatik an der TU Darmstadt. Anschließend promovierte er am Institut für Information, Organisation und Management der Technischen Universität München, wo er sich 2010 schließlich mit einer Schrift zum Thema „Responsible Leadership Systems" promovierte. Danach war Erik Hansen Visiting Researcher am Doughty Centre for Corporate Responsibility der Cranfield University in Großbritannien.

Martin Hintz koordiniert derzeit die weltweiten Mikroversicherungsaktivitäten der Allianz Gruppe. Zuvor, von 2004 bis 2011, leitete er das Mikroversicherungsgeschäft der Allianz in Indonesien. Bis 2003 hat er in Passau Kulturwirtschaft studiert und dort 2010 zum Thema „Soziale Auswirkungen von Mikroversicherungen" promoviert. (Kontakt: martin.hintz@allianz.com)

Thomas Hruschka Dr. phil, MAS (PR), geb. 1961, seit 1989 im Bereich CSR/nachhaltige Entwicklung in unterschiedliche Unternhemen und NGO's tätig. Seit 2003 Programmmanager des ÖkoBusinessPlan Wien, das Nachhaltigkeitsprogramm der Stadt für Unternehmen. 2008 Gründung von INSIEME-Consult, Agentur für Projektentwicklung, Umsetzung und Kommunikation im Sinne einer nachhaltigen Entwicklung, langjährige Internationale Projekterfahrung im Rahmen diversere EU – Programmschienen sowie im Auftrag der UNIDO.

Stefanie Köberl Dipl.-Ing, ist seit 2011 bei der Saubermacher Dienstleistungs AG als Koordinatorin für Nachhaltigkeit tätig. In dieser Position verantwortet Sie die systematische Planung, Steuerung und Umsetzung von internen und externen Nachhaltigkeitsprojekten und Maßnahmen. Darüber hinaus wurde der erste Saubermacher Nachhaltigkeitsbericht von ihr erstellt. Vor Ihrer Tätigkeit bei Saubermacher absolvierte sie das Studium Industrieller Umweltschutz, Entsorgungstechnik und Recycling an der Montanuniversität Leoben.

Sebastian Ober hat Wirtschaftsingenieurwesen in der Studienrichtung Chemie an der Technischen Universität Kaiserslautern studiert. Seine Diplomarbeit schrieb er im Bereich Marketing über Nachhaltigkeitsorientierung von Konsumenten. Neben Auslandsaufenthalten in Argentinien und Spanien während seines Studiums war er zunächst in der Beratung tätig. Seit 2012 arbeitet Herr Ober (BASF Jobmarkt GmbH, tätig für BASF SE) in Ludwigshafen im Bereich Sustainability Strategy. Seine Verantwortlichkeit liegt in der Entwicklung und Umsetzung der unternehmensweiten Nachhaltigkeitsstrategie.

Herbert Ortner Dipl.-Ing, Vorstandsvorsitzender. Geboren 1968, war Ortner nach seinem Studium des Wirtschaftsingenieurwesens bis 2001 bei der börsenotierten Semperit-Gruppe als weltweiter Geschäftsbereichsleiter für Industrieschläuche tätig. Von dort wechselte er zu PALFINGER, wo er das Ersatzteil-, Zubehör- und Servicegeschäft ausbaute. Ab Februar 2003 konzentrierte sich Ortner als Vorstand für Marketing & Vertrieb auf die PALFINGER Eisenbahnsysteme, Hubladebühnen, Mitnahmestapler und Hubarbeitsbühnen sowie auf den weiteren Ausbau des Service- und Dienstleistungsgeschäfts. Als Vorsitzender des Vorstands zählen seit Juni 2008 Recht, Beschaffung, Personal, Kommunikation, Investor Relations und Nachhaltigkeit zu seinen Agenden.

Thomas H. Osburg Dr., ist Director Europe - Corporate Affairs, Intel Corp., verantwortlich für die strategische Gestaltung und Implementierung von Intel's Social Innovation und CSR Programmen in Europa. Dr. Osburg ist promovierter Ökonom (Dr. rer.pol.) mit den Schwerpunkten Unternehmensführung und Marketing der Leibniz Universität Hannover. Nach seinem Studium hatte er zahlreiche Managementpositionen in den Bereichen Internationales Management und Marketing, CSR, Bildung und Forschung bei Texas Instruments, Autodesk und Intel inne. Neben Deutschland lebte er mehrere Jahre in Frankreich und den USA. Dr. Osburg ist im *Board of Directors von CSR Europe und im Management Board of Directors für EABIS*. Zusätzlich zu seinen beruflichen Aktivitäten hat Dr. Osburg Lehraufträge mit den Schwerpunkten CSR, Marketing und Management an renommierten europäischen Hochschulen, u.a. unterrichtet er MBA-Module zu *Technologie- und Innovationsmanagement und Marketing und Innovation an der Katholischen Universität Eichstätt-Ingolstadt* und CSR und Strategisches Management an der Universität Genf. Zu diesen Themen sind in den letzten Jahren auch zahlreiche Publikationen von ihm erschienen.

Gerhard Prätorius Prof. Dr. rer. pol., ist seit 2006 im Volkswagen Konzern zuständig für CSR (Gesellschaftliche Verantwortung) und Nachhaltigkeit. Er startete 1992 bei Volkswagen als Fachreferent Umwelt und Verkehr. Nach Aufgaben in der Forschung war er für den Konzern als Geschäftsführer regionaler Entwicklungsgesellschaften für Beschäftigung und Technologietransfer tätig. Gerhard Prätorius hat Volkswirtschaft, Germanistik und Politik studiert. Promoviert wurde er mit einer Arbeit über die Technikentstehung als sozialer Prozess. Er ist Honorarprofessor an der TU Braunschweig und hat zahlreiche Beiträge zu den Themen Mobilität und Nachhaltigkeit veröffentlicht. Prätorius ist im Vorstand von econsense – Forum Nachhaltige Entwicklung der Deutschen Wirtschaft – und von CSR Europe, er ist Mitglied der Advisory Group Supply Chain Sustainability im UN Global Compact.

Romana Rauter Dr., forscht und lehrt seit 2012 am Institut für Systemwissenschaften, Innovations- und Nachhaltigkeitsforschung der Universität Graz.

Während sie sich während ihrer Dissertation mit dem Thema des interorganisationalen Wissenstransfers auseinandergesetzt hat, liegen die aktuellen Forschungsinteressen im Bereich des Nachhaltigkeitsorientierten Innovations- und Technologiemanagements. Seit jeher stehen aber auch KMUs im Mittelpunkt ihres Interesses; durch die Mitarbeit in praxisorientierten und interdisziplinären Projekten bringt sie Erfahrung in der Unterstützung und Zusammenarbeit mit KMUs mit.

Klaus Richter studierte Germanistik, Soziologie und Philosophie an der Georg-August-Universität in Göttingen. Nach einjähriger Tätigkeit als Cultural Representative of Germany bei der Walt Disney World Co., Florida (USA), begann er 2003 bei der Volkswagen AutoUni in der School of Humanities and Social Sciences. Dort verantwortete er das Masterstudiengangsmodul „Corporate Ethics and Corporate Governance". Seit Januar 2007 ist er als Referent für CSR und Nachhaltigkeit bei den Konzern Außen- und Regierungsbeziehungen der Volkswagen Aktiengesellschaft tätig. Seine Forschungsschwerpunkte liegen im Bereich CSR, Unternehmensstrategie, Leadership und Stakeholdermanagement.

Publikation: W. Ch. Zimmerli/K. Richter/M. Holzinger: Corporate Ethics and Corporate Governance. Springer 2007.

Hans Roth Als ältestes von sechs Kindern wuchs Hans Roth, geboren am 02. Oktober 1946 in Feldbach, in einer Unternehmerfamilie auf. Nach einer Ausbildung zum Einzelhandelskaufmann, trat er in das elterliche Unternehmen ein. In jungen Jahren forcierte Hans Roth den Aufbau der Roth Handel & Bauhandwerkerservice GmbH, der Interro Handels GmbH und der Heizöl-Gruppe. 1979 gründete er mit seiner Frau Margret das Unternehmen „Roth-Umweltschutz" mit drei Mitarbeitern. Heute zählt der „Saubermacher" 3700 Beschäftigte in Zentral- und Osteuropa. Als Gründer, Eigentümer und als Aufsichtsratschef hat Roth gemeinsam mit seiner Frau Margret ein Vorzeigeunternehmen geschaffen. Roth erhielt viele Auszeichnungen unter anderem die Verleihung des Titels „Kommerzialrat" und die Ehrung zum „Österreicher des Jahres 2009". Der Umwelt-Pionier und Vater dreier Kinder, Hans Roth, begleitet gemeinsam mit seiner Familie viele soziale und künstlerische Projekte.

René Schmidpeter Dr., ist wissenschaftlicher Leiter des Zentrums für humane Marktwirtschaft in Salzburg und lehrt „Corporate Social Responsibility" an Universitäten im In- und Ausland. Er ist Reihenherausgeber der Managementreihe Corporate Social Resposibility bei Springer Gabler und Mitherausgeber der englischsprachigen Reihe „CSR, Sustainability, Ethics and Governance" bei Springer. Kontakt: rene.schmidpeter@gmx.de

Stefan Schaltegger Prof. Dr., hat Betriebs- und Volkswirtschaft studiert, in Betriebswirtschaft promoviert und als Assistenzprofessor für Nationalökonomie an der Universität Basel gearbeitet bevor er an die Universität Lüneburg wechselte, wo er heute als Ordinarius für Nachhaltigkeitsmanagement arbeitet. Er ist Gründer und Leiter des Centre for Sustainability Management an der Leuphana Universität Lüneburg und des weltweit ersten MBAs zu Nachhaltigkeitsmanagement (MBA Sustainability Management; www.sustainament.de). Stefan Schaltegger leitet das Sustainability Leadership Forum, einen Arbeits- und Capacity Building-Kreis aus Unternehmen, die sich im Nachhaltigkeitsmanagement stak engagieren. Stefan Schaltegge hat über 200 Veröffentlichungen und über 80 internationale Fachzeitschriftenartikel im Bereich des unternehmerischen

Nachhaltigkeitsmanagements publiziert. Er ist Mitglied der Herausgeberbeiräte von zwölf internationalen Fachzeitschriften zu Nachhaltigkeitsmanagement, Rechnungswesen und Betriebswirtschaftslehre.

Wolfgang Stark Prof. Dr., ist seit 1998 Professor für Organisationspsychologie, Organisationsentwicklung und Gemeindepsychologie an der Universität Duisburg-Essen. Dort Gründer und Leiter des Labors für Organisationsentwicklung (seit 2001) und Gründer und wissenschaftlicher Leiter des Zentrums für gesellschaftliches Lernen und soziale Verantwortung (seit 2005).

Seit 2005 Visiting Professor am Instituto Superior Psicologia Aplicada (ISPA) in Lissabon. Von 2007-2009 Präsident der European Community Psychology Association. Seit 2010 Direktor des Steinbeis Transferzentrums „Innovation and Sustainable Leadership" in Pähl am Ammersee.

Forschungsschwerpunkte: Innovation und Improvisation, Pattern-Ansatz, werteorientierte Organisationskultur, CSR, Gemeindepsychologie, Empowerment. Zahlreiche (internationale) Projekte und Auszeichnungen – näheres unter www.orglab.de; www.micc-project.org; www.uniaktiv.org; www.strategische-allianzen.de; www.csr-tempo.eu

Dirk Voeste Dr., ist Vice President der Sustainability Strategy der BASF SE in Ludwigshafen. In dieser Funktion ist er u.a. für BASFs Nachhaltigkeitsstrategie sowie deren Umsetzung in Geschäftaktivitäten und Entscheidungsprozesse verantwortlich. Zu seinen Aufgabenfeldern gehören auch die Entwicklung und Anwendung von Ökoeffizienzanalyen und Nachhaltigkeitsbewertungen. Dr. Voeste promovierte an der Universität Bonn und erzielte einen Mastersabschluß am Cranfield Institute for Technology in England. Nach Abschluss seines Studiums war er verantwortlicher Wissenschaftler für die Entwicklung eines aquatischen Ökosystems für Weltraumexperimente in Kooperation mit NASA. Seit 1998 war er im Bereich Biotechnologie, Züchtung und Pflanzenschutz tätig. Nach seinem Eintritt in BASF SE besaß er Verantwortlichkeiten in den Bereichen Forschung und Entwicklung, globales Marketing sowie Nachhaltigkeit.

The manufacturer's authorised representative in the EU is Springer
Nature Customer Service Centre GmbH, Europaplatz 3, 69115 Heidelberg,
Germany. If you have any concerns regarding our products, please
contact ProductSafety@springernature.com

Printed and bound by CPI Group (UK) Ltd, Croydon, CR0 4YY
27/04/2026
02097638-0005